Mario Günter:

Kriterien und Indikatoren als Instrumentarium nachhaltiger
Entwicklung. Eine Untersuchung sozialer Nachhaltigkeit am Beispiel
von Interessengruppen der Forstbewirtschaftung auf Trinidad

ISBN 3-88570-115-4

HEIDELBERGER GEOGRAPHISCHE ARBEITEN

Herausgeber:

Bernhard Eitel, Hans Gebhardt,
Rüdiger Glaser und Peter Meusburger

Schriftleitung: Klaus Sachs

Heft 115

Im Selbstverlag des Geographischen Instituts der Universität Heidelberg

2002

Kriterien und Indikatoren als Instrumentarium nachhaltiger Entwicklung.

Eine Untersuchung sozialer Nachhaltigkeit am Beispiel von Interessengruppen der Forstbewirtschaftung auf Trinidad

von

Mario Günter

Mit 23 Abbildungen und 14 Tabellen

(mit engl. summary)

Im Selbstverlag des Geographischen Instituts der Universität Heidelberg

2002

Die vorliegende Arbeit wurde von der Geowissenschaftlichen Fakultät der Ruprecht-Karls-Universität Heidelberg als Dissertation angenommen.

Tag der mündlichen Prüfung: 10. Mai 2000

Gutachter: Prof. Dr. Werner Mikus
Gutachter: PD. Dr. Dietrich Schmidt-Vogt

ISBN 3-88570-115-4

Meinen Eltern

Margareta und Alfred Günter

VORWORT

Im Mittelpunkt meines Interesses während der Studienzeit stand stets die geographische Entwicklungsländerforschung und ihre Funktion als vermittelndes Bindeglied im Nord-Süd Konflikt. Meine Konzentration auf diesen Themenschwerpunkt hatte zur Folge, daß ich schon bald mit den Arbeiten und Forschungen meines akademischen Lehrers Herrn Prof. Dr. W. Mikus in Berührung kam. Durch die Teilnahme an zahlreichen seiner Veranstaltungen und schließlich der langjährigen Mitarbeit bei Prof. Dr. Mikus wurde dieses Interesse noch verstärkt. Bereits im Rahmen meiner Examensarbeit erfolgte eine Auseinandersetzung mit negativen Determinanten der nachhaltigen Entwicklung am Beispiel der Ressourcenüberanspruchung des Amazonasgebiets.

Meine Dissertation wurde zusätzlich angeregt durch ein Auslandsstudium an der London School of Economics and Political Sciences sowie dem King's College London. In Professor Mikus fand ich einen Doktorvater, der mir mit steten Anregungen, Hilfestellungen und konstruktiver Kritik Mut und Ideen für die Durchführung der vorliegenden Arbeit gab. An dieser Stelle möchte ich ihm für seine Aufgeschlossenheit, seine fortwährende Unterstützung und sein in mich gesetztes Vertrauen meinen besonderen Dank aussprechen.

Mein verbindlicher Dank gilt auch Herrn PD Dr. Schmidt-Vogt, der das Zweitgutachten übernommen hat. Zu schätzen weiß ich die Förderung der Hiehle Stiftung, die mich bei meinen Feldforschungen auf Trinidad unterstützte. Gleichermaßen möchte ich Frau Prof. Dr. Weigelin-Schwiedrzik meinen Dank für die Aufnahme in ihr Team des Cross-Cultural Leadership Forums zum Ausdruck bringen.

Auch Carol J. Pierce Colfer vom Center for International Forestry Research (CIFOR), in dessen Forschungsprozeß die vorliegende Arbeit eingebunden ist, stand mir als ständige Ansprechpartnerin offen zur Seite. Daß mein Dissertationsvorhaben realisiert wurde, habe ich zudem der Einladung der United Nations Economic Commission for Latin America and the Caribbean / Subregional Headquarters for the Caribbean (ECLAC) zu verdanken.

Hierbei seien Direktorin Len Ishmael und im besonderen Environment and Development Officer Eric Blommestein sowie Angela Martin-Forbes zu erwähnen. Große Unterstützung erhielt ich auch von Seiten der Forstbehörde des Landwirtschaftsministeriums Trinidads. Meine Anerkennung gilt Anthony Ramnarine sowie Kenny Singh. Darüber hinaus möchte ich mich für die Kooperationsbereitschaft der Trinidad and Tobago Forest Products Company Limited (TANTEAK) bei Michael King, Michael Chung und Ramish Ramutrah bedanken. Wichtige Hilfeleistungen erhielt ich auch von Clarence und Stalin de Grilla von der Nariwa Mayaro Woodworkers Cooperative Ltd. (NMWC).

INHALTSVERZEICHNIS

Verzeichnis verwendeter Abkürzungen VII
Verzeichnis der Abbildungen IX
Verzeichnis der Tabellen XI

1 Einleitung 1
1.1 Forschungsansatz und Zielsetzung 1
1.2 Konzeption und methodische Vorgehensweise 3

Erster Teil
Allgemeine Problemstellung zur Operationalisierbarkeit, sozialen Relevanz und Anwendungsmöglichkeit von Kriterien und Indikatoren nachhaltiger Entwicklung

2 Das neue Paradigma der Umweltökonomie: Nachhaltige Entwicklung 13
2.1 Zur Entstehung des Nachhaltigkeitsprinzips 13
2.2 Die Bedeutung von nachhaltiger Entwicklung 16
    2.2.1 Definition 17
    2.2.2 Konzeption 20
2.3 Nachhaltigkeit in der Ökonomie 28
    2.3.1 Wirtschaftliche Dynamik als Gegensatz zur nachhaltigen Entwicklung 29
    2.3.2 Wirtschaftliche Dynamik im Einklang mit nachhaltiger Entwicklung 31
2.4 Konsequenzen der Nachhaltigkeit 34
    2.4.1 Maßnahmen auf nationaler Ebene 34
    2.4.2 Maßnahmen auf internationaler Ebene 37
2.5 Nachhaltigkeit in der Entwicklungszusammenarbeit: Anspruch und Wirklichkeit 39
    2.5.1 Strukturelle Hemmnisse 40
    2.5.2 Rechtliche Bedingungen 43
    2.5.3 Divergierende Wertedimensionen 45
2.6 Fazit: Plädoyer für eine stärkere Beachtung der soziokulturellen Ausrichtung nachhaltiger Entwicklung 48

3 Kriterien und Indikatoren als Instrumentarium forstlicher Nachhaltigkeit 55

3.1 Kriterien und Indikatoren und deren Tragweite 55

    3.1.1 Definitionen 55

    3.1.2 Zielsetzungen und Anforderungen 58

    3.1.3 Typologisierung 60

3.2 Analyse ausgewählter internationaler Indikatorenansätze 62

    3.2.1 Ansätze zur Implementierung nachhaltiger Indikatorensysteme 63

    3.2.2 Initiativen und Indikatorensysteme nachhaltiger Forstwirtschaft 67

    3.2.3 Harmonisierungsbestrebungen divergierender Ansätze 74

3.3 Beeinträchtigungen der Operationalisierbarkeit 75

    3.3.1 Einschränkungen der Quantifizierbarkeit 76

    3.3.2 Schwellenwerte zur Messung des Grades der Nachhaltigkeit 77

    3.3.3 Hierarchien innerhalb der Kriterien- und Indikatorenansätze 79

3.4 Kriterien und Indikatoren als Instrumentarium sozioökonomischer Nachhaltigkeit 81

3.5 Zwischenbilanz: Rahmenbedingungen der Operationalisierbarkeit 86

4 Relevanz und Anwendungsbereiche sozialer Kriterien und Indikatoren nachhaltiger Forstwirtschaft in Entwicklungsländern 89

4.1 Nachhaltige Forstwirtschaft als Potential ländlicher Entwicklung 89

    4.1.1 Die Verankerung sozialer Aspekte in der Forstwirtschaft 91

    4.1.2 Nutzen und Kosten sozialer Aspekte 92

4.2 Der partizipatorische Ansatz 95

    4.2.1 Planungs- und Bewertungsgrundlagen 96

    4.2.2 Dezentralisierung 99

    4.2.3 Eingliederung in Entwicklungskonzepte 100

4.3 Identifikation der Interessengruppen 104

    4.3.1 Direkt betroffene Gruppen 105

    4.3.2 Indirekt betroffene Gruppen 106

4.4 Kriterien und Indikatoren innerhalb des Zertifizierungsprozesses............. 107
    4.4.1 Offene Fragestellungen der Zertifizierung....................................... 108
    4.4.2 Wechselbeziehungen zwischen nachhaltiger Forstwirtschaft und dem Zertifizierungsprozeß.. 110
    4.4.3 Zertifizierung und soziale Verträglichkeit....................................... 111
4.5 Zwischenergebnis: Kriterien und Indikatoren – Notwendigkeit einer sozial verträglichen und effizienten naturnahen Forstwirtschaft 113

Zweiter Teil
Fallstudie: Analyse und Bewertung angewandter Kriterien und Indikatoren sozialer Nachhaltigkeit auf Trinidad

5 Charakterisierung des Waldbestands und der Nutzungsstrukturen 119

5.1 Geographischer Hintergrund 119
5.2 Waldbestand 121
    5.2.1 Naturwald 122
    5.2.2 Forstplantagen 124
    5.2.3 Schutzgebiete und Artenreichtum 127
5.3 Determinanten der Waldgefährdung 128
    5.3.1 Politische Determinanten.. 129
    5.3.2 Wirtschaftliche Determinanten... 132
    5.3.3 Gesellschaftliche Determinanten.. 135
5.4 Der Forstsektor 140
    5.4.1 Die ökonomische Bedeutung.. 140
    5.4.2 Die gesellschaftliche Bedeutung 141
5.5 Zusammenfassung und Ausblick... 143

6 Identifikation relevanter Interessengruppen und Untersuchung von deren Status sozialer Nachhaltigkeit 147

6.1 Ermittlung der zu untersuchenden Nutzergruppen und Forschungsgang... 147
    6.1.1 Identifikation der auf die Nutzung angewiesenen Interessengruppen 148
    6.1.2 Auswahl der Gruppen zur weiteren Untersuchung 154
    6.1.3 Durchführung der Erhebung... 157

6.2 Charakterisierung der sozialen Struktur und Lebensumstände
    der Zielgruppen 160
    6.2.1 Ethnien / Religionszugehörigkeit 160
    6.2.2 Altersstufen und Beschäftigungsdauer 162
    6.2.3 Schulbildung 163
    6.2.4 Squatting 165
    6.2.5 Haushaltsgröße und -ausstattung 167
    6.2.6 Veränderungen der Lebensbedingungen im Rückblick 169
6.3 Anwendung von Kriterien und Indikatoren nachhaltiger
    Sozialverträglichkeit 172
    6.3.1 Arbeitsbedingungen 174
        6.3.1.1 Arbeitszeitreglung 174
        6.3.1.2 Trainings-/Schulungsmöglichkeiten 175
        6.3.1.3 Sicherheitsbedingungen / Ausrüstung 176
    6.3.2 Einkommensverhältnisse 179
        6.3.2.1 Gruppeninterner Vergleich 180
        6.3.2.2 Vergleich mit anderen Branchen 183
        6.3.2.3 Stellenwert des Einkommens pro Zielgruppe 185
    6.3.3 Kommunikationsmöglichkeiten und Wahrung
          eigener Interessen 186
        6.3.3.1 Inanspruchnahme und Beurteilung der direkten
                Interessenvermittlung 187
        6.3.3.2 Bewertung indirekter Kommunikation durch
                Gewerkschaften 188
        6.3.3.3 Abschließende Bewertung der Interessenwahrung
                und Kommunikation 191
    6.3.4 Intra-Generationen-Gerechtigkeit 193
        6.3.4.1 Konflikte zwischen PL und der Forstbehörde 196
        6.3.4.2 Konflikte zwischen TW und dem
                Firmenmanagement 200
        6.3.4.3 Zeitliche Perspektive der derzeitigen
                Arbeitsplatzsituation 205
    6.3.5 Inter-Generationen-Gerechtigkeit 208
        6.3.5.1 Beurteilung der Bestandsentwicklung 209
        6.3.5.2 Bewertung zukünftiger Zugangsrechte 212

6.4	Sozioökologische Wechselwirkungen und Verhaltensmuster	216
6.5	Zusammenfassung der Ergebnisse	225
7	**Schlußbetrachtung: Zusammenfassende Bewertung und Konsequenzen**	**241**

Zusammenfassung ... **259**

Abstract ... **263**

Literaturverzeichnis ... **265**

Anhang ... **289**

    Übersicht der konsultierten Experten ... 290

    Vergleich sozialer Kriterien und Indikatoren nachhaltiger Forstwirtschaft in internationalen Prozessen und Initiativen ... 292

    Fragebogen ... 295

VERZEICHNIS VERWENDETER ABKÜRZUNGEN

BFH	Bundesforschungsanstalt für Forst- und Holzwirtschaft
BMZ	Bundesministerium für wirtschaftliche Zusammenarbeit und Entwicklung
CIAT	International Center for Tropical Agriculture
CIFOR	Center for International Forestry Research
CDB	Caribbean Development Bank
CDCC	Caribbean Development and Cooperation Committee
FAO	Food and Agricultural Organization
FSC	Forest Stewardship Council
GHK	Gewerkschaft Holz und Kunststoff
GTZ	Deutsche Gesellschaft für Technische Zusammenarbeit
IBBH	Internationaler Bund der Bau- und Holzarbeiter
IIED	International Institute for Environment and Development
IPF	Intergovernmental Panel on Forests
ISCI	Intergovernmental Seminar on Criteria and Indicators for Sustainable Forest Management
ITTO	International Tropical Timber Organization
IUCN	International Union for the Conservation of Nature and Natural Resources
KfW	Kreditanstalt für Wiederaufbau
NMWC	Nariwa Mayaro Woodworkers Cooperative Limited
NGO	Non Governmental Organisation
OECD	Organisation for Economic Co-Operation and Development

PL	Private Licensees
TANTEAK	Trinidad and Tobago Forest Products Company Limited
TW	TANTEAK Workers
UNCED	United Nations Conference on Environment and Development
UN CSD	United Nations Commission on Sustainable Development
UNDP	United Nations Development Programme
UN DPCSD	United Nations Department for Policy Coordination and Sustainable Development
UN ECLAC	United Nations Economic Commission for Latin America and the Caribbean
UNEP	United Nations Environmental Programme
UNICEF	United Nations International Children's Emergency Fund
WCED	World Commission on Environment and Development
WCMC	World Conservation Monitoring Centre
WCS	World Conservation Strategy
WWF	Worldwide Fund for Nature
WRI	World Resources Institute

VERZEICHNIS DER ABBILDUNGEN

Abb. 1: Schematische Darstellung des Forschungsgangs und der Konzeption 5

Abb. 2: Interdependenzen zwischen ökonomischer und ökologischer Sphäre 23

Abb. 3: Kreislaufmodell: Gesellschaft / Wirtschaft / Umwelt 33

Abb. 4: Anthropozentrisches Entwicklungsschema 49

Abb. 5: Rahmenbedingungen einer sozial verträglichen Nachhaltigkeit 52

Abb. 6: Reichweite von Kriterien und Indikatoren 59

Abb. 7: Nutzen und Wirkungsbereiche von Kriterien und Indikatoren 87

Abb. 8: Nutzungsstatus staatlicher Waldflächen 123

Abb. 9: Konzessionsgebiete staatlicher Ölfirmen 134

Abb. 10: Zusammenhang zwischen Bevölkerungsentwicklung und Waldbestand seit 1946 137

Abb. 11: Brandstatistik 1987–1995 139

Abb. 12: Wechselwirkungen zwischen Entwaldungsfaktoren und Richtlinien nachhaltiger Forstwirtschaft 145

Abb. 13: Periodic Block System im Untersuchungsgebiet der PL 156

Abb. 14: Haushaltsausstattung 168

Abb. 15: Entwicklung des Lebensstandards seit Tätigkeitsbeginn als PL / TW 171

Abb. 16: Besitz von Schutz- und Sicherheitsausrüstung 179

Abb. 17: Häufigkeit der Nennungen einzelner Konfliktpunkte unter PL 197

Abb. 18: Häufigkeit der Nennungen einzelner Konfliktpunkte unter TW 202

Abb. 19: Kennzeichnung der Bestandsentwicklung durch PL und TW 211

Abb. 20: Bewertung der Zugangsrechte 213

Abb. 21: Standpunkte der Zielgruppen zur Nutzung der Forstbestände 218

Abb. 22: Wirkungsmodell der Ausprägung einzelner Faktoren
sozialer Verträglichkeit und deren Einflußnahme auf eine
ökologisch verträgliche Ressourcennutzung 237

Abb. 23: Kausaldarstellung negativer Rahmenbedingungen
sozial verträglicher Forstwirtschaft auf Trinidad 253

VERZEICHNIS DER TABELLEN

Tab. 1: Übergeordneter Kriterien- und Indikatorenkatalog nachhaltiger Forstwirtschaft 72

Tab. 2: Soziale Kriterien und Indikatoren nachhaltiger Forstwirtschaft 82

Tab. 3: Qualitative Bewertungskriterien der Partizipation 98

Tab. 4: Staatliche und partizipatorische Forstwirtschaft im Vergleich 101

Tab. 5: Typologische Zusammenfassung der Waldbestände Trinidads 125

Tab. 6: Identifikation und Gewichtung der Stakeholder Trinidads 151

Tab. 7: Religionszugehörigkeit gegliedert nach ethnischer Abstammung 162

Tab. 8: Altersstruktur pro Interessengruppe 163

Tab. 9: Höchste Schulbildung 164

Tab. 10: Zufriedenheit mit Arbeit und Arbeitsbedingungen 173

Tab. 11: Mindestlöhne nach Branchen (in TT $ / Stunde) 184

Tab. 12: Bewertung der gewerkschaftlichen Interessenvertretung 190

Tab. 13: Bewertung der Berücksichtigung eigener Interessen in Abhängigkeit von dem Firmenmanagement (TW) und der Forstbehörde (PL) 192

Tab. 14: Bewertung der Kommunikation mit dem Firmenmanagement (TW) und der Forstbehörde (PL) sowie des Informationsflusses 193

1 EINLEITUNG

1.1 Forschungsansatz und Zielsetzung

Nachhaltigkeit quo vadis, so skeptisch konnte man über einen längeren Zeitraum den Zustand beschreiben, der das Konzept des Sustainable Development nach Arbeitsabschluß der BRUNDTLAND-Kommission kennzeichnete. Die Popularität des Begriffes trug dazu bei, daß er bereits in die unterschiedlichsten Bereiche, ausgehend von der Entwicklungszusammenarbeit über Politik, Wirtschaft und Ökologie bis hin in die Medien und die Werbung Einzug hielt.

Eine Verallgemeinerung des Konzepts und darüber hinaus auch seiner Inhalte war die Folge. Diese Breitenwirksamkeit, die man dem Begriff zudachte, erbrachte eine beinahe beliebige Formbarkeit seiner Kerngehalte, die sich in den erwähnten multiplen Anwendungen niederschlug. Woher aber kommt das vermeintliche Prestige dieses Begriffes und wie ist sein Ansehen zu deuten?

Im Wissen um die 80er Jahre als das verlorene Jahrzehnt in der Entwicklungszusammenarbeit mag das Nachhaltigkeitskonzept durchaus als Hoffnungsträger und als Erneuerungsentwurf in der bilateralen Zusammenarbeit angesehen werden. Seine Entstehung während der 80er Jahre selbst und im besonderen sein endgültiger Durchbruch im Rahmen der Agenda 21 verstärken diese Popularität um ein Vielfaches. Durch die nunmehr veränderten Rahmenbedingungen der Entwicklungshilfe, die durch ökologische Rückwirkungen eine globale Dimension erreicht haben, nimmt das Konzept erstmals auch die Industrienationen in die Pflicht.

Die auferlegte Selbstbeschränkung, nicht nur im Sinne der Industrie- und Entwicklungsländer, sondern auch zukünftigen Generationen gegenüber, verleiht dem Konzept ein hohes Maß an Anerkennung aber auch an Verantwortung. Das große Potential der Nachhaltigkeit liegt in ihrer Ausrichtung weg vom Kompromiß hin zum Konsens. Darin mag die Attraktivität begründet sein, die zur Adaption für die unterschiedlichsten Bereiche führte.

Nicht im Sinne des Konzepts ist es jedoch, die jeweiligen Bereiche mit ihren verschiedenen Zielsetzungen gesondert zu analysieren, ohne auf die Interdependenz der einzelnen Determinanten einzugehen. Vielmehr ist es von Nöten, das monokausale, lineare Denken durch eine möglichst vollständige Verknüpfung aller Bedingungen zu ersetzen. Diese vernetzte Denkweise in Abhängigkeiten und Wechselwirkungen kann durch zwei jüngere Entwicklungen in der Nachhaltigkeitsdebatte maßgebend gefördert werden. Zum einen ist dies die Spezifizierung und Anpassung nachhaltiger Forderungen auf regionale Gegebenheiten, wie dies etwa für das eigene Untersuchungsgebiet anhand zweier Rio Nachfolgekonferenzen 1994 und 1997 (Caribbean Ministerial Meeting on the Implementation of the Programme of Action for the Sustainable Development of Small Island Developing States) in Barbados der Fall war.

Selbst länderspezifische Maßstäbe, die bereits für die Niederlande und teilweise auch für die Bundesrepublik erstellt wurden, sind diesem Prozeß zuzurechnen. Der zweite Aspekt geht mit dieser Entwicklung einher. Die länderspezifischen Grenzwerte und Richtlinien finden ihre Entsprechung in der zunehmenden Ausarbeitung von Kriterien und Indikatoren auf übergeordneter lokaler Ebene. Eine Vorreiterrolle spielt hierbei der im Rahmen der vorliegenden Arbeit untersuchte Fortschritt in der Forstwirtschaft. Der kontroversen Diskussion des Themenbereichs ist sich die Untersuchung bewußt. Sie versteht sich als ein Beitrag zu dieser interdisziplinären Debatte, die aus geographischer Sichtweise die Synthese von natur- und sozialwissenschaftlichen Ansätzen vor dem Hintergrund der räumlichen Struktur Trinidads verfolgt. Die Restriktion, die die eigene disziplinäre Sichtweise mit sich bringt, wird dabei keineswegs bestritten.

Wohl aber kann die Geographie die Analyse anderer Fachrichtungen ergänzen und somit deren Gedankenhorizont, der allzu oft durch die eigene Materie eingeengt ist, bereichern. Wichtig ist, im gegenseitigen Dialog die komplexe Problemstellung einander näherzubringen, und nicht die Disziplin über das Problem zu stellen. Im Bewußtsein dieser Konstellation will auch die vorliegende Arbeit die Ansprüche gering halten. Hierin begründet sich zugleich eine Notwendigkeit, die dem Wissen um die Grenzen Sozialer Nachhaltigkeit in der Forstwirtschaft Ausdruck verleiht.

Aufgrund der unabweisbaren Existenzbedürfnisse der in den Tropenwaldgebieten lebenden Menschen und deren fortschreitenden Entwicklungsansprüchen geht eine völlige Unterschutzstellung der Tropenwälder an der Realität vorbei. Von Seiten verschiedener Organisationen und Regierungsebenen bemüht man sich seit wenigen Jahren um international anerkannte forstwirtschaftliche Richtlinien. Sie sollen eine sinnvolle Abstimmung von Schutz und verantwortungsvoller Nutzung gewährleisten. In Anbetracht der Vielschichtigkeit dieser Problematik und der zuvor geforderten synthetischen Denkweise macht es sich die Untersuchung zur Aufgabe, neben den wirtschaftlichen und ökologischen Kriterien, das Hauptaugenmerk auf die sozioökonomische Komponente nachhaltiger Bewirtschaftung tropischer Wälder zu richten. In der Diskussion um deren Erhalt und sinnvollere Nutzung spielt dieses Moment bislang eine untergeordnete Rolle. Der ganzheitliche Ansatz der Nachhaltigkeit mißt ihm jedoch denselben Stellenwert bei.

Der Erfolg einer nachhaltigen Waldbewirtschaftung muß demnach auch am Grad der Sozialverträglichkeit der Bewirtschaftungskonditionen gemessen werden. Die Untersuchung und Evaluierung von Kriterien und Indikatoren steht dabei im Mittelpunkt. Die Instrumentalisierung relevanter sozialer Sachverhalte anhand von Kriterien und Indikatoren und deren Prüfung auf Anwendbarkeit anhand der Ergebnisse eigener Feldforschungen bilden den Schwerpunkt der Arbeit.

Gelingt es, Anforderungen und Inhalte der vernachlässigten Komponenten sozialer Nachhaltigkeit durch Kriterien und Indikatoren festzulegen, wird dadurch nicht nur zu einer umfassenderen Gesamtschau nachhaltiger Entwicklung beigetragen, sondern zusätzlich ein wichtiger Schritt hinsichtlich deren Operationalisierung eingeleitet.

Es soll der Versuch unternommen werden, eine Standardisierung des Themenkomplexes soziale Wohlfahrt und Forstwirtschaft zu erarbeiten, um damit dem Defizit, das im Kenntnisstand der Interaktionen zwischen dem Bewirtschaftungssystem, der Umwelt und der menschlichen Gesellschaft besteht, entgegenzuwirken. Vor dem Hintergrund ökonomischer Tragfähigkeit müssen deshalb auch die ökologische und im besonderen die soziale Verträglichkeit beachtet werden. Gerade die gewählte Blickrichtung soziökologischer Bedingungen und Dependenzen, die die gesellschaftliche Problemperzeption und Handlungsweise zu ergründen versucht, kann hierzu neue Einblicke eröffnen. Den Schwerpunkt bildet dabei die Gegenüberstellung zweier separater Bewirtschaftungseinheiten. Von der Anwendbarkeit der erfaßten und untersuchten Kriterien wird es abhängen, inwieweit diese auch auf andere Themenschwerpunkte übertragen werden können.

Von großer Bedeutung ist in diesem Zusammenhang die Feststellung, daß sich die Arbeit nicht der Untersuchung eines idealtypischen bzw. modellhaften Projekts widmet, sondern auf die Erfassung der aktuellen Ist-Situation ausgerichtet ist. Erst diese Erkenntnisse liefern Einblicke, inwieweit die Umsetzung eines angestrebten Soll-Zustandes überhaupt möglich ist, und welche Anforderungen an spätere Projekte gestellt werden können.

Das gewählte Untersuchungsgebiet Trinidad erweist sich aufgrund dringend notwendiger Lösungsansätze als besonders geeignet. Die Komplexität der Problemstellung vor Ort kann als charakteristisch für viele Länder Lateinamerikas und besonders der Karibik bezeichnet werden, so daß sich die am regionalen Beispiel erarbeiteten Ergebnisse und Konzepte auch auf ähnlich gelagerte Konflikte projizieren lassen. Angesichts der vielschichtigen Nutzungskonflikte und der Herausforderung zur Erfassung von Nachhaltigkeit erhalten die getesteten Kriterien eine besondere Aussagekraft. Erst die Identifikation dieser Kriterien und Indikatoren und deren Verifizierung im Untersuchungsgebiet ermöglicht es, die Nachhaltigkeit der Waldnutzung bzw. einer speziellen Forstbewirtschaftung zu messen, und somit Instrumentarien und Maßnahmenkataloge zu erstellen, anhand derer lokale Mißstände erkannt und behoben werden können. Es ist das Ziel der Untersuchung, diese Methode zur Erfassung von Nachhaltigkeit zu erforschen und Konsequenzen im Umgang mit Kriterien und Indikatoren aufzuzeigen.

1.2 Konzeption und methodische Vorgehensweise

Konzeption
In Abbildung 1 werden in einer schematischen Darstellung Methodik und Konzeption der Studie veranschaulicht. In Bezug auf die genannte Problem- und Aufgabenstellung der Arbeit ergibt sich eine konzeptionelle Untergliederung in zwei Teile. Beginnend auf einem generellen Abstraktionsniveau werden im ersten Teil zunächst maßgebende theoretische Rahmenbedingungen der Nachhaltigkeit erörtert, bevor diese anhand faßbarer operativer bzw. methodischer Instrumentarien bis hin zur Übertragung auf den Themenschwerpunkt der Forstwirtschaft – analysiert werden.

Teil zwei der Studie greift diese Diskussionsvoraussetzungen auf und unterzieht sie einer konkreten naturräumlichen Untersuchung sowie dem Vergleich zweier erhobener Fallstudien. Diese werden hinsichtlich der identifizierten Problemkonstellation analysiert, um erkannte Grenzen, aber auch potentielle Handlungsansätze aufzuzeigen.

Aufgrund der vorherrschenden inhaltlichen Verallgemeinerung und der daraus entstandenen Einbußen des Nachhaltigkeitskonzepts ist im zweiten Kapitel die Notwendigkeit zur grundlegenden Auseinandersetzung mit dem Anspruch nachhaltiger Entwicklung gegeben. Dabei bleibt es jedoch nicht bei einer reinen inhaltlichen Rückbesinnung, vielmehr stehen bereits Konfliktpunkte von Ökonomie-Ökologie sowie die tatsächliche Geltung sozialer Gesichtspunkte im Mittelpunkt.

Neben den daraus resultierenden Konsequenzen erfolgt eine kritische Zusammenfassung verbunden mit einer Auseinandersetzung der bestehenden Umsetzung des Konzepts in der bilateralen Zusammenarbeit. Dieses einleitende Kapitel des ersten Teils der Arbeit dient somit als Referenzpunkt, aus dem sich ein besseres Verständnis für nachfolgende, darauf aufbauende Kapitel ergibt.

Das dritte Kapitel befaßt sich mit der im Mittelpunkt der Dissertation stehenden Instrumentalisierung und Erfassung nachhaltiger Forstwirtschaft anhand von Kriterien und Indikatoren. Dabei werden auch allgemeingültige, speziell aber rein forstwissenschaftliche Terminologien erarbeitet.

Daran schließt sich eine Betrachtung internationaler Ansätze und Initiativen sowie eine Untersuchung der Umsetzungsrahmenbedingungen von Indikatorensystemen an. In Anlehnung an erkannte Konflikte des zweiten Kapitels befaßt sich diese Untersuchung mit der Quantifizierbarkeit und der potentiellen Erfassung des Nachhaltigkeitsgrades sowie mit einer Ermittlung möglicher Hierarchien innerhalb dieser Kriterien und Indikatoren zugunsten bzw. zuungunsten anderer. Mit einer ersten Betrachtung sozioökonomischer Inhalte der Forstwirtschaft auf theoretischer Ebene schließt dieses Kapitel und leitet gleichsam zu den Kernpunkten sozialer Nachhaltigkeit über.

Die Hervorhebung sozialer Belange in der tropischen Forstwirtschaft und deren Bedeutung in Kombination mit Anwendungsbereichen von Kriterien und Indikatoren, die den Kern der späteren empirischen Untersuchung darstellen, bilden den Schwerpunkt des vierten Kapitels. Eine Bewertung zur Stabilisierung der ländlichen Entwicklung, des partizipatorischen Ansatzes und der Identifikation von Interessengruppen werden besonders hervorgehoben. Zudem folgt eine Beurteilung sozialer Forderungen vor dem Hintergrund des Zertifizierungsprozesses, der eine wichtige Verwendung darstellt und maßgebend bei der Herausbildung forstwirtschaftlicher Kriterien und Indikatoren beteiligt war.

1.2 Konzeption und methodische Vorgehensweise

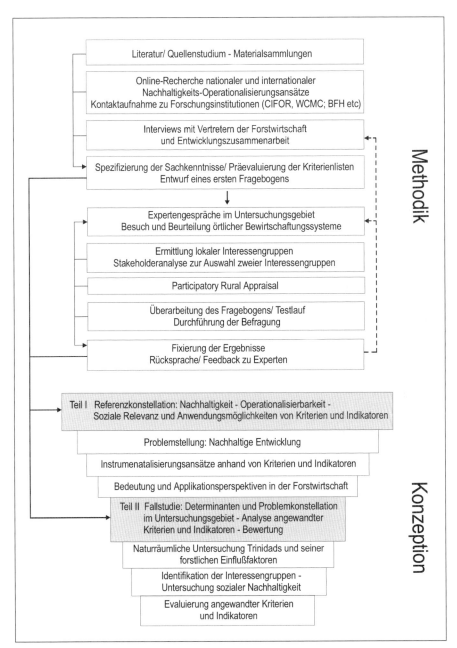

*Abb. 1: Schematische Darstellung des Forschungsgangs und der Konzeption
Quelle: Eigene Darstellung, 1999.*

Bevor sich der zweite Teil der Studie ganz der Auswertung und Interpretation der gewonnenen Daten annimmt, wird im fünften Kapitel zunächst das Untersuchungsgebiet hinsichtlich relevanter geographischer Faktoren vorgestellt. Dazu zählen naturräumliche und wirtschaftliche Determinanten, Einflußfaktoren der Forstwirtschaft und der Entwicklung des Waldbestandes sowie weitere aktuelle Konfliktsituationen. Außerdem wird die Funktion der Wälder in ihrer Bedeutung für soziale Wohlfahrt der betroffenen Bevölkerungsgruppen dargestellt.

In Anlehnung an die Wohlfahrtsfunktion der Wälder werden im sechsten Kapitel zunächst die für die Befragung relevanten Interessengruppen ermittelt. Nach der Wahl zweier Gruppen und Vorstellung des Bewirtschaftungssystems, in dem sie arbeiten, der Befragung möglichst repräsentativer Mitglieder folgt eine erste Auswertung der Fragebögen, um eine Einsicht in den sozioökonomischen Hintergrund beider Zielgruppen zu erlangen.

Es schließt sich die Auswertung und Interpretation des Zustandes bzw. des Status sozialer Nachhaltigkeit der untersuchten Bewirtschaftungsmodelle anhand der für beide Zielgruppen verwendeten Kriterien und Indikatoren an. Den Ausgangspunkt bilden die zuvor ermittelten Lebens- und Arbeitsbedingungen beider Zielgruppen. Die Untersuchung macht es sich zudem zur Aufgabe, das ökologische Problembewußtsein beider Gruppen in Anbetracht der voranschreitenden Vernichtung der Wälder aufzuzeigen. Im Mittelpunkt steht dabei die Frage, ob es aufgrund der unterschiedlichen Situation der Arbeiter, Unterschiede in ihrer Einstellung und ihren Verhaltensmustern den Wäldern gegenüber gibt.

Im siebten Kapitel sind die wichtigsten Erkenntnisse der theoretischen Aufarbeitung und empirischen Untersuchung in einer Schlußbetrachtung zusammengefaßt. Die Erfahrungen mit den verwendeten Kriterien und Indikatoren zur Erfassung Nachhaltiger Entwicklung, respektive sozialer Nachhaltigkeit werden dargelegt, um Grenzen und Spielräume deren Anwendbarkeit aufzuzeigen.

Methodische Vorgehensweise
Die Dissertation knüpft direkt an die Examensarbeit zum Thema Negative Determinanten einer nachhaltigen Nutzung tropischer Regenwälder Amazoniens an. Die jetzige thematische und naturräumliche Spezifizierung erforderte sinngemäß eine erhebliche Intensivierung des Literatur- und Quellenstudiums. Dabei erwiesen sich bereits bestehende Verbindungen, vor allem zu NGOs, als sehr hilfreich, um erweiterte Materialsammlungen zu betreiben.[1] Die erkannte Komplexität der Aufgabe und deren Anforderungen bedingten jedoch weitere Schritte, um der Formulierung des Forschungsproblems nachzukommen. In Anbetracht der globalen Dimension der Problemstellung und der daraus resultierenden verschiedenen Lösungsvorschläge unterschiedlichster Institutionen und übergeordneter internationaler Prozesse, wurden zunächst per Internet umfassende Online Recherchen vorgenommen.

---

[1] Hierbei handelte es sich beispielsweise um Greenpeace International, Initiative Tropenwald, Oro Verde-Stiftung zur Rettung des Tropenwalds, Rettet den Regenwald e.V.

1.2 Konzeption und methodische Vorgehensweise 7

Die auf diese Weise erfaßten Dokumente und der Kontakt zu den jeweiligen Vertretern bzw. Sachkundigen dieser Organisationen waren für den weiteren Fortgang und die Konzeption der Studie von großer Bedeutung, indem hierbei grundlegende Erkenntnisse für die Erstellung von Kriterien und Indikatoren nachhaltiger Forstwirtschaft erlangt – und durch Einsichten in die Kriterienkataloge der entsprechenden Institutionen ergänzt wurden.[2] Zwar ging bis zu diesem Zeitpunkt eine vielfache Bestätigung in der Auswahl des Forschungsproblems ein, jedoch folgte ein weiterer Schritt mit der Zielsetzung einer noch hinreichenderen Präzisierung der Fragestellung. Aufbauend auf den bereits gewonnenen Informationen wurde diese explorative Phase der Studie durch die Durchführung von Experteninterviews ergänzt. Die Erkenntnisse der vorhergehenden Schritte dienten dabei als Diskussionsbasis und waren weiterhin bei der Auswahl der zu befragenden Experten hilfreich.

Durch die fortgeschrittene Beschäftigung mit dem Themenkomplex gelang es, Fachleute zu erreichen, die bisherige Ergebnisse kommentieren und interpretieren konnten und neue Denkanstöße lieferten. Dabei sollte darauf geachtet werden, ein möglichst breites Spektrum von Fachleuten aus den unterschiedlichsten Bereichen abzudecken.[3] Bei den einzelnen Interviews handelte es sich zunächst um unstrukturierte Gesprächssituationen, um auf Bedürfnisse und Vorstellungen des Befragten einzugehen. Diese Interviewtechnik schien deshalb angebracht, da in dieser frühen Phase der Untersuchung der spätere Forschungsgegenstand noch nicht in allen Dimensionen umrissen war, und dadurch zusätzlich die Möglichkeit zur Erschließung noch unbekannter Problemzusammenhänge bestand.[4]

Die hierbei vorgegebenen Themenschwerpunkte folgten keiner festgesetzten Anordnung. Somit war es möglich, auf die jeweilige Gesprächssituation flexibel reagieren zu können. Im Hinblick auf noch folgende Schritte wurden die Interviews aber auch genutzt, um Operationalisierungsmöglichkeiten der später während der Feldforschungen anzuwendenden Kriterien und Indikatoren zu diskutieren. Die Bedenken und Anregungen der Experten hinsichtlich der Anwendung und methodischen Umsetzung der im Mittelpunkt stehenden Instrumentalisierbarkeit nachhaltiger Entwicklung waren für einen ersten Entwurf des Fragebogens maßgebend. In den Fragebogen flossen nicht nur diese kritischen, dennoch konstruktiven Gesichtspunkte, sondern auch das eigene Verständnis aus den vorhergehenden Recherchen ein.[5]

---

[2] Als besonders kooperativ gestaltete sich der Kontakt zu folgenden Einrichtungen: Center for International Forestry Research (CIFOR), World Conservation Monitoring Centre (WCMC) und Food and Agricultural Organization (FAO). Weitere Verbindungen wurden zum Forest Stewardship Council (FSC), International Tropical Timber Organization (ITTO) und International Union of Forestry Research Organizations (IUFRO) geknüpft.
[3] Eine Auflistung der befragten Experten ist im Anhang abgedruckt.
[4] Diese Interviewtechnik ist bei ROTH (1995, S. 305) und WESSEL (1996, S. 116, 132) anschaulich dargelegt.
[5] Auch CIFOR macht sich einen vergleichbaren Erkenntnisprozeß (Top-Down Approach) zunutze, beispielsweise um aus der Vielzahl von Kriterien und Indikatoren ein zuverlässiges Mindestset herauszuarbeiten; vgl. PRABHU, COLFER ET AL. (1996, S. 21) sowie MENDOZA, MACOUN ET AL. (1999, S. 25 ff.).

Der Einladung der Vereinten Nationen als Associate Researcher folgend dienten diese Schritte erwartungsgemäß zur Vorbereitung der Forschungen im Untersuchungsgebiet. Durch die Einbindung in das UN Programme of Action for the Sustainable Development of Small Island Developing States erfolgte aufgrund der vorgefundenen vielschichtigen Konfliktsituation eine Konzentration auf Trinidad; wobei die Situation sozialer Nachhaltigkeit unter den Waldarbeitern zweier Erhebungseinheiten anhand der in den Fragebogen eingegangenen Kriterien und Indikatoren miteinander verglichen werden sollte.[6]

Vorrangige Aufgabe war es, zunächst eine sorgfältige Auswahl der momentanen Bewirtschaftungssysteme, die als spätere Erhebungseinheiten in Frage kommen sollten, zu treffen. Hierbei erwiesen sich zahlreiche Gespräche mit Vertretern des Land- und Forstwirtschaftsministeriums und das eingehende Quellen- und Materialstudium vorhandener Nutzungsstrukturen von großem Vorteil. Durch diese Kontakte war es auch möglich, Forstbeamte bei den jeweiligen Ausfahrten und Besuchen der Bewirtschaftungseinheiten zu begleiten. Die bereits bestehenden Einblicke konnten somit durch den persönlichen Eindruck ergänzt werden. Parallel dazu folgten auch hier vor Ort weitere Interviews mit den Experten von Institutionen verschiedenster administrativer Ebene, unterschiedlichster Behörden und NGOs.[7]

Ziel dieser Gespräche war die Anpassung und Erweiterung des bereits entworfenen Fragebogens vor dem Hintergrund der lokalen Konfliktsituation und sozioökonomischer Bedingungen. Des weiteren erwiesen sich diese Gespräche als hilfreich, um herauszufinden, welche Interessengruppen (sog. Stakeholder) es in Trinidad in bezug auf die Nutzung der Wälder gibt, und in welchen der bereits besuchten Bewirtschaftungseinheiten diese tätig sind. Je größer die Abhängigkeit einer Gruppe von der Ressource Holz eingestuft wurde, um so interessanter erschien diese Gruppe für die spätere Befragung – gerade im Hinblick auf den sozialen Aspekt der Nachhaltigkeit. Dieser Vorgang diente sowohl die Erkennung, als auch der Eingrenzung der Zielgruppen. Um eine höhere Objektivität und Reliabilität der Ergebnisse aller Experten zu erhalten, kamen hierbei nur stark strukturierte Interviews in Betracht.[8] Die eigentliche Stakeholderanalyse, die eher einer quantitativen Befragung glich, erfolgte in Anlehnung an eine Vorgehensweise von CIFOR.[9]

Am Ende dieses Prozesses stand die Auswahl zweier unterschiedlicher Gruppen von Waldarbeitern, deren Situation anhand der Kriterien und Indikatoren, die in den Fragebogen eingegangen waren, untersucht werden sollte. Dabei handelt es sich um selbstangestellte auf privatwirtschaftlicher Basis arbeitende Lizenzträger sowie um die Arbeiter eines regierungseigenen Holzkonzerns.

---

[6] Eine ausführliche Schilderung des aktuellen Konfliktpotentials und dessen repräsentativen Charakters wird in Kapitel 4 dargelegt. Die Einteilung einer betrieblichen Situation als Erhebungseinheit und der einzelnen Arbeitsplätze bzw. Personen als Untersuchungseinheit wurde bei FRIEDRICHS (1990, S. 126) entnommen.
[7] Auch die in Trinidad aufgesuchten Gesprächspartner werden im Anhang aufgelistet.
[8] Unterschiedliche strukturierte Befragungen und deren Intention sind bei DIEKMANN (1995, S. 371 ff.) stichhaltig zusammengefaßt.
[9] Kapitel 5.1 widmet sich gänzlich dieser Methode; vgl. zusätzlich COLFER (1995) sowie COLFER with PRABHU, GÜNTER ET AL. (1999).

1.2 Konzeption und methodische Vorgehensweise

Vor der Durchführung der Erhebung stand jedoch eine mehrwöchige Teilnahme am herkömmlichen Leben, an zahlreichen Zusammenkünften der Zielgruppen sowie eine beobachtende Begleitung bei ihrer alltäglichen Arbeit. Dieser ergänzende qualitative Schritt der Wahrnehmung sozialer Interaktionsformen und Wertmaßstäben der jeweiligen Akteure trug maßgebend zur Vertiefung des Problemverständnisses regionaler und sozioökonomischer Zusammenhänge bei. Dieses Kennenlernen der konkreten Arbeits- und Lebensverhältnisse ist nicht nur als zusätzliche Hintergrundinformation für die Auswertung des empirischen Teils bedeutend, sondern nimmt vor allem dort denselben Stellenrang ein, wo soziale Aspekte mit rein quantitativen Methoden nicht zu fassen sind.

Oft stellen empirische Befunde die falsche Ausgangsbasis für eine Indikatorisierung und Operationalisierung von Sozialforschung dar, deshalb wurden sowohl hier als auch im Fragebogen qualitative Hilfsmittel eingebaut. Sinn und Zweck ist es, schlichtweg die Betroffenen ausreichend zu Wort kommen zu lassen.[10] Bei der Interpretation der quantitativen Ergebnisse tragen diese, über den eigentlichen Fragekatalog hinaus gewonnenen Informationen, wesentlich zu einem besseren Gesamtproblemverständnis bei.

Eine Überarbeitung des Fragebogens war aufgrund der Durchführung eines Testlaufs vonnöten. Diese Kontrollmöglichkeit gab Aufschluß darüber, welche Formulierungs- und Verständlichkeitsfragen auftraten, welche Antwortvorgaben Schwierigkeiten verursachten und welche Filterfragestellungen sich als zu unübersichtlich herausstellten. Neben den Modifikationen gab dieser Pretest auch die Möglichkeit zur eigenen Interviewschulung, die den späteren Einzelbefragungen zugute kam. Ein standardisierter Fragebogen wurde deshalb gewählt, um unterschiedliche Interpretationen derselben Frage durch wechselnde Formulierungen auszuschließen. Zudem hat diese Methode den Vorteil, Informationen von Fall zu Fall vergleichbar zu gestalten. Somit war die Möglichkeit gegeben, mehrere Forstbewirtschaftungen hinsichtlich sozialer Anforderungen der Nachhaltigkeit zu untersuchen.

Auf der Grundlage erster Erfahrungen und Ergebnisse wurden noch vor Ort Feedbackgespräche mit bereits konsultierten Experten unternommen. Anhand eines vorab verfaßten Zwischenberichts konnten die Ergebnisse nach der Rückkehr in Deutschland mit Hilfe hiesiger Experten überprüft werden. Die eingegangenen Stellungnahmen und Orientierungshilfen haben sich bei der Formulierung von Lösungsansätzen und der Kennzeichnung neuer, praktikabler Indikatoren als sehr nützlich erwiesen.

---

[10] Vgl. LAMNEK (1995, Bd. 1, S. 139 ff.).

ERSTER TEIL

Allgemeine Problemstellung zur Operationalisierbarkeit, sozialen Relevanz und Anwendungsmöglichkeit von Kriterien und Indikatoren nachhaltiger Entwicklung

2 DAS NEUE PARADIGMA DER UMWELTÖKONOMIE: NACHHALTIGE ENTWICKLUNG

2.1 Zur Entstehung des Nachhaltigkeitsprinzips

Die prinzipielle Möglichkeit und Gefahr der Überbeanspruchung, Verschlechterung und schließlich völligen Zerstörung der natürlichen Lebensgrundlagen besteht, seit der Mensch begonnen hat, sich die Ressourcen der Erde nutzbar zu machen. Solche zerstörerischen bzw. selbstzerstörerischen Eingriffe in vorgefundene Ökosysteme haben eine lange Tradition. Beispielsweise führte der Schiffsbau von Griechen und Römern zur Entwaldung und Verödung ganzer Küstenregionen des Mittelmeerraums.

Dasselbe Schicksal droht heute aufgrund der wirtschaftlichen Ressourcenplünderung einer Reihe von tropischen Wäldern. Viele der ökologischen Degenerationen unserer Erde gehen zumeist auch auf einen akuten Anstieg der Bevölkerungszahlen zurück. Um die Dauerhaftigkeit ihrer Existenz zu sichern, verfügen viele Gesellschaften mehr oder weniger willkürlich über einen neu zu erschließenden Naturraum und machen sich dessen Ressourcen rigoros zu eigen.

Die Befürchtung, daß es einmal zu einem katastrophalen Mißverhältnis zwischen den Ressourcen eines Lebensraumes und der Zahl der ihn beanspruchenden Menschen kommen könnte, geht zurück auf die Zeit der ersten industriellen Revolution, seit der sich die Bevölkerung explosionsartig vermehrte. Veranlaßt durch das Bevölkerungswachstum Englands um das Dreifache innerhalb eines Jahrhunderts, war es ROBERT MALTHUS, der als erster die Besorgnis äußerte, daß der geometrischen Vermehrung der Bevölkerung ein lediglich arithmetisches Anwachsen der Nahrungsmittelproduktion gegenüberstand.[11] Aus dieser unproportionalen Entwicklung folgerte er den nicht zu verhindernden Ausbruch von Hungersnöten, Epidemien und sogar Kriegen.

Als einzige Möglichkeit, dem Katastrophenkurs noch rechtzeitig entgegenzuwirken, betrachtete MALTHUS einen baldigen Bevölkerungsstop, der seiner Meinung nach durch spätere Heirat oder sexuelle Enthaltsamkeit erreicht werden könnte. In unserem Jahrhundert war es der Amerikaner WILLIAM VOGT, der schon 1948 Maßnahmen zur Bevölkerungsverringerung forderte.[12] Von ihm abgesehen fanden die Gedanken von MALTHUS besonders in den 50er und 60er Jahren kaum Beachtung. Betrachtet man die Entwicklung des weltweiten Bevölkerungsanstiegs, läßt sich erkennen, wie eng die Erweiterung der Ernährungsgrundlage und gestiegene Nutzungsansprüche mit ökologischen Degenerationen korrelieren. Bereits im 19. Jahrhundert war GEORGE PERKINS MARSH einer der ersten, der in seinen Veröffentlichungen sowohl auf regionale als auch globale Umweltprobleme hinwies.[13]

---

[11] Vgl. MALTHUS (1973).
[12] Vgl. HARBORTH (1989, S. 14).
[13] Vgl. MARSH (1974).

Jedoch aufgrund der euphorisch betriebenen weltweiten Industrialisierung wurden seine Bedenken strikt abgelehnt, womit er dasselbe Schicksal wie MALTHUS erlitt. Erst gegen Ende der 60er Jahre unseres Jahrhunderts verstärkte sich die Kritik an der vorherrschenden wachstumszentrierten Industrialisierung und in zunehmendem Maße an den Entwicklungstheorien bezüglich der Dritten Welt. Gerade der Erfolg eines wirtschaftlichen Fortschritts in den Entwicklungsländern wurde bis dahin hauptsächlich daran gemessen, wie perfekt unsere Verfahren übernommen wurden.

Andere wichtige Faktoren wie die Angepaßtheit an lokale Wirtschaftsstrukturen, Zugang verarmter Bevölkerungskreise zu den Innovationen sowie Sozial- oder Umweltverträglichkeit fanden keine Berücksichtigung. Vorherrschend war ein wirtschaftliches Wachstum ohne Rücksicht auf ökologische Verluste. Ein allmählicher Wandel dieser Prämissen drückte sich erst darin aus, daß die Umverteilung der Mehrwerte in den Vordergrund rückte. Verstärkt wurde die Deckung der elementaren Grundbedürfnisse der ärmeren Bevölkerungsschichten und ein gewissenhafterer Umgang mit der Umwelt gefordert. Zur Umsetzung dieser Ziele ging man in den 70er Jahren dazu über, speziell integrierte Entwicklungsprojekte zu realisieren.

Neben der Tendenz, große und teure Projekte zu gewähren, wurden erste Versuche unternommen, Entwicklungsmodelle auf der Basis einer weitgehenden Selbstbestimmung der Betroffenen zu entwickeln und sie damit enger in die Verantwortung der eigenen Umwelt miteinzubeziehen. Für eine weltweite Ausbreitung der Ökologiedebatte sorgten die in den Jahren 1971 und 1972 erfolgten Veröffentlichungen World Dynamics von JAY W. FORRESTER und Die Grenzen des Wachstums von DENNIS L. MEADOWS.[14] In diesen Studien untersuchten die Autoren besonders die Zusammenhänge von Industrieproduktion, Umweltbelastung und Ausbeutung der Ressourcen.

Wichtig erscheint hierbei, daß im Falle MEADOWS erstens die Thesen von MALTHUS wieder aufgriffen werden, zweitens die Annahme einer immerwährenden Rohstoffversorgung basierend auf einem grenzenlosen technischen Optimismus in Frage gestellt wird, und drittens Umweltzerstörungen als selbständige Faktoren der bevorstehenden Wachstumsbegrenzungen hervorgehoben werden. Im selben Jahr wurde das United Nations Environmental Programme (UNEP) in Verbindung mit der großen UN-Konferenz über Human Environment in Stockholm aus der Taufe gehoben. Ein wichtiger Schritt in Richtung Sustainable Development wurde mit der Schaffung der World Conservation Strategy (WCS) vollzogen.

In Zusammenarbeit mit dem World Wildlife Fund (WWF) war es ein Verdienst des UNEP, das der International Union for the Conservation of Nature and Natural Resources (IUCN) bei der Erstellung eines Prioritätenkatalogs zum Schutz der Umwelt verhalf. Dieser als WCS (World Conservation Strategy, d.h. eine weltumspannende Strategie für die Erhaltung der Natur) bekannt gewordene Bericht der dring-

---

[14] Vgl. FORRESTER (1971); MEADOWS, ZAHN und MILLING (1972).

2.1 Zur Entstehung des Nachhaltigkeitsprinzips 15

lichsten ökologischen Problembereiche forderte schon im Jahr 1980 eine Sustainable Utilization (nachhaltige Nutzung) erkannter Schwerpunkte.[15]

Das Bild der 80er Jahre war in zunehmendem Maße durch die Verschuldungsproblematik geprägt. Hervorgerufen durch die kontinuierliche Verschlechterung der Handelsbedingungen für Rohstoffe, das anhaltende Bevölkerungswachstum und wirtschaftliche Strukturschwächen etc. verschuldeten sich zahlreiche Länder, so daß teilweise die Nettorückflüsse von Zinsen und Kapital in die Industrieländer die gesamten Entwicklungsgelder um das Dreifache übertrafen. Viele der Maßnahmen zur Bekämpfung dieser immensen wirtschaftlichen Probleme haben dazu geführt, daß heute Volkswirtschaften zum Teil auf Kosten der sozial schwachen Bevölkerung und zum wiederholten Male durch den Ausverkauf ihrer Umwelt saniert werden.[16] Die kumulative Wirkung dieser Entwicklungen war es, die letztendlich zur Herausbildung des Nachhaltigkeitsprinzips führten. Die Basis nachhaltigen Denkens wird im Grunde schon in den 60er Jahren gelegt. Zur tatsächlichen Entstehung des heutigen Verständnisses von Nachhaltigkeit waren nach Meinung von ADAMS folgende fünf, sich überschneidende Faktoren ausschlaggebend:

„The first is that of nature preservation, an later conservation, in tropical countries. The second theme is the rise of tropical ecological science ... and the associated growth of concepts of ecological managerialism. The third theme concerns the growing global reach of scientific concern, particularly in the form of the Man and the Biosphere programme. The fourth is the rise of perceptions of global environmental crisis, and the fifth is the way international environment concern was focused by the 1972 Stockholm Conference. This Conference formed the immediate frame for the development of the ideas of sustainable development in the World Conservation Strategy."[17]

Es wird deutlich, welche Bedeutung besonders der Konferenz von Stockholm beizumessen ist. Sie kann als das Schlüsselereignis im Hinblick auf die Entstehung eines globalen Umweltbewußtseins angesehen werden. Die behandelten Themen der Konferenz waren vielschichtig. Sie reichten von Menschenrechtsfragen und Abrüstung über Umwelterziehung und -forschung bis hin zu Umweltverschmutzung und Schutz der nicht erneuerbaren natürlichen Ressourcen. Es wurde der Begriff der integrierten Entwicklungsplanung geprägt, um den Beschlüssen der Konferenz einen praktischen Bezug zu verleihen. Was mit diesem vagen Terminus jedoch konkret gemeint war, blieb in vielen Fällen ungeklärt. Demnach war es ein Schwachpunkt der Konferenz – zwar wurde die Notwendigkeit zum Handeln hervorgehoben – ohne jedoch darauf hinzuweisen, wie dies zu bewerkstelligen sei. Zum ersten Mal aber rückte der ökologische Sachverhalt in den Mittelpunkt einer globalen Problematik. Wie schon angedeutet, trug dazu auch die Gründung der UNEP bei, deren Aufgabenbereich zum Großteil die Erforschung des ökologischen Potentials bedrohter Naturräume umfaßt.

---

[15] Die Prioritätsanforderungen im Sinne der Nachhaltigkeit konzentrieren sich auf ökologische Prozesse und genetische Diversität. Sie werden ergänzt durch eine Reihe von Vorschlägen zur nachhaltigen Nutzung weiterer gefährdeter Ressourcen; vgl. ADAMS (1990, S. 44).
[16] Vgl. WÄLTY, KNECHT, SEITZ ET AL. (1990, S. 211).
[17] Vgl. ADAMS (1990, S. 15).

Als die Generalversammlung der Vereinten Nationen im Jahr 1983 die Einrichtung einer Kommission für Umwelt und Entwicklung beschloß, sollte endlich die konzeptionelle Basis des nachhaltigen Wirtschaftens konkrete Formen annehmen. Im Abschlußbericht Our Common Future der sog. BRUNDTLAND-KOMMISSION wird erstmals die Forderung nach Sustainable Development formuliert.[18] Diese Forderung beinhaltet eine neue Idee von wirtschaftlicher Entwicklung ausgehend von den umweltbeeinträchtigenden Erfahrungen vorangegangener Jahrzehnte.

Im Gegensatz zur Konferenz von Stockholm liegt nunmehr ein anschaulicher Entwurf zur potentiellen Realisierung der mannigfachen ökologischen Problembereiche vor. Anfänglich wurde der Begriff mit dauerhafter Entwicklung wiedergegeben. Es bürgerte sich aber bald darauf die Wendung nachhaltige Entwicklung oder Nachhaltigkeit ein. Aus unserer derzeitigen Sichtweise sind uns die Schwachpunkte des Entwurfs bewußt. Für die damalige Zeit beinhaltet das Konzept dennoch einen progressiven Ansatz, der bis heute nichts von seiner Attraktivität verloren hat.

2.2 Die Bedeutung von nachhaltiger Entwicklung

Vor dem Hintergrund zunehmender globaler Umweltzerstörungen und nicht zuletzt im Hinblick auf die geschilderte ökologische Degeneration Amazoniens, ist der Lösungsansatz der Nachhaltigkeit – bzw. der nachhaltigen Entwicklung – zu einem Schlüsselwort in der Debatte um die Neuorientierung der Wirtschaft sowie der internationalen Entwicklungspolitik geworden. Angesichts der sich verschärfenden weltweiten Umweltbeeinträchtigungen und der mittelfristig drohenden Ressourcenengpässen fand sowohl auf nationaler als auch auf internationaler Ebene, darunter ebenfalls bei den internationalen Entwicklungsorganisationen und -banken, ein Neuorientierungsprozeß statt, mit dem man Umweltfragen eine stärkere Beachtung schenken will. Auf diesem Wege sind nicht nur Umweltministerien und -ämter entstanden, zusätzlich hat gleichermaßen die weltweite Zusammenarbeit auf dem Gebiet des Umweltschutzes zugenommen.

Wie bereits erwähnt, hat der BRUNDTLAND-Bericht aber auch die Agenda 21, die Erklärung der Umweltkonferenz von Rio de Janeiro imJuni 1992, dem Nachhaltigkeitskonzept zum Durchbruch verholfen. Auf einen Nenner gebracht sollen darin die drei gleichberechtigten Ziele: Wirtschaftswachstum, Sozial- und Umweltverträglichkeit dauerfristig gewährleistet werden. Es liefert allerdings keine Handlungsanweisungen für konkrete Sachfragen. Vielmehr liegt sein Verdienst darin, auf globaler Ebene einen Grundkonsens zwischen Industrie- und Entwicklungsländern zu fördern. Es soll schon an dieser Stelle darauf hingewiesen werden, daß gerade dieses sich langsam herausbildende globale Netz eines Konsens noch zu wünschen übrig läßt. Die Erkenntnisse von Unabhängigen, Experten und Betroffenen garantieren noch nicht, daß deren Übereinkunft auch wichtige Politiker erreicht und sich in deren Handeln wiederfinden muß.

---

[18] Vgl. BRUNDTLAND ET AL. (1987).

2.2 Die Bedeutung von nachhaltiger Entwicklung

Angesichts der alleinigen Tatsache der Entstehung des Konzepts der nachhaltigen Entwicklung scheint man aber dahingehend übereinzustimmen, daß soziale und ökologische Konflikte im Vergleich zur noch immer vorherrschenden ökonomischen Gewichtung von Entwicklung weitaus stärker als bisher berücksichtigt werden müssen.

2.2.1 Definition

Die Vorstellung, daß die Erde als Lebensgrundlage erhalten bleiben muß, hat sich als sehr wirksam erwiesen, um das Umweltbewußtsein der Öffentlichkeit zu verstärken und auf die Notwendigkeit eines sparsamen Einsatzes von Ressourcen und eines schonenden Umgangs mit der Umwelt aufmerksam zu machen. Die Attraktivität des Gedankens der nachhaltigen Entwicklung, gleichermaßen sowohl für Industrie- und Entwicklungsländer, leitet sich aus der Verheißung ab, daß Entwicklung und Ressourcen- bzw. Umweltschutz miteinander zu vereinen sind.

Mit Nachhaltigkeit ist zunächst das Prinzip Überleben/Fortbestehen gemeint. Eine Gesellschaft kann dann als nachhaltig bezeichnet werden, wenn sie selbst existenzfähig bleibt. Mit anderen Worten: Sie ist so weitsichtig, so wandlungsfähig und so weise, daß sie die eigenen materiellen und sozialen Existenzgrundlagen nicht unterminiert.[19] Ein nachhaltiger Prozeß ist eine kontinuierliche Entwicklung hin zu einem qualitativ besser bewerteten Zustand. Er ist äußerst komplexer Natur. Es werden technische, ökonomische, ökologische, soziale, kulturelle, politische und räumlich-zeitliche Dimensionen miteinbezogen. Damit ist eine zeitliche Dynamik und eine räumliche Differenzierung gemeint. Diese formale Umschreibung des Begriffs läßt deutlich erkennen, welch unterschiedlicher Handlungsspielraum bei einer konkreten Auslegung vorhanden ist.

Sustainable development wurde angesichts dieser Tatsache zu einem allgemeinen Schlagwort und Leitgedanken in der globalen entwicklungspolitischen Diskussion. Unterschiedlichen Akteuren ist es daher ein leichtes, ihre speziellen Interessenlagen herauszuarbeiten bzw. hineinzuinterpretieren. Diese Begriffsanalyse verdeutlicht, daß auf formaler Ebene ein weitgehender Konsens über das Konzept erreichbar ist, während auf substantieller Ebene ein weitgehender Dissens verbleibt. Vor diesem Hintergrund wird es verständlich, daß verschiedene Autoren bei einer Definition von nachhaltiger Entwicklung, eigene spezifische Prioritäten und Anschauungen in den Vordergrund zu stellen versuchen. Ein Beispiel hierfür ist die auf rein mathematisch/wirtschaftlichen Überlegungen basierende Definition von PEARCE ET AL. In diesem sehr theoretischen Ansatz wird Entwicklung als ein Vektor betrachtet, der wünschenswerte soziale Ziele beinhaltet.

---

[19] Vgl. MEADOWS, MEADOWS und RANDERS (1992, S. 250).

PEARCE ET AL. nennen eine Reihe von Attributen, nach deren Maximierung eine Gesellschaft ihrer Meinung nach strebt:

„We take development to be a vector of desirable social objectives ... The elements of this vector might include: increases in real income per capita; improvements in health and nutritional status; education achievement; access to resources; a fairer distribution of income; increases in basic freedoms ... Sustainable development is then a situation in which the development vector does not decrease over time." [20]

Ähnlich abstrakt sind die Ausführungen von PEARCE in seiner schon 1985 veröffentlichten Arbeit zum Thema Sustainable Futures: Economics and Environment, in der der wirtschaftliche Aspekt im Vordergrund steht.[21] Ein weiterer Autor, der Nachhaltigkeit speziell in einen wirtschaftlichen Zusammenhang rückt, ist BARBIER. In seinem Artikel The Concept of Sustainable Economic Development kommt diese Komponente in besonderem Maße zum Ausdruck.[22] Des weiteren ist es vor allem PEZZEY, der sich ausschließlich der ökonomischen Analyse nachhaltiger Entwicklung widmet.[23] Diese einseitige Betrachtungsweise wurde häufig kritisiert und stieß vor allem auf Seiten vieler Ökologen auf Ablehnung. REDCLIFT bemerkt hierzu:

„... economic theory had difficulty in recognizing that both ecological and social systems evolve over time, in ways which change both of them. This uncertainty of evolving systems is not adequately accounted for by economists interested in risk within a neo-classical model ... human environmental preferences cannot be modelled by economists. Such modelling, however, is only useful when environmental goods can be clearly distinguished from other goods." [24]

Bislang war wenig die Rede von konkreten Bedingungen und Inhalten sozioökonomischer Prozesse, denn nachhaltige Entwicklung stellt im besonderen auch eine gesellschaftliche Leit- und Wertidee dar. Bedeutsam an einer solchen Wertentstehung ist, daß sich diese gesamtgesellschaftlichen Werte nicht an konkreten Normen und Zwecken, wie es zum Beispiel bei PEARCE der Fall ist, orientieren. Bestimmte Vorstellungen von Nachhaltigkeit dürfen deshalb nicht interessenbedingt vorgetragen werden. Auch die oft angeführte Definition von GOODLAND und LEDEC kann sich diesem Vorwurf nicht völlig entziehen. Nach ihrem Verständnis könne nachhaltige Entwicklung verstanden werden als:

„... a pattern of social and structural economic transformations (i.e. development) which optimizes the economic and other societal benefits available in the present without jeopardizing the likely potential for similar benefits in the future." [25]

Auch sie scheinen von ökonomischen Determinanten auszugehen. Es muß ihnen aber zugute gehalten werden, daß sie es im Vergleich zum rein wirtschaftlichen

---

[20] Vgl. PEARCE, BARBIER und MARKANDYA (1990, S. 2).
[21] Vgl. PEARCE (1985).
[22] Vgl. BARBIER (1987, S. 105).
[23] Vgl. PEZZEY (1992).
[24] Vgl. REDCLIFT (1987, S. 41).
[25] Vgl. GOODLAND / LEDEC (1986), zitiert in: MASSARRAT (1993, S. 113).

2.2 Die Bedeutung von nachhaltiger Entwicklung

Aspekt von PEARCE oder BARBIER besser verstehen, gesellschaftliche Wertvorstellungen auch im Hinblick auf zukünftige Generationen zu vermitteln. Entwicklung enthält eine zwar allgemeine, dafür aber ebenfalls neue gerechte Bestimmung. In ihren Thesen ergreifen GOODLAND und LEDEC eindeutig Partei etwa für momentan benachteiligte und explizit auch für zukünftige Generationen.

Es könnte dennoch der Eindruck entstehen, Nachhaltigkeit sei ein ausschließlich technischer Begriff, da sie nicht mit letzter Konsequenz argumentieren. Gerade der BRUNDTLAND-Bericht ist es, der sich der angedeuteten gesellschaftlichen Werturteile annimmt und sie unmißverständlich in den Vordergrund rückt. Besonders im folgenden Zitat wird dies deutlich:

„Mögen die Bilanzen unserer Generation auch noch Gewinne aufweisen – unseren Kindern werden wir die Verluste hinterlassen. Ohne Absicht und Aussicht auf Rückzahlung borgen wir heute von zukünftigen Generationen unser Umweltkapital. Unsere Nachfahren mögen uns ob unseres verschwenderischen Vorgehens verfluchen – unsere Schulden werden sie nicht mehr eintreiben können. Unser Verhalten ist bestimmt von dem Bewußtsein, daß uns keiner zur Rechenschaft ziehen kann. Künftige Generationen haben heute kein Wahlrecht, sie verfügen über keinerlei politische und finanzielle Macht und sind uns daher ohnmächtig ausgeliefert."[26]

Eindeutig ist die Zielsetzung der Kommission, das Aufzeigen unseres unverantwortlichen Handelns zukünftigen Generationen gegenüber zu erkennen. Wie die folgende Definition jedoch zeigt, wurde dabei keinesfalls vergessen, auf eine chancengleiche Entwicklung gerade auch für derzeitige Länder der Dritten Welt und auf die zunehmende weltweite Gefährdung des ökologischen Potentials hinzuweisen. Nachhaltige bzw. dauerhafte Entwicklung im Sinne dieser Weltkommission für Umwelt und Entwicklung wird von dessen deutschem Mitglied VOLKER HAUF wie folgt wiedergegeben:

„Unter dauerhafter Entwicklung verstehen wir eine Entwicklung, die den Bedürfnissen der heutigen Generation entspricht, ohne die Möglichkeiten zukünftiger Generationen zu gefährden, ihre eigenen Bedürfnisse zu befriedigen und ihren Lebensstil zu wählen. Die Forderung, diese Entwicklung dauerhaft zu gestalten, gilt für alle Länder und Menschen. Die Möglichkeit kommender Generationen, ihre eigenen Bedürfnisse zu befriedigen, ist durch Umweltzerstörungen ebenso gefährdet wie durch Umweltvernichtung und durch Unterentwicklung in der Dritten Welt."[27]

Es läßt sich erkennen, daß ein Hauptunterschied im Vergleich zu den Positionen anderer Autoren in der politischen Auffassung des Konzepts begründet ist. Der Bericht bringt das Problem der zunehmenden Umweltzerstörungen und der gnadenlosen Ausbeutung natürlicher Ressourcen in Verbindung mit den Nord-Süd-Beziehungen. Damit leitet die Kommission eine Diskussion über ökologische Problembereiche auf globaler Ebene unter Berücksichtigung der Lebensbedingungen von Menschen in wirtschaftsschwachen Ländern ein. Es ist gerade diese politische Komponente des Verständnisses von sustainable development, die dem Bericht weltweite Anerkennung und Unterstützung verleiht.

---

[26] Vgl. BRUNDTLAND ET AL. (1987, S. 9).
[27] Vgl. BRUNDTLAND ET AL. (1987, S. XV).

Abschließend sei erwähnt, daß allein in der englischsprachigen Literatur im Zeitraum zwischen 1980 und 1988 mindestens 33 unterschiedliche Definitionen nachhaltiger Entwicklung aufgetreten sind. Mehr als die Hälfte dieser Begriffsbestimmungen befaßten sich ausschließlich mit dem ökonomischen Aspekt, während ökologische und vor allem sozialverträgliche Anforderungen unterrepräsentiert sind.[28]

2.2.2 Konzeption

Die konzeptionelle Aufarbeitung nachhaltiger Entwicklung bedarf nicht nur einer Einsicht in deren Schwerpunkte, sondern muß sich von vornherein der Problematik der Umsetzbarkeit eben dieser Inhalte widmen. Deshalb ist es wichtig, die Voraussetzungen nachhaltigen Handelns zu kennen, da sich diese als Rahmenbedingungen sowohl für die Inhalte als auch deren Praktikabilität erweisen. In einer kritischen Betrachtung werden deshalb im folgenden zuerst diese Bedingungen erörtert, bevor Zielsetzungen und deren Realisierung im Mittelpunkt stehen.

Voraussetzungen
Eine Beschränkung auf die rein wirtschaftliche Perspektive könnte einen nachhaltigen Lösungsversuch mit folgender einfachen Frage umschreiben: welcher Rohstoff- und Umweltverbrauch ist möglich, wenn unsere Wirtschaft langfristig weiterbestehen soll? Optimisten gehen davon aus, daß es für alle aus wirtschaftlicher Sicht unverzichtbaren Funktionen der Natur als Rohstofflieferant geeignete Substitutionsmöglichkeiten gibt. Es gilt jedoch zu hinterfragen, auf welchen konzeptionellen Grundlagen und Voraussetzungen solche Überlegungen beruhen. JÖST und MANSTETTEN nennen für solch 'wissenschaftlich-technische' Konzepte drei grundlegende Bedingungen.[29] Erstens muß man sich darüber im klaren sein, für wieviele zukünftige Generationen die Ressourcen und die Aufnahmefähigkeit der Umwelt für Schadstoffe ausreichen soll. Dabei muß man außerdem berücksichtigen, wieviel Verzicht man den gegenwärtig lebenden Menschen zugunsten zukünftiger Generationen zumuten kann. Konkrete Modelle einer nachhaltigen Entwicklung können erst nach diesen Entscheidungen entworfen werden.

Als zweiten Punkt fordern sie, daß Naturwissenschaftler, Techniker und Ökonomen alle wesentlichen Daten innerhalb ihrer Bereiche kennen und weiteren Fachrichtungen zur Verfügung stellen müssen. Beispielsweise sollten Ökonomen über detaillierte Informationen von Geologen (Rohstoffvorkommen) und Ökologen (Belastbarkeit von Ökosystemen) verfügen, damit diese von den Naturwissenschaftlern vorgegebenen Werte eingehalten werden, ohne daß es zu weitreichenden Auswirkungen auf den wirtschaftlichen Prozeß kommt. Da sich jedoch die Konsequenzen unserer Eingriffe in die Natur sowohl räumlich als auch zeitlich (z.B. Klimawandel) nur schwer eingrenzen lassen, sind diese Anforderungen jedoch begrenzt umsetzbar.

---

[28] Eine Zusammenfassung in diesem Zeitraum erfaßter Definitionen wird in PEZZEY (1992, S. 55 ff. Appendix 1) präsentiert.
[29] Vgl. JÖST und MANSTETTEN (1993, S. 9).

2.2 Die Bedeutung von nachhaltiger Entwicklung 21

Die dritte Voraussetzung besteht in der Annahme, daß die Vorgaben der nachhaltigen Entwicklung im politischen Prozeß akzeptiert und gesetzlich festgelegt werden. Selbst wenn ein allgemeiner Konsens über nachhaltiges Handeln bestehen würde, wäre es fraglich, ob ein solcher Lösungsansatz auch im politischen Prozeß eines demokratischen Staates durchzusetzen ist, da zu viele Interessen vertreten werden müssen. Dieser einseitige, den wirtschaftlichen Aspekt in den Vordergrund rückende Ansatz, muß als nicht angemessen betrachtet werden, da Ökonomen und Politikern ein zu großer Handlungsspielraum beigemessen wird. Den Entscheidungsträgern wird eine Verantwortung aufgebürdet, der sie nicht gerecht werden können.

Einem anderen Weg, sich mit dem Problem der Nachhaltigkeit zu befassen, liegt die Einsicht zugrunde, daß uns nachhaltiges Wirtschaften auch Pflichten auferlegt. Wenn sich aus den Leitlinien unseres Handelns verbindliche Pflichten ableiten, tritt ein ethischer Aspekt hinzu. Sinn und Bedeutung haben diese Pflichten jedoch nur dann, wenn sie allgemeine Anerkennung finden, und der Wille vorhanden ist, diese auch einzuhalten. Demnach sind mit dem Nachhaltigkeitsgedanken genauso Pflichten verbunden, die an den Willen des Einzelnen und der gesamten Gesellschaft appellieren. Einige dieser 'strategischen Erfordernisse' beinhalten ein ökologisch verantwortungsvolles wirtschaftliches Wachstum, die Befriedung menschlicher Grundbedürfnisse nach Arbeit, Nahrung, Energie, Wasser sowie Hygiene oder die Einschränkung des explosionsartigen Bevölkerungswachstums etc.[30]

Um dies auf globaler Ebene, also unter Berücksichtigung des Nord-Süd-Konflikts, durchführen zu können, ist vor allem ein internationaler politischer Wille von Nöten. Nur auf diesem Wege kann durch nachhaltige Entwicklung ein wirtschaftliches Wachstum unter Berücksichtigung der menschlichen und naturräumlichen Situation – besonders in den Entwicklungsländern – sinnvoll gestaltet werden. Deshalb richten sich die geforderten sieben Voraussetzungen des BRUNDLANDT-Berichts in erster Linie an nationale sowie internationale politische und wirtschaftliche Institutionen, da sie eine solche Entwicklung am ehesten herbeiführen können.[31] Diese betreffen im einzelnen:

- ein politisches System, das wirksame Beteiligung von Bürgern an Entscheidungsprozessen sicherstellt,
- ein Wirtschaftssystem, das in der Lage ist, Gewinne zu erzielen sowie technisches Wissen auf einer selbständigen und dauerhaften Basis zu schaffen,
- ein Gesellschaftssystem, das Lösungen für die Spannungen findet, die durch unausgewogene Entwicklung entstehen,
- ein Produktionssystem, das die Verpflichtung anerkennt, die ökologische Basis für Entwicklung zu erhalten,
- ein technologisches System, das neuen Lösungen nachgeht,

---

[30] Vgl. BRUNDTLAND ET AL. (1987, S. 53).
[31] Vgl. BRUNDTLAND ET AL. (1987, S. 69). Auch die Forderungen bedeutender internationaler NGOs (WRI, UNDP, UNEP) orientieren sich an denen des BRUNDLANDT-Berichts; vgl. WORLD RESOURCES INSTITUTE ET AL. (1992, S. 8 ff.).

- ein internationales System, das dauerhafte Handels- und Finanzbeziehungen fördert, und
- ein Verwaltungssystem, das beweglich ist und eigene Fehler verbessern kann.

Diese im Hinblick auf Entwicklung erforderlichen nationalen und internationalen Bestrebungen unterliegen zum einen der Ernsthaftigkeit, mit der sie verfolgt werden, und zum anderen wie wirkungsvoll Abweichungen von ihnen korrigiert werden.

Zielsetzungen
Das Schlagwort der nachhaltigen Entwicklung kann als Zieldreieck umschrieben werden. Die drei gleichberechtigten Ziele Wirtschaftswachstum, Sozial- und Umweltverträglichkeit sollen für einen möglichst langen Zeitraum garantiert werden. Der Ausgangspunkt des Nachhaltigkeitsprinzips liegt in der Beziehung zwischen heutigem Konsumniveau und zukünftiger Rohstoffsituation und Umweltqualität.

Wenn es uns heute gelingt, auf maßlosen Konsum zu verzichten und somit Umweltbelastungen durch beispielsweise Schadstoffemissionen und Ressourcenverbrauch etc. zu senken, wird gleichzeitig die zukünftige Umweltqualität verbessert. Jedoch besteht auch die umgekehrte Möglichkeit, den heutigen Lebensstandard zu Lasten der zukünftigen Umweltqualität zu steigern.

Diese Sichtweise vernachlässigt jedoch die Tatsache, daß heutige Beeinträchtigungen der Umweltqualität keineswegs in allen Fällen erst zukünftige Generationen treffen müssen. Zwar treten bestimmte Umweltschädigungen mit zeitlicher Verzögerung oder gar kumulativ in Erscheinung, dennoch muß davon ausgegangen werden, daß ein Großteil umweltschädigender Aktivitäten sich zumindest teilweise unmittelbar in einer verringerten Umweltqualität niederschlagen.

Unter dieser Annahme entwickelte RADKE ein Modell, das sich mit den Wechselwirkungen zwischen dem Eigeninteresse der Gegenwartsgeneration und der natürlichen Umwelt befaßt (vgl. Abb. 2, S. 23).[32] Die Ausgangssituation wird durch drei sich beeinflussende Faktoren wiedergegeben. Diese verbildlichen die Interdependenz der direkten Wohlfahrtswirkungen der Umweltqualität und des ökonomischen Konsums, das produktive Potential natürlicher Ressourcen sowie die Irreversibilität zahlreicher Umweltschädigungen hinsichtlich der Funktionsfähigkeit und Belastbarkeit ökologischer Systeme.

In diesem Sinne handelt es sich um eine Analyse der gegenseitigen Beziehungen und daraus resultierenden Effekten zwischen Ökonomie und Ökologie. Dabei gilt es zu berücksichtigen, daß dieses Modell ein Bild der derzeitigen Situation widerspiegelt.

---

[32] Vgl. RADKE (1993, S. 11).

2.2 Die Bedeutung von nachhaltiger Entwicklung

RADKE unterstellt eine jeweils direkte positive Wohlfahrtswirkung sowohl dem ökonomischen Konsum (A) als auch der Qualität der Umwelt (B). Dies entspricht den üblichen Annahmen. Mit Pfeil (C) wird allerdings zum Ausdruck gebracht, daß eine Verschlechterung der Umweltqualität jeglichen ökonomischen Erfolg relativiert – und umgekehrt. Eine indirekte positive Wirkung der natürlichen Ressourcen wird durch Pfeil (D) dargestellt; diese beruht auf seinem Beitrag zur ökonomischen Produktion.

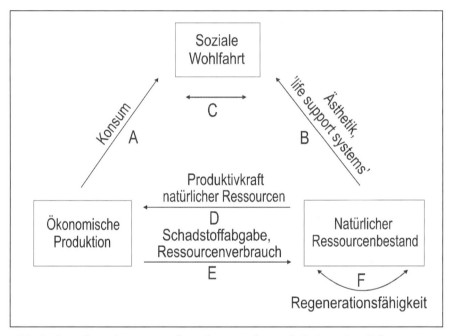

Abb. 2: Interdependenzen zwischen ökonomischer und ökologischer Sphäre
Quelle: RADKE 1993, S. 11.

Bezieht man das produktive Potential der natürlichen Ressourcen mit ein, ist festzustellen, daß die ökonomische Aktivität ihrerseits die gesellschaftliche Wohlfahrt in zweierlei Hinsicht beeinflußt: durch Ressourcenverbrauch und Schadstoffemission beeinträchtigt der ökonomische Prozeß den natürlichen Ressourcenbestand (E) und damit sowohl dessen direkte Wohlfahrtswirkung als auch die Produktivkraft der natürlichen Umwelt. Schließlich zieht diese Entwicklung Konsequenzen für den Prozeß selbst, sowie für seine direkten Wohlfahrtswirkungen nach sich. Einen weiteren Aspekt, den das Modell aufgreift, ist die unzutreffende Annahme, daß eine kontrollierte Verminderung des natürlichen Ressourcenbestandes im Interesse einer Steigerung des Lebensstandards beliebig möglich sei.

Der natürliche Ressourcenbestand ist grundsätzlich gebunden an die bestandsabhängige Regenerationsfähigkeit der jeweiligen Ressource (F). Für die mannigfachen Einzelkomponenten des natürlichen Ressourcenbestandes bedeutet eine übermäßige Beanspruchung die vollständige und unwiderrufliche Zerstörung der spezifischen Reproduktionskapazität; der irreversible Verlust der betreffenden Ressource ist somit vorauszusehen.

Auffällig ist, daß es sich bei den weltweit akutesten Ressourcenüberbeanspruchungen zum größten Teil um den im Mittelpunkt dieser Arbeit stehenden Verlust tropischer Wälder handelt. Die irreversible Zerstörung solcher Teilsysteme hat aber auch die Instabilität des ökologischen Gesamtsystems zur Folge. Die Vermeidung solch irreversibler Entwicklungen im Interesse zukünftiger Generationen ist das erklärte Ziel der Nachhaltigkeitsbestrebungen. Berücksichtigt man die getroffenen Annahmen, so beeinflussen produktionsbedingte Umweltbelastungen bereits die gegenwärtigen Produktions- und Konsummöglichkeiten. Jede Beeinträchtigung des natürlichen Ressourcenbestandes mindert daher bereits die heutigen ökonomischen Möglichkeiten. Wird nun zusätzlich der produktionstheoretische Wert der Umwelt miteinbezogen, zeigt sich, daß die Gegenwartsgeneration durch Raubbau an der Natur nicht nur deren Potential vernichtet, sondern auch die Basis ihres eigenen ökonomischen Erfolges in Frage stellt.

Daß bei sinkender Umweltqualität der gegenwärtige ökonomische Erfolg nicht in dem erhofften Maße gesteigert wird, daß sich die Rohstofflage und Umweltbeeinträchtigungen zuungunsten zukünftiger Generationen entwickelt, liegt auch den Gedanken HARBORTHs zugrunde.[33] Umweltqualität wird somit zur Voraussetzung für ertragreiches Wirtschaften. Ressourcen wurden für einen langen Zeitraum lediglich als ‚Input' im Produktionsprozeß aufgefaßt. Diese Betrachtung führte jedoch zu einer systematischen Fehleinschätzung. Der Verbrauch der natürlichen Ressourcen und die Verschlechterung der Umwelt sind nicht angemessen berücksichtigt.

Eine adäquate Beachtung des Ressourcenverbrauchs und den mit der Ressourcennutzung einhergehenden Belastungen würde mit Kosten verbunden sein, die den erreichten Output übertreffen.[34] Aus diesen bestehenden Problembereichen erwächst die Aufgabe der nachhaltigen Wirtschaftsweise. Sie fordert, die fortbestehenden ökonomischen Aktivitäten besonders zugunsten der Menschen in Ländern der Dritten Welt zu gestalten, zumal unsere Wirtschaft zum Großteil auf deren Ressourcen basiert. Dadurch werden auch die Existenzgrundlagen der nach uns kommenden Generationen weder in den Industrienationen noch in den Ländern der Dritten Welt entzogen. Nachhaltigkeit beabsichtigt, die Erhaltung der Ressourcen

---

[33] Vgl. HARBORTH (1991, S. 77).
[34] In diesem Sinne spricht HARBORTH von einem „herkömmlichen Rechnungswesen", das im Gegensatz zur „ökologischen Buchhaltung" steht. Das herkömmliche Rechnungswesen erfaßt nur den Einsatz betrieblicher Produktionsfaktoren wie Material, Arbeit, Energie und Abnutzung der Maschinen und Gebäude. Die anzustrebende ökologische Buchhaltung berücksichtigt dagegen auch den Verbrauch unwiederbringlicher Ressourcen und Gesundheitsbeeinträchtigungen. Die dadurch entstandenen Kosten können durch den erreichten Output nicht gedeckt werden; vgl. HARBORTH (1991, S. 77 f.).

2.2 Die Bedeutung von nachhaltiger Entwicklung

zu erreichen, um die Bedürfnisse der Gegenwart zu decken – damit sind auch Bedürfnisse der Menschen in den Entwicklungsländern impliziert. Es kann nicht erwartet werden, daß die Völker der Dritten Welt einen höheren Tribut an die Nachhaltigkeit der Ressourcennutzung auf globaler Ebene entrichten, als dies die reichen Staaten im Verlauf ihrer Industrialisierungsprozesse zu tun bereit waren bzw. sind. Dabei handelt es sich nicht nur um eine moralische, sondern auch um eine Frage der Machbarkeit, wenn man berücksichtigt, daß die verfügbaren Produktionsfaktoren für Investitionen in die Erhaltung oder Regeneration von Ressourcen meist extrem gering sind.

Aus diesem Grund ist die Inanspruchnahme vor allem der erneuerbaren Ressourcen so zu gestalten, daß die Nutzungsrate die natürliche Regenerationsrate nicht übersteigt. Mit Weitblick soll der Prozeß deshalb von statten gehen, damit die Befriedigung der Bedürfnisse künftiger Generationen nicht aufs Spiel gesetzt wird. Nachhaltige Entwicklung befaßt sich demnach mit der Umgestaltung der weltweit dominanten Wirtschafts- bzw. Industrieproduktion, die vornehmlich seit Mitte der 50er Jahre eine stetige profit- und wachstumsorientierte Tendenz aufweist. Es gilt, diese Umgestaltung mit Augenmaß und Weitblick, jedoch auch mit Nachdruck voranzutreiben, denn es gibt derzeit keinerlei Anzeichen, die auf eine eigenständige Verringerung der globalen Industrieproduktion schließen lassen.[35]

Zur Nutzung nicht erneuerbarer Ressourcen kann das Konzept der nachhaltigen Entwicklung nur in begrenztem Maße beitragen, da es vorwiegend am Substanzerhalt der entsprechenden Ressource interessiert ist. Nicht-erneuerbare Ressourcen lassen sich aber nicht im nachhaltigen Sinne nutzen, da ihr Abbau und Einsatz in wirtschaftlichen Prozessen immer zur Erschöpfung der Vorräte führt und außerdem mit irreversiblen Veränderungen in der Umwelt verbunden ist. Demnach ist eine Nutzung nicht erneuerbarer Ressourcen, vom nachhaltigen Standpunkt aus betrachtet, nur in dem Ausmaße zugelassen, als es gelingt, die gesamtwirtschaftliche Ressourcenproduktivität so zu erhöhen, daß es zu einem Rückgang des Verbrauchs an nicht erneuerbaren Ressourcen kommt – mit dem Ziel, diese allmählich vom Wirtschaftsprozeß zu lösen. Nachhaltige Entwicklung ist ein Konzept, um eine vollständige Kurskorrektur herbeizurufen.

Wichtig ist, daß man sich dabei über das oberste Ziel, die Deckung der Grundbedürfnisse – einschließlich der Erhaltung befriedigender Umweltbedingungen für alle gegenwärtigen und zukünftigen Menschen, einig ist. Der Konsens über diese Grundpositionen beinhaltet die folgenden Prioritäten.[36] Wachstum ist für die arme Mehrheit der Weltbevölkerung unumgänglich. Dies muß jedoch auf eine umweltverträgliche Art und Weise geschehen. Maximaler Wohlstand soll dabei nicht nur durch Art und Umfang des Kapitalstocks und technisches Wissen, sondern auch durch ökologisch relevante Determinanten begrenzt werden.

---

[35] Vgl. MEADOWS, MEADOWS und RANDERS (1992, S. 25 ff.).
[36] Vgl. HARBORTH, in HEIN (1991, S. 49).

Zu diesen zählen die Bestände und Bestandsveränderungen erneuerbarer sowie nicht erneuerbarer Ressourcen, Umweltbelastungen und die Zahl und Zunahme der Bevölkerung. Weiterhin ist der Verbrauch nicht erneuerbarer Ressourcen allenfalls als Übergangslösung bis zum Umstieg auf andere Verbrauchs- und Produktionsstrukturen zu begrenzen. Einflüsse auf die Qualität von Luft, Wasser und anderen natürlichen Elementen, was einschlägig unter dem Begriff *Tragedy of the Commons* populär wurde, müssen verringert werden, damit die gesamte Intaktheit des Ökosystems Erde erhalten bleibt.[37] Lebensstandards können nur dann dauerhaft bleiben, wenn auch bei den Verbrauchsstandards eine langfristige Dauerhaftigkeit in Betracht gezogen wird.

Dennoch leben besonders wir in den Industrienationen über die ökologischen Maßstäbe unserer Welt hinaus. Unsere Bedürfnisse sind sozial und kulturell bedingt. Im Hinblick auf den Nachhaltigkeitsgedanken sollten wir jedoch Werte fördern, die Verbrauchsstandards innerhalb der Grenzen des ökologisch Möglichen setzen, und nach denen sich alle richten könnten. In diesem Sinne ist auch die Forderung nach einer nachhaltigen Wirtschaft eine Forderung nach Gerechtigkeit. Der Inhalt der Gerechtigkeit in Bezug auf Nachhaltigkeit beruht nach REDCLIFT auf einer *Intergenerational Fairness* zwischen gegenwärtigen und zukünftigen Generationen.[38]

Die Erfüllung der aus ihnen hervorgehenden Pflichten basiert letztlich auf dem Willen einer großen Mehrheit der Gesellschaft, diese auch einzuhalten. Die Forderung an die gegenwärtige Generation, gegenüber den kommenden Generationen nachhaltig zu wirtschaften, appelliert an ihre Verantwortung. Die gleiche Forderung muß aber auch an die nächste Generation gerichtet werden können. Dies kann jedoch nur geschehen, wenn für die nächste Generation ebenfalls die Möglichkeit verantwortlichen Handelns besteht.

Umsetzbarkeit
Der Gedanke von nachhaltiger Entwicklung als einer globalen Leitidee läßt von vornherein erkennen, daß es diesbezüglich kein allgemeingültiges Patentrezept geben kann. Daher gibt es auf konkreter Ebene sicherlich verschiedene Wege der Umsetzung. Gerade die Ausarbeitung spezifischer Optionen von sustainable development, die für verschiedenartige gesellschaftliche Gegebenheiten jeweils besser geeignet sind, vermag es, das Potential der Umsetzbarkeit zu erhöhen. Zum einen können dadurch die Gesellschaften der Dritten Welt eine eigene praktikable Methode nachhaltiger Entwicklung verfolgen, und zum anderen können somit diese Einflüsse durch das westliche Entwicklungsmodell in Frage gestellt werden. Noch immer wird Nachhaltigkeit mehr als Prozeß denn als stationärer Zustand angesehen. Daraus resultieren Übergangsprobleme und unterschiedliche Übergangsmodelle, deren erfolgreiche Umsetzung von der Fähigkeit abhängt, sie den jeweiligen situativen und sich ändernden Gegebenheiten anzupassen.

---

[37] Vgl. BRUNDTLAND ET AL. (1987, S. 49).
[38] Vgl. REDCLIFT (1993, S. 8).

2.2 Die Bedeutung von nachhaltiger Entwicklung 27

Da ein stationärer Zustand noch nicht erreicht wurde, befinden wir uns in einer Übergangsphase, in der Nachhaltigkeit einer Reihe regionaler sowie lokaler gänzlich unterschiedlicher Ausgangsbedingungen Genüge leisten muß, um sich nicht zuletzt auch als entwicklungspolitisches Konzept zu etablieren.

Vor diesem Hintergrund wird die Errichtung 'neuer Institutionen zur globalen Entwicklung' diskutiert. Solch übergeordnete Institutionen mit einer entsprechenden internationalen Anerkennung könnten bei einer effizienteren Umsetzung des Nachhaltigkeitsprinzips zukünftig eine große Rolle spielen. Dem Beispiel internationaler Finanz-, Entwicklungs- und Friedenseinrichtungen folgend wäre eine Bildung globaler Arbeits-, Umweltschutz- und Rohstoffaufsichtsagenturen möglich, die die Kompetenz bereits existierender Organisationen bei weitem überschreiten.[39]

Die Forderung nach nachhaltiger Entwicklung und deren potentielle Realisation bedeutet noch lange nicht, daß wirkliche Umorientierungen zu erwarten sind. Die tatsächliche Umsetzung des Konzepts setzt rein formal betrachtet folgende Kriterien voraus: die relative Konsistenz des Konzepts, seine Anschlußfähigkeit an und Kompatibilität mit bestehenden Strukturen, sowie seine Verknüpfung mit den Interessen sozialer Akteure und deren gesellschaftliche Durchsetzungsfähigkeit.[40]

Besonders hinsichtlich der beiden zuletzt genannten Kriterien entstehen nach wie vor Konflikte. In vielen Entwicklungsländern kommt es aufgrund bestehender sozioökonomischer Verhältnisse zu Gegensätzen, wenn beispielsweise versucht wird, die Befriedung von Grundbedürfnissen durch eine umweltverträgliche landwirtschaftliche Produktionsweise zu erreichen. Tägliche Notwendigkeiten besitz- und mittelloser Menschen zur Sicherung des Überlebens verhindern oftmals deren umweltverträgliches Verhalten.

Es kommt zum Ausdruck, daß mit nachhaltiger Entwicklung verbundene Zielvorstellungen, wie die Beseitigung von Armut und Umweltverträglichkeit, sich nicht zwanglos kombinieren lassen. Außerdem setzt deren Verknüpfbarkeit passende Rahmenbedingungen voraus, die unterschiedlichste wirtschaftliche und soziokulturelle Bereiche betreffen. Wenn man in Betracht zieht, daß die akuten Menschheitsfragen – wie etwa der Zusammenhang zwischen Umwelt und Entwicklung – erst in ihrer Verknüpfung mit Interessenlagen relevant werden, und daß diese durch ihre Unterschiedlichkeit mit vielfältigen, sich wechselseitig hemmenden Interessenkonflikten verbunden sind, wird deutlich, daß eine idealtypische Problemlösung im Sinne der Nachhaltigkeit äußerst schwer zu finden, geschweige denn zu praktizieren ist. Die Umsetzbarkeit von sustainable development ist zwar nicht zwangsläufig auszuschließen, aber unter heutigen Gegebenheiten als doch eher fragwürdig anzu-

---

[39] Vgl. DIETZ ET AL. (1992, S. 219): „*Global institutions for the twenty-first century must thus fulfill two sets of functions: the traditional Keynesian functions of employment creation, income redistribution, and economic stabilization; and the new functions of resource conservation, waste management, environmental protection and planning for ecological stability. Fortunately the two functions are complementary in many respects.*"
[40] Vgl. MASSARRATT ET AL. (1993, S. 134).

sehen, so daß mit einer praktikablen und realen Durchführung allenfalls begrenzt gerechnet werden kann. Selbst Erkenntnisse über die effektive Nachhaltigkeit einzelner Projekte sind nur allzuoft unzureichend. Die Operationalisierung einer nachhaltigen Zielsetzung und deren empirische Überprüfung setzt die Messung von Projektwirkungen voraus. Da die Projekte jedoch vielfältige Zielsetzungen haben, wird die exakte Messung spezieller, besonders qualitativer Ziele erschwert.[41]

Nachhaltige Entwicklung versteht sich als ein Konzept, das dem Problem der Überentwicklung (oder Fehlentwicklung) der Industrieländer einerseits und dem der Unterentwicklung in den Staaten der Dritten Welt gleichzeitig Rechnung trägt. Es ist zu befürchten, daß der Konsens umso brüchiger wird, je weiter man in der Ziel-Mittel-Hierarchie hinabsteigt zu den konkreten Maßnahmen, die sowohl von einzelnen Projektkonzeptionen als auch von Individuen oder gar Gesellschaften im Interesse der Nachhaltigkeit zu berücksichtigen wären.[42]

2.3 Nachhaltigkeit in der Ökonomie

In Anbetracht der fortschreitenden Degeneration weiter Teile des globalen Naturhaushalts kommt der Lösung des Konfliktes zwischen Ökonomie und Ökologie eine besondere Bedeutung zu. Alternative Strategien müssen unmittelbar auf die dringlichsten Problembereiche, wie sie zum Beispiel die tropischen und subtropischen Wälder mit ihrer unwiederbringlichen Biodiversität darstellen, ausgerichtet sein. Gerade dort fallen die natürlichen Ressourcen rein kurzfristig ausgelegten wirtschaftlichen Aktivitäten zum Opfer.

Bisherige Lösungsansätze ziehen den ökologischen Aspekt unzureichend mit ein und konzentrieren sich auf die Umsetzung des Umweltschutzes durch konventionelle und betriebswirtschaftlich orientierte Methoden. Ein effektiverer Schutz der erkannten ökologischen Konfliktpunkte bedarf zuzüglich der bestehenden Maßnahmen unkonventionelle Möglichkeiten der Versöhnung umweltpolitischer und wirtschaftlicher Ziele.[43] Ökologisch angepaßte Wirtschaftsformen, wie sie von Seiten der Umweltökonomie propagiert werden, lassen bis zum heutigen Zeitpunkt an der Ernsthaftigkeit, mit der sie gefordert werden, zweifeln. Insbesondere Entwicklungs- und Schwellenländern wurden von den wirtschaftswissenschaftlichen Entwicklungen im Bereich der Umweltökonomie nur spärlich berührt. Die Gründe hierfür liegen in der Dominanz des bestehenden internationalen Wirtschaftsgefüges, das von den hochindustrialisierten Ländern maßgebend beeinflußt wird.

---

[41] Vgl. STOCKMANN und GAEBE (1993, S. 38) und auch STOCKMANN (1997, S. 97 ff.).
[42] MIKUS (1988, S. 106) veranschaulicht einen solchen komplexen und dennoch idealtypischen Projektplanungs- und Durchführungszyklus, in den schließlich die spezifischen standort- und themenspezifischen Attribute nachhaltiger Entwicklung anhand von Kriterien und Indikatoren eingebaut werden müssen.
[43] Für die Bewirtschaftung tropischer Wälder stellt eine solche Maßnahme die Vergabe von Zertifikaten, sog. Ökolabels dar, die dem Verbraucher die Herkunft des Holzes aus einem nachhaltigen Bewirtschaftungssystem garantieren sollen; vgl. Kapitel 3.4.

2.3 Nachhaltigkeit in der Ökonomie

Dieses beherrschende System, dessen ökologische und soziale Effekte die derzeitigen weltweiten Probleme kennzeichenen, ist mit dem Nachhaltigkeitsgedanken nicht zu vereinbaren. Im Gegenteil, es stellt nachhaltige Entwicklung in Frage. Diese Situation liegt dem folgenden Kapitel zugrunde. Da Nachhaltigkeit aber, wie gezeigt, auch ohne ökonomische Entfaltung nicht möglich ist, müssen Konzepte erarbeitet werden, die wirtschaftliche Dynamik mit nachhaltiger Entwicklung in Einklang bringen.

2.3.1 Wirtschaftliche Dynamik als Gegensatz zur nachhaltigen Entwicklung

Wirtschaftliche Dynamik muß als *der* Hemmfaktor vieler nachhaltiger Bestrebungen betrachtet werden. In den meisten Fällen hängt die Frage nach einer effizienten Umsetzung von sustainable development nicht zuletzt von bestehenden ökonomischen Interessen ab. Aus dieser zentralen Stellung der wirtschaftlichen Dynamik, hinsichtlich des Erfolgs bzw. des Mißerfolgs der Nachhaltigkeit und somit auch sozial verträglicher Gesichtspunkte, entsteht die Notwendigkeit, sie anhand eines eigenen Kapitels hervorzuheben. Zum derzeitigen Zeitpunkt läßt sich erkennen, daß das Eigeninteresse der Gegenwartsgeneration an einem schonungsvollen Umgang nicht nur im öffentlichen Bewußtsein und den entsprechenden Handlungsweisen unterentwickelt, sondern auch in der ökonomischen Theoriebildung unzulänglich berücksichtigt wird.

Obwohl gerade in jüngster Zeit negative Folgen ökonomischer Aktivitäten verstärkt in gesellschaftliche Entscheidungsprozesse miteinbezogen werden, gelangt man dennoch zu dem Ergebnis, es sei unter bestimmten Bedingungen gesellschaftlich vorzuziehen, eine Entwicklung zu beschreiben, die absehbar in die Umweltkatastrophe führt.[44] Oft wird dabei argumentiert, das Streben nach mehr Wohlstand gehöre zu unserem Lebensstandard, in der Hoffnung, daß es uns in Zukunft noch besser gehen könne. Allerdings kann man im Gegenzug die Frage stellen, ob unser Lebensstandard, qualitativ aufgefaßt, überhaupt bewahrenswert ist? Die Annahme, ein Wachstum des Wohlstandes gehöre unweigerlich zum Lebensstandard unserer Gesellschaft, führt zum Mittelpunkt sowohl ökonomischer als auch ethischer Fragestellungen, die eng in Verbindung mit dem Prinzip der Nachhaltigkeit stehen.

Das Streben nach einem immer größer werdenden wirtschaftlichen Wachstum bzw. Wohlstand liegt im Wesen der neuzeitlichen Ökonomie und des Menschen selbst. Dieses Phänomen, daß Menschen in der Regel mehr wollen als sie haben, wird als Nichtsättigungsannahme bezeichnet.[45] Aus Sicht der Wirtschaft führt dieses Streben in seinen Resultaten zu einer sich ständig erweiternden Güterausstattung. Eine Aussage über das qualitative Maß dieser Ausstattung kann jedoch nicht mit derselben Bestimmtheit getroffen werden. Bei der Konzeption von Nachhaltigkeit bezüglich wirtschaftlicher Aktivitäten geht es vor allem um die Einhaltung von Grenzen einzelner, besonders nicht-erneuerbarer Ressourcen.

---

[44] Vgl. RADKE (1993, S. 15).
[45] Vgl. JÖST und MANSTETTEN (1993, S. 21).

Für unsere Gesellschaft und Wirtschaftsweise stellt die Einhaltung von Grenzen jedoch ein potentielles Problem dar, da wir bestrebt sind, die Grenzen unseres Konsums möglichst zu erweitern. Setzt man eine Haltung der Nichtsättigung voraus, führt diese zu einem maßlosen Ressourcen- und Umweltverbrauch, wie ihn im Grunde die derzeitige Situation der globalen Umweltbeeinträchtigungen darstellt. Aufgrund dieser Konstellation läßt sich nachvollziehen, daß Nichtsättigung und Nachhaltigkeit nicht miteinander zu vereinen sind. Eine maßgebende Änderung dieser Situation hätte eine radikale Änderung der Grundlagen unserer Wirtschaft zur Folge und würde ein ganz neues Verständnis des wirtschaftlichen Prozesses verlangen.

Insgesamt betrachtet sieht man noch keine echte Veranlassung, an der ökologischen Machbarkeit des bestehenden Wirtschaftsmodells zu zweifeln. Nach wie vor dominiert die feste Überzeugung, Wirtschaft sei nur ein relativ kleines Teilsystem in einem großen, unendlich ressourcenreichen und absorptionsfähigen ökologischen Globalsystem. Dieser Sichtweise liegt die Überzeugung zugrunde, daß das globale Ökosystem mühelos in der Lage ist, die für den Wirtschaftsprozeß benötigten Ressourcen (einschließlich Energie) zu liefern und die dabei anfallenden Abfallstoffe (einschließlich Abwärme) zu absorbieren.[46]

Unverständlicherweise wird dabei außer acht gelassen, daß auch das Wirtschaften in einer ökologisch reichen und belastbaren Welt an seine Grenzen stößt, wie der Industrialisierungsgang der westlichen Welt belegt. Deshalb führt der bestehende Ressourcentransfer aus den Entwicklungsländern zwangsläufig zu derselben fatalen Ressourcenverminderung und Degeneration qualitativer Umweltaspekte wie dies in den Industrienationen der Fall war. Eine Mißachtung bzw. Inkaufnahme dieser Umstände widerstrebt sowohl der Inter- als auch der Intra-Generationen-Gerechtigkeit nachhaltiger Entwicklung. Da gerade die politisch schwachen Gesellschaften der Dritten Welt den Weltmarktbedingungen unterliegen, ist diese Situation mit Nachdruck abzulehnen.

Zwischen Nachhaltigkeit als ökologischer Zielsetzung und der eigentlichen Umweltökonomie herrscht eine große Diskrepanz, die sich auch in absehbarer Zeit kaum vermindern läßt. Obwohl ökologische Ziele auf verschiedenster Ebene ausführlich diskutiert werden, gelingt es nicht, die Brücke zur Ökonomie zu schlagen, um somit dem Konzept Taten folgen zu lassen.Da sich nachhaltige Entwicklung mit der Logik der vorherrschenden Wirtschaftsweise nur unzureichend vereinen läßt, sind die gegenwärtigen Umsetzungsschwierigkeiten nur allzu verständlich. Wirtschaft ist auf die Maximierung bestimmter Größen wie Geld, also auf Gewinn und allgemeinen Wohlstand ausgerichtet. Zwar lassen sich hierbei ökologische Gesichtspunkte integrieren, versucht man aber die umfassenden Funktionen von Ökosystemen und deren Erhaltung konkret mit der Sprache der Wirtschaft zu erfassen, werden mannigfache Interessensunterschiede offenbar.

---

[46] Vgl. GOODLAND und DALY (1992, S. 28).

2.3 Nachhaltigkeit in der Ökonomie

Beispielsweise ist der Wert der Erhaltung der natürlichen Umwelt ökonomisch nicht darstellbar, da den Leistungen der Umwelt kein sinnvoller Preis zugeordnet werden kann. Nur eine gesamthafte Betrachtung verschiedener Umweltindikatoren unter Einbezug grenzüberschreitender Umweltbelastungen kann Hinweise darauf geben, ob Nachhaltigkeitsregeln verletzt wurden und die wirtschaftliche Entwicklung eines Landes zumindest tendenziell in Richtung nachhaltiger Naturnutzung geht oder nicht.

2.3.2 Wirtschaftliche Dynamik im Einklang mit nachhaltiger Entwicklung

Im Sinne der Nachhaltigkeit müssen an einen vernünftigen Wirtschafts- und Entwicklungsprozeß drei Forderungen gestellt werden, um dessen Langfristigkeit und selbsttragenden Charakter zu gewährleisten. Diese beinhalten Existenzsicherung, Sozialverträglichkeit aber auch Umweltverträglichkeit. Gerade mit dem zuletzt genannten Punkt ist ein schonender Umgang mit der Natur, der Landschaft, den Böden und den Ressourcen sowie Erhaltung eines Milieus, das der physischen wie psychischen Befindlichkeit der Menschen Rechnung trägt, verbunden.

Da die Verursacher und Profiteure des vorherrschenden Entwicklungsstils zwar weniger zahlreich, jedoch aber sehr einflußreich sind, kam es daher in den wenigsten Fällen zu einer Sensibilisierung für die Qualität der gesellschaftlichen und somit auch wirtschaftlichen Prozesse. Auf diese Weise kommt es zu dem bereits beklagten Widerspruch zwischen Ökonomie und Ökologie. Trotzdem muß wirtschaftliche Nutzung und Erschließung nicht immer zwangsläufig mit ökologischen Schäden verknüpft sein. Gelingt es, das Spannungsverhältnis zwischen quantitativen und qualitativen Entwicklungstendenzen zu verringern, kommt es zu einer sinnvolleren wirtschaftlichen Dynamik bzw. einem dauerhaften Entwicklungsstil.

Nach Meinung WÖHLCKES ist dies zu bewerkstelligen, indem man beide Aspekte in ihren Wechselbeziehungen optimiert. Eine möglichst hohe wirtschaftliche Dynamik ist demnach unangebracht, wenn sie einen destruktiven Stil aufweist, andererseits sollte der geforderte Stil mit einer selbsttragenden wirtschaftlichen Dynamik einhergehen, um wirkungsvoll zu sein.[47] Aus den genannten Gründen muß es zu einer Veränderung der Qualität des Wachstums kommen. Einer nachhaltigen Wirtschaftsweise liegt deshalb ein Wandel in der Art des Wachstums zugrunde, damit es gelingt, eine weniger material- und energieintensive Entwicklung voranzutreiben. Nach Einschätzungen der Brundtland-Kommission ist jegliche wirtschaftliche Entwicklung dann nicht nachhaltig, wenn ihre Anfälligkeit für Krisen zunimmt.

Es ist aber durchaus möglich, diese Anfälligkeit zu reduzieren, so z.B. durch den Gebrauch von Technologien, die Produktionsrisiken mindern, durch die Wahl institutioneller Möglichkeiten, die Marktschwankungen beschränken und durch die Anlage von Reserven, insbesondere von Nahrungsmitteln und Fremdwährung.

---

[47] Vgl. HEIN (1991, S. 111).

Zusätzlich erfordern Erwägungen über Nachhaltigkeit, daß Aktivitäten zurückgestellt werden, die kurzfristig finanziell attraktiv erscheinen.[48] Bei entsprechender Berücksichtigung dieser Überlegungen kann es zur Bildung eines wirtschaftlichen Idealmodells kommen, indem die drei Hauptkomponenten Gesellschaft, Wirtschaft und Umwelt gleichberechtigt nebeneinander stehen, wie dies in Abbildung 3 dargestellt ist.

Die gegenseitige Inanspruchnahme sowie die Abhängigkeit der Komponenten untereinander wirkt sich ausgleichend und stabilisierend auf das gesamte Wirkungsgefüge aus. Es wird verhindert, daß sich eine Komponente (A) zuungunsten der anderen (B, C) entwickelt, da die Verringerung deren beider Potentiale für sie (A) selbst restriktive Konsequenzen zur Folge hätte.[49]

Nachhaltige Wirtschaftsweise basiert auf der Voraussetzung, daß Umwelt- und Sozialverträglichkeit von ihr nicht abgekoppelt werden können. Weder zeit- noch sachgemäß erweist sich demnach eine ökonomische Handlungsweise, die Natur und ihre Gesellschaften als ein freies Gut betrachtet. Beide sind nicht im Überfluß vorhanden und nicht beliebig verfügbare Objekte von Technik und Industrie für eine auf maximale Produktion ausgerichtete Wirtschaft.[50]

Humanverträglichkeit und ökologische Verträglichkeit müssen vielmehr zu Trägern der wirtschaftlichen Umorientierung werden, die nicht mehr das Bruttosozialprodukt, sondern die Wahrung der Lebens- und Umweltqualitäten in den Mittelpunkt stellen.[51] Eine ernstgemeinte ökologische Umorientierung der Industriegesellschaft im Sinne der Nachhaltigkeit wird um strukturelle Veränderungen nicht herum kommen. Ökologische Prozesse müssen dabei vor irreversiblen Entwicklungen bewahrt bleiben, während gleichzeitig von ökonomischen Prozessen eine höchst mögliche Flexibilität gefordert werden muß. Ohne diese Umorientierung, die auf einem umweltentlastenden Strukturwandel, einer vorsorgenden Umweltpolitik und einer ökologischen Wirtschaftspolitik beruht, ist eine zukunftsfähige Entwicklung nicht möglich.[52]

---

[48] Vgl. BRUNDTLAND ET AL. (1987, S. 57).
[49] Der Ansicht einer potentiellen Durchführbarkeit einer nachhaltigen Wirtschaftsweise, wie sie durch die BRUNDTLAND-Kommission und HARRIS (1992) aufgezeigt wird, schließt sich auch MUNN (1988, S. 2/3) an, wenn er schreibt: „...the world development does not necessarily imply growth. It may convey the idea that the world, society or the biosphere is becoming 'better' in some sense ... The word therefore involves a value judgement. In principle, development could become sustainable through structural changes (economic, political, cultural or ecological) or a succession of technological break-throughs." Vgl. hierzu auch ADAMS (1990, S. 66 ff.).
[50] Vgl. HÖHN (1994, S. 13). Der Autor verweist auf ethische Grundlagen umweltgerechten wirtschaftlichen Handelns.
[51] Vgl. hierzu auch GARDNER und ROSELAND (1989, S. 32): „The measure of wealth would reside not in the growth of the GNP, but in the sense of personal belonging and usefulness that can be found in sharing and community; in the sense of empowerment and the opportunity for creativity that comes with self-determination; in the sense of connectedness to our natural environment associated with increased access to and understanding of healthy ecosystems ..."
[52] Vgl. SIMONIS (1996).

2.3 Nachhaltigkeit in der Ökonomie

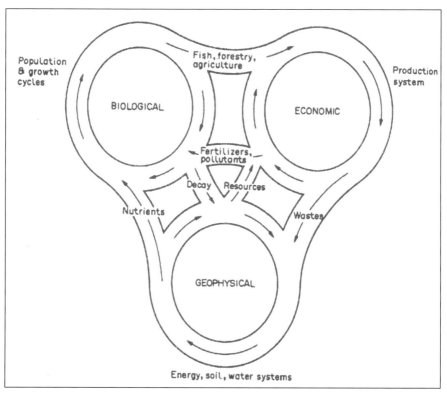

Abb. 3: Kreislaufmodell: Gesellschaft / Wirtschaft / Umwelt
Quelle: HARRIS, in: DIETZ, SIMONIS, VAN DER STRAATEN 1992, S. 216.

Die Erwartungen bezüglich der Umsetzung dieser Forderungen dürfen jedoch nicht zu hoch gesteckt werden. Zwar ist es wichtig, solche Anforderung mit Nachdruck zu stellen, ohne tatsächliche wirtschaftspolitische Konsequenzen wird sich an der bestehenden Situation dennoch wenig ändern. Oft scheitert es schon an der Bereitschaft, die Vertreter der unterschiedlichen Denkweise zu einem echten Dialog zu führen. Hinzu kommen Probleme unangepaßter Lösungsansätze, die eine notwendige Abstimmung auf soziale und naturräumliche Determinanten der Konfliktregionen vermissen lassen.[53]

---

[53] Am Beispiel der Mata Atlântika Brasiliens untersuchte FUCHS verschiedene Lösungsansätze, die Ökonomie und Ökologie vereinten. Deren Erfolg war zum Großteil durch die Angepaßtheit an örtliche soziale und ökologische Handlungsspielräume bedingt; vgl. FUCHS (1996).

2.4 Konsequenzen der Nachhaltigkeit

Die Komplexität des bereits erarbeiteten Konfliktpotentials läßt darauf schließen, daß nachhaltige Entwicklung zum jetzigen Zeitpunkt nur schwer vorstellbar zu praktizieren ist. Allenfalls bestimmten Teilbereichen konkreter Projekte mit Modellcharakter mag eine Annäherung an nachhaltige Nutzungsformen gelungen sein. Den plausibel klingenden Ansätzen der Nachhaltigkeit stehen bei der Umsetzung eine Reihe verschiedenster Hindernisse entgegen. Diese gebärden sich als ebenso vielschichtig wie es die Ideale der Nachhaltigkeit selbst sind. Deshalb möchte die vorliegende Arbeit keine Vereinfachung im Sinne des Ökonomie-Ökologie-Verhältnisses betreiben.

Aus der Ambivalenz der Gesamtsituation läßt sich erkennen, daß es keine Patentlösungen – auch nicht für Teilbereiche der Nachhaltigkeit gibt. Im Wissen um diese Gegebenheit mutet eine Zusammenstellung von Einzelschritten zur Umsetzung von Nachhaltigkeit beinahe utopisch an. Prinzipiell können aber Rahmenbedingungen geschaffen werden, die sowohl auf nationaler als auch auf internationaler Ebene die Voraussetzungen zur Verwirklichung nachhaltiger Entwicklung verbessern. In den folgenden beiden Kapiteln sollen einige dieser Möglichkeiten zusammengetragen werden. Auch sie besitzen keinesfalls den Anspruch der Vollständigkeit. Vielmehr geht es darum, grundsätzlich Möglichkeiten aufzuzeigen, die Verantwortungsfähigkeit und den Willen zur Bereitschaft hinsichtlich nachhaltiger Entwicklung widerspiegeln.

2.4.1 Maßnahmen auf nationaler Ebene

Die bisherigen Entwicklungsparadigmen des Merkantilismus, Marxismus oder Kapitalismus, um nur einige zu nennen, haben allesamt nicht zu einer nachhaltig orientierten wirtschaftlichen Entwicklung geführt. Durch diese Theorien wurde der Weg zu einer nachhaltigen Entwicklung mehr verstellt als geebnet. Dabei scheint das zentrale Problem weniger in einer mangelnden Dynamik als in der Qualität der gesellschaftlichen Prozesse zu liegen. Besonders zeigt sich dies in den Ländern der Dritten Welt, wo sich zusätzlich zur ökonomischen Unterentwicklung eine soziale sowie ökologische Fehlentwicklung gesellt. Dafür sind zahlreiche Ursachen interner wie externer Art verantwortlich.

In bezug auf die ökologische Problematik muß man sogar von einer chronischen und sich verstärkenden Krise sprechen, die in bestimmten Bereichen einen beinahe irreversiblen Charakter angenommen hat. Was konkrete Maßnahmen anbelangt, so gilt es, zuerst die Bekämpfung der Hauptproblembereiche Armut und Bevölkerungswachstum voranzutreiben, deren Auswirkungen auf die jeweilige Landeswirtschaft und Umweltqualität schon seit langem nicht mehr zu übersehen sind. Die negative Korrelation zwischen Umweltqualität und staatlichem, sowie individuellem Einkommen muß einer Umorientierung unterzogen werden, die jedoch nicht auf weiteren direkten Wohlfahrtseinbußen basieren darf.

2.4 Konsequenzen der Nachhaltigkeit

Gerade dieser Bevölkerungs-Armuts-Umwelt-Falle muß energisch entgegengetreten werden, sollen langfristige Wohlfahrtswirkungen, bei gleichzeitig annehmbarer Umweltintensität, geschaffen werden. Hier aber liegt die besondere Diskrepanz, denn die Befriedung der Bedürfnisse geht mit einer steigenden Umweltintensität einher. Der Anstieg der Umweltnutzung, ohne eine Übernutzung zu gewährleisten, kann aber je nach Bevölkerungsstruktur nur bedingte Wohlfahrtswirkungen hervorbringen. Diese Rückkopplungen hängen vornehmlich von der Bevölkerungszahl und dem derzeitigen Lebensstandard ab. Von diesem Kreislauf ist jedoch nicht nur die ländliche Bevölkerung betroffen. Auch im städtischen Bereich kommt es durch die Befriedung dringendster Bedürfnisse zu Überbeanspruchungen des Naturhaushalts und letztendlich zu einer Verschlimmerung der Situation.

Slumbildung, Nutzung verschmutzten Wassers, Einleitung organischer Abfälle in Flüsse etc. um nur einige Beispiele zu nennen, sind Ausdruck dieses Zwanges.[54] Vor allem sind hierbei die einzelnen Staaten gefragt, die auf spezifische Eigenheiten bzw. mentalitätsbedingte Sonderheiten ihrer Bevölkerung gezielt reagieren können. Allgemeine Richtlinien diesbezüglich werden auch im Bericht der BRUNDTLAND-Kommission genannt.[55] Deren heutzutage vertraute Maßnahmen reichen von der Sicherstellung angemessener Lebensunterhalte für arme Haushalte über Gesetze, die das Mindestalter von Kinderarbeit und deren Überwachung bei gleichzeitiger Garantie von öffentlich finanzierter sozialer Sicherheit beinhaltet, um die Fruchtbarkeitsraten zu senken.

Außerdem drücken Programme, die die öffentliche Gesundheit und Kinderernährung verbessern, die Kindersterberate, so daß die Eltern keine weiteren Kinder als Versicherung gegen den Tod eines Kindes oder zur Altersvorsorge brauchen. Des Weiteren ist, wie oben erwähnt, das mit dem Bevölkerungsproblem zusammenhängende unkontrollierte Wachstum der Großstädte zu stoppen. Anstelle dessen ist es vorzuziehen, kleinere Städte zu planen, die verschiedene Vorteile für die regionale Entwicklung bieten, z.B. in engem Kontakt mit dem umliegenden Ackerland stehen. Bei der gewünschten Errichtung einer sozialen Marktwirtschaft bilden sich jedoch nur allzuoft merkantilistische und rein kapitalistische Strukturen aus.

Zwei Folgen sind registrierbar: einerseits können die entstandenen Strukturen zu ökonomischer Ineffizienz in den Unternehmen und in der gesamten Wirtschaft führen; andererseits kommt es in vielen Fällen zu Behinderungen der jungen Kleinunternehmer, so daß die Betriebsstruktur in ihrer potentiellen Entwicklung gehemmt wird.

---

[54] Von Seiten verschiedenster Disziplinen wird diese Bevölkerungs-Armuts-Umwelt-Falle als maßgebende Determinante für den Erfolg, bzw. Mißerfolg nachhaltiger Entwicklung hervorgehoben. Die Einflußfaktoren sind zu komplex, als daß sie von einer einzelnen Fachrichtung erfaßt werden können. In ihrer Gesamtbedeutung aber stellen sie eine wichtige Rahmenkonstellation für die Durchführung von Nachhaltigkeit dar; vgl. STENGEL (1995).

[55] Vgl. BRUNDTLAND ET AL. (1987, S. 108–109).

Für den Bereich der Forst- bzw. Holzwirtschaft zeichnet sich beispielsweise folgende Entwicklung ab: die Zerstörung der tropischen und subtropischen Wälder ist nicht nur auf eine unzureichende Forstwirtschaft zurückzuführen, sondern ist oft das Ergebnis einer schlechten Planung und Politik. BRUGGER zeigt auf, daß die Konsequenzen deshalb nicht nur wirtschaftlich und ökologisch, sondern gleichermaßen sozial verheerend sind.[56] Demnach kann eine Neuorientierung der Land- und Forstwirtschaft eine wesentliche Maßnahme darstellen, um eine nachhaltige Entwicklung herbeizuführen. Eine Produktionsintensität, die sowohl ökonomisch als auch ökologisch sinnvoll ist, kann nur mit einer besseren, langfristiger orientierten Nutzung von heute vorhandenen und potentiell zu bewirtschaftenden Flächen erreicht werden.

Nach BRUGGERS Ansicht ist dabei die Förderung von privaten Klein- und Mittelbetrieben von zentraler Bedeutung. Voraussetzung dafür ist das Aufbrechen der dominierenden Minifundien- und Latifundienstruktur, wie sie besonders in Lateinamerika ausgeprägt ist.[57] Der Erfolg dieser Maßnahme hängt allein von der mit Nachdruck zu vollziehenden Umgestaltung durch die jeweils betreffenden Staaten ab. Dies kann letztlich nur mit einer konsequenten Öffnung der Märkte gelingen. Zudem muß ein offenerer Zugang zu Produktionsfaktoren, womit z.B. die Bereitstellung von Grund und Boden gemeint ist, gewährleistet sein, um wirtschaftliche Eigeninitiative zu fördern. Die Schaffung von Möglichkeiten und sozialer Chancengleichheit gilt als der *archimedische Punkt* der nachhaltigen Entwicklung. Ein Aufbrechen des Systems und die Einführung institutioneller Reformen bedeutet den Abbau protektionistischer Strukturen, die Vereinfachung von administrativen Abläufen, die Erstellung einfacherer Regeln und Normen sowie die Einberufung einer verläßlichen Gerichtsbarkeit. Ohne Zuverlässigkeit und Dauerhaftigkeit institutioneller Arrangements und der darauf basierenden nationalen Wirtschaftspolitik ist Nachhaltigkeit nicht erreichbar. Dazu gehört auch der Faktor Rechtssicherheit.

So muß beispielsweise bei Konflikten um Verfügungsrechte hinsichtlich landwirtschaftlich nutzbarer Böden ein verfahrensgestaltender Rechtsweg Klarheit über die Vorgehensweise, Aufteilung und Bestellung des betreffenden Gebiets schaffen. Im weiteren Sinne ist auch die persönliche Rechtssicherheit von zentraler Bedeutung für die Anerkennung und Aufrechterhaltung des eigenen Status.[58] Die angesprochene Sicherheit bürgt für die relative Autonomie der Mitglieder einer Gesellschaft. Die Gewährleistung von Sicherheit durch den eigenen Staat ist somit für das Handeln seiner Individuen besonders in Subsistenzwirtschaften außerordentlich wichtig. In der Landwirtschaft findet der Begriff Sicherheit seine Entsprechung in der nachhaltigen Sicherung der Ressourcen, ähnlich wie das für die gesellschaftlichen Beziehungen bestimmende soziale System. Diese Maßnahmen sind eng verknüpft mit der Notwendigkeit einer Wende, einer Ausrichtung auf private Initiativen und auf echte Selbstverantwortung der Menschen in der Dritten Welt.

---

[56] Vgl. HEIN (1991, S. 384).
[57] Vgl. MIKUS (1994 a, S. 152 f.).
[58] Vgl. RIEKEN (1992, S. 57).

2.4 Konsequenzen der Nachhaltigkeit

Mehr lokale und private Verantwortung ist eine notwendige Voraussetzung für eine nachhaltige Nutzung der Ressourcen. Dazu ist ein neues Verständnis in der Rolle des Staates und der Ausrichtung des Bildungssystems auf Prinzipien der Nachhaltigkeit nötig.

2.4.2 Maßnahmen auf internationaler Ebene

In der Regel benötigen nationalstaatliche Initiativen zugunsten einer nachhaltigen Entwicklung ein großes Maß an internationaler Unterstützung. Erstrangige Ansprechpartner in diesem Prozeß sind die internationalen Entwicklungshilfe-Institutionen. Deren Teilnahme an innerstaatlichen Entwicklungsprozessen ergibt sich auch aus der Zunahme raumübergreifender ökologischer Veränderungen. Nutzungen, die über den lokalen Bereich hinausreichen und raumübergreifende Auswirkungen aufweisen, können Konflikte verursachen, indem sie die Nutzungsmöglichkeiten der umliegenden Räume beeinflussen bzw. restringieren.

Nationale aber gleichfalls übernationale Entscheidungsträger müssen ihr Wissen in solche gesellschaftlichen Prozesse einbringen.[59] Deshalb ist es vonnöten, diese Einrichtungen – in demselben Maße auf internationaler Ebene – mit den geeigneten Kompetenzen auszustatten. Man darf aber nicht übersehen, daß die Lösung internationaler Probleme stets auf der Kooperationsbereitschaft der Beteiligten beruht, die aufgrund der Souveränität der Nationalstaaten nicht erzwungen werden kann. Den Einflußmöglichkeiten der Vereinten Nationen, der Weltbank und dem Internationalen Währungsfond kommt hierbei eine besondere Bedeutung zu. Entgegen deren Absicht kann es aber ebenso zu kontraproduktiven Effekten kommen. Beispielsweise können sich großzügig gewährte Kredite negativ auf die in Kapitel 2.4.1 dargestellten institutionellen Reformen auswirken, indem bestehende Strukturen durch die Akzeptanz von Seiten der Entwicklungshilfe zementiert werden.

Zu den gewünschten institutionellen Reformen könnten nur Maßnahmen einer wesentlichen Neuorientierung der Entwicklungszusammenarbeit beitragen.[60] Programme und Projekte der nachhaltigen Entwicklung müssen daher professionell geplant, realisiert und permanent evaluiert werden. Die konkrete Umsetzung einer nachhaltigen Strategie ist ohne Partizipation der Industrieländer, die für das ökologisch und sozial zweifelhafte Modell der ‚harten Industrialisierung' verantwortlich sind, unvorstellbar. Aus Sichtweise der Entwicklungsländer ist eine stärkere Forderung der eigenen Interessen mit Verweis auf die auch von den Industrieländern angerichteten Umweltschäden verständlich. Übergeordneten NGOs wird deshalb zusätzlich die Aufgabe zuteil, zwischen den Interessengruppen zu vermitteln.

---

[59] Vgl. GRUPPE FÜR ENTWICKLUNG UND UMWELT (1995, S. 28). Aus Umweltsicht werden durch das Angrenzen zahlreicher Staaten an dasselbe Umweltmedium *Spillover-Effekte* unvermeidbar. Internationale Externalitäten werden beispielsweise durch grenzüberschreitende Luftverschmutzungen, Freiwerden von Radioaktivität oder FCKW besonders in Mitleidenschaft gezogen.

[60] MIKUS (1986) beschreibt solch signifikante Probleme von Entwicklungsprojekten Südamerikas.

Inwiefern handelspolitische Sanktionsmöglichkeiten, wie von STENGEL angeregt, zur Stabilisierung bestehender Ressourcennutzungen beitragen, ist zu bezweifeln.[61] Gerade im Sinne nachhaltiger Zielsetzungen wäre eine Konsensfindung sicherlich wünschenswerter, da diese ohne die Bereitschaft zur Zusammenarbeit auf Seiten der Entwicklungsländer nicht zu bewerkstelligen ist.

Direkte Maßnahmen sind aber auch mit dem Abbau des gewohnt hohen Konsumstandards in den Industrieländern verbunden. Eine Änderung des Lebensstils mit rohstoff- und energieintensivem Verbrauchsverhalten ist unausweichlich. Dieser Schritt wird spätestens dann akut, wenn sich alle Anstrengungen zur ökologischen Modernisierung letztlich als nicht rechtzeitig oder als nicht ausreichend erwiesen haben. Eine ressourcensparende und umweltschonende Produktions- und Konsumentwicklung ist somit eine unbedingte Notwendigkeit hinsichtlich einer globalen Entwicklungsstrategie. Auf diesem Wege müssen von den Regierungen der Industriestaaten entsprechende finanzielle Anreize zur Entwicklung ressourcen- und umweltfreundlicher Technologien ausgehen.

Solche technisch innovativen Lösungen, Ressourceneinsparungen sowie die Entwicklung von Ersatzstoffen und Recycling stellen weitere Umweltschutzmaßnahmen im Rahmen einer ökologischen Wirtschafts- und Entwicklungspolitik dar.[62] Solange die Industrieländer nicht mit Selbstkritik und als Vorbild vorangehen, also mit deutlichen und nachvollziehbaren Korrekturen der eigenen Fehlentwicklung beginnen, ist es unwahrscheinlich, daß es auf Seiten der Entwicklungsländer zu ähnlichen Schritten kommt. Aus diesem Grund muß es auch ein Hauptanliegen sein, die noch immer bestehenden Einflußgrößen des Nord-Süd-Konflikts zu reformieren.[63] Verschiedene Probleme und Zielkonflikte prägen das Spannungsfeld der internationalen Entwicklungs- und Umweltpolitik. Sie lassen sich zu drei Schwerpunktbereichen zusammenfassen.

Im einzelnen sind dies die Maximierung ökonomischen Nutzens im Gegensatz zur Minimierung ökologischer Schäden, die Berücksichtigung politischer Sachzwänge im Gegensatz zur Durchsetzung problemgerechter Lösungen und die Verfolgung nationaler Interessen im Gegensatz zur Wahrnehmung globaler Verantwortung. Noch wurden keine geeigneten Instrumente geschaffen, um die aufgezeigten Probleme zügig und effizient in Angriff zu nehmen.

Abgesehen davon läßt die Eigenverantwortung der meisten Entwicklungsländer für ihre Umwelt und ihre Ressourcen sehr zu wünschen übrig. Für eine Verbesserung der internationalen Entwicklungs- und Umweltpolitik formuliert WÖHLCKE einige Maßnahmen, die ein großes und beharrliches Engagement der Industrienationen verlangen, die aber ohne die Initiative und Eigenverantwortung der Entwicklungsländer wohl kaum zu bewerkstelligen sind.[64]

---

[61] Vgl. STENGEL (1995, S. 379).
[62] Vgl. STOCKMANN und GAEBE (1993, S. 117).
[63] Vgl. MIKUS (1994 a, S. 35 ff.).
[64] Vgl. WÖHLCKE (1990, S. 99).

Seine Richtlinien beinhalten eine:

- generelle Aufwertung der Umweltpolitik gegenüber anderen Politikbereichen,
- effizientere als auch kompetentere Formulierung umweltpolitischer Ziele,
- Verbesserung der Ausstattung und der Kompetenz von internationalen Umweltorganisationen und Schaffung neuer Institutionen,
- Weiterentwicklung des Umweltrechts,
- stärkere Einbeziehung von Non Governmental Organizations,
- Intensivierung der Forschungsförderung und -kooperation,
- ständige Anpassung der Umweltverträglichkeitsprüfung an den aktuellsten wissenschaftlichen Erkenntnisstand,
- fortwährende Überprüfung der angemessenen Schwerpunkte im Rahmen der Entwicklungshilfe, Intensivierung und Ausweitung des Politdialogs mit den Entwicklungsländern,
- Ökologisierung aller Außenbeziehungen der Industrienationen im Sinne eines Beitrags zur internationalen Umweltpolitik.[65]

Für die Umsetzung von Erkenntnissen einer nachhaltigen Ressourcennutzung und einer dauerhaften globalen Entwicklung tragen die Industrieländer die Hauptverantwortung. Dabei ist es nicht unerheblich, ob sie diese Rolle aus Gründen der Solidarität im Sinne von Verantwortung für die Umwelt, Mitwelt oder Nachwelt übernehmen oder aus der Einsicht in die Erfordernisse des Überlebens der Menschheit.

Fraglich ist es jedoch, allein das Überleben der Menschheit in ihrem Absolutheitsanspruch in den Mittelpunkt des Interesses zu rücken, anstatt die Qualität des Überlebens im Sinne zukünftiger Generationen zum Angelpunkt zu machen. Das Postulat der Nachhaltigkeit besagt nicht nur, künftigen Generationen das Überleben, sondern vor allem ein Leben unter humanen Bedingungen zu gewähren. Diesem qualitativen sozialen Anliegen wird vor dem Hintergrund der derzeitigen Umweltzerstörung von Seiten internationaler Organisationen zu wenig Beachtung geschenkt.[66]

2.5 Nachhaltigkeit in der Entwicklungszusammenarbeit: Anspruch und Wirklichkeit

Das Dilemma der Begriffsunsicherheit und der tatsächlichen Umsetzungsschwierigkeiten in Entwicklungsländern zeigt, daß bislang die Vereinbarung aller Aspekte des Konzepts nur schwer erreicht werden kann. Das Manko an Eindeutigkeit der ursprünglichen Wertekonstellation nachhaltiger Entwicklung erweist sich heute als großes Hindernis des Gesamtkonzepts.

---

[65] Vgl. hierzu auch UN ECLAC (1991, S. 77 ff.).
[66] Vgl. RENN (1996, 83 f.). Der Autor verweist hierbei auch auf die Forderung der Philosophen MITTELSTRAß und vor allem BIRNBACHER, der die Notwendigkeit, anstelle des Überlebens der Menschheit, die Ermöglichung der Wohlfahrt für künftige Generationen heraushebt.

Nachhaltigkeit kann ohne konkrete Maßnahmen demnach bei weitem nicht als der ultimative Lösungsansatz zur Vereinbarung verschiedener Entwicklungsprobleme betrachtet werden.

- Wenn also wirtschaftliche Tragfähigkeit sowie Umwelt- und Sozialverträglichkeit nur schwerlich in ein gegenseitiges Abhängigkeitsverhältnis zu bringen sind, müßten sich deshalb nicht Konsequenzen für ein neues Wertegefüge ergeben?
- Welches sind die Folgerungen, die sich daraus für die Entwicklungszusammenarbeit ergeben müssen?
- Aber noch wichtiger ist: Was sind überhaupt die Rahmenbedingungen der Zusammenarbeit, unter denen die derzeitigen Realisierungsschwierigkeiten zu betrachten sind?
- Worin begründet sich die Diskrepanz zwischen Anspruch und Wirklichkeit nachhaltigen Denkens und Handelns in der Entwicklungszusammenarbeit?

Erarbeitete Schwachpunkte liegen in den veralteten Strukturen der Entwicklungszusammenarbeit, in rechtlichen bzw. völkerrechtlichen Orientierungsnöten sowie in einem Wertegefälle, das überwiegend soziale Gesichtspunkte vernachlässigt.

2.5.1 Strukturelle Hemmnisse

Sowohl bi- als auch multilaterale Projekterfahrungen zeigen, daß sich jeweils die Dominanz eines Teilbereichs der Nachhaltigkeit zuungunsten der verbliebenen Aspekte auswirkt, so daß diese Präferenz auch negative Effekte mit sich bringen kann. Zwar ist Nachhaltigkeit in der Entwicklungszusammenarbeit durchaus als Gesamtkonzept festgeschrieben, einzelne Projekte hingegen lassen eine Spezifizierung vor dem Hintergrund bestimmter Zielvorgaben erkennen.

Diesen Einzelprojekten wird additiv eine nachhaltige Gesamtwirkung zugedacht.[67] Jedoch auch die Ausrichtung der Gesamtwirkung kann durch Fehlinterpretationen oder durch die Vorherrschaft eines Aspekts in Mitleidenschaft gezogen werden. Projektwirkungen in ihrer Summe zu erfassen und daraus Rückschlüsse auf ein erzieltes Maß an Nachhaltigkeit ziehen zu wollen, ist nicht unproblematisch.

---

[67] Als Beispiel soll das Internationale Pilotprogramm zur Bewahrung der tropischen Regenwälder in Brasilien (PPG7) dienen. In den einzelnen Projekten beruft man sich auf Teilaspekte der Nachhaltigkeit. Das PPG7 soll nachweisen, daß ökologische und ökonomische Ziele bei Schutz und nachhaltiger Nutzung der tropischen Regenwälder vereinbar sind; die immensen genetischen Ressourcen der tropischen Regenwälder bewahren; den Lebensraum der indigenen Völker schützen; die Kohlendioxidemissionen des Amazonasraums verringern und gleichzeitig die internationale Zusammenarbeit zur Lösung eines drängenden globalen Umweltproblems demonstrieren; vgl. BMZ (1997 a, S. 61). Im Wissen um die Bedeutung der Wälder Amazoniens ist zu hoffen, daß angesichts dieser Vielfalt an Aktionsfeldern, denen zahllose Einzelprojekte angegliedert sind, nachhaltige Wirkungen nicht begrenzt erzielt werden, sondern daß die Konzeption auf der Herausbildung von Synergieeffekten zwischen den Projektvorhaben basiert.

2.5 Nachhaltigkeit in der EZ: Anspruch und Wirklichkeit

Ebensowenig dienen einzelne, den Teilaspekt betonende Projekte dem ganzheitlichen nachhaltigen Anspruch.[68] Dieses Verständnis hat sich weder in den Geberländern der Ersten Welt, noch in den gesellschaftlichen und politischen Eliten der Entwicklungsländer mit voller Deutlichkeit durchgesetzt.[69] Vielmehr treffen hier zwei unterschiedliche Standpunkte, die westlich-industrielle auf Naturwissenschaft basierende Sicht und die Interpretation von Natur durch die lokale Bevölkerung, aufeinander. Abstimmungsschwierigkeiten dieser verschiedenen Wertesysteme und unterschiedliche Zielvorstellungen sind die Folge.

Die Kerngehalte nachhaltiger Entwicklung drangen zwar seit 1987 durch die Arbeit der WCED in das Bewußtsein vieler Regierungen und einer breiten Öffentlichkeit, jedoch scheinen sich die Rahmenbedingungen für deren Umsetzung besonders auf administrativer Ebene kaum geändert zu haben. Gründe hierfür liegen in dem unzeitgemäßen Verständnismuster der Entwicklungszusammenarbeit, die einer jahrzehntelangen Prägung durch Geber- und Durchführungsorganisationen unterliegt. Gefestigte Regeln und Verfahren innerer Geschäftsabläufe dominieren Planung und Implementierung der Zusammenarbeit.

Selbst die Bewertung – sowie die kritische Auseinandersetzung mit der eigenen Politik – wird dadurch in Mitleidenschaft gezogen. Daher ist es erforderlich, sich von traditionellen Planungsverfahren zu lösen und eine begleitende, sich schrittweise konkretisierende Prozeßplanung anzustreben.[70] Aus diesem Grund erweist sich auch das Erfassen von Nachhaltigkeit mit den hergebrachten rein technokratisch-ökonomischen Evaluierungsmethoden als sehr problematisch.

Es ist dieser Widerspruch, den die heutige Entwicklungszusammenarbeit kennzeichnet und der zudem kontraproduktive Effekte mit sich bringt. Diese paradoxe Situation ist geprägt von einer Kluft zwischen der theoretischen Überzeugung und der praktischen Umsetzung.[71] Noch zu sehr werden Entwicklungsbemühungen der Industrienationen von den einstigen Vorhaben der nachholenden Entwicklung geprägt. Von großer Bedeutung sind dabei die weltwirtschaftlichen Rahmenbedingungen und ein Industrialisierungsmodell, dem hohe Wachstumsraten als Voraussetzung für Entwicklung zugrunde liegen.[72] Die Selbstzufriedenheit der meisten westlichen Gesellschaften und Entscheidungsträger, in Anbetracht der Lebensbedingungen in vielen Staaten der Dritten Welt, basiert auf der Fehleinschätzung einer unvermeidbaren, sich zwangsläufig einstellenden wirtschaftlichen Entwicklung auch in diesen Ländern.

---

[68] Große Waldgebiete der Tropen unter Schutz zu stellen und betroffene lokale bzw. indigene Bevölkerungsgruppen von der Nutzung auszuschließen, hat weniger mit Nachhaltigkeit als mit Umwelt- und Naturschutz zu tun. Kombinierte Projektkonzepte hingegen, die örtliche ökologische Bedingungen und sozioökonomische Ansprüche in den Mittelpunkt stellen, sind wünschenswerter.
[69] Vgl. GRUPPE FÜR ENTWICKLUNG UND UMWELT (1995, S. 12).
[70] Vgl. MIKUS (1988).
[71] Vgl. ZEITSCHRIFT DES DEUTSCHEN ENTWICKLUNGSDIENSTES (1995, S. 14).
[72] Eine Auseinandersetzung mit nachholender Entwicklung und den Auswirkungen ihrer untereinander verflochtenen Determinanten auf das Nachhaltigkeitskonzept erfolgte bereits im Rahmen der Examensarbeit; vgl. GÜNTER (1995, S. 31 ff.).

Ausgehend von den Wachstumsraten der globalen Wirtschaft erliegt man dem Fehlglauben, daß durch sogenannte *Trickle-down-Effekte* ebenfalls regionale, bis hin zu lokalen Märkten einen Aufschwung erfahren und somit die Lebensbedingungen der örtlichen Bevölkerung selbstredend mitangehoben werden.

Das Gegenteil ist der Fall. Heute müssen die Maßnahmen nachholender Industrialisierung und die daraus entstandenen Rahmenbedingungen oft als Handicap, und damit mitverantwortlich für die derzeitigen Bedingungen angesehen werden. Freihandel, Rohstoffpreisentwicklung und Zinslast seien in diesem Zusammenhang erwähnt.[73]

Eine wirkliche Integration in die Weltwirtschaft fand in zu geringem Umfang statt. Außerdem reichen zunehmende Investitionen ausländischer Kapitalgeber bislang nicht aus, um fremdländische Industrien langfristig zu stimulieren und eine nachhaltige Entwicklung zu gewährleisten. Der ökonomische Ursprung der Nachhaltigkeit, als Betriebsmodell der Forstwirtschaft, steht auch in der deutschen Entwicklungszusammenarbeit aufgrund ihrer Planungs- und Bilanzierungsvorgaben noch immer im Mittelpunkt. Relativierend muß erwähnt werden, daß diese Hemmnisse zwar erkannt, neue Lösungswege jedoch nicht mit absolutem Nachdruck angegangen werden. Orientierungsmaßstäbe wie Rechtfertigung des Mitteleinsatzes, Fragen der Folgekosten, Ziel-Mittel-Relationen, Leistungs-Wirkungs-Verhältnis, finanzielle und institutionelle Absicherung der Projekte, sektorale Rahmenbedingungen etc., belegen die technokratischen Denk- und Handlungsstrukturen der Zusammenarbeit.[74]

Die Bundesregierung erachtet die Unterstützung durch die Entwicklungszusammenarbeit als subsidär und komplementär zu den eigenen Anstrengungen der Regierungen und Menschen in den Partnerländern. Sie geht weiter davon aus, daß die entscheidende Verantwortung hinsichtlich entwicklungsfördernder interner Rahmenbedingungen den Partnerländern überlassen bleibt.[75] Mit dieser Grundlage kann Entwicklungszusammenarbeit nur einen sehr begrenzten Beitrag zur Umsetzung nachhaltiger Entwicklung der jeweiligen Länder leisten. Es kommen oben bereits erwähnte unzeitgemäße Denkstrukturen zum Vorschein.

Vor dem Hintergrund des eigenen Industrialisierungsprozesses und dessen folgenschweren Beispielcharakters wird man aber nur schwerlich mit Forderungen zu Eigenanstrengungen in Ländern der Dritten Welt argumentieren können, zumal sich bis heute selbst die Industrienationen untereinander als wenig einsichtig erweisen. Ein internationales Problem der Entwicklungshilfe ist es, nicht auf Fragen einzugehen, die Antworten auf ein zeitgemäßes Verständnis von Entwicklung geben.

---

[73] Vgl. GARDNER und ROSELAND (1989, S. 26 ff.). Die Tatsache, daß die Wohlfahrtsverluste der Entwicklungsländer durch die Handelsbeschränkungen der Industrienationen im agrarischen und nicht-agrarischen Bereich doppelt so hoch sind wie die Beträge, die die gesamte Dritte Welt pro Jahr an öffentlicher Entwicklungshilfe erhält, läßt die Brisanz der herrschenden Situation erkennen; vgl. BMZ, in: SÜLZER (1995, S. 25).
[74] Vgl. BMZ (1995 a, S. 76).
[75] Vgl. BMZ (1997 b, S. 5).

2.5 Nachhaltigkeit in der EZ: Anspruch und Wirklichkeit 43

Die Erarbeitung von Konzepten im gegenseitigen Dialog, um gemeinsam getragene Vorhaben zu erarbeiten, würde eine Möglichkeit darstellen, in der sich die Potentiale beider Partner ergänzen könnten.[76] Vorausgesetzte Begriffe wie Partnerschaft, Partizipation und Kooperation führen durch dieses Manko zu weiterführenden Irritationen – vor allem auf Seiten der Entwicklungsländer.

2.5.2 Rechtliche Bedingungen

Auf der Ebene internationaler Konferenzen und Deklarationen hat das populäre Nachhaltigkeitsprinzip einen hohen Stellenwert erreicht. Im Gegensatz zu Entwicklungsaspekten, die sich beispielsweise mit Menschenrechten, Recht auf Entwicklung oder staatlicher Souveränität befassen, ist der Nachhaltigkeitsgedanke nicht ohne weiteres mit einem vergleichbaren völkerrechtlichen Verständnis aufzufassen. Von Seiten westlicher Regierungen, so auch der Bundesregierung, wird aber hervorgehoben, daß die Förderung geeigneter Vorhaben dem Vorbehalt des Abschlusses einer völkerrechtlichen Übereinkunft mit der Regierung des betreffenden Landes unterliegt.[77]

Maßgebend für die Beschlüsse von Rio ist jedoch, sie vor dem Hintergrund einer politischen, und nicht juristischen Verbindlichkeit zu betrachten. Sie sind somit einer beiderseitigen politischen Akzeptanz untergeordnet. Es geht an erster Stelle um gesellschaftliche, human-ethische Inhalte, die sich nur schwerlich in Rechtssätze einordnen lassen. Ausschlaggebend für den Erfolg nachhaltiger Entwicklungszusammenarbeit ist ihre anwendungsorientierte Umsetzung, d.h. inwieweit es gelingt, Inhalte in nationale Gesetzgebungen einfließen zu lassen. Zusammenarbeit muß demnach mehr auf das Ersetzen abstrakter Formulierungen durch tatsächliche gesetzliche Festschreibungen hinwirken. Da aber das Prinzip selbst noch der Konkretisierung bedarf, steht im Moment die Erarbeitung faßbarer gesetzlicher Vorgaben im Mittelpunkt. Diese müssen jeden relevanten Eingriff in die Natur und die Umwelt bzw. den Lebensraum – gemessen an den beeinträchtigenden Funktionen im Naturhaushalt – zum Inhalt haben.[78] Daß dieser Schritt das Nachhaltigkeitsprinzip nicht unbedingt in Frage stellen muß, ist durch die hohe internationale Akzeptanz auch in den Entwicklungsländern und die bereits eingetretene politische Wirksamkeit belegt.

Wie bereits erwähnt, beruft sich Entwicklungsarbeit von seiten der westlichen Denkweise auf völkerrechtliche Konventionen. Auch der Schutz der Umwelt wird mittlerweile diesem Regelungsbereich untergeordnet. Ökologische Problembereiche, die mittlerweile eine globale Dimension erreicht haben, wie der Treibhauseffekt, die Verringerung der Ozonschicht, die Verschmutzung und Überfischung der Weltmeere etc., tragen hierzu bei. Zu diesen grenzüberschreitenden Umweltbeeinträchtigungen gesellt sich seit kurzem die Überlegung, auch die Wälder als globales

---

[76] Vgl. SÜLZER (1995, S. 14).
[77] Vgl. BMZ (1996 a, S. 17–19).
[78] Vgl. LENDI (1994, S. 35).

Allgemeingut (common good) anzuerkennen und sie somit dem Völkerrecht zu unterwerfen. Diese, im Grunde wünschenswerte Entwicklung, entbehrt zum jetzigen Moment jedoch jeglicher Realität. Bereits geschlossene Verträge garantieren den betroffenen Staaten das souveräne Recht, ihre natürlichen Ressourcen nach ihrer eigenen Umweltpolitik und nationalen Gesetzgebung zu nutzen.

Zwar spricht die Funktion der Wälder als CO_2-Speicher und Artenreservoir für eine völkerrechtliche Handhabung, dem widersprechen jedoch bereits existierende staatliche Rechtsordnungen, die Eigentum, Besitz, private Nutzungsrechte, öffentliche Inwertsetzung etc. im einzelnen regulieren.[79] Entwicklungszusammenarbeit darf sich demnach nicht nur mit dem Verweis auf völkerrechtliche Reglementierungen zufriedenstellen, sondern muß nachhaltige Entwicklung auch bei der Umsetzung in innerstaatliche Rechtsordnungen unterstützen.

Das Dilemma rechtlicher Bestimmungen setzt sich bis in bereits bestehende internationale Instrumente und Ansätze zur nachhaltigen Nutzung der Wälder fort, um bei dem Beispiel forstlicher Nachhaltigkeit zu bleiben. Nicht jedem Beschluß kann gleichzeitig eine bindende Wirkung zugeschrieben werden. Falls bestimmte Aspekte eines Beschlusses nicht ausdrücklich mit einer Rechtssetzungsbefugnis ausgestattet werden, besitzt sie lediglich Empfehlungscharakter.[80] Zudem ist zu erkennen, daß sich die bestehenden Konventionen mit Relevanz zu forstlichen Inhalten häufig auf einen bzw. wenige Teilaspekte der Nachhaltigkeit begrenzen. Auffallend ist, daß dabei soziale Belange in den meisten Fällen nur am Rande erwähnt oder völlig mißachtet werden.[81] Dadurch wird der Eindruck vermittelt, daß die Entwicklungszusammenarbeit gerade in verworrenen rechtlichen Situationen doppelte Standards für soziale und ethische Grundfragen hegt, und daß vornehmlich soziale Aspekte im Vergleich zu politischen Standards ins Hintertreffen geraten. Die Glaubwürdigkeit einer solchen Politik ist abhängig von der Gleichbehandlung aller Forderungen der Nachhaltigkeit; sie ist zum derzeitigen Zeitpunkt nicht garantiert.[82]

Diese Forderung wird jedoch auch damit konfrontiert, daß in den meisten Entwicklungsländern das Recht einen gänzlich anderen Stellenwert als in Industrienationen hat. Aufgrund gewachsener kulturhistorischer Strukturen und gesellschaftlicher Hierarchien ist das Rechtssystem informell oft so gesichert, daß es nur mühsam veränderbar bzw. das Zurechtfinden innerhalb dieses Systems für die von außen herantretende Entwicklungszusammenarbeit äußerst schwierig ist.

---

[79] Vgl. SKALA-KUHMANN (1996, S. 29 f.).
[80] Vgl. SKALA-KUHMANN (1996, S. 32).
[81] Von den mittlerweile bestehenden internationalen Instrumenten befassen sich lediglich die Indigenous People Convention der International Labour Office, die Waldresolution der Agenda 21, verschiedene regionale Prozesse sowie die nationalen Forstprogramme der FAO mit sozialen Inhalten. Analog verläuft die Beachtung sozialer Kriterien und Indikatoren in den einzelnen internationalen Evaluationssystemen; vgl. Kapitel 3.2.2.
[82] Manche Autoren gehen sogar soweit, die Orientierung eines neuen Paradigmas der Entwicklung allein an den Menschenrechten festzumachen, als Leitlinie einer letzten Chance für eine radikale Neuorientierung von Entwicklung. Diese radikale Kritik hätte zwar für die Entwicklungsideologie des Nordens sowie für die Eliten des Südens weitreichende Folgen, sie ist aber aus eben diesem Grund realitätsfremd; vgl. KÖBLER (1994, S. 191).

2.5 Nachhaltigkeit in der EZ: Anspruch und Wirklichkeit 45

Die Übertragung der Verhältnisse eines rechtsstaatlichen Systems auf die vorgefundene Situation ist somit in den meisten Fällen bereits im Vorfeld zum Scheitern verurteilt.

2.5.3 Divergierende Wertedimensionen

Im Vergleich zur Nachhaltigkeitsforschung und Diskussion in Industrieländern wird der soziale Aspekt im Rahmen der Entwicklungsländerforschung weitaus stärker betont. Die Tatsache, daß man dort, anders als in der heimischen Debatte, zwangloser an diesen Aspekt herangeht, ist aber weniger der Einsicht humaner Unterstützung zuzuordnen, als einem teilweise noch immer nachwirkenden Kolonialismus und dessen weitreichenden ökonomischen Interessen. Politisch schwache Gruppen werden deshalb zum Gegenstand von Forschungen, weil sie sich gegenüber den Entwicklungshilfeorganisationen und Forschern in einer geringeren Machtposition befinden.[83]

Sowohl GTZ als auch KfW sind beispielsweise mit ihren Planungen und Projekten sozial bewußter als dies Forsteinrichtungen in Deutschland sind.[84] Die hiesige Sichtweise sozialer Aspekte wird noch immer von der Erholungsfunktion der Wälder dominiert. Der Bedarf eines Naturraums zur Erholung ist groß und wächst beständig. Der Erholungswert des Waldes muß aber durch naturverträgliche Waldbaumethoden bekräftigt werden. Zudem ist die Erholung so zu gestalten, daß sie sich nicht selbst ihre Grundlage zerstört. Eine viel größere soziale Problemkonstellation ist aber die Restriktion, die diesem Wirtschaftssektor zugrunde liegt.

Die Forstproduktion in Deutschland befindet sich auf einem permanent gleichbleibenden Ertrag. Jedes Jahr können aber aufgrund der fortschreitenden ökonomischen Entwicklung weniger Menschen, respektive Waldbauern von der Forstbewirtschaftung leben. Da die Produktion nicht wachsen kann, müssen immer mehr Menschen aus diesem Wirtschaftszweig ausscheiden. Auch dies ist ein Brennpunkt im Sinne sozialer Nachhaltigkeit, da es nicht gelingt, eine nachhaltige Ressourcennutzung mit gesellschaftlichen Ansprüchen zu verknüpfen. Es erscheint uns fremd, soziale Belange der Nachhaltigkeit im eigenen Land zu hinterfragen. Paradoxerweise fallen Mißstände in Entwicklungsländern aufgrund der herrschenden rechtsstaatlichen Situation eher auf.

---

[83] Auch die vorliegende Arbeit ist sich dieser besonderen Konstellation bewußt. Dieser relative Vorteil, den Außenstehende gegenüber den Einheimischen besitzen, sollte sie jedoch beflügeln, mit ihren Erkenntnissen zum Wohl der untersuchten Gruppen beizutragen, und nicht durch eine überhebliche Auftretensweise nachteilige Effekte oder Ressentiments hervorzurufen.

[84] Diese Ansicht wurde vor allem in den in Deutschland geführten Expertengesprächen vermittelt. Dabei wurde im Gegensatz zur heimischen forstlichen Nachhaltigkeit, die flächen- und produktionsbestimmt ist, besonders auf den hohen sozialen Anspruch im Rahmen der Entwicklungszusammenarbeit verwiesen. KROTT (Institut für Forstpolitik, Göttingen) und DOTZAUER (GTZ) machten dennoch deutlich, daß es auch hierzulande soziale Konfliktpunkte gibt, wie sie im Text erwähnt werden.

Unverhältnismäßigkeiten vor Ort werden mit der vermeintlich besseren Alternative, dem eigenen gesellschaftlichen System, verglichen und bewertet. Dieser Einsicht folgt in den meisten Fällen eine Ernüchterung, da die technisch-ökonomische Durchführung von Entwicklungszusammenarbeit nicht im Stande ist, kombiniert sowohl auf die Zielvorgabe eines Projekts als auch auf informelle Hierarchien und Machstrukturen einzuwirken. Solche Determinanten stellen keine günstigen Voraussetzungen für die Schaffung nachhaltiger Lebensbedingungen dar.

Entscheidungsprozesse unserer formalen Demokratie können in den wenigsten Fällen erwartet werden. Vielmehr spielen Faktoren wie Gewohnheitsrechte, familiäre Beziehungen oder auch das Alter eine besondere Rolle. Somit scheitern Maßnahmen und Technologien im weitesten Sinn an sozialen Randbedingungen, die sie im Grunde mitverändern bzw. beeinflussen wollen. Es bedarf also politischer Zusatzstrategien, die zum einen der Absicherung der geleisteten Hilfe und zum anderen zur Einflußnahme gesellschaftlicher Bedingungen dienen.

Erschwerend kommen zwei weitere Aspekte hinzu: erstens sind die Aktivitäten eines Projekts zeitlich begrenzt. Nachhaltigkeit bedeutet jedoch, daß die Nutzen für eine Zielgruppe möglichst lange fortdauern sollten. Zweitens streben Entwicklungshilfeorganisationen danach, ihre Partner zwar zu mehr Selbständigkeit zu führen; im schlimmsten Fall aber kann diese Unterstützung letztlich auch zu mehr Abhängigkeit führen.[85] Gegenseitiger Dialog, Zielgruppenorientierung, realistische Projektgestaltung sowie Abstützung durch politische Entscheidungsträger gewinnen deshalb vermehrt an Bedeutung.

Es bleibt zu hoffen, daß die Beachtung der Ziele und Dimensionen der Nachhaltigkeit in Industrie- und Entwicklungsländern zu einer Verbesserung der Lebensverhältnisse betroffener Bevölkerungsteile der jeweiligen Länder führen. Rein formale Bekundungen, die auf die Einbeziehung sozioökonomischer Aspekte abzielen, jedoch nur ideellen Charakter besitzen, würden nicht nur der Glaubwürdigkeit der Entwicklungszusammenarbeit, sondern auch den Maßstäben nachhaltiger Entwicklung schaden.

Im Rahmen der Tropenwalderhaltung werden solche Projekte oft mit dem Schutz indigener Bevölkerungsgruppen in Zusammenhang gebracht. Dieser immens wichtige Aspekt darf aber nicht den Eindruck einer einzelnen Prestigefunktion vermitteln, sondern muß vielmehr in ein Netzwerk weiterer untereinander in Verbindung stehender Projekte und Programme eingearbeitet sein, die sowohl den Schutz der Wälder als auch seine Bewirtschaftung und Nutzung durch die lokale Bevölkerung gewährleisten.[86]

Die wenigsten Projekte des Tropenwaldprogramms der Bundesregierung widmen sich ausschließlich der Einbeziehung der Menschen vor Ort. Unterstützung nationaler Forsteinrichtungen, nachhaltige Bewirtschaftungsmaßnahmen, sowie Schutz-

---

[85] Vgl. SANFTENBERG, in: DEUTSCHER ENTWICKLUNGSDIENST (1996, S. 11).
[86] Vgl. hierzu BMZ (1995 b, S. 17 ff.), BMZ (1996 b), BMZ (1996 c), BMZ (1997 a, S. 93 ff.).

2.5 Nachhaltigkeit in der EZ: Anspruch und Wirklichkeit

programme stehen im Vordergrund. Auch in diesen Projekten ist es stärker als bisher wichtig, die jeweils eigenen Vorgaben auszudehnen und ebenso in technisch orientierten Vorhaben der Entwicklungszusammenarbeit den sozialen Zusammenhang nicht aus den Augen zu verlieren. In der sozialen Entwicklung liegt nämlich der Schlüssel für viele Probleme unterschiedlicher Nutzergruppen, die den Wald mitbeanspruchen. Ressourcenschutz bzw. Waldschutz und Armutsbekämpfung stellen oft zwei Seiten einer Medaille dar.[87]

Nicht nur direkte, in Projekten verankerte Ziele können zur Verbesserung der Lebensbedingungen beitragen. Auf übergeordneter Ebene kann auch ein sicherheitspolitischer Dialog mit dem Partnerland zur Anerkennung und Aufrechterhaltung des Status eigener Bevölkerungsgruppen beitragen. Auch auf dieses Potential muß Entwicklungszusammenarbeit, in Anbetracht der jeweiligen Situation vor Ort, einwirken. Das Wissen um die länderspezifischen Besonderheiten sollte nicht davon abhalten, Sicherheit als Grundorientierung für die Nachhaltigkeit sozialer Belange zu fordern.

Diesen Wertmaßstab, dem man sich von Seiten der Wirtschaft als auch der Forschung geringfügig bewußt ist, sollte gerade die Entwicklungszusammenarbeit mit mehr Nachdruck fordern. Da aber auch die Entwicklungshilfe ökonomischen Einflüssen unterliegt, hat sich diese Wertedimension noch nicht in vollem Maße als Grundlage nachhaltiger Entwicklung durchsetzen können. Neben Konfliktverhütung stehen dabei vertrauens- und sicherheitsbildende Maßnahmen im Mittelpunkt, die aber nicht nur zwischen Ländern untereinander, sondern auch und vor allem zur inneren gesellschaftlichen Stabilität beitragen können.[88]

Nicht zwangsläufig wird Rechtssicherheit gefolgt von Verantwortung und Handlungsbewußtsein.[89] Erfahrungen zeigen hingegen, daß solche Entwicklungen stets dann eintraten, nachdem sich zuerst gesellschaftliche Rahmenbedingungen gewandelt hatten.[90] Arbeitslosigkeit, Unterbeschäftigung und schlechte Bezahlung beeinträchtigen nicht nur die Einkommens-, sondern auch die soziale Lebenslage der Menschen. Im Sinne sozialer nachhaltiger Sicherungssysteme der Entwicklungszusammenarbeit bedarf es nicht eines schlichten Systemtransfers, sondern des Erwerbs sozialpolitischer Kompetenzen in den Entwicklungsländern, um Konzepte zu erarbeiten, die sich besonders den vorhandenen strukturellen Voraussetzungen in Staat, Gesellschaft und Wirtschaft annehmen.[91]

---

[87] Vgl. METSCH, in: DEUTSCHER ENTWICKLUNGSDIENST (1996, S. 19) sowie BMZ (1997 a, S. 57).
[88] Vgl. AUSWÄRTIGES AMT, BUNDESMINISTERIUM FÜR WIRTSCHAFT & BMZ (1995, S. 7 f.).
[89] Rechte beinhalten nicht, daß Menschen sich auch ökologisch richtig verhalten. Wenn die Verteilungsgerechtigkeit zwischen Nord und Süd vergrößert wird, ist nicht gewährleistet, daß die Umweltverträglichkeit größer wird.
[90] Zwei Beispiele, die positive Beobachtungen widerspiegeln, sollen als Denkstöße dienen. Dies ist zum einen die institutionelle Absicherung von Rechtspositionen in Pakistan; vgl. RIEKEN (1992) und zum anderen der Demokratisierungsprozeß in Brasilien; vgl. ALLEN (1992).
[91] Vgl. GSÄNGER (1994).

2.6 Fazit: Plädoyer für eine stärkere Beachtung der soziokulturellen Ausrichtung nachhaltiger Entwicklung

Die Ziele nachhaltiger Entwicklung beinhalten eine wirtschaftliche und soziokulturelle Weiterentwicklung in Kombination mit der Vermeidung von Umweltbelastungen. Zum derzeitigen Augenblick unterliegt das Konzept der Gefahr, ausgelöst durch eine selektive Sichtweise und die Beliebigkeit, mit der es definiert und operationalisiert wird, jeweils nur partiell Mißstände bzw. Fehlentwicklungen in der internationalen Zusammenarbeit zu reduzieren.

Die Mißinterpretation hatte zur Folge, daß Problembereiche der Ökonomie und Ökologie in den Vordergrund traten, während die mit diesem Aspekt in Verbindung stehenden sozialen Bedingungen vernachlässigt wurden. Eine Abgrenzung von Ökonomie und Ökologie stimmt nicht mit den erarbeiteten Inhalten nachhaltiger Entwicklung überein. Es wäre jedoch genauso verfehlt, die alleinige Priorität für die Umsetzung sozialverträglicher Forderungen voranzutreiben. Vielmehr muß das ökologische Potential bestimmt werden, dessen Funktionsfähigkeit für heutige und zukünftige gesellschaftliche Bedürfnisse eine besondere Relevanz besitzt. Natur und Umweltschutz bilden somit die Grundlage einer Entwicklung, die für eine dauerhaft menschenwürdige und humane Lebensweise einsteht.[92]

Im Wissen um die Verantwortung gegenüber künftigen Generationen muß im Konfliktfall soziale Verpflichtung und Umweltverträglichkeit gegeneinander abgewogen werden. Eine privilegierte Beachtung von Umweltbelangen ist aber nur dann erstrebenswert, wenn sie gleichzeitig als Grundlage für den Erhalt humaner Lebensbedingungen dient und umgekehrt. Sowohl Ökonomie, zur Verbesserung der Effizienz und zur Gestaltung wirtschaftlicher Anreize, als auch Ökologie, zur Bilanzierung von Eingriffen in den Naturhaushalt, sind für die Problemperzeption nachhaltiger Entwicklung von unstrittiger Geltung. Beide Fachrichtungen erweisen sich für die Beurteilung von Handlungsweisen zur Umsetzung nachhaltiger Entwicklung als unumgänglich. Ungeachtet dessen werden die Ziele des Konzepts von der Forderung nach gesellschaftlicher Wohlfahrt bestimmt.

Wirtschaftliche Produktion und Umweltqualität stehen somit im Dienste einer sozialverträglichen Entwicklung, die sich Wohlfahrtsorientierung auf der Ebene von Intra- und Intergenerationengerechtigkeit zum Ziel macht. Dieser Anspruch läßt sich weder aus der Ökologie noch den Wirtschaftswissenschaften herleiten. Er obliegt dagegen einer kulturellen bzw. ethischen Überzeugung, die auf der Schaffung menschenwürdiger Lebensverhältnisse beruht.[93] Diese anthropozentrische Ausrichtung des Konzepts erfuhr bislang in der praktischen Umsetzung eine untergeordnete Berücksichtigung.

---

[92] Vgl. RENN (1996, S. 95).
[93] Vgl. KUIK und VERBRUGGEN (1991, S. 61) sowie RENN (1996, S. 84).

2.6 Fazit

In Anlehnung an diese Gegebenheit und an die Einsichten aus dem vorangegangenen Kapitel zu Anspruch und Wirklichkeit von Nachhaltigkeit in der Entwicklungszusammenarbeit, zeigt Abbildung 4 den modellhaften Verlauf einer Entwicklung, die ganz im Sinne einer anthropozentrischen Ausrichtung steht.

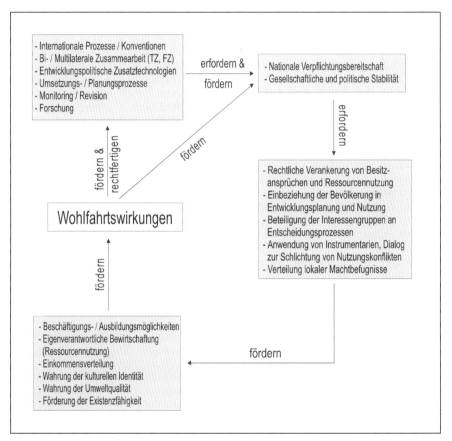

Abb. 4: Anthropozentrisches Entwicklungsschema
 Quelle: Eigener Entwurf, 1999.

Die Beschäftigung mit sozialen Problembereichen wie sie zum heutigen Zeitpunkt von Seiten der Ökonomie betrieben wird, beschränkt sich vornehmlich auf Armutsbekämpfung bzw. Hebung des Lebensstandards. Diese einseitige Sichtweise läßt eine Reihe sozialer Faktoren außer acht und gefährdet dadurch die Effektivität von Entwicklungsprogrammen, da sie die Realität nicht zu erfassen vermögen.

Die Auslegung, die Personen allzuoft zu Objekten der Betrachtung und Planung werden läßt, ist durch eine Distanz zu den tatsächlichen Konflikten gekennzeichnet. Soziale Nachhaltigkeit beinhaltet vielmehr das Hinwirken auf die Erweiterung und gerechte Verteilung lokaler Machtbefugnisse, die Beteiligung betroffener Bevölkerungsgruppen an Entscheidungsprozessen sowie deren Einbeziehung in Entwicklungsplanung und Nutzung, um eine möglichst hohe Verzahnung zur Schaffung weitreichender Synergieeffekte für die lokale Wirtschaft und Bevölkerung zu erreichen.

Des weiteren besteht die Notwendigkeit, eine relativ ausgeglichene Verteilung der Ressourcen voranzutreiben, die eine Vergrößerung der Kohäsion zwischen räumlichem und sozialem Zusammenhalt zum Ziel hat. Dazu trägt die Erhaltung der kulturellen Identität bei. Soziale Nachhaltigkeit steht somit auch durch die Beachtung des historischen, traditionellen und soziokulturellen Kontexts unter einer besonderen Verantwortung. Die soziale Komponente der Verteilungsgerechtigkeit kann nicht durch das schlichte Streben nach wirtschaftlichem Wachstum erfüllt werden. Langfristig ist es erstrebenswerter, auf ein besseres Verständnis gesellschaftlicher Bedürfnisse hinzuarbeiten und nicht von vornherein die Konfrontation mit westlichen Industrialisierungsmodellen zu suchen. Denn diese würde innere Verteilungsungerechtigkeiten vergrößern und nur zur Hebung der Lebensqualität lokaler Eliten führen. Außerdem geht diese Entwicklung oft mit einer sich verschlimmernden ökologischen Beanspruchung und somit Verringerung der Umwelt- bzw. Lebensqualität einher.

Diese kurz umrissenen Prinzipien können aber nicht schrittweise oder gesondert angegangen werden. Aufgrund ihres interdependenten Charakters ist es von Nöten, sie als holistisches Kontinuum zu betrachten. Soziale Nachhaltigkeit bedarf deshalb einer grundlegenden Bekenntnis, die sich der Verpflichtung zur Schaffung gerechterer Lebensverhältnisse aller gesellschaftlicher Ebenen stellt und besonders dominierende Schichten – in Kooperation mit bi- und multilateraler Zusammenarbeit – in die Verantwortung nimmt.[94]

In Anbetracht dessen muß soziale Nachhaltigkeit eine eindeutige Stellungnahme zu derzeitigen Mißständen beziehen, um nicht dem Status einer politischen Leerformel zu verfallen. Im Sinne einer ernstgemeinten Verbesserung von Lebensbedingungen und deren Erhaltung, bedeutet dies das Einvernehmen zur Veränderung bestehender Gesellschaftsverhältnisse. Programme sozialer Nachhaltigkeit müssen solche Ziele ausdrücklich befürworten, wollen sie tatsächlich eine langfristig gerechtere Gesellschaftsstruktur erreichen.

---

[94] LÉLÉ (1991) kritisierte noch zu Beginn der 90er Jahre, daß das Konzept der sozialen Nachhaltigkeit der weiteren Konkretisierung bedarf. Sicherlich ist dieser Bedarf auch heute noch gegeben. Dennoch versteht sich obiges Kapitel als Zusammenfassung der Inhalte sozialer Nachhaltigkeit, denen die Ausarbeitung adäquater Schritte in der Umsetzung von Nachhaltigkeit vor Ort folgen muß. Im Vergleich zur Umschreibung sozialer Nachhaltigkeit von ARTS (1994, S. 19), der von einem „Bemühen um möglichst harmonische soziale Verhältnisse in und zwischen Gesellschaften" spricht, ist damit die inhaltliche Auseinandersetzung von sozialer Nachhaltigkeit erheblich vorangeschritten.

2.6 Fazit

Für die ökologische Nachhaltigkeit ist die Änderung lokaler Hierarchien von geringerer Bedeutung. Ihr Einfluß ist zwar auch für ökologische Zielvorgaben relevant, jedoch sind deren Auswirkungen für die Umwelt oft weniger unmittelbar, als dies bei gesellschaftlichen Belangen der Fall ist. Zudem können sich bestehende Machtverhältnisse eher konservierend für die Umweltqualität auswirken. Sozialverträglichkeit hingegen wird meist durch Konflikte zwischen Nutzungsansprüchen in Mitleidenschaft gezogen. Von vornherein müssen Abstriche in Kauf genommen werden.

Auf politischer Ebene sollten deshalb Verteilungskonflikte gezielt zugunsten benachteiligter Gruppen geändert werden. Auch aus diesem Grund ist das Beharren an der Festschreibung bestehender Verhältnisse nicht im Sinne einer dauerhaften, sozial gerechten Entwicklung. Nachhaltigkeit, die keine Antworten auf Verteilungskonflikte gibt, ist besonders unter den Eliten sowohl in Entwicklungsländern als auch in Industrienationen populär, da sie ein Mittel darstellt, wichtige Einkommensquellen auf Dauer zu erhalten.[95] Eine gleichmäßige Verteilung von Wohlfahrtswirkungen beruht aber nicht nur auf der Berücksichtigung verschiedener Nutzungsansprüche für bestimmte Ressourcen, sondern auch auf der Beteiligung betroffener Bevölkerungsteile an parallel verlaufenden Entscheidungsprozessen. Hierzu bedarf es eines gesellschaftlichen Systems, das auf gegenseitigem Vertrauen, Sicherheit und Stabilität gründet.[96]

Projekte müssen den Bedürfnissen der Menschen angeglichen – und nicht die Menschen den Projektzielen untergeordnet werden. Auf diese Weise wird eine Steigerung der sozialen Akzeptanz erreicht, von deren Gehalt der Erfolg nachhaltiger Entwicklung, im besonderen aber soziale Nachhaltigkeit, weitgehend abhängig ist.[97] Das Einverständnis der Gesellschaft sowie die Unterstützung durch ihre Institutionen ist eine unumgängliche Prämisse aller Entwicklungskonzepte im Namen der Nachhaltigkeit.

Neben ökonomischer Tragfähigkeit und ökologischer Verträglichkeit ist es vor allem die Schaffung gesicherter und dauerhafter Lebensverhältnisse, die auf soziale Akzeptanz der Nutzergruppen hinwirken, somit den Nachhaltigkeitseffekt verstärken und schließlich Wohlfahrtswirkungen hervorrufen.[98]

---

[95] Ein Beispiel aus der eigenen deutschen Forstgeschichte belegt, daß es Großgrundbesitzer und die vermögende Oberschicht waren, die im Gegensatz zu Kleinbauern auf Nachhaltigkeit als Festschreibung der Nutzung drängte, um somit eine stetige Einkommensquelle zu erlangen; vgl. RENN (1996, S. 93).

[96] Vgl. GARDNER und ROSELAND (1989, S. 29) sowie SMYTH und DUMANSKI (1993, S. 10 f.).

[97] Eine Recherche unter Weltbank-Projekten im Internet ergab, daß diese Institution bereits 1994 über 15 % Ihrer Projekte mit Zusatzstrategien versah, die die Auswirkungen der Projekte auf soziale Akzeptanz und Wohlfahrt untersuchte. Die *Social Policy und Social Assessment (SA)* wurde seitdem stets erweitert. Mit dieser Entwicklung korrelieren auch die gestiegenen Ausgaben für Forstprojekte, die ebenfalls soziale Interessen mit einschließen. Beliefen sich die gewährten Kredite Mitte der 80er Jahre noch auf 400 Millionen US$, so sind es Mitte der 90er bereits über 900 Millionen US$; vgl. CASSELLS und RIETBERGEN (1995).

[98] In ihrer Studie über Bewertungsmöglichkeiten nachhaltigen ‚Land-Managements' steht auch bei SMYTH und DUMANSKI soziale Akzeptanz zusammen mit Wirtschaftlichkeit, Sicherheit und Schutz der Produktion im Vordergrund. Ohne soziale Akzeptanz ist die Integration von sozioökonomischen und ökologischen Interessen nicht möglich; vgl. SMYTH und DUMANSKI (1993, S. 7 ff.).

Soziale Akzeptanz wird auch durch die Anhäufung und Miteinbeziehung lokaler Erfahrenswerte und lokalen Wissens begünstigt. Die Nutzung des sogenannten sozialen Kapitals vor Ort ist für eine sozialverträgliche Gestaltung nachhaltiger Entwicklung unverzichtbar.[99] Diese Betrachtungsweise mißt den Beteiligten einen neuen, bedeutungsvollen Status bei. Der vormals bestimmende Ansatz, der Menschen als Objekte von Entwicklung wahrnahm, muß eine völlige Umorientierung erfahren. In ihnen selbst liegt ein bislang mißachtetes Potential, das zur Schaffung effektiverer und anhaltender Entwicklungsziele herangezogen werden muß.

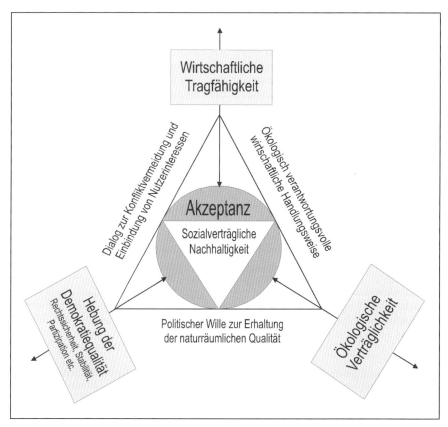

Abb. 5: Rahmenbedingungen einer sozial verträglichen Nachhaltigkeit
Quelle: Eigener Entwurf, 1999.

---

[99] Vgl. CERNEA (1994, S. 9).

2.6 Fazit

Entwicklungspolitische Technologien können nur dann ihre tatsächliche Kapazität zur Geltung bringen, wenn zuvor eine adäquate Anpassung an bestehende soziale Organisationsformen erfolgt ist. Demnach sind die betroffenen Gruppen für die Anwendung und Erhaltung ausgewählter Technologien von großer Relevanz. Soziale Nachhaltigkeit rückt somit die Menschen selbst als Ressource ihrer eigenen Entwicklung in den Mittelpunkt des Interesses. Auf deren Miteinbeziehung und Potential beruhen entwicklungsspezifische nachhaltige Synergieeffekte.

Abbildung 5 (S. 52) stellt die Rahmenbedingungen für soziale Akzeptanz und der darauf beruhenden sozialen Nachhaltigkeit dar. Der Grad der Nachhaltigkeit ist durch die harmonische Geltung aller drei Determinanten vorgegeben. Wichtig ist, daß eindimensionale Verschiebungen zuungunsten einer bzw. zweier Rahmenbedingungen verhindert werden. Eine höchstmögliche Ausbildung sozialer Nachhaltigkeit beruht auf einer ausgewogen verlaufenden Gewichtung aller drei Komponenten.

3 KRITERIEN UND INDIKATOREN ALS INSTRUMENTARIUM FORSTLICHER NACHHALTIGKEIT

3.1 Kriterien und Indikatoren und deren Tragweite

Aufgrund der vielfältigen Initiativen und Akteure, die sich als Folge der Agenda 21 mit der Erarbeitung von Kriterien- und Indikatorenkatalogen beschäftigen, ist es notwendig, eine terminologische Abgrenzung häufig unterschiedlich verwendeter Fachbegriffe darzulegen. Eine Untersuchung internationaler konzeptioneller Ansätze ergab eine mannigfache Interpretation identischer Begriffe, die zu einer Verwirrung des Betrachters führen können.

Die im Mittelpunkt stehenden Bezeichnungen, wie *Prinzipien*, *Kriterien* oder *Indikatoren* etc. beschreiben und bestimmen sowohl politische als auch projektspezifische Maßnahmen. Konstruktive Neuerungen und Verbesserungen bedürfen aber einer möglichst breiten Akzeptanz klar definierter Termini.

Zu allererst widmet sich deshalb das folgende Kapitel der inhaltlichen Bestimmung relevanter Fachbegriffe der derzeitigen internationalen Debatte forstlicher Nachhaltigkeit. Die rein terminologische Betrachtung wird ergänzt durch eine inhaltliche Bestimmung der zuvor dargelegten Definitionen. Anforderung und Ziele, die mit diesen Termini in Verbindung stehen, werden gesondert hervorgehoben, um zusätzlich zu deren Konkretisierung beizutragen und den Überblick zu wahren.

Es ist die Aufgabe von Kriterien, die wesentlichen Grundlagen der Waldbewirtschaftung zu definieren, so daß Aussagen über deren Nachhaltigkeit getroffen werden können. Jedes Kriterium wird schließlich durch weitere Indikatoren charakterisiert. Diese beinhalten beispielsweise quantitative, qualitative oder deskriptive Aspekte, die als untergeordnete Attribute der Kriterien ihre Anwendung finden. Eine Untersuchung dieser Indikatorentypen ist deshalb erforderlich, da sie die Grundlage der inhaltlichen Konzeption bildet und somit wichtige Kenntnisse für die Fragestellung der Operationalisierbarkeit nachhaltiger Entwicklung vermittelt.

3.1.1 Definitionen

Der Dialog auf Ebene der internationalen Waldthematik bedarf einer umfassenden wissenschaftlichen und möglichst transparenten Annäherung hinsichtlich des Themenkomplexes Forstwirtschaft vor dem Hintergrund nachhaltiger Entwicklung. Es besteht die Notwendigkeit, einen internationalen Konsens zu finden, der ausgehend von der weltweit verwendeten Terminologie, bis hin zu konzeptionellen Vorgaben die Möglichkeit eröffnet, eine nachhaltige von einer nicht-nachhaltigen Forstwirtschaft zu unterscheiden. Bevor es jedoch zu solch einvernehmlichen Grundlagen kommen kann, ist es unentbehrlich, eine klare begriffliche Definition verwendeter Fachausdrücke voranzuschicken, auf denen die gegenseitige Verständigung und schließlich die Verständlichkeit der erarbeiteten Übereinkünfte basiert.

Die internationale Kompatibilität der Indikatorensysteme bildet hierfür eine wichtige Voraussetzung.[100] Erst wenn eine Prognostizierung negativer Determinanten anhand von Kriterien und Indikatoren möglich ist, können diese Erkenntnisse als Basis einer neuen politischen Prioritätensetzung zur Entfaltung kommen. Kriterien und Indikatoren stellen ein Instrumentarium dar, mit dem primär die Bestandentwicklung und Qualität der Forstbewirtschaftung eines Landes, als integraler Bestandteil des Gesamtkonzepts nachhaltiger Entwicklung, unterstützt werden soll. Sie können als spezifische Kenngrößen erfaßt werden, mit denen der Zustand eines Waldes und dessen Bewirtschaftungssystems bestimmt wird. Zudem kann eine langfristige Bewertung auf der Grundlage nachhaltiger Forstwirtschaft, die sie repräsentieren, vorgenommen werden.

In Anbetracht der Waldbeschlüsse der UNCED wurden vielfältige Versuche unternommen, den Kerngehalt nachhaltiger Forstwirtschaft anhand von Kriterien- und Indikatorenkatalogen darzulegen. Dabei kam es häufig, neben der Einteilung in Kriterien und Indikatoren, zu einer weiteren Aufspaltung in *objectives, principles, guidelines* oder *verifiers*, die einer systematisch hierarchischen Einteilung unterliegen.[101] Aus Gründen der Praxisnähe, und um einer unnötigen Verwirrung entgegenzutreten, erfolgt an dieser Stelle eine Konzentration auf die im Zentrum der Untersuchung stehenden Prinzipien, Kriterien und Indikatoren.

Prinzipien stellen übergeordnete Rahmenbedingungen und Grundsätze dar, die sich näher durch Kriterien und Indikatoren definieren. Sie besitzen eine maßgebende Geltung, die für relevante Handlungen und Maßnahmen von unumgänglicher Verbindlichkeit sind. Sie spiegeln die obersten einzuhaltenden Prämissen wider, die es hinsichtlich der Umsetzung einer speziellen Thematik nachhaltiger Entwicklung einzuhalten gilt.[102] Vor dem Hintergrund forstlicher Nachhaltigkeit definieren PRABHU, MAYNARD ET AL. Prinzipien wie folgt:

> „*A principle is 'a fundamental truth or law as the basis of reasoning or action'. Principles in the context of sustainable forest management are seen as providing the primary framework for managing forests in a sustainable fashion. They provide the justification for criteria, indicators and verifiers.*"[103]

Ein *Kriterium* kann als Prinzip zweiten Ranges betrachtet werden. Es identifiziert einzelne Elemente der Nachhaltigkeit, an denen sich beispielsweise die Bewirtschaftung eines Waldes orientiert und schließlich begutachten läßt. Es optimiert ein Prinzip, indem es ihm zusätzliche Bedeutung beimißt und einen höheren Grad an Praktikabilität vermittelt.

---

[100] Vgl. MAINI (1993, S. 61) sowie LOWE (1995, S. 343).
[101] Vgl. PRABHU, COLFER ET AL. (1996, S. 14 ff.) sowie PRABHU, COLFER, DUDELY (1999, S. 85 ff.).
[102] MAINI (1993, S. 62) gibt eine weiterführende Charakterisierung von Prinzipien. Er bemerkt: „*A principle is commonly formulated around a core concept based on societal ethics, values, and tradition as well as on scientific knowledge. Usually principles can be expressed concisely and crisply, for example, Sustainable Development Principle, Sustained Yield Principle ... and a set of Forests Principles, negotiated at the Earth Summit.*"
[103] Vgl. PRABHU, MAYNARD ET AL. (1998, S. 2).

3.1 Kriterien und Indikatoren und deren Tragweite

Kriterien stellen die Nahtstelle zwischen Prinzipien und Indikatoren dar. Sie besitzen die Fähigkeit, Informationen von der unter ihnen liegenden Ebene der Indikatoren zu integrieren und deren Interpretation in Anbetracht der Bedeutung übergeordneter Prinzipien zu ermöglichen.[104] Aus einer Reihe unterschiedlichster Definitionen forstlicher Kriterien und Indikatoren unternahm die FAO den Versuch einer grundsätzlichen Begriffsbestimmung.[105] Zu Kriterien bemerkt sie:

„The role of guidelines and criteria is to define a set of standards by which forest management may be evaluated at the appropriate level. Criteria for sustainable forest management correspond to identified elements of sustainability against which forest management may be assessed. The core set of criteria, which should emerge from a global harmonization process, must relate to the key elements of forest sustainability but need not be ranked in importance."[106]

Indikatoren vermitteln im Idealfall eine einzige Nachricht. Diese Nachricht, verstanden als Information, bildet die Grundlage auf der Bewertungsraster erstellt und Maßnahmen koordiniert werden. Eine periodische Anwendung von Indikatoren und die Beurteilung deren Ergebnisse ermöglichen regulierende Eingriffe, die sich an den Zielvorgaben (Prinzipien und Kriterien) orientieren. Die Datengrundlage, die die Befunde der Indikatoren bereitstellt, dient somit Entscheidungsträgern als wichtiger Anhaltspunkt, um auf Rahmenbedingungen und Determinanten nachhaltiger Entwicklung, respektive nachhaltiger Forstwirtschaft, einwirken zu können.[107]

Indikatoren kennzeichnen den Zustand der Bedingungen, die anhand von Kriterien festgelegt wurden. Insofern ermöglicht ihre Anwendung eine Abweichung von diesen übergeordneten Zielvorgaben festzustellen. In Anlehnung an diese Eigenschaften beschreibt die FAO einen forstwirtschaftlichen Indikator folgendermaßen:

„Each criterion may be characterised by one or more indicators; these indicators can be quantitative, qualitative or descriptive. Systematic, periodic assessment or measurement of indicators provides the basis for monitoring changes and trends in the levels of those indicators and, ultimately, progress in sustaining the various functions of the forest recognized in the Forest Principles."[108]

---

[104] Vgl. PRABHU, MAYNARD ET AL. (1998, S. 3); sie ergänzen weiterhin: *„Criteria ... are reflections of knowledge. Knowledge is the accumulation of related information over a long period of time. It can be viewed as a large-scale selective combination or union of related pieces of information."*

[105] Die in Kapitel 3.2.2 vorgestellten Initiativen befassen sich auch mit der Definition von Kriterien und Indikatoren. Aufgrund dieser Vielzahl an Definitionen wird im folgenden auf umfassende Definitionen der FAO zurückgegriffen, die als einheitliche, konsensfähige Definitionen konzipiert sind.

[106] Vgl. FAO (1995) in: EGESTAD (1995, S. 13). In Anlehnung an eine ähnliche Definition befaßt sich auch der IPF mit Kriterien forstlicher Nachhaltigkeit; vgl. UN CSD / IPF (1996 b, S. 3).

[107] MAINI (1993, S. 62) bezieht Indikatoren gänzlich auf deren Eigenschaft der Meßbarkeit in Bezug auf ein übergeordnetes Kriterium: *„Indicator: Any variable that can be measured in relation to a specific criterion."* Diese Eigenheit macht auch LOWE zum Ausgangspunkt seiner Auffassung eines Indikators: *„This semantic process of refining a criterion into sub-criteria is useful until sub-criteria are derived which are uni-dimensional and capable of (at least) ordinal measurement. When this stage of measurability is reached, this paper suggests that a criterion becomes an indicator";* vgl. LOWE (1995, S. 345).

[108] Vgl. FAO (1995 a, S. 1 f.).

3.1.2 Zielsetzungen und Anforderungen

Die Entwicklung von Kriterien und Indikatoren beruht auf der Forderung, ein Ökosystem zu bewirtschaften, ohne daß dabei dessen natürliche Prozesse in unumkehrbarer Weise in Mitleidenschaft gezogen werden. Die Erhaltung wirtschaftlicher, sozialer und schließlich auch umweltrelevanter Funktionen der Wälder steht im Mittelpunkt der durch Kriterien und Indikatoren begutachteten Bewirtschaftung. Somit dienen die angewandten Kriterienkataloge auch der Vermittlung von Wissen und Information derzeitiger entwicklungspolitischer, bis hin zu projektspezifischer Inhalte.

Sie tragen dazu bei, das Wesen Nachhaltiger Entwicklung, und im speziellen nachhaltiger Forstwirtschaft, einer breiten Öffentlichkeit näherzubringen und deren Verständnis zu fördern. Verstanden als Leitfaden, stellen sie die Rahmenbedingungen dar, denen gegenüber sich auf Projektebene die Verhältnisse und Konditionen der Bewirtschaftung, und somit der Zustand des Waldes sowie das Wohlergehen beteiligter Bevölkerungsgruppen, verantworten muß. Sie tragen also zur Identifizierung und Kennzeichnung der Qualität wesentlicher Bestandteile der Forstwirtschaft bei und erhöhen deren Transparenz.

Vor allem auf nationaler und betrieblicher Ebene kommt ihre Bedeutung als Bewertungsraster der Nachhaltigkeit zum Ausdruck. Als Referenzpunkte unterschiedlicher Problemstellungen dienen sie nicht nur als unmißverständliche inhaltliche Zielvorgaben, sondern stellen gleichzeitig maßgebende Richtlinien für politische, bis hin zu betrieblichen Entscheidungsträgern dar. Sowohl auf nationaler als auch auf internationaler Ebene erleichtert ihre konzeptionelle Eindeutigkeit den fortschreitenden Dialog hinsichtlich der Intentionen nachhaltiger Entwicklung und derer Implementierung. Gerade ihre flexiblen Anwendungsmöglichkeiten auf internationaler, regionaler, nationaler, subnationaler und schließlich betrieblicher Ebene fördern nicht nur den gegenseitigen Dialog, sondern ebnen durch ein gesteigertes Verständnis den Weg für problemorientierte Kooperationen.[109]

Bedingung hierfür ist, daß die jeweiligen Kriterien- und Indikatorenansätze auf die Zielsetzungen der entsprechenden Ebenen abgestimmt sind, ohne dabei Ansprüche der Nachhaltigkeit preiszugeben. Erst diese Kombination ermöglicht Rückschlüsse auf den Gesamtkomplex Nachhaltigkeit, respektive nachhaltige Forstwirtschaft, und die Effektivität, mit der diese umgesetzt wird.

In Abbildung 6 wird der Versuch unternommen, die oben genannte Reichweite anhand einer schematisierten Darstellungsform darzulegen. Mit ihnen werden gleichzeitig die Zielsetzungen angewandter Kriterien und Indikatoren erfaßt. Die Notwendigkeit der Adaption auf die nationale und betriebliche Ebene ist dabei eher für spezifische Indikatoren als für übergeordnete allgemeingültige Kriterien der Fall.

---

[109] Vgl. CANADIAN COUNCIL OF FOREST MINISTERS (1995, S. 3 f.) sowie UN CSD / IPF (1996 b, S. 3 ff.).

3.1 Kriterien und Indikatoren und deren Tragweite

Für die Forstwirtschaft präsentieren sich die Vorzüge für die entsprechenden Ebenen wie folgt: International und regional betrachtet stellen sie eine Informationsbasis hinsichtlich der Quantität und Qualität der bestehenden Waldareale dar; auf nationaler Ebene dienen sie der Entwicklung politischer und legislativer Zusatzstrategien, wie sie sich z.B. in nationalen Forstprogrammen niederschlagen; in bezug auf die forstbetriebliche Ebene bieten sie die Möglichkeit einer Evaluierung und kontinuierlichen Verbesserung des Bewirtschaftungssystems und seiner sozioökonomischen Nebeneffekte.[110]

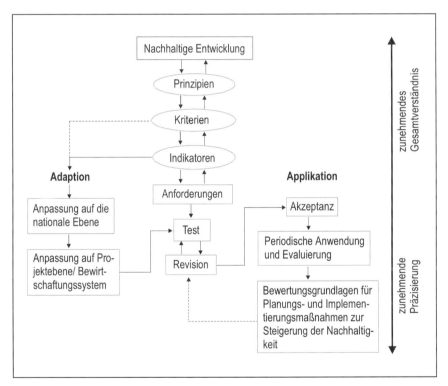

Abb. 6: Reichweite von Kriterien und Indikatoren
Quelle: Eigener Entwurf, 1999.

Allen Ebenen liegt zugrunde, daß durch Kriterien und vor allem durch Indikatoren zeitliche Dimensionen erfaßt werden. Erst wenn Indikatoren Veränderungen sichtbar machen und Trends prognostiziert werden können, lassen sich Entwicklungen entgegengesetzt oder im Einklang mit nachhaltiger Forstwirtschaft identifizieren.

---

[110] Vgl. UN CSD / IPF (1996 c).

In genau diesem Punkt unterscheiden sie sich von klassischen Umweltindikatoren, die lediglich statische Sachverhalte zu fassen in der Lage sind, ohne daß langzeitliche Determinanten im Rahmen bestimmter Zielvorgaben erkannt werden.[111]

Um diese Zielsetzungen dauerhaft erfüllen zu können, bedarf es einer Reihe von Anforderungen, denen sich die Indikatoren im Hinblick auf ihre Anwendbarkeit stellen müssen. Die Aussagekraft der Indikatoren und der Erfolg entsprechender Maßnahmen ist demnach von dem Grad, mit dem sie diese Anforderungen erfüllen, abhängig. Bereits frühere Studien zum Thema Indikatoren der Nachhaltigkeit stellten fest, daß sich deren Nachvollziehbarkeit bzw. Kontrollierbarkeit neben den bereits erwähnten zeitlichen, auch räumlichen und gesellschaftsrelevanten Gesichtspunkten fügen muß. Schließlich sind es genau diese Determinanten, die eine besondere Stellung bei der Formulierung der Ziele nachhaltiger Entwicklung einnehmen. Grundvoraussetzungen hierfür sind eine unkomplizierte Handhabung und Anwendbarkeit sowie eine praxisnahe Methodik zur Erfassung der Daten.[112]

Diese Aspekte wiederum müssen den allgemeinen wissenschaftlichen Anforderungen nachvollziehbarer Auswahlkriterien sowie der Transparenz und Reproduzierbarkeit der Ergebnisse Genüge leisten, damit eine gute Verständlichkeit des Themenkomplexes und dessen mögliche Vereinfachung erreicht werden.[113] Auf der Grundlage mehrerer Testreihen in unterschiedlichen räumlichen und soziokulturellen Kontexten formuliert CIFOR neun Attribute, anhand derer die Nützlichkeit und Praktikabilität angewandter Indikatoren bewertet werden können. In ihnen spiegeln sich die bereits dargelegten allgemeinen Anforderungen wider. Dieser Vorschlag für den forstwirtschaftlichen Bereich umfaßt im einzelnen folgende Schwerpunkte:

„*Relevance; unambiguosly related to the assessment goal; precisely defined; diagnostically specific; easy to detect, record and interpret; reliable; sensitive to stress on the forest management, ecological and social systems; provide a summary or integrative measure over space and/or time; appealing to users.*"[114]

3.1.3 Typologisierung

Bei der Typologisierung von Indikatoren der Nachhaltigkeit dient deren zeitliche Dimension als Hilfsmittel, um zwei grundsätzlich unterschiedliche Wesensarten voneinander zu unterscheiden. *Retrospektive Indikatoren* beinhalten die Bewertung

---

[111] Vgl. KUIK und VERBRUGGEN (1991, S. 7): „*Sustainability indicators reflect the reproducibility of the way a given society utilizes its environment. Hence, they differ from classical environmental indicators: They do not simply reflect environmental conditions or the pressures on the environment, but they indicate to what degree certain pressures or environmental impacts the earth can deal with in a long-term perspective, without being affected in its basic structures and processes. ... In a sense, therefore, sustainability indicators are normative indicators: They relate actual, 'objective' developments to a desirable condition or goal.*"
[112] Vgl. LIVERMAN, HANSON ET AL. (1988, S. 133 ff.) sowie ZINK und FARSAD (1995, S. 408 f.).
[113] Vgl. WALZ (1994, S. 5 ff.) sowie UN DPCSD (1996).
[114] Vgl. PRABHU, COLFER ET AL. (1996, S. 16 f.).

3.1 Kriterien und Indikatoren und deren Tragweite 61

traditioneller politischer bzw. strategischer Maßnahmen und Programme in bezug auf den historischen Kontext. Diese Betrachtungsweise liefert Informationen über die Effektivität bereits bestehender zielgerichteter Handlungsweisen zur weiterführenden Implementation nachhaltiger Entwicklung. Es obliegt den entsprechenden Entscheidungsträgern, Lehren aus den Resultaten ihrer Vorgehensweise zu ziehen und diese zu verbessern. Auf diese Weise vermitteln zurückschauende Indikatoren indirekte Informationen über Verbesserungsmöglichkeiten, die sich in zukünftigen Reformen niederschlagen.

Indikatoren, die direkte Informationen liefern, beschäftigen sich dagegen mit dem gegenwärtigen Zustand eines Problemfeldes und ermöglichen durch den Vergleich anhand periodisch wiederholter Anwendungen Aussagen über dessen zukünftigen Status. Solche *prognostizierende Indikatoren (predictive indicators)* erlauben Einblicke in die Entwicklung künftiger sozioökonomischer und umweltrelevanter Variablen. Diese Aussagen bilden wiederum die Grundlage für ein adäquates Management und richtungsweisende Planungskonzepte.

Es muß jedoch betont werden, daß solche prognostizierende Indikatoren einer wissenschaftlich fundierten Analyse und Bestätigung bedürfen, um auf plausible und gesicherte Ergebnisse zurückgreifen zu können.[115] Im Sinne 'vorausschauender' Indikatoren ist es vor allem von Bedeutung, daß man sich von vornherein darüber bewußt ist, welche speziellen Aspekte untersucht werden sollen. Insbesondere die Vielschichtigkeit nachhaltiger Forstwirtschaft mit ihren wirtschaftlichen, sozialen und ökologischen Größen bedarf einer genauen Abstimmung der verwendeten Indikatoren im Hinblick auf den jeweils zu untersuchenden Einzelaspekt. In Anbetracht der quantitativen Meßbarkeit bzw. Nicht-Meßbarkeit des Untersuchungsschwerpunkts ist eine weitere Unterteilung in *quantitative, qualitative* und *beschreibende Indikatoren* notwendig. Diese finden ihre Anwendung je nach charakteristischer Eigenart des im Mittelpunkt stehenden Schwerpunkts.[116]

Kriterien, die sich mit dem Zustand des Waldökosystems (Größe der zusammenhängenden Waldfläche, Biodiversität, Ökosystemintegrität etc.) sowie mit den ökonomischen, produktiven und schützenden Funktionen befassen, können größtenteils mit quantitativen Indikatoren erfaßt werden. Im Falle sozioökonomischer Funktionen kann jedoch nicht in allen Bereichen mit deren objektiver Quantifizierbarkeit gerechnet werden, so daß zusätzlich qualitativ beschreibende Indikatoren herangezogen werden müssen.[117] Diese vermögen den Zustand bzw. die Situation regionalspezifischer sozialer und kultureller Eigenheiten und Wertedimensionen zu erschließen und ermöglichen erst somit die erwünschte Interpretationsmöglichkeit.

---

[115] Vgl. KUIK und VERBRUGGEN (1991, S. 57 ff.). SMYTH und DUMANSKI (1993) sprechen in diesem Zusammenhang von *diagnostischen* Kriterien und Indikatoren.
[116] Vgl. PRABHU (1996, S. 7) sowie UN CSD / IPF (1997 b, S. 30): „*There is need for a broad spectrum of quantitative, qualitative and descriptive indicators covering social, cultural, economic, ecological, institutional, legal and policy elements, including land tenure.*"
[117] Vgl. LANLY (1995, S. 44).

Gerade für die Erfassung einer gerechten Ressourcennutzung zwischen und innerhalb Bevölkerungsgruppen einzelner Generationen sind sie in hohem Maße geeignet, da sie die Empfindungen und Bedürfnisse der Betroffenen widerspiegeln und auf bestehende gesellschaftliche Notlagen hinweisen. Individuen und Repräsentanten bestimmter Interessengruppen stehen im Mittelpunkt der Anwendung dieser Indikatoren. Vor dem Hintergrund der erfaßten gesellschaftlichen Problemperzeption können beispielsweise Anspruch und Wirklichkeit einer gerechten Ressourcennutzung abgewogen werden. Mit diesem Typus von Indikator erreicht man eine höhere Flexibilität für die Evaluierung nachhaltiger Entwicklung und ist nicht ausnahmslos auf eine unzureichende quantitative Bestimmung nachhaltiger Zielsetzungen angewiesen. Beschreibende Indikatoren sollten heute bereits zum festen Bestandteil von Monitoringsystemen nachhaltiger Entwicklung gehören, wie dies für den forstwirtschaftlichen Bereich bereits der Fall ist. Das Fehlen von Erkenntniswegen, deren Aufgabe die Identifizierung soziokultureller Probleme ist, kann somit nicht mehr durch unzureichende quantitative Indikatoren entschuldigt werden.[118]

3.2 Analyse ausgewählter internationaler Indikatorenansätze

Die Herausbildung von Kriterien und Indikatoren zur Umsetzung nachhaltiger Entwicklung ist geprägt von einer Reihe von Initiativen und Prozessen. Die Anwendbarkeit und Verfeinerung der erstellten Indikatoren steht dabei im Mittelpunkt des Interesses. Eine Vielzahl von Organisationen und Institutionen hat sich bislang weltweit an diesem Prozess beteiligt. Dabei werden die unterschiedlichsten Kriterienkataloge sowohl auf internationaler bis hin zur nationalen Ebene als auch für spezifische, fokale Problembereiche erarbeitet. Da die Nachhaltigkeitsdiskussion in einem engen Bezug zu Umwelt- und Ressourcenaspekten steht, kommt es auf internationaler Ebene an erster Stelle zur Ausbildung von Umweltindikatorensystemen, deren Anwendungsgebiete aber auf den nationalen Kontext abzielen, so daß schließlich auch wirtschaftliche und soziale Bereiche mit aufgenommen werden. Gerade hinsichtlich des Entwicklungsstandes eines Landes rücken im internationalen Vergleich soziale Aspekte zusehends in den Mittelpunkt, um Stadien der Entwicklung einer Gesellschaft zu untersuchen. Einzelne soziale Indikatoren haben durch diesen Umstand erheblich an Bedeutung gewonnen und finden infolgedessen eine gesonderte Anwendung.[119] Wie das Beispiel forstlicher Kriterien und Indikatoren zeigt, sind auch spezifische umweltrelevante Ansätze mit sozialen und wirtschaftlichen Anforderungen durchsetzt. Es kommt deshalb zur Ausbildung von Gesamtkatalogen inklusive waldbaulicher und ökologischer Prinzipien. Zusätzlich führten unterschiedliche Prozesse auf übergeordneter internationaler Ebene zur Entwicklung forstlicher Ansätze, die speziell auf umweltrelevante Kriterien und Indikatoren verschiedener klimatischer Vegetationstypen abgestimmt sind.

---

[118] Vgl. SCHNEIDER (1995, S. 772).
[119] Vgl. Index of Sustainable Economic Welfare und Human Development Index, Kapitel 3.2.1.

3.2 Analyse ausgewählter internationaler Indikatorenansätze

Hinzu gesellen sich je nach Ansprüchen der Gesellschaft unterschiedliche Erwartungen und Anforderungen, auf die nachhaltige Forstwirtschaft – und somit auch die jeweiligen länder- und regionenspezifische Indikatoren – eingehen müssen.

In den folgenden Kapiteln soll ein kurzer Überblick über die wichtigsten internationalen Ansätze und Akteure allgemein nachhaltiger, sowie speziell forstlicher Indikatorenkonzepte gegeben werden.[120] Im Unterschied zu umweltpolitischen Rahmen- und Absichtserklärungen stellen sie inhaltliche Konzepte zur Bearbeitung der jeweiligen Themenbereiche dar. Deshalb werden deren Grundlagen erörtert, um das Verständnis für rein forstliche Ansätze zu schärfen, da auch diesen partiell dieselbe konzeptionelle Struktur zugrunde liegt.

3.2.1 Ansätze zur Implementierung nachhaltiger Indikatorensysteme

Kapitel 40 der Agenda 21 fordert eindringlich zur Entwicklung von Nachhaltigkeitsindikatoren auf. Im besonderen erwägt es sowohl die konzeptionelle Erarbeitung nationaler Indikatoren durch seine Teilnehmerstaaten, als auch die Auseinandersetzung mit internationalen Ansätzen durch Regierungsorganisationen und weltweit agierende NGOs, um zu einer weiter reichenden Identifizierung denkbarer Indikatoren beizutragen. Mit diesen Bemühungen ist die Absicht verbunden, Indikatoren vor allem den nationalen politischen Entscheidungsträgern näherzubringen. Dies trägt nicht nur zu einer erhöhten Transparenz nachhaltiger Entwicklung bei, sondern gewährleistet zugleich auch eine verbesserte Überprüfung von deren Umsetzung.

Eine Reihe von Organisationen haben auf die Herausforderungen der Agenda 21 reagiert und vielfach zur Entwicklung von Indikatoren der Nachhaltigkeit beigetragen. Als Folgeprozesse der Agenda behandeln diese Ansätze spezifische Problembereiche wie beispielsweise den Klimaschutz, Desertifikations- bzw. Landnutzungsprogramme, Schutz indigener Völker bis hin zu den im Mittelpunkt dieser Arbeit stehenden forstwirtschaftlichen Kriterienkatalogen.[121] Da sich verschiedene Initiativen mit der Bestimmung umfassender Indikatorensysteme auseinandersetzen, kommt es oft zu redundanten und sich überschneidenden Ergebnissen. Es hat sich aber gezeigt, daß sich solche Überschneidungen als äußerst wertvoll erweisen, da sie gleiche Problemstellungen von unterschiedlichen Sichtweisen angehen und somit zu einer kreativeren, gemeinsam getragenen Lösung beitragen.

---

[120] Eine Untersuchung komplexer nationaler Umweltindikatorensysteme kann an dieser Stelle nicht erfolgen, weil sie zum einen den Umfang der Arbeit überschreiten und zweitens ihre inhaltliche Konzeption unnötig belasten würde. Aus der thematischen Problemstellung ergibt sich deshalb eine Konzentration auf rein forstwirtschaftliche Indikatorensysteme in Kapitel 3.2.2. Anhand des Literaturverzeichnisses wird jedoch die Recherche der wichtigsten derzeitigen umweltpolitischen Entwürfe ermöglicht; vgl. UN CSD (1995), WORLD BANK (1995), WORLDWIDE FUND FOR NATURE / NEW ECONOMIC FOUNDATION (1994), OECD (1994), ADRIAANSE (1994) und SCIENTIFIC COMMITTEE ON PROBLEMS OF THE ENVIRONMENT (1995).

[121] Klimaschutz; siehe OECD (1992) und ENDRES (1996). Bekämpfung der Wüstenbildung; siehe GUPTA (1995) Biodiversitätskonvention; siehe GLOWKA (1994). Schutz indigener Völker; siehe PRITCHARD (1998) und ANAYA (1996).

Dem UN Department for Policy Coordination and Sustainable Development (DPCSD) – unter Aufsicht der Division for Sustainable Development – kommt hierbei eine besondere Aufgabe zu. Als leitende Einrichtung koordiniert sie die unterschiedlichen Arbeitsprogramme, um eine höchst mögliche Konvergenz zu erreichen. Die hierdurch erzielte Kooperation unterschiedlicher Akteure kommt nicht nur der Arbeit der eigenen Kommission, sondern vor allem den Mitgliedsstaaten zugute. Hierauf aufbauende Schritte benötigen wissenschaftliche Untersuchungen, die die tatsächliche Anwendbarkeit und Operationalisierung zuvor erfaßter Kriterien und Indikatoren voranbringen und somit weiter spezifizieren.[122]

Komplexe Indikatorenansätze unterliegen einer hohen Flexibilität, da sich Konditionen, Aktivitäten und Prioritäten nachhaltiger Entwicklung von Land zu Land unterscheiden. Gleichzeitig aber wird mit der Forderung nach internationaler Vergleichbarkeit der Ruf nach standardisierten Konzepten, Definitionen und Klassifikationen von Indikatorenansätzen laut. Inwiefern es gelingt, und bis zu welchem Grad es überhaupt gewünscht ist, für spezifische Teilaspekte der Nachhaltigkeit ganzheitlich vergleichbare Indikatorenansätze zu entwickeln, bleibt abzuwarten. Eine Möglichkeit, die zudem zur Überschaubarkeit der Ansätze beiträgt, wäre eine Beschränkung der Anzahl von Indikatoren.

Vor dem Hintergrund internationaler Umweltschutzbemühungen kommt beispielsweise einem Vergleich von Umweltbelastungen eine besondere Rolle zu. Systematische Vergleichsmöglichkeiten beruhen aber auf einer internationalen Kompatibilität nationaler Indikatorensysteme.[123] Deshalb wurden komplexe Ansätze entwickelt, die näher auf Klassifikations- und Gliederungsprinzipien der Indikatorensysteme eingehen.

Diese beinhalten Aspekte der Typologisierung von Indikatoren, Klassifikation der festzuhaltenden Probleme, sowie deren räumliche und sektorale Aggregation. Die wichtigsten dieser Ansätze, die sich bei der Erstellung unterschiedlicher Indikatorensysteme durchgesetzt haben, werden im folgenden kurz charakterisiert. Dabei wird zunächst auf Konzepte eingegangen, die sich mit der Erfassung vielschichtiger Indikatorenansätze befassen und sich durch breite Anwendungsmöglichkeiten auszeichnen.

Bei der Implementierung des Nachhaltigkeitskonzepts bedarf es einer Konkretisierung des Begriffes und seiner Inhalte anhand von Indikatoren. Eine konzeptionelle Vorgehensweise in bezug auf eine fortschreitende Konkretisierung wäre dabei die Festlegung auf bestimmte Zielgrößen, um eine dauerhafte Entwicklung zu gewährleisten. Diese Zielgrößen werden als Handlungsprinzipien vom Leitbild sustainable development übernommen. Einem solchen Indikatorensystem käme schließlich die Funktion zu, den tatsächlichen Ist-Zustand festzuhalten.

---

[122] Vgl. UN DPCSD (1996).
[123] Vgl. WALZ (1994, S. 4).

3.2 Analyse ausgewählter internationaler Indikatorenansätze

Abweichungen zu den Zielgrößen können aufgezeigt werden und entsprechende Maßnahmen zu deren Korrektur eingeleitet werden.[124] Das Indikatorensystem identifiziert die Abweichung der Situation von den zuvor festgelegten Standards. Eine solche idealtypische Herangehensweise an die Aufgabenstellung der nachhaltigen Entwicklung muß jedoch mit Skepsis bedacht werden. Dieser Ansatz ist mit einem erheblichen Zeit- und Entwicklungsaufwand verbunden und kurzfristig nur schwer realisierbar.

Das Pressure-State-Response-Konzept, das auch als Driving-Force-State-Response-Konzept bezeichnet wird, beruht auf dem Verursacherprinzip. Es gründet auf der Aktivität von Menschen, die durch ihre Ressourcennutzung einen Druck (pressure) auf den Naturhaushalt ausüben.

Dieser Druck verursacht einen Wandel des Zustandes (state) bzw. des Gefüges des Naturhaushalts. Auf diesen Wandel reagiert die Gesellschaft mit Programmen und politischen Maßnahmen (response), um den erkannten Schaden zu beheben, oder zumindest zu schlichten und zukünftige Entwicklungen besser zu steuern. Bislang hat sich dieser Ansatz vor allem für umweltrelevante Aspekte der Nachhaltigkeit bewährt.[125]

Mit Erfolg gelang es jedoch jüngeren Initiativen, dieses Konzept nicht nur auch auf soziale und ökonomische Problembereiche anzuwenden, sondern dessen Anwendbarkeit zugleich unter Beweis zu stellen.[126] Das Konzept versucht Zustände und Veränderungen von Teilbereichen der Nachhaltigkeit, die auf menschliche Einflüsse zurückzuführen sind, zu identifizieren.

Diese müssen nicht nur auf ökologischen Aspekten beruhen. Zur Identifizierung benötigter Informationen, die in Maßnahmen für eine weiterführenden Implementierung nachhaltiger Entwicklung resultieren und dabei gleichzeitig die Begutachtung der angewandten Kriterien und Indikatoren ermöglichen, scheint sich der Ansatz etabliert zu haben. Als konzeptioneller Ausgangspunkt hat er sich auch bei der Erstellung forstlicher Indikatorensysteme bewährt.

---

[124] In diesem Zusammenhang spricht die UN DPCSD (1996) von *highly aggregated indicators*, die sich durch eine hohe Operationalisierbarkeit auszeichnen. Auch WALZ greift diese Terminologie auf, indem er vom *Grad der Aggregation* spricht. Sie kennzeichnet den Umgang mit einer Fülle von Einzelindikatoren und verdeutlicht, wie das Gesamtsystem Eingang in die Praxis findet. Die Methode steht in engem Zusammenhang mit der Formulierung von Zielwerten, mit denen die Politikrelevanz des Indikatorensystems steigt. Solche Zielwerte geben zudem Auskunft darüber, welche Rolle einzelnen politischen und gesellschaftlichen Akteuren zukommt. Davon abhängig ist auch die *Implementationsnähe* eines Indikatorensystems, die den Grad an bestehendem konzeptionellen Konsens, sowie den Stand der Vorbereitungen zur Einführung des Systems kennzeichnet. Die Akzeptanz der Entscheidungsträger, sowie die gesellschaftliche Akzeptanz einer breiten Öffentlichkeit ist hierfür notwendig. Diese soziale Akzeptanz ist nicht zuletzt von der Integration gesellschaftlicher Gruppen im Entstehungsprozeß des Indikatorenansatzes und dessen Umsetzung abhängig; vgl. WALZ ET AL. (1995, S. 6 f.).Vgl. hierzu auch Kapitel 2.6.
[125] Vgl. ISCI (1996, S. 27 f.).
[126] Vgl. UN DPCSD (1997) sowie CDB / ECLAC (1997).

Ein Ansatz, der auf verschiedenste Bereiche umweltspezifischer Indikatoren angewandt werden kann, wird als *Natural Resource Accounting* bezeichnet.[127] Ihm unterliegen zwei methodische Vorgehensweisen: Der erste Schritt beruht auf einem Informationsfluß der zu untersuchenden Aufgabenstellung. Dabei wird darauf geachtet, nicht allen Informationen zuviel Gewicht beizumessen, da unangemessene Informationen als kontraproduktive Entwicklung betrachtet werden. Das Hauptaugenmerk des Informationsflusses wird auf folgende Aspekte gerichtet: Gesellschaftliche Ansprüche gegenüber einer Ressource, Kapazität und Zustand der Ressource sowie die Qualität der derzeitigen Nutzung der Ressource. Mit dieser Konstellation sollen besonders relevante Eckpunkte der Ressourcennutzung erarbeitet werden.

In einem zweiten Schritt kommt es zu prozessorientierten inkrementalen Vorgehensweisen, die langfristig angelegt, zu einer nachhaltigeren Entwicklung und Ressourcennutzung unter Berücksichtigung zuvor ermittelter Teilaspekte führen soll. Dieser adaptive, zyklische Prozeß führt zusehends zu einer Optimierung des Informationsaustauschs und somit gleichzeitig zu einer Verfeinerung strategischer Maßnahmen, die schließlich in einer Minimierung der Nutzungskonflikte resultieren sollen.[128]

Erwähnt werden müssen an dieser Stelle auch Indikatorenansätze, die sich vornehmlich der Implementierung rein ökonomischer und sozialer Brennpunkte nachhaltiger Entwicklung widmen. Zwei Beispiele sollen hierbei herausgehoben werden. Der *Index of Sustainable Economic Welfare* hat den privaten Konsum einer Gesellschaft als Ausgangspunkt. Privater Konsum ist von der Verteilung des Einkommens abhängig – dieses wiederum wirkt sich auf die Höhe der gesamtgesellschaftlichen Wohlfahrt aus. Der Index beschreibt somit die Einkommensverteilung, indem das Einkommen des ärmsten Fünftels der Bevölkerung in Relation zu den Einkünften der vier anderen Fünftel gesetzt wird. Die Höhe des Index spiegelt die Ungleichheit der Einkommensverteilung wider. Dieser Index, der zusätzlich durch Division mit dem privaten Konsum modifiziert wird, dient schließlich als Ausgangsgröße für weitere Berichtigungen, z.B. der Wert unbezahlter Hausarbeit, Kosten der Arbeitslosigkeit, Veränderungen des Kapitalbestandes und Kosten von Veränderungen der Lebens- und Umweltqualität.[129]

Die methodischen Probleme dieses Index sind offensichtlich. Jedoch gerade in seiner Unabgeschlossenheit liegen seine Vorteile. Er ist eher als Diskussionsgrund-

---

[127] Aufgrund der Flexibilität dieses Ansatzes wird er vielfach auf unterschiedliche ökologische Teilbereiche angewandt. Im Rahmen nachhaltiger Forstwirtschaft bezeichnet ihn die Fachliteratur als *Forest Resource Accounting*; vgl. IIED / WCMC (1996). Von diesem Ansatz muß das *Forest Resources Assessment* Konzept der FAO unterschieden werden. Dieses macht es sich vornehmlich zur Aufgabe, die Entwicklung der Waldbestände auf der Basis jetziger Nutzungsmuster zu evaluieren und Trends zu projizieren, ohne dabei explizite Maßnahmenkataloge zu erarbeiten. Nationalen politischen Entscheidungsträgern dienen die erarbeiteten Prognosen als Datengrundlage zur selbstverantwortlichen Spezifizierung konkreter Handlungsweisen; vgl. UN CSD / IPF (1996 a, S. 14).
[128] Vgl. KUIK und VERBRUGGEN (1991, S. 45–56).
[129] Vgl. DIEFENBACHER und HABICHT-ERENLER (1991, S. 63–70).

3.2 Analyse ausgewählter internationaler Indikatorenansätze

lage zu verstehen, die die gängige Vorstellung von Wachstum und Wohlfahrt wirtschaftlicher Leistung anhand neuer Meßzahlen zu überdenken anstrebt.[130]

Das zweite Beispiel richtet das Augenmerk des Betrachters auf einen vornehmlich sozialen Ansatz. Die Entwicklung spezieller sozialer Indikatoren geht bereits bis auf das Jahr 1970 zurück, indem die OECD erste Untersuchungen relevanter sozialer Kennzahlen unternahm.[131] Verständlicherweise können diese aus heutiger Sicht nicht als adäquate Kenngrößen sozialer Nachhaltigkeit herangezogen werden, da sich die Interaktionen zwischen Gesellschaft, Umwelt und Wirtschaft als zu komplex für einzelne soziale Maßstäbe erweisen.

Dieser besonderen Aufgabe stellt sich der von der UNDP entwickelte *Human Development Index*. Er muß als soziale Modifikation des Bruttoinlandsprodukts betrachtet werden, indem er gesellschaftliche Ressourcen, die mit nachhaltiger Entwicklung angesprochen werden, mit einschließt.[132] Die Hauptaufgabe bestand darin, aus mehreren Einzelindikatoren einen aussagekräftigen Indikator zu gewinnen, der die komplexe sozioökonomische Situation eines Landes umfaßt. Dazu wurde das durchschnittliche Pro-Kopf-Einkommen mit zwei klassischen sozialen Indikatoren: Bildung (gemessen an der Analphabetenquote) und Gesundheit (gemessen an der Lebenserwartung) in Verbindung gesetzt. Diese Konstellation erlaubt einen ersten Einblick hinsichtlich des Fortschritts oder Rückgangs sozialer Entwicklung.[133] Die Tragweite dieses Ansatzes kommt in der Tatsache zum Ausdruck, daß er zwar vornehmlich für Entwicklungsländer konzipiert wurde, aber durch seine fortwährende wissenschaftliche und politische Adaption auch für Industrienationen zusehends an Bedeutung gewinnt.[134]

3.2.2 Initiativen und Indikatorensysteme nachhaltiger Forstwirtschaft

Seit Beginn der 90er Jahre werden bedeutsame Anstrengungen hinsichtlich der Entwicklung und Anwendbarkeit von Prinzipien nachhaltiger Forstwirtschaft unternommen. Diese Entwicklung ist gekennzeichnet von der Einsicht, daß dabei nicht primär ein dauerhafter Ertrag im Vordergrund stehen dürfe. Umweltrelevante und sozioökonomische Funktionen der Wälder rückten in den Vordergrund und führten zusehends, zusammen mit der Funktion der Holzproduktion, zu einer gesamtheitlichen Sichtweise nachhaltiger Forstwirtschaft.

---

[130] Vgl. DIEFENBACHER und HABICHT-ERENLER (1991, S. 73–88).
[131] Vgl. FOX (1987). Die von der OECD entworfenen Indikatoren wurden jedoch erst zu Beginn der 1980er Jahre als Gesamtdarstellung veröffentlicht, vgl. OECD (1982).
[132] Vgl. SPANGENBERG (1996).
[133] Eine genauere Interpretation jeweiliger Minima, Maxima und Standardwerte der verwendeten Indikatoren, sowie deren Vergleichbarkeit im zeitlichen und nationalen Kontext wird bei SPANGENBERG (1996) eingehender dargelegt.
[134] Hierzu sei folgendes Beispiel erwähnt: Für das Jahr 1999 belegt die BRD in Bezug auf den *Human Development Index* Platz 19. Das Untersuchungsgebiet Trinidad befindet sich bereits auf Platz 39; vgl. ECONOMIST (1999), S. 26.

Im Wissen um die Gefährdung der Zukunft der Wälder, befaßte sich eine Reihe von staatlichen und nicht-staatlichen Akteuren mit der Ausarbeitung von Lösungsansätzen. Die wichtigsten Initiativen werden im folgenden kurz skizziert, um dem Betrachter einen Überblick zu vermitteln und sein Verständnis für folgende Kapitel zu steigern.

Im Vorfeld der UNCED in Rio de Janeiro, 1992, sind zwei Organisationen zu erwähnen, die mit ihrer Aufgabenstellung als Vorgänger heutiger Initiativen betrachtet werden können. Die erste Organisation, die auf internationaler Ebene die Bedrohung der Wälder thematisierte, war die FAO.[135] Noch heute nimmt die FAO eine führende Rolle im Ausschuß für nachhaltige Entwicklung (CSD) ein. Dank ihres weltweiten Einflusses, ihren engen Beziehungen zu Regierungen sowie ihrem Budget, nimmt sie einen großen Einfluß auf die Entwicklung der Forstpolitik.

Zusammen mit der UNDP, der Weltbank und dem Weltressourceninstitut wurde das Tropenwaldaktionsprogramm mit dem Ziel einer verbesserten Bewirtschaftung und Nutzung der Wälder entwickelt. Wenn es auch nur in wenigen Fällen gelungen ist, nationalen Regierungen konsequent bei der Entwicklung adäquater Bewirtschaftungs- und Erhaltungsrichtlinien beiseite zu stehen, muß die Pilotwirkung dieses Ansatzes für spätere Initiativen hervorgehoben werden.[136]

Das internationale Tropenholzabkommen wurde im Jahr 1985 unterzeichnet und führte zur Gründung der ITTO, die als zweite wichtige Organisation vor den Initiativen der UNCED genannt werden muß. Ihre Aufgabe ist es, den Handel mit tropischem Holz zu untersuchen, zu fördern und zu koordinieren. Als erstem Akteur gelang es ihr, 1990 einen Kriterienkatalog für eine nachhaltige Bewirtschaftung tropischer Wälder vorzulegen.[137] Paradoxerweise hat es die ITTO in einigen ihrer Mitgliedstaaten, hierzu zählt auch Trinidad, nicht zustande gebracht, die eigenen Richtlinien in die Tat umzusetzen.[138]

In Anbetracht der öffentlichen Kritik setzte sich die ITTO zum Ziel, das gesamte international vermarktete Tropenholz der Unterzeichnerstaaten bis zum Jahr 2000 auf eine nachhaltige Forstwirtschaft zurückführen zu können. Hierfür werden verstärkt nationale Richtlinien, die auf den ITTO Entwürfen beruhen, erarbeitet. Schließlich finden diese überprüfbaren, nachhaltig forstwirtschaftlichen Anforderungen ihre Anwendung im Rahmen von Kriterien und Indikatoren. Das Problem, dem sich nicht nur die ITTO stellen muß, liegt in der Übertragung der Richtlinien von der Bewirtschaftungs- und Projektebene auf die gesamtstaatliche forstwirtschaftliche Situation.

---

[135] Vgl. LANLEY und CLEMENT (1979).
[136] Vgl. WINTERBOTTOM (1990).
[137] Vgl. ITTO (1990). Es folgten detailliertere Ausarbeitungen dieses ersten Entwurfs, vgl. ITTO (1992), sowie Entwürfe, die sich dem Management reiner Wirtschaftswälder widmeten, vgl. ITTO (1993).
[138] Der WORLDWIDE FUND FOR NATURE wirft der ITTO vor, es sei unklar, ob die Förderung oder Kontrolle des Tropenholzhandels das Hauptziel ihrer Arbeit sei; vgl. WWF / IUCN (1996, S. 21 f.).

3.2 Analyse ausgewählter internationaler Indikatorenansätze 69

Die Hauptanliegen der UNCED in bezug auf nachhaltige Forstwirtschaft werden in Kapitel 11 der Agenda 21 zusammengefaßt.[139] Es betont die Notwendigkeit und den Nutzen international vereinbarter Kriterien und Indikatoren, mit denen die nachhaltige Bewirtschaftung und der Erhalt aller Wälder charakterisiert mit einer Zusatzerklärung nachvollziehbar gestaltet wird, daß diese Richtlinien, auf der Grundlage umweltverträglicher Handlungsweisen, in Einklang mit nationalen entwicklungspolitischen Maßnahmen stehen sollen.[140] Da es sich um eine nichtverbindliche Erklärung handelt, ist eine Übereinkunft auf dem Wege internationaler Initiativen und Prozesse erforderlich.[141] Es sind solche formalen Vereinbarungen, die als Katalysatoren in der fortschreitenden Entwicklung forstwirtschaftlicher Indikatorenansätze gelten. Als Folge beschäftigten sich unterschiedliche Prozesse auf internationaler Ebene mit weiteren Zielsetzungen.[142]

Der *Helsinki Prozeß* befaßt sich mit der Entwicklung von Kriterien und Indikatoren nachhaltiger Forstwirtschaft in Europa. Er beruht auf Richtlinien, die im Rahmen zweier Konferenzen (Straßburg 1990, Helsinki 1993) zum Schutz der Wälder Europas erarbeitet wurden. Die europäischen Teilnehmerstaaten einigten sich auf sechs Kriterien, 20 quantitative – und eine Reihe beschreibender Indikatoren zur nachhaltigen Waldbewirtschaftung. Die Anwendbarkeit der erstellten Richtlinien befindet sich derzeit noch in einer Probephase, in der sie von den jeweiligen Ländern einer Eignungsprüfung unterzogen werden.[143]

In Zusammenhang mit einem Expertenseminar der Konferenz für Sicherheit und Zusammenarbeit in Europa zum Thema nachhaltige Entwicklung borealer und gemäßigter Waldtypen steht der *Montreal Prozeß*. Er macht sich die Definition von Kriterien und Indikatoren nachhaltiger Forstwirtschaft in gemäßigten und borealen Wäldern außerhalb Europas zur Aufgabe. Die partizipierenden Länder verständigten sich in den Folgekonferenzen auf mittlerweile sieben Kriterien und 67 Indikatoren, die ihre Anwendung auf nationaler Ebene finden sollen.[144]

---

[139] Eine Zusammenstellung aller den forstwirtschaftlichen Sektor tangierenden Beschlüsse wird in LANLY (1992) wiedergegeben.

[140] Vgl. UNCED (1992 a, section 11.23 b): „... *the formulation of scientifically sound criteria and guidelines for the management, conservation and sustainable development of all types of forests.*"

[141] Vgl. UNCED (1992 b, 8d): „*Sustainable forest management should be carried out in accordance with national development policies and priorities on the basis of environmentally sound national guidelines. In the formulation of such guidelines, account should be taken, as appropriate and if applicable, of relevant internationally agreed methodologies and criteria.*"

[142] Es folgt eine strikte Einführung in die Arbeit der wichtigsten Prozesse. Eine übersichtliche Gegenüberstellung der erarbeiten sozialen Indikatorenansätze, sowie deren Vergleich ist dem Anhang zu entnehmen. Des weiteren sei an dieser Stelle auf Veröffentlichungen verwiesen, die über die Publikationen der einzelnen Prozesse hinaus, eine weiterführende Untersuchung ermöglichen; vgl. HONERLA und SCHNEIDER (1995), EGESTAD (1995), UN CSD / IPF (1996 b), FAO (1995 a).

[143] Vgl. EUROPEAN LIST OF CRITERIA AND MOST SUITABLE QUANTITATIVE INDICATORS (1994) sowie INTERIM REPORT ON THE FOLLOW-UP OF THE SECOND MINISTERIAL CONFERENCE (1995).

[144] Vgl. CONFERENCE ON SECURITY AND COOPERATION IN EUROPE (1994) sowie MONTREAL PROCESS (1996).

Das Gebiet, das der Prozeß umfaßt, schließt sowohl die nördliche und südliche Hemisphäre als auch Industriestaaten und Entwicklungsländer mit ein. Mit der Aufnahme betreffender Länder Südamerikas wurde der Prozeß durch die sog. *Santiago Deklaration* erweitert.[145]

Eine eigenständige Ausarbeitung von Kriterien und Indikatoren speziell für den Amazonasraum liegt als *Tarapoto Proposal* vor. Diese Initiative zielt darauf ab, ökologische Faktoren der Nachhaltigkeit mit einer wirtschaftlichen Nutzung der Ressourcen des Amazonasgebiets zu optimieren, die sich vor allem in einer weitreichenden sozialen Entwicklung niederschlagen soll. Das entwickelte Indikatorensystem findet seine Anwendung auf drei verschiedenen Ebenen: Ausgehend von der globalen Ebene (1 Kriterium), über die nationale (7 Kriterien) bis hin zur waldbaulichen Ebene (4 Kriterien). Es schließen sich insgesamt 76 Indikatoren an.[146] Die Notwendigkeit, diese Aktivitäten auch auf Gebiete auszuweiten, die bislang noch von keinem Prozeß erfaßt waren, wurde von ITTO und FAO vorangetrieben. Unter deren Schirmherrschaft kam es in Zusammenarbeit mit der UNEP zum *Dry-Zone Africa Process*. Als letzte Initiative profitierte die Abstimmung der Kriterienkataloge auf das betreffende Gebiet, südlich der Sahara, in besonderem Maße von den methodischen Schritten und Ergebnissen zuvoriger Prozesse. Insgesamt wurden sieben Kriterien und 47 Indikatoren verabschiedet.[147]

Im Frühjahr 1995 wurde auf Initiative der UN CSD, für die Dauer von zwei Jahren, der *Intergovenmental Panel on Forests* gegründet. Er kann als regierungsübergreifender Verhandlungsprozeß verstanden werden, der die Umsetzung der Forstrichtlinien der Agenda 21, sowie eine Reihe weiterer aktueller Probleme der Forstwirtschaft voranbringen will. Seine Aufgabengebiete erstreckten sich wie folgt: Abhandlung der UNCED Entscheidungen zur Waldproblematik auf nationaler und internationaler Ebene, internationale Abstimmung für finanzielle Unterstützung und Technologietransfer, wissenschaftliche Forschung und Recherche – Waldbewertung und Entwicklung von Kriterien und Indikatoren für ein nachhaltiges Waldmanagement, Begutachtung des Handels von Forstprodukten und Dienstleistungen, sowie die Beratung internationaler und multilateraler Institutionen einschließlich geeigneter legaler Mechanismen.[148]

In diesem Zusammenhang müssen auch Kriterienkataloge erwähnt werden, die auf den Aktivitäten einzelner Staaten, aber auch bedeutender NGOs basieren. Im Rahmen einzelstaatlicher Ansätze sei hierbei auf die umfassenden Vorschläge Kanadas hingewiesen.[149] Unter den vorgelegten Konzepten internationaler NGOs fanden der Worldwide Fund for Nature und Greenpeace eine besondere Beachtung.[150]

---

[145] Vgl. o. V. (1995) sowie SANTIAGO DECLARATION (1995).
[146] vgl. TARAPOTO PROPOSAL (1995).
[147] vgl. FAO / AFRICAN FORESTRY AND WILDLIFE COMMISSION (1995).
[148] vgl. UN CSD / IPF (1997 a), UN CSD/IPF (1997 b).
[149] vgl. CANADIAN COUNCIL OF FOREST MINISTERS (1995).
[150] vgl. WWF / IUNC (1996), GREENPEACE (1994).

3.2 Analyse ausgewählter internationaler Indikatorenansätze

Für die Konzipierung überprüfbarer Forstwirtschaftsindikatoren ist zusätzlich die Arbeit des Weltforstrats Forest Stewardship Council (FSC) von großer Bedeutung. Diese unabhängige, gemeinnützige Nichtregierungsorganisation setzt sich zusammen aus Vertretern von Umweltinstitutionen, der Holzindustrie, Forstwirten, Organisationen indigener Völker und betroffenen waldnutzenden Gemeinden, sowie Einrichtungen für die Zertifizierung von Waldprodukten. Er überwacht und akkreditiert Zertifizierer, die Forstunternehmen begutachten und Forstprodukte mit Gütesiegeln versehen, die einen Nachweis der nachhaltigen Bewirtschaftung, gemäß den Prinzipien des FSC, erbringen sollen.

Basierend auf diesen Prinzipien werden von nationalen und internationalen Firmen und Organisationen Bewertungsverfahren für bestimmte regionale oder nationale Ebenen adaptiert. Stimmt der FSC mit dem jeweiligen Verfahren überein, darf dessen Initiator interessierte Betriebe im Namen des FSC beurteilen und gegebenenfalls mit dessen Siegel als nachhaltig wirtschaftendes Unternehmen auszeichnen.[151]

Auf Grundlage dieser beinahe unüberschaubaren Vielzahl von Initiativen und Prozesse zur Konzeption von Kriterien und Indikatoren nachhaltiger Forstwirtschaft, befaßte sich CIFOR mit der Zusammenstellung eines allgemeingültigen, grundlegenden Ansatzes. In Anbetracht der erkannten Übereinstimmung erfaßter Konzepte stellt dieses Minimum-Set einen Ausgangspunkt an Kriterien und Indikatoren dar, der zwar einen generellen Charakter besitzt, jedoch von einem äußerst hohen Konsens getragen wird.

Die Ansätze des Zertifizierungsverfahrens erwiesen sich hierbei als besonders beachtenswert, da diese Vorschläge, im Gegensatz zu den internationalen Prozessen, vorwiegend für die waldbauliche Ebene konzipiert sind und nicht auf der Ebene nationaler Richtlinien verharren. Einzelne Kriterienkataloge besitzen zwar weitaus spezifiziertere Bewirtschaftungs- und Bewertungsmerkmale, dennoch liegt die Besonderheit des folgenden Entwurfes in seiner Übersichtlichkeit und Übereinkunft aus unterschiedlichsten Ansätzen.

---

[151] Vgl. FSC (1994), FSC (1996), SYNNOTT and WENBAN-SMITH (1996). Folgende Veröffentlichungen liefern einen vergleichenden Überblick, in dem die Ansätze bereits akkreditierter Zertifizierer miteinander in Beziehung gesetzt werden; vgl. HEUVELDOP (1994), EGESTAD (1995). Eine weiterführende Untersuchung des Vermarktungsinstruments Zertifizierung sowie seiner inhärenten Konflikte hinsichtlich sozialer Anforderungen nachhaltiger Forstwirtschaft folgt in Kapitel 4.4.

Tabelle 1: Übergeordneter Kriterien- und Indikatorenkatalog nachhaltiger Forstwirtschaft

	Policy
Principle	Policy, planning and institutional framework are conductive to sustainable forest management.
Criterion	There is sustained and adequate funding for the management of forests.
Indicators	<ul><li>Policy and planning are based on recent and accurate information.</li><li>Effective instruments for inter-sectoral coordination on land use and land management exist.</li><li>There is a permanant forest estate (PFE), adequately protected by law, which is the basis for sustainable management, including both protection and production forest.</li><li>There is a regional land use plan or PFE which reflects the different land uses, including attention to such matters as population, agricultural uses, conservation, environmental, economic and cultural values.</li><li>Institutions responsible for forest management and research are adequately funded and staffed.</li></ul>
	Ecology
Principle	Maintenance of ecosystem integrity.
Criterion	Ecosystem function is maintained.
Indicators	<ul><li>No chemical contamination to food chains and ecosystems.</li><li>Ecologically sensitive areas, especially buffer zones along water courses are protected.</li><li>No inadvertent ponding or waterlogging as a result of forest management.</li><li>Soil erosion is minimised.</li></ul>
Criterion	Impacts to biodiversity of the forest ecosystem are minimised.
Indicators	<ul><li>Endangered plant / animal species are protected.</li><li>Interventions are highly specific, selective and are confined to the barest minimum.</li><li>Canopy opening is minimised.</li><li>Enrichment planting, if carried out, should be based on indigenous, locally adapted species.</li></ul>
Criterion	The capacity of the forest to regenerate naturally is ensured.
Indicators	<ul><li>Representative areas, especially sites of ecological importance, are protected or appropriately managed.</li><li>Corridors of unlogged forest are retained.</li></ul>

Fortsetzung Tab. 1: Übergeordneter Kriterien- und Indikatorenkatalog nachhaltiger Forstwirtschaft

	Social Environment
Principle	Forest management maintains fair intergenerational access to resouces and economic benefits.
Criterion	Stakeholders / forest actors' tenure and use rights are secure.
Indicators	• Tenure / use rights are well defined and upheld. • Forest dependent people share in economic benefits of forest utilization. • Opportunities exist for local people / forest dependent people to get employment and training from forest companies.
Principle	Stakeholders, including forest actors, have a voice in forest management.
Criterion	Stakeholders / local populations participate in forest management.
Indicators	• Effective mechanisms exist for two way communication related to forest management among stakeholders. • Forest dependent people and company officials understand each other's plans and interests.
Criterion	Forest dependent people / stakeholders have the right to help monitor forest utilisation.
Indicator	• Conflicts are minimal or settled.
	Production of Goods and Services
Principle	Yield and quality of forest goods and services are sustainable.
Criterion	Management objectives are clearly and precisely described and documented.
Indicator	• Objectives are clearly stated in terms of the major functions of the forest, with due respect to their spatial distribution.
Criterion	A comprehensive forest management plan is available.
Indicators	• Maps of resources, management, ownership and inventories are available. • Silvicultural systems are prescribed and appropriate to forest type and produce grown. • Yield regulation by area and / or volume is prescribed. • Harvesting systems and equipment are prescribed to match forest conditions in order to reduce impact.

Fortsetzung Tab. 1: Übergeordneter Kriterien- und Indikatorenkatalog nachhaltiger Forstwirtschaft

Criterion	The Management plan is effectively implemented.
Indicators	• Pre-harvest inventory is satisfactorily completed. • Infrastructure is laid out prior to harvesting and in accordance with prescriptions. • Reduced impact felling is specified / implemented. • Skidding damage to trees and soil is minimised.
Criterion	An effective monitoring and control system audits management's conformity with planning.
Indicators	• Continuous forest inventory (CFI) plots are established and measured regularly. • Documentation and records of all forest management activities are kept in a form that makes it possible for monitoring to occur. • Worked coups are protected (e.g. from fire, encroachment and premature re-entry). • Tree marking of seed stock and potential crop trees.

Quelle: PRABHU, COLFER ET AL. 1996, S. XI ff.

3.2.3 Harmonisierungsbestrebungen divergierender Ansätze

Während sich die in Tabelle 1 dargestellte Zusammenstellung auf Entwürfe der Zertifizierung zurückführen läßt, ist es zusätzlich auch notwendig, eine Harmonisierung der auf internationaler Ebene stattgefundenen Prozesse einzuleiten. Unter Leitung der FAO wurden erste Schritte unternommen, die sich mit einer realisierbaren Anpassung der Resultate dieser Prozesse beschäftigen. Solche Bestrebungen unterliegen der Erkenntnis, daß nicht nur Überschneidungen in den räumlichen, geographischen Zuständigkeitsbereichen der Prozesse, sondern auch Unterschiede in der konzeptionellen Ausarbeitung der Kriterien- und Indikatorenansätze auftreten.

Zudem bietet diese Koordination der erarbeiteten Resultate die Möglichkeit, bereits bestehende Übereinstimmungen hervorzuheben, da diese als Ausgangspunkt für weitere Adaptionen von Bedeutung sind. Ein weitgehender Konsens der Prozesse kann überwiegend in den einzelnen übergeordneten Kriterien festgestellt werden. Lediglich ein Kriterium des Montreal Prozesses besitzt einen eigenständigen Charakter und bedarf einer weiteren Abstimmung, um dem Anspruch der Agenda 21, einem global einheitlichen Ansatz, gerecht zu werden.[152]

---

[152] Es handelt sich um Kriterium Nr. 7: "Legal, institutional and economic framwework for forest conservation and sustainable management"; vgl. MONTREAL PROCESS (1995, S. 16).

3.3 Beeinträchtigungen der Operationalisierbarkeit

Ein weiterer Konfliktpunkt, der der geforderten Konformität entgegensteht, ist die Polarisierung, die sich in den Entwürfen zwischen gemäßigten/borealen und tropischen Kriterienkatalogen herausgebildet hat. Auch diese Entwicklung steht im Widerspruch zur Agenda 21; zusätzlich verhindert sie eine gleichberechtigte Beteiligung übriger Initiativen sowie die Einbeziehung extrem gering bewaldeter Gebiete.[153] Die Zielsetzung einer gesteigerten Konvergenz der verschiedenen Initiativen bedarf zudem eines übergreifenden Ansatzes, indem die Fragestellung der Bewertung wirtschaftlicher, ökologischer, sozialer und kultureller Dimensionen im Mittelpunkt steht.

Eine Balance zu finden, die dem ausgeglichenen Gewicht der genannten Dimensionen gerecht wird, muß vor allem darauf bedacht sein, bestehende Präferenzen zugunsten vernachlässigter Interessen zu revidieren. Im Vordergrund der Bemühungen muß ein Entschluß stehen, der allen Dimensionen eine gleichberechtigte Akzentuierung zugesteht. Nur auf diesem Wege wird man, zumindest auf übergeordneter globaler Ebene, den hohen Erwartungen nach einem eindeutigen Bekenntnis zur nachhaltigen Forstwirtschaft gerecht werden können.[154]

Harmonisierungsbestrebungen auf nationaler, sub-nationaler und betrieblicher Ebene sind aufgrund der besonderen jeweiligen lokalen Eigenheiten nur schwerlich realisierbar. Dennoch unterliegen auch sie den auf internationaler Ebene getroffenen Übereinkünften. Der Erfolg des auf internationaler Ebene erkannten Reglementierungsbedarfs innerhalb der Staatengemeinschaft wird davon abhängig sein, mit welchem Nachdruck man die bestehenden institutionellen forstlichen Instrumente nutzt. Die Entwürfe unterschiedlicher Initiativen führten den erforderlichen Integrationsprozeß herbei und ermöglichen somit zugleich die Chance eines breit getragenen Konsenses. In einem zweiten Schritt gilt es, dessen Anwendungs- und Umsetzungsdefizite näher zu erarbeiten. Inwieweit es gelingt, nicht nur internationale Konzepte miteinander abzustimmen, sondern gleichzeitig bei deren Implementierung nationale Interessen zu wahren, steht auch im Zentrum der Erkenntnisse der vorliegenden Untersuchung. Die Notwendigkeit zur Harmonisierung verschiedener Ansätze ist durchaus gegeben, bis zu welchem Grad diese jedoch auf Länder- und Bewirtschaftungsebene verwirklicht werden kann, wird auch anhand der in Trinidad angetroffenen Situation untersucht.

3.3 Beeinträchtigungen der Operationalisierbarkeit

Wie das vorangegangene Kapitel zeigt, bestehen Unstimmigkeiten im Hinblick auf eine einheitliche Anschauung der erstellten Kriterienkataloge zur Umsetzung nachhaltiger Forstwirtschaft. Diese Probleme, die einen spezifisch forstlichen Hintergrund haben, finden ihre Fortsetzung in einer Reihe weiterer ungelöster Konfliktpunkte zur Implementierung nachhaltiger Entwicklung mittels Kriterien und Indikatoren.

---

[153] Vgl. LOWE (1995, S. 344) sowie FAO (1995 a, S. 8).
[154] Vgl. FAO (1995 b, S. 1 f.) sowie UN CSD / IPF (1996 a, S. 17).

Die in den folgenden Kapiteln behandelten Beeinträchtigungen der Operationalisierung nachhaltiger Entwicklung stellen wegen ihres grundsätzlichen Charakters Restriktionen dar, die sich der Implementierung aller thematischen Schwerpunkte der Nachhaltigkeit entgegenstellen. Auch Kriterien und Indikatoren forstlicher Nachhaltigkeit sind davon betroffen. Diese Einsicht beruht nicht nur auf rein theoretischen Überlegungen, sondern wurde durchaus im Rahmen der Feldforschungen im Untersuchungsgebiet bestätigt.

Insofern spiegeln die konzeptionellen Problemstellungen der anschließenden Kapitel bereits erste Erfahrungswerte im Umgang mit Kriterien und Indikatoren der Nachhaltigkeit wider. Auf diese Weise vermitteln sie dem Betrachter außerdem einen Einblick in die Problematik der Handhabung von Kriterien und Indikatoren vor Ort und erhöhen sein Verständnis für die Auswertung der Ergebnisse in Teil II.

3.3.1 Einschränkungen der Quantifizierbarkeit

Wie die Typologisierung von Indikatoren bereits zeigt, kann man sich zur Erfassung der Nachhaltigkeit nicht uneingeschränkt auf deren statistische Meßbarkeit berufen. Vielmehr ist es notwendig, ausgehend von dem sozialen und generationenumspannenden Ansatz der Nachhaltigkeit, daß man von der Vorstellung einer absoluten Quantifizierbarkeit wissenschaftlichen Forschens Distanz nimmt.

Das Beispiel der qualitativen Sozialforschung belegt, daß dadurch der Anspruch der Wissenschaftlichkeit keineswegs verlorengeht. Im Gegenteil, diese auf qualitativen Methoden basierenden Erkenntnisse tragen zu einem besseren Verständnis des allgemeinen Zustandes der Umsetzung nachhaltiger Entwicklung bei, indem sie das rein quantitative Instrumentarium ergänzen und zu einer gesteigerten methodischen Flexibilität beitragen.

Das Problem liegt aber weniger in der Akzeptanz qualitativer Untersuchungsschritte als in deren Assimilation mit den konventionellen quantitativen Methoden.[155] Inwieweit eine solche erstrebenswerte holistische Betrachtungsweise anhand von Kriterien und Indikatoren operationalisiert werden kann, bleibt abzuwarten. Wichtiger ist, daß die Ergebnisse der Operationalisierung, die verschiedene Funktionen und Systemqualitäten repräsentieren, nicht im Widerspruch zueinander stehen.

Nur auf diese Weise gesteht man allen Dimensionen der Nachhaltigkeit ihre Eigenheit zu. Diese, gleich ob sie quantitativen oder qualitativen Charakters sind, müssen sich jedoch der absoluten Zielsetzung nachhaltiger Entwicklung unterordnen, um zu deren ganzheitlichen Erfolg beizusteuern.

---

[155] PEZZEY plädiert in diesem Zusammenhang für eine separate, systemabhängige Lösung, die den eigenständigen Charakter des Untersuchungsmerkmals hervorhebt; vgl PEZZEY (1992, S. 45 ff.). Für die Komplexität forstlicher Nachhaltigkeit würde dies bedeuten, daß immer nur Teilaspekte berücksichtigt werden können, ohne daß das Zusammenspiel der vielfältigen Funktionen der Forstressource untersucht werden kann.

3.3 Beeinträchtigungen der Operationalisierbarkeit 77

Die Einsicht der Operationalisierung nachhaltiger Entwicklung, respektive nachhaltiger Forstwirtschaft, hat sich noch nicht mit aller Deutlichkeit durchgesetzt.[156] Die Waldfläche, der Holzvorrat, das schlagbare Holz, der Holzertrag, der Nährstoffgehalt des Waldbodens, der Wildbestand etc. können verhältnismäßig konkret erhoben und bewertet werden. Wie aber untersucht man das generationenübergreifende soziokulturelle Wohlergehen von Bevölkerungsgruppen, die an der Nutzung der Forstressourcen beteiligt sind? Wie ermittelt man Kommunikation, Interessenausgleich, Konfliktpunkte und Mechanismen zu deren Schlichtung? Wie wird die gegenseitige Einhaltung von Landnutzungs- oder Pachtverträgen geprüft? All dies sind relevante Eckpunkte, auf denen die Umsetzung einer sozial verträglichen Nachhaltigkeit in der tropischen Forstwirtschaft basiert.

Eine quantitative Erfassung dieser Aspekte im herkömmlichen Sinn ist nicht unproblematisch. Die neue Art von Daten benötigt vielmehr zukunftsweisend methodische Vorgehensweisen und Techniken, die einer wissenschaftlichen Erforschung und Interpretation standhalten und außerdem von den untersuchten Bevölkerungsgruppen akzeptiert werden müssen. In Fällen, in denen quantitative Methoden nicht anwendbar sind, muß deshalb auf qualitativ beschreibende Indikatoren zurückgegriffen werden, um den jeweiligen situativen Sachverhalt zu ermitteln und interpretieren zu können.[157]

Dabei handelt es sich größtenteils um eine subjektive Einschätzung der untersuchten Dimensionen der Nachhaltigkeit auf der Grundlage von Aussagen der im Einflußbereich der Untersuchung stehenden Menschen. Erneut bedeutet dies wiederum keinen Nachteil, sondern eine Notwendigkeit. Die Objektivität liegt nun vielmehr darin, daß es dem außenstehenden Betrachter bzw. Forscher obliegt, über die subjektiven Einschätzungen der betroffenen Bevölkerungsgruppen so wertneutral wie möglich zu berichten. Ihre Aussagen und Beurteilungen sind es, die für den Großteil der Erforschung qualitativer Aspekte im Mittelpunkt stehen.[158]

3.3.2 Schwellenwerte zur Messung des Grades der Nachhaltigkeit

Aus der Erfahrung, daß nicht alle Zielsetzungen nachhaltiger Entwicklung mit absoluter Bestimmtheit zu quantifizieren sind, versucht man, aus der Not eine Tugend zu machen und entwirft neue Konzepte, die sich anstatt festgelegter Indikatoren mit

---

[156] Diese Beobachtung geht auf die in Trinidad angetroffene Konfliktsituation, in der soziale Belange von ökonomischen und sogar ökologischen Präferenzen beeinflußt werden, zurück. Für eine Reihe von Ländern stellt sie einen symptomatischen Hemmfaktor nachhaltiger Entwicklung dar. Auch in den geführten Expertengesprächen wurde nachdrücklich auf diese Konstellation verwiesen.
[157] Vgl. o. V. (1995, S. 19) sowie PRABHU, RUITENBEEK ET AL. (1998, S. 4 f.).
[158] Diesem besonderen Anspruch sieht sich auch die vorliegende Arbeit verpflichtet. Da keine Möglichkeit bestand, auf Erfahrungswerte im Umgang mit sozialen Kriterien und Indikatoren der nachhaltigen Forstwirtschaft zurückzugreifen, versteht sie sich als Anstoß, der nach weiteren Untersuchungen und Überarbeitungen verlangt. In diesem Zusammenhang ist sie sich ihrem Pilotcharakter, aber auch ihrer zwangsläufig methodischen Unvollkommenheit bewußt.

Schwellenwerten der Nachhaltigkeit befassen.[159] Jedoch berufen sich auch diese Schwellenwerte auf zuvor festgelegte Meßgrößen, die mit der Grundidee eines Indikators durchaus verglichen werden können. Es handelt sich hierbei also um variable Indikatoren, denen ein Toleranzbereich zugestanden wird, innerhalb dessen der erfaßte Zustand der Nachhaltigkeit akzeptiert wird. Wird dieser Bereich über- bzw. unterschritten, ist es ein Anzeichen einer nicht-nachhaltigen Entwicklung. Dabei kann es zur Ausbildung unterschiedlicher Nachhaltigkeitsgrade kommen.[160]

Aber auch die Evaluation einer nachhaltigen Ressourcennutzung anhand von Nachhaltigkeitsgraden ist empirisch nicht abschließend möglich, denn diesen Schwellenwerten liegt in ihrer Aussage keine Eindeutigkeit zugrunde, wie dies bei unmißverständlichen Ja/Nein-Indikatoren der Fall ist. Ausschlaggebend hierfür ist der grundlegend komplexe Charakter nachhaltiger Entwicklung, der eine solche unzweideutige Interpretation nicht zuläßt.[161] Aus den theoretischen Überlegungen und den Erfahrungen vor Ort ergibt sich folgender Sachverhalt: Aus der Notwendigkeit, ein konkretes Evaluationskonzept nachhaltiger Entwicklung zu entwickeln, wurden detaillierte Kriterien- und Indikatorenansätze erstellt, deren Applikation hingegen verdeutlicht, daß dies nur mit Vorbehalt eingehend möglich ist. Nachhaltigkeit kann nicht als absolute Größe, sondern eher als Grad der Realisierbarkeit ihrer Inhalte erfaßt werden.

Ein Manko solcher Schwellenwerte besteht in der Erfordernis, sie den jeweiligen Veränderungen anzupassen. Dementsprechende Veränderungen betreffen zum einen die zeitliche Dimension, indem die Toleranzgrößen den positiven bzw. negativen Veränderungen angepaßt werden müssen. Von diesen Veränderungen wird es abhängig sein, inwieweit Beurteilungen eines zukünftigen Ereignisses oder Zustandes getroffen werden können.

Zum anderen werden Toleranzgrößen geprägt von den räumlichen Gegebenheiten, wie z.B. gesellschaftlichen Bedingungen. So entstehen unterschiedliche Maße der Nachhaltigkeit, je nach situativem und thematischen Kontext, die zu unterschiedlichen Akzeptanzbereichen nachhaltiger Entwicklung unter Berücksichtigung nationaler bzw. regionaler Umständen führen. Vor allem mit dieser zweiten Dimension geht die so oft geforderte Einheitlichkeit und Vergleichbarkeit der Determinanten nachhaltiger Handlungsweisen verloren. Demnach wird das oben angeführte Problem der Meßbarkeit und Bewertung nachhaltiger Entwicklung zusätzlich durch zeitliche und räumliche Faktoren begrenzt. Diese Überlegungen und Erfahrungswerte müssen durch ein weiteres ungelöstes Problem ergänzt werden, dem bislang kaum

---

[159] SMYTH und DUMANSKI (1993, S. 48) definieren solche Schwellen folgendermaßen: *„Thresholds: Levels of environmental indicators beyond which a system undergoes significant change; points at which stimuli provoke significant response."*
[160] Der hier gemeinte Grad der Nachhaltigkeit ist nicht zu verwechseln mit dem Konzept einer schwachen, bzw. starken Nachhaltigkeit, das auf der Substituierbarkeit von positiven und negativen Werteveränderungen basiert; vgl. hierzu DABBERT, BRAUN und KILIAN (1996) sowie RENNINGS (1997).
[161] DIE GRUPPE FÜR ENTWICKLUNG UND UMWELT (1995, S. 28) bemerkt hierzu: *„Der Forderung nach einer umfassenden Evaluation nachhaltiger Ressourcennutzung steht die prinzipielle und praktische Unmöglichkeit gegenüber, diese Forderung vollumfänglich einzulösen."*

3.3 Beeinträchtigungen der Operationalisierbarkeit 79

Beachtung geschenkt wird. Es handelt sich um die grundsätzliche Frage, ob solche Schwellenwerte lediglich auf einzelne Indikatoren angewandt werden sollen, oder ob sie sogar zur Evaluierung eines umfassenden Indikatorensystems herangezogen werden können.

Bei einer Anwendung auf einzelne Indikatoren kommt außerdem die Fragestellung hinzu, ob auf der Grundlage der Evaluierung einzelner Indikatoren Aussagen über die Gesamtentwicklung des untersuchten Systems getroffen werden können. Eine ausgedehnt systematische Anwendung hingegen muß sich dem Problem der großen Anzahl an Variablen in einem Indikatorensystem stellen. Aufgrund dieses Ausgangspunkts ist es erforderlich, von vornherein Ansprüche der Präzision gering zu halten und der inhaltlichen Relevanz der Indikatoren ein größeres Gewicht beizumessen. Mit deren substantiellen Ergebnissen können schließlich Simulationsmodelle über die Stabilität bzw. Instabilität des Systems entworfen werden.[162] Die große Herausforderung liegt nun in der qualifizierten Identifikation entsprechender Schwellenwerte. Der Natur nachhaltiger Entwicklung liegt es zugrunde, daß dies auf dem Wege eines multidisziplinären Diskurses erreicht und dabei die Bedeutung einzelner Disziplinen dem Gesamtziel der Nachhaltigkeit untergeordnet werden muß.

3.3.3 Hierarchien innerhalb der Kriterien- und Indikatorenansätze

Der Entwurf von Kriterienkatalogen beruht auf der prinzipiellen Anforderung, daß allen Komponenten dieses Systems derselbe Stellenrang eingeräumt wird. Je nach inhaltlicher Thematik der Indikatoren und je nach Wirkungsebene darf es nicht zur Ausbildung von Präferenzen kommen, die in ihrer Vormachtstellung nicht nur negative Effekte für restliche Inhalte und Ebenen nachhaltiger Entwicklung mit sich führen, sondern diese letztendlich völlig unterbinden. In bezug auf diesen wesentlichen Grundgedanken gilt es also darauf zu achten, daß es weder zur Entwicklung vertikaler (internationaler, regionaler, nationaler, sub-nationaler), noch horizontaler (ökonomischer, sozialer, ökologischer, kultureller) Hierarchien kommt.[163] Hierbei darf aber nicht außer acht gelassen werden, daß es besonders bei der Anwendung von Kriterien und Indikatoren auf nationaler und betrieblicher bzw. Projektebene unumgänglich ist, auf standortspezifische Besonderheiten und Charakteristika einzugehen und diese anhand ausgewählter Indikatoren gesondert zu untersuchen.[164]

Der gleichberechtigten Handhabung horizontaler, nationaler Elemente kommt eine besondere Stellung zu, da sie auch für alle vertikalen Ebenen verpflichtenden Charakter besitzen, und diese somit untereinander verbinden. Die Bedenken, die man jedoch einräumen muß, sind nicht unbegründet. Gerade auf horizontaler Ebene richtet sich die ausschlaggebende Fragestellung der Operationalisierbarkeit nachhaltiger Entwicklung nach den lokalen Bedingungen und inwiefern diese die Aus-

---

[162] Vgl. PRABHU, RUITENBEEK ET AL. (1998, S. 11).
[163] Vgl. Abbildung 7, Kapitel 3.5.
[164] Vgl. CIAT / UNEP (1996, S. 7 ff.).

bildung von Hierarchien überhaupt unterbinden können, d.h.: Hierarchien werden sich immer dort ausbilden, wo es eine Interessenschieflage gibt und eine ungleiche Machtverteilung diese zusätzlich begünstigt.[165]

Solche Begebenheiten sind nicht nur in Ländern der Dritten Welt, sondern in abgeminderter Form selbst in den Industrienationen der Fall. Davon unterschieden werden muß die Einsicht, daß z.B. ein besonderer lokaler Brennpunkt durch eine zeitlich begrenzte Schwerpunktverlagerung der Nachhaltigkeitsinhalte speziell auf diesen Problembereich ausgeräumt werden kann, jedoch nur solange, bis sich wieder eine Balance zwischen den einzelnen Komponenten herausgebildet hat. Hierfür ist eine objektive Betrachtung notwendig, um nicht sogar die Förderung hierarchischer Strukturen voranzutreiben. Ausschlaggebend für die Ausbildung von Hierarchien auf horizontaler Ebene ist letztendlich ein Interessengefälle, das die Bevorzugung mindestens eines Elements der Nachhaltigkeit mit sich führt. Zumeist sind dies ökonomische Interessen, die die gleichberechtigte Ausbildung sozialer und ökologischer Inhalte in den Schatten stellen.

Auch auf vertikalem Niveau darf es keine Prioritäten für eine spezielle Ebene geben. Nachhaltigkeit muß mit demselben Nachdruck für alle Ebenen gefordert werden. Zwar kann es keine internationale, globale Nachhaltigkeit geben, wenn diese nicht auch auf den nationalen Ebenen realisiert wird. Dies darf jedoch nicht als Grund herangezogen werden, um Nachhaltigkeit auf nationaler Ebene zu fordern, vielmehr muß die Globalisierung der Nachhaltigkeit als ein Verbundsystem nationaler und regionaler Ebenen verstanden werden.[166]

Dieses System beruht in dem Maße auf interdependenten Beziehungen, wie es auch für die einzelnen Elemente der horizontalen Ebene der Fall ist. Die Erforschung von Indikatoren zur Bewertung des Zustands dieses globalen Systems wird eines der Hauptaufgaben zur Operationalisierung der Nachhaltigkeit sein müssen. Die Entwicklung neuer methodischer Bewertungsraster im Sinne von Kriterien und Indikatoren zur Integration aller Elemente der Nachhaltigkeit auf den unterschiedlichen Ebenen darf keine utopische, weltfremde Forderung sein, sondern sollte im Blickpunkt eines neu zu verstehenden globalen Gesellschafts- und Umweltsystems stehen. In dieser Hinsicht herrscht derzeit ein absoluter Informationsmangel sowohl zwischen den einzelnen horizontalen als auch vertikalen Ebenen.[167]

Obige theoretische Ausführungen sollen darauf verweisen, wie prekär diese vielschichtige Situation letzten Endes sein kann. Im Wissen um das Potential von Kriterien und Indikatoren zur Implementierung nachhaltiger Entwicklung ist es notwendig, sich der Herausforderung zu stellen und zu einem gesteigerten Gesamtverständnis beizutragen.

---

[165] Die Faktoren, die in diesem Zusammenhang für den forstwirtschaftlichen Bereich auf Projektebene in Betracht kommen, werden von CIFOR beschrieben; vgl. PRABHU, COLFER ET AL. (1996, S. 32 f.).
[166] Vgl. CIAT / UNEP (1996, S. 8).
[167] Vgl. UN CSD / IPF (1996 d, S. 8).

Gerade die Entwicklungen und steten Verbesserungen von Indikatorensystemen, die bereits zum Thema der nachhaltigen Forstwirtschaft erzielt wurden, bieten methodische und praxisnahe Sachkenntnisse, die sich auch in den Dienst einer ganzheitlichen Nachhaltigkeit stellen lassen müssen. Die Harmonisierungsbestrebungen, wie sie am Beispiel der Forstwirtschaft erarbeitet werden, geben wichtige Einblicke, die für die Zielsetzungen einer übergeordneten Nachhaltigkeit ebenfalls von großer Bedeutung sind.

3.4 Kriterien und Indikatoren als Instrumentarium sozioökonomischer Nachhaltigkeit

Den in den vorangegangenen Kapiteln aufgezeigten Merkmalen und Problembereichen im Umgang mit Kriterien und Indikatoren wird nun die Darstellung eines Kriterienkataloges folgen, wie sie für einen Bewirtschaftungsplan unter Einbeziehung sozial-orientierter Gesichtspunkte in ihrem Umfang modellhaft zugrunde liegen würde. Diese, in Tabelle 2 vorgenommene Zusammenfassung, entspricht in ihrer thematischen Fülle einer komplexen idealtypischen Wiedergabe sämtlicher derzeit im Rahmen der CIFOR-Projekte für wichtig erachteten Richtlinien einer sozial-orientierten Waldbewirtschaftung.

Neben der üblichen Einteilung in Prinzipien, Kriterien und Indikatoren wird sie durch eine noch spezifischere Unterteilung in *verifier,* der die Verifizierung eines Indikators zur Aufgabe hat, gekennzeichnet. Dennoch soll schon an dieser Stelle darauf hingewiesen werden, daß die Auflistung eher eine ideelle Zusammenstellung unverrückbarer Grundsätze darstellt, die vor allem auf der Ebene der Indikatoren je nach Bewirtschaftungsziel und sozialer Struktur lokal ergänzt bzw. angepaßt werden muß. Angeregt durch die vielfältigen internationalen Prozesse und Initiativen zur Förderung nachhaltiger Forstwirtschaft bestehen bereits zahlreiche Kriterienkataloge, die sich auch der sozialen Komponente widmen.

Einer simplen Übernahme eines solchen Vorschlags stehen jedoch folgende Bedenken gegenüber: Unzulänglichkeiten ergeben sich aus den darin enthaltenen Wertegefügen und Zielvorstellungen, die nicht dem sozialen Konsens und Umfeld entsprechen müssen, in dem sie angewandt werden. Dieser Umstand tritt besonders dann deutlich hervor, wenn die Kriterien und Indikatoren in einem völlig differenzierten gesellschaftlich-sozialen Kontext entworfen wurden, wie sie den meisten internationalen Initiativen zugrunde liegen.

Im Vergleich zu ökologischen und wirtschaftlichen Aspekten der Bewirtschaftung liegt die Schwierigkeit bei der Erfassung sozialer Maxime in deren Heterogenität. Diese Tatsache und die daraus resultierende heterogene Zusammensetzung der beteiligten Experten liefert einen weiteren Grund, der die Erstellung eines einheitlich akzeptierten Kriterienkatalogs verhindert; zumal dieser aus oben genannten Gründen auch nicht erwünscht ist. Erfahrungen durch die Zusammenarbeit mit CIFOR haben gezeigt, daß selbst die Benennung eines akzeptierten Grundsatzes – d.h. als Kriterium oder Indikator – aufgrund verschiedener Interpretationen Schwierigkeiten mit sich bringt. Bei den in Kooperation mit CIFOR getesteten vielfältigen Methoden ergaben sich aufgrund verschiedener Reaktionen der Zielgruppen Anwendungsschwierigkeiten, von denen auch die vorliegende Untersuchung nicht verschont blieb.[168] Übereinstimmend kam man jedoch zu dem Schluß, daß das Wissen um die örtliche Situation und deren Eigenheit letztendlich die genaue Zusammensetzung sozialer Kriterien und Indikatoren sowie deren methodische Anwendung bestimmen muß. Aus diesen Überlegungen resultiert die Einsicht und Forderung nach Kriterienkatalogen adaptiven und nicht statischen Charakters. Trotz der dargelegten definitorischen Unbestimmtheit bietet die Zusammenstellung in Tabelle 2 wichtige Orientierungspunkte, die einen großen Schritt hinsichtlich der Operationalisierung nachhaltiger Forstwirtschaft von seiten des sozioökonomischen Standpunktes darstellen.

Tabelle 2: Soziale Kriterien und Indikatoren nachhaltiger Forstwirtschaft

P	C	I	V	Principles, Criteria, Indicators, and Verifiers
1				Forest management should maintain or enhance the flow of benefits from forest resources, with access generally perceived as just by all stakeholders
	1.1			Forest actors' current and inter-generational access to resources is secure
		1.1.1		Inter-generational tenure and/or use rights to land/forest have been assessed and delineated
		1.1.2		Tenure and use rights are clear to all stakeholders, including forest women and men
		1.1.3		Effective mechanisms for resource management and conflict resolution exist, available to all stakeholders
		1.1.4		Forest actors feel comfortable about the security of their rights
			1.1.4.1	Little or no decrease in access to commonly used forest products
			1.1.4.2	Little or no reduced access to scared or culturally important sites
			1.1.4.3	Few or no rumors about impending land grabs
			1.1.4.4	Few or no attemps to reinforce land security

---

[168] Vgl. GÜNTER (1999 a) sowie COLFER, BROCKLESBY, DIAW ET AL. (1999 a, S. 32, 38). Eine Zusammenstellung der Methoden aller Beteiligten am CIFOR-Projekt kann COLFER, BROCKLESBY, DIAW ET AL. (1999 a) sowie COLFER, BROCKLESBY, DIAW ET AL. (1999 b) entnommen werden. Detaillierte sozioökonomische Indikatorensysteme einzelner Fallstudien aus Brasilien und Kamerun liefern ZWEEDE, KRESSIN, MESQUITA ET AL. (1996) sowie PRABHU, MAYNARD, EBA'A ATYI ET AL. (1998).

3.4 Kriterien und Indikatoren als Instrumentarium sozioökonomischer Nachhaltigkeit

Fortsetzung Tab. 2: Soziale Kriterien und Indikatoren nachhaltiger Forstwirtschaft

P	C	I	V	Principles, Criteria, Indicators and Verifiers
	1.2			**Forest actors have a reasonable share in the economic benefits derived from forest use**
		1.2.1		Economic supplements and opportunities for actors are increasingly available
		1.2.2		Fair and effective mechanisms exist for sharing revenues from forest exploitation with forest actors
			1.2.2.1	Wages and other benefits conform to ILO standards
			1.2.2.2	Damages are compensated in a fair manner
			1.2.2.3	Local infrastructure is enhanced due to forest management
		1.2.3		Women's and men's incomes (or other measure of improved standard of living) have increased since commercial forest use began
			1.2.3.1	Change in number of radios, televisions, satellite dishes, or other consumer goods in communities
			1.2.3.2	Change in incomes and/or health statistics (infant mortality, malnutrition rates) compiled in company or community records
			1.2.3.3	Change in land/person ratios
		1.2.4		Forest actors (men and women) have significant opportunities to work and receive training under company auspices without discrimination
			1.2.4.1	Ethnic composition, gender and/or origin of workers at varying levels (from records, observation)
			1.2.4.2	Number of training programmes held and who attended
			1.2.4.3	Promotional records by ethnicity, gender, and origin
	1.3			**The health of forest actors, cultures and the forest is acceptable to all stakeholders**
		1.3.1		Environmental conditions affected by human uses are stable or improving (e.g. cycle of shifting cultivation is adequate)
		1.3.2		In-migration and/or natural population increase are in harmony with maintaining the forest
			1.3.2.1	Ready (voluntary) access to birth control

Fortsetzung Tab. 2: Soziale Kriterien und Indikatoren nachhaltiger Forstwirtschaft

P	C	I	V	Principles, Criteria, Indicators and Verifiers
			1.3.2.2	Governmental development programmes are monitored for adverse environmental impacts
		1.3.3		Increases in conflicts regarding natural resources can be satisfactorily explained by stakeholders
		1.3.4		The relationship between forest management and human health is recognised
			1.3.4.1	Forest managers accept responsibility for notifying public health authorities regarding illnesses related to forest management
			1.3.4.2	Nutritional status is adequate among local populations
			1.3.4.3	Forestry employers follow ILO working and safety conditions and take responsibility for the forest-related health risks of workers
		1.3.5		The relationship between forest maintenance and human culture is acknowledged as important
			1.3.5.1	Forest managers can explain links between relevant human cultures and the local forest
			1.3.5.2	Forest management plans reflect care in handling human cultural issues
			1.3.5.3	There is no significant increase in signs of cultural disintegration
2				**The voice of all stakeholders must inform forest management**
	2.1			**All stakeholders have an acknowledged rights and means to participate in equitable forest management**
		2.1.1		Effective mechanisms exist for two-way communication related to forest management among stakeholders • Forestry agents and/or specified company personnel have responsibility to communicate with diverse groups of forest actors, and use local languages • Stakeholders meet formally and informally with satisfactory frequency and quality • Local populations respect and values the contributions of other stakeholders (such as company or forestry officials)

Fortsetzung Tab. 2: Soziale Kriterien und Indikatoren nachhaltiger Forstwirtschaft

P	C	I	V	Principles, Criteria, Indicators and Verifiers
	2.2			**Resource managers co-operate to assimilate differing management models**
		2.2.1		Forest use reflects the necessary complementarities and compromises among stakeholders
			2.2.1.1	Plans/Maps exist showing such integration
			2.2.1.2	Management of NTFP reflects consultation with stakeholders
		2.2.2		Stakeholders have detailed, reciprocal knowledge pertaining to forest resources and gender roles, as well as forest management plans prior to implementation
			2.2.2.1	Updated plans, baseline studies and maps are widely available, outlining logging details like cutting areas and road construction, with timing
			2.2.2.2	Existence of baseline studies of local human systems
			2.2.2.3	Management staff recognise the existence of other stakeholders and their rights
		2.2.3		Effective mechanisms exist for mutual monitoring when co-operative plans have been made and appropriate sanctions for non-compliance
	2.3			**Mechanisms for control of access to desired local resources is supported by all stakeholders**
		2.3.1		Agreements exist on rights and responsibilities of relevant stakeholders (level of conflicts is understood and acceptable to stakeholders)
		2.3.2		Effective and acceptable local mechanisms exist to determine guilt and punish offenders equitably when rules are transgressed
			2.3.2.1	Specific measures, used in times of conflict, are available to and can be explained by all stakeholders
			2.3.2.2	Evidence exists for regular mutual monitoring
			2.3.2.3	Local NGO's are available and involved in activities to support forest actors

Quelle: WOLLENBERG *und* COLFER *1996, S. 11, verändert.*

3.5 Zwischenbilanz: Rahmenbedingungen der Operationalisierbarkeit

Die Erfahrungen der Umsetzung nachhaltiger Forstwirtschaft auf nationaler Ebene sowie die ungelösten Probleme in Zusammenhang mit dem Zertifizierungsprozess haben einen deutlichen Schwachpunkt der derzeitigen Instrumentalisierungsbestrebungen nachhaltiger Entwicklung aufgezeigt: Für eine erfolgreiche nationale und sub-nationale nachhaltige Ressourcennutzung sind international ratifizierte Standards eine notwendige Voraussetzung. Erst durch die nationale Adaption und Applikation dieser weltweit gültigen Prinzipien kann in der Gesamtwirkung eine globale nachhaltige Entwicklung eingeleitet werden.

Dabei bedarf es einer lokalen Anpassung der Kriterien und im besonderen der Indikatoren zur Erfassung spezifisch geographischer, ökologischer und gesellschaftlicher Determinanten bis hin zur Betriebs- bzw. Projektebene. Der Entwurf von Kriterien- und Indikatorenkatalogen ist deshalb kein einmaliger statischer Vorgang, sondern aufgrund der Abstimmung an räumliche Eigenheiten sowie durch die periodische Anwendung und Überarbeitung eher als dynamischer Prozess zu verstehen.

Bei der Gestaltung nationaler gesetzlicher Rahmenbedingungen wird es darauf ankommen, international unterzeichnete Grundsätze mit einfließen zu lassen, ohne dabei in Konflikt mit innerstaatlichen Interessen zu gelangen. Da es Länder gibt, die sich in unterschiedlichen Stadien dieses Prozesses befinden, wird dem Austausch von Erfahrungen eine besondere Stellung zukommen. Im übrigen vermögen die bislang weniger integrierten Länder dem gesamten Prozess durchaus auch neue Ideen und Impulse zu vermitteln.

Keinesfalls aber dürfen Staaten oder Regionen, die an dieser Entwicklung geringfügig partizipieren, isoliert bleiben. Im Gegenteil, sie müssen verstärkt miteingebunden werden. Je mehr Regionen und Länder an einem entsprechenden Prozess teilhaben, desto eher sind vertikale Hierarchien zu verhindern: Internationale, regionale, nationale und sub-nationale Ebenen müssen denselben Stellenwert besitzen. Gleichermaßen darf es nicht zur Ausbildung horizontaler Prioritäten kommen. Die sozialen, ökologischen und wirtschaftlichen Aspekte müssen für alle vertikalen Ebenen dieselbe Geltung besitzen.

In Abbildung 7 werden die Nutzen von Kriterien und Indikatoren in bezug auf die jeweiligen vertikalen Anwendungsbereiche, sowie vor dem Hintergrund der horizontalen Bedingungen nachhaltiger Entwicklung, projiziert. Diese weitreichenden Nutzen können Kriterien und Indikatoren jedoch nur erfüllen, wenn sie ein Umfeld vorfinden, das den beschriebenen Rahmenbedingungen entspricht. Die fachgerechte Interpretation erzielter Ergebnisse und weitere Handlungsweisen bedürfen jedoch auch einer allseitig anerkannten Methodik. Ein international erarbeitetes methodisches Instrumentarium ist eine weitere Rahmenbedingung, um die Anwendung und Umsetzung der allgemeingültigen Prinzipien auf nationaler und sub-nationaler Ebene zu steuern.

3.5 Zwischenbilanz: Rahmenbedingungen der Operationalisierbarkeit

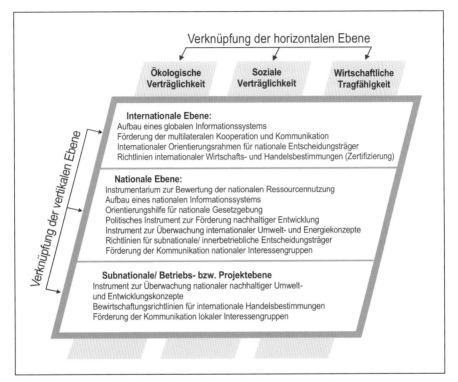

Abb. 7: Nutzen und Wirkungsbereiche von Kriterien und Indikatoren
Quelle: Eigener Entwurf, 1999.

Bei der Harmonisierung internationaler Ansätze muß deshalb deren einheitliche methodische Durchführung mitberücksichtigt werden. Im Rahmen internationaler forstlicher Nachhaltigkeitsbestrebungen bemüht sich CIFOR seit 1993 um die Entwicklung und den Transfer von Techniken und Verfahren, mit denen Standards des Forstmanagements geprüft werden können.

Anhand dieser Instrumente sollen die gesellschaftliche Organisation der an der Nutzung der Wälder beteiligten Bevölkerungsgruppen und nationale Entwicklungsstrategien in Einklang gebracht werden. Aufgrund des von diesen Werkzeugen erfaßten Potentials und der Qualität der waldbaulichen Ebene, können in einem zweiten Schritt nationale politische Entscheidungsprozesse und Richtlinien entsprechend revidiert werden. An diesen muß sich die Bewirtschaftung und Nutzung der Forstressource orientieren.

Anhand erneuter Untersuchungen wird man feststellen können, ob es gelungen ist, die Qualität der Waldbewirtschaftung den zuvor veränderten nationalen Richtlinien anzupassen. Trotz heterogener Verhältnisse ermöglicht eine übereinstimmende Methodik, unter Berücksichtigung quantitativer und vermehrt qualitativer Aspekte der Nachhaltigkeit, reproduzierbare und damit vergleichbare Ergebnisse. Diese Anforderung liegt allen Indikatorenansätzen zugrunde. Die Erfahrungen, die bereits im Rahmen dieser forstwissenschaftlichen Untersuchungen gesammelt wurden, können sich als wichtige Hilfestellungen für weitere Themenbereiche nachhaltiger Entwicklung erweisen.

4 RELEVANZ UND ANWENDUNGSBEREICHE SOZIALER KRITERIEN UND INDIKATOREN NACHHALTIGER FORSTWIRTSCHAFT IN ENTWICKLUNGSLÄNDERN

4.1 Nachhaltige Forstwirtschaft als Potential ländlicher Entwicklung

In der Forstwirtschaft bedeutet Nachhaltigkeit die Forderung und das Streben nach stetiger, optimaler Bereitstellung sämtlicher materieller und immaterieller Waldleistungen und Waldfunktionen. Damit ist jedoch nicht nur die rein waldbauliche Aufrechterhaltung der Biodiversität, der Produktivität und der Regenerationsfähigkeit der Wälder gemeint, die oftmals aus einer isolationistischen *Forestry for Forestry* Absonderungstendenz resultiert.[169]

Vielmehr besitzt die Forstwirtschaft ein weitaus größeres Potential, mit dem solche primären Aufgaben auch in den Dienst der an der Nutzung und Verarbeitung von Forstressourcen beteiligten Bevölkerung gestellt werden kann. Eine dementsprechende Verantwortung anerkennt und respektiert die Rechte indigener Bevölkerungsteile sowie das soziale und ökonomische Wohlergehen von Arbeitern und Gemeinschaften, die sowohl direkt als auch indirekt in die Waldnutzung mit eingebunden sind.

Vor allem für die ländliche Population kann die Forstwirtschaft somit eine Möglichkeit darstellen, um zum Erhalt und zur Verbesserung der unmittelbaren Lebensbedingungen beizutragen. Ganz im Sinne einer umfassenden nachhaltigen Entwicklung bildet dieses Potential einen unbestreitbaren Bestandteil einer holistisch betrachteten Forstwirtschaft, die in klarem Gegensatz zum isolationistischen Ansatz steht.[170] Vor dem Hintergrund sozioökonomischer Probleme in Entwicklungsländern sind die einzelnen Bestandteile eher als unumgängliche Notwendigkeiten der Umsetzung nachhaltiger Forstwirtschaft zu verstehen. Sie werden zu einem integrativen Element, ohne dessen Verwirklichung keine Waldbewirtschaftung im Sinne der Nachhaltigkeit akzeptabel erscheint:

„Sustainable forest management. The management of a forest as a diverse and dynamic self-sustainable renewable natural resource in such a manner that its continued and lasting (permanent) persistence, viability, vitality, flexibility, resilience and adaptability as well its natural- ecological, environmental, economic and social (cultural) values and multiple social utilities are ensured and, if possible enhanced for the benefit of the present people and future generations of humankind."[171]

---

[169] Vgl. ITTO (1991, S. 107). Paradoxerweise spiegelt sich diese von der ITTO angeprangerte Sichtweise der Forstwirtschaft zum Teil in der folgenden, von der ITTO selbst verfaßten Definition wider: „Nachhaltige Forstwirtschaft ist der Prozeß der Bewirtschaftung von permanenten Waldflächen mit einem oder mehreren klar definierten Bewirtschaftungszielen und der Absicht, ein kontinuierliches Angebot der erwünschten Produkte und Leistungen des Waldes zu erreichen, ohne daß es zu einer unverhältnismäßigen Verminderung des Wertes der Flächen und zukünftigen Produktivität sowie unerwünschten Umwelteinflüssen kommt"; vgl. BMZ (1993, S. 11).
[170] Vgl. BRUENIG (1996 a, S. 133) sowie FAO (1996, S. 18).
[171] Vgl. BRUENIG (1996 b, S. 4).

Der komplexe entwicklungspolitische Hintergrund des Entwaldungsproblems in den Tropen steht in Verbindung mit Armut, Überbevölkerung und einer Politik, die die Erschließung sowie Nutzbarmachung der in den Waldregionen vorhandenen Land-, Energie- und Rohstoffressourcen oftmals forciert. Hinzu gesellen sich ungleiche Nutzungsrechte und Besitzverteilung.[172]

Eine erste Auswertung der auf Trinidad vorgefundenen Situation ergab, daß es auch dort vornehmlich diese gesellschaftlichen Brennpunkte sind, die zu einer fortschreitenden Degradierung der Wälder führen.[173] Aufgrund der Rückkopplungseffekte, die sich aus der Verschlechterung der natürlichen Ressourcenausstattung ergeben, folgt gleichzeitig eine Zuspitzung der gesellschaftlichen Ausgangsprobleme. Eine Integration der betroffenen Bevölkerungsteile sowohl in nationale als auch lokale Forstprogramme ist unerläßlich.

Durch die Miteinbeziehung der Bevölkerung in den Planungsprozess wird eine Verständigungsbasis geschaffen, die zur Milderung der Interessenkonflikte beiträgt. Nur auf diese Weise kann das tatsächliche Potential der Forstwirtschaft, einen Beitrag zur ländlichen Entwicklung zu leisten, erkannt und genutzt werden. Durch eine verbesserte Koordination der Ansprüche verschiedener Interessengruppen profitiert auch die industrielle Forstwirtschaft, da man sich durch die Reduktion der illegalen Ressourcenübernutzung Auswirkungen auf die ökologische Stabilität erhofft. Somit kann sie zudem die gesamtwirtschaftliche Entwicklung fördern.

Letztlich wird es aber immer von den Normen- und Wertesystemen der jeweiligen Gesellschaft abhängen, welche Prioritäten das forstwirtschaftliche Handeln bestimmen. Was nachhaltige Forstwirtschaft zu leisten imstande ist und zu welchem Grad sie zur Entwicklung beitragen kann, muß je nach situativem Kontext ermittelt werden.

Deshalb kommt auch obige Definition forstlicher Nachhaltigkeit eher einem Versuch gleich, mit dem einzelne Komponenten erfaßt und untereinander in Beziehung gesetzt werden. Kriterien und Indikatoren kommt hierbei die wichtige Aufgabe zu, die Ergebnisse dieses sozialen Aushandlungsprozesses inhaltlich zu konkretisieren und dessen Verwirklichung überprüfbar zu gestalten.

Je nach gesellschaftlicher Situation und Zustand der Forstressourcen wird das daraus resultierende Leistungsvermögen nachhaltiger Forstwirtschaft anhand von Kriterien und Indikatoren inhaltlich dargestellt. Die Anwendung dieser Referenzgrößen erlaubt die Evaluierung bestehender Bewirtschaftungsmuster und Nutzungskontroversen und trägt somit unmißverständlich zu einer realistischen Einschätzung des Potentials nachhaltiger Forstwirtschaft vor dem Hintergrund ländlicher Entwicklung bei.

---

[172] Vgl. GÜNTER (1995, S. 90 ff.).
[173] Vgl. GÜNTER (1998, S. 8).

4.1.1 Die Verankerung sozialer Aspekte in der Forstwirtschaft

Aufgrund der dargelegten vielschichtigen Aufgabenstellung der Forstwirtschaft müssen die Zielsetzungen entsprechend den lokalen Bedingungen erörtert werden. Die multifunktionalen Aspekte besitzen jedoch generelle Gültigkeit, wenn sie auch jeweils nach gesellschaftlichem Kontext und Zustand der Ressource flexibel gestaltet werden müssen. Grundsätzlich aber besitzen die verschiedenen Waldfunktionen denselben Stellenrang. Gerade in Entwicklungsländern ist es besonders die soziale Thematik, der – neben Nutz- und Schutzfunktionen – dieselbe Bedeutung eingeräumt werden muß. Dazu zählt vornehmlich die Sicherung von Arbeitsplätzen in der Forst- und Holzwirtschaft sowie die Erzielung von Einkommen und Nutzwirkungen für Waldbesitzer sowie Nicht-Waldbesitzer. Besonders durch ihre Multifunktionalität und ihre Vielfalt an primären und sekundären Ressourcen, die die Wälder bereitstellen, können sie einen Beitrag zur Stabilisierung des ländlichen Raumes leisten.[174]

Neben der direkten Beschäftigungsmöglichkeit in der Forstwirtschaft bietet eine Reihe weiterer Leistungen die Möglichkeit zur Sicherung der Lebensgrundlagen. Dies sind beispielsweise der Wert der Bäume als finanzielle Rücklage, Baumaterial, Feuerholz, die Kombination mit Agroforstsystemen oder die Nutzung von Nicht-Holz-Produkten in der Sammelwirtschaft (Nahrungsmittel oder andere Rohstoffe zum Eigenverbrauch oder zur Vermarktung).[175] In Abstimmung mit staatlichen Landnutzungsprogrammen stellen sowohl Nicht-Holz-Produkte als auch primäre Holzprodukte gerade für landlose Bevölkerungsteile eine Möglichkeit des Teilhabens an den Wohlfahrtswirkungen der Forstressource dar. Aber je nach Besitzverhältnissen, Bevölkerungswachstum, materieller Armut sowie nach Größe der verbliebenen Waldareale wird es davon abhängen, in welchem Maße Menschen dazu gezwungen sind, auf die verschiedenen Ressourcen der Wälder zurückgreifen zu müssen und somit einen wichtigen Teil ihrer eigenen Lebensgrundlage gefährden.

Die oben genannten Funktionen, die eine direkte gesellschaftliche Relevanz aufweisen, werden heutzutage oft mit dem entwicklungspolitischen Entwurf der *Social Forestry* umschrieben. Damit in Verbindung stehende Forstprogramme zielen vor allem auf die Verbesserung des Lebensunterhalts marginalisierter Gruppen und Individuen ab.

---

[174] Dies bedeutet jedoch nicht, daß die sozialen Funktionen der Wälder innerhalb der Industrienationen zu vernachlässigen sind. Unter differenzierten sozialen und ökonomischen Voraussetzungen erfüllen sie auch dort die entsprechenden gesellschaftsrelevanten Aufgaben; vgl. ROMM (1993) sowie BURCH (1982).

[175] Für eine detaillierte Ausführung dieses Potentials sei an dieser Stelle an folgende nahmhafte Autoren verwiesen: CHAMBERS und LEACH (1987), GREGERSEN, DRAPER und ELZ (1989) sowie FALCONER und ARNOLD (1991). Am Beispiel des seit Jahrhunderten betriebenen Schwendbaus in Thailand konnte SCHMIDT-VOGT nachweisen, daß diese, zur subsistentiellen Sicherung des Lebensunterhalts dienende Nutzungsform, gleichzeitig Sekundärformationen hohen Wuchsformenanteils, großer Artenvielfalt und struktureller Komplexität aufweisen können und somit das Potential besitzen, vermehrt als nachhaltige Agroforst-Landnutzungssysteme Verwendung zu finden; vgl. SCHMIDT-VOGT (1991 & 1996).

Diese Programme sind bereits geprägt von einer Reihe unterschiedlicher Konzepte und somit auch Terminologien, bei denen aber jeweils die Miteinbeziehung der lokalen Bevölkerung im Mittelpunkt steht.In diesem Zusammenhang seien beispielsweise *Farm Forestry, Community Forestry, Joint Forest Management* oder *Rural Development Forestry* genannt. Die Idee einer explizit sozialen Forstwirtschaft ist aber nicht neu. Vielmehr beruhen diese Begriffe auf gesellschaftlich seit langem praktizierten Handlungsweisen.[176] Aufgrund der Zielgruppenorientierung der Projekte ist eine terminologische Unterscheidung vonnöten, obwohl sich alle genannten Ansätze auf denselben Grundgedanken zurückführen lassen. Es zeigt sich eine starke Vernetzung örtlicher Handlungsweisen mit den Ressourcen und Funktionen der Wälder, die aber nicht von den Entwicklungsprojekten impliziert, sondern von ihnen selbst übernommen und instrumentalisiert wurde. Für Entwicklungshilfeprojekte ist eine separate soziale forstwirtschaftliche Strategie aber notwendig, um in den entsprechenden Projekten das Augenmerk nicht auf die Ressource, sondern die daraus resultierenden Effekte für die Bevölkerung zu richten. Dennoch ist eine eigenständige soziale forstwissenschaftliche Auseinandersetzung umstritten, da die Deckung menschlicher Bedürfnisse ohnehin von jeher im Zentrum der nachhaltigen Nutzung der Forstressourcen und deren Funktionen steht.[177]

4.1.2 Nutzen und Kosten sozialer Aspekte

Die Attraktivität sozial-orientierter Forstprojekte hängt unweigerlich damit zusammen, inwiefern es gelingt, Anreize für Kleinbauern und private Waldbesitzer zu schaffen, die eine Deckung der Kosten und darüber hinaus einen langfristigen Ertrag garantieren. Allzu oft wird Forstprojekten vorgeworfen, daß sie geprägt sind von einer ungleichen Aufteilung von Kosten und Nutzen, so daß die entstandenen individuellen Kosten der einzelnen Interessengruppen in einem Ungleichgewicht zu den erwarteten Nutzeffekten stehen. Dauerhafte Wohlfahrtswirkungen sind in vielen Projekten mit der Aufwendung vorheriger direkter und indirekter Kosten verbunden. In vielen Fällen aber sind gerade die individuellen Kostenträger nicht auch gleichzeitig diejenigen, die den entsprechenden Nutzen davontragen.[178] Bei einer auf Raubbau basierenden Ressourcennutzung werden die Kosten besonders auf die marginalisierten Bevölkerungsteile derzeitiger und zukünftiger Generationen abgewälzt.

Gerade deshalb sollte es ein besonderes Anliegen sozialer Forstprojekte sein, den Nutzeffekt für die Bevölkerung zu verdeutlichen. Erfolg und Mißerfolg dieser Projekte müssen sich allein an diesem Maßstab, der Übertragung von Nutzwirkungen auf die beteiligten Gruppen, messen lassen. Dabei darf nicht außer Acht gelassen werden, inwieweit ein politischer Wille und institutionelle Mechanismen vorhanden sind, die sich zumindest zur Übernahme eines Teils der bevorstehenden Kosten bereit erklären. Diese entlasten die betroffenen Gruppen in ihren Vorleistungen und

---

[176] Vgl. BARRACLOUGH und GHIMIRE (1995, S. 162).
[177] Vgl. WESTOBY (1989), in: BARRACLOUGH und GHIMIRE (1995).
[178] Vgl. WORLD BANK (1996 a).

4.1 Nachhaltige Forstwirtschaft als Potential ländlicher Entwicklung

erhöhen somit deren Nutzen. Die Wirkung solcher Unterstützungen und Anreize erweist sich besonders für diejenigen Gruppen als notwendig, deren Lebensunterhalt von kurzfristigen Resultaten der Projekte abhängt. Nur wenn Projekte die unmittelbaren Lebensumstände der Beteiligten erkennen und zielgerichtet auf diese hinwirken, wird die daraus resultierende Akzeptanz zusätzlich zur Verstärkung weiterer Effekte beitragen. Dies ist speziell der Fall, wenn eine kurzfristige Gewinnorientierung in eine zeitlich kontinuierliche Wertschöpfung eingebettet ist.[179] Demselben Prinzip folgt auch auf bi- und multilateraler Ebene das Konzept des *Dept for Nature Swaps*, bei dem der Schuldenerlaß als Anreiz dient, um sich zu einem nachhaltigen Ressourcenmanagement zu verpflichten.[180]

Die Kosten einer nachhaltigen Waldbewirtschaftung stellen nur einen geringen Anteil aller unterschiedlichen Nutzwirkungen dar. Zusätzlich können Gewinne durch effizientere Bewirtschaftungstechnologien und eine erhöhte Produktivität gesteigert werden. Allerdings darf dies nicht auf Kosten schwerwiegender Schäden des Ökosystems tropischer Wälder geschehen. Diesem Problem muß sich vor allem die traditionelle Forstwirtschaft stellen. In besonderem Maße ist es der Fall, wenn Primärwälder in die Bewirtschaftung eingebunden sind. Es ist fraglich, inwiefern ökologisch unumkehrbare Schädigungen durch erzielte Gewinne gerechtfertigt werden können.[181] Eine solche Sichtweise der Forstwirtschaft erkennt soziale und ökologische Effekte bestenfalls als Bonusfaktoren an, obwohl auch sie zahlreiche soziale Nutzen hervorrufen kann. Direkten Effekten, wie etwa Beschäftigungs- und Ausbildungsmöglichkeiten, steht eine Reihe von indirekten Wirkungen gegenüber. Zu ihnen zählen besonders Multiplikatoreffekte, die mit der Weiterverarbeitung und somit der Mehrwertsteigerung der Holzressource zusammenhängen.[182]

Deshalb ist es von besonderem Interesse, daß zumindest Teile der Wertschöpfung im produzierenden Land verbleiben, und daß der Export von Rundhölzern und somit der Export der wahren Gewinne reduziert wird. Die diesem System zugrundeliegenden direkten Kosten beinhalten z. B. die Schaffung von Infrastruktur, Bewirtschaftungs- und Erntekosten, Instandhaltungskosten der technischen Geräte oder Vermarktungskosten. Indirekte Kosten werden durch Arbeitsunfälle oder die bereits erwähnten ökologischen Folgekosten aufgrund nicht-adäquater Bewirtschaftungspraktiken verursacht. Ähnlich den sozialen Wirkungen, die durchaus von traditionellen Bewirtschaftungspraktiken geleistet werden können, bleiben auch bei den primär sozial-orientierten Projekten weiterführende Effekte nicht aus.

---

[179] Hierzu ein Beispiel aus Costa Rica: Um die Wiederbewaldung gerodeter Flächen voranzutreiben und daraus gesellschaftliche Nutzen zu erzielen, werden von staatlicher Seite in gleichmäßigen Intervallen Prämien je nach Wuchsentwicklung privater Aufforstungsflächen gezahlt. Da sich der Staat gleichzeitig als Endabnehmer der Holzressource bereiterklärt, kommt es somit zu einer Kombination von kurz- und mittelfristigen, bis hin zu langfristigen Gewinnen. Durch diese vorzeitige periodische Rückvergütung wird der ansonsten in der Forstwirtschaft vorherrschende langwierige Reinerlös übergangen; nach Auskünften von DOTZAUER (GTZ).
[180] Vgl. GÜNTER (1995, S. 43).
[181] Ein Vergleich der unterschiedlichen ökologischen Auswirkungen von Agroforst-, Plantagen- und Primärwaldbewirtschaftung kann PRETZSCH (1998, S. 95) entnommen werden.
[182] Vgl. BRUENIG (1996 b, S. 8).

Vielmehr basieren gerade die sozialen Nutzen auf Projektzielen, die die nachhaltige Nutzung, die Wiederaufforstung, aber auch den Schutz der Ressource kennzeichnen. Es ist ein Hauptanliegen der sozial-orientierten Forstwirtschaftsprojekte, eine Bewußtseinsbildung innerhalb der eingebundenen Bevölkerungsteile zu erreichen, die sich langfristig in den Verhaltensmustern der Menschen niederschlägt.[183]

Projektwirkungen können somit nicht nur lokal, sondern zudem auf nationaler Ebene an Bedeutung gewinnen. Dabei kommt es vor allem zwischen sozialen und wirtschaftlichen Aspekten zu Überschneidungen, die weitreichende Folgewirkungen nach sich ziehen können. Es handelt sich z.B. um die Schaffung und Sicherung von Arbeitsplätzen, Förderung humaner Arbeitsbedingungen, partizipatorische Einbindung landloser Bevölkerungsgruppen, Eindämmung der Migration, Erhalt kultureller Traditionen, Bildung und Verteilung von Einkommen sowie politische Stabilisierung. Diese Wirkungen gehen einher mit gewünschten umweltrelevanten Nebeneffekten, die sich durch den Erhalt der biologischen Diversität, Schutz vor Bodendegeneration, Stabilisierung des Wasserhaushalts oder durch die Funktion des Waldes als biologischer Klimaregulator auszeichnen.

Vor allem von der Verwirklichung sozialer Wirkungen wird es abhängen, inwiefern auch ökologische Effekte erzielt werden können, denn das Spannungsverhältnis Wald-Gesellschaft ist besonders in den Ländern der Dritten Welt von den herrschenden Lebensbedingungen der Waldressourcen nutzenden Menschen geprägt. In dem Maße, wie einerseits weiterverarbeitende Industrien Multiplikatoreffekte zur Verbesserung der sozioökonomischen Situation auslösen können, besitzt andererseits das Ausbleiben sozialer Wohlfahrt, gepaart mit Bevölkerungswachstum, ein entsprechend negatives Potential, so daß sich sozioökologische Wechselwirkungen verschärfen.[184]

Ein unbewältigtes Problem dieser Betrachtung besteht in der Tatsache, daß es keine Methode gibt, mit der die genannten unterschiedlichen quantitativen und qualitativen Kosten und Nutzen in Beziehung zueinander gesetzt werden können. Ökologische bzw. Biodiversitätsverluste, mit denen außerdem Erholungswerte und ideelle Funktionen verlorengehen, können keiner objektiven quantitativen und qualitativen Bewertung unterzogen werden.[185]

Soziale, ethische, kulturelle und religiöse Aspekte sind weitaus schwerer zu fassen als dies bei rein monetären Wirkungsanalysen der Fall ist. Kriterien und Indikatoren spielen hierbei eine besondere Rolle. Wie das Beispiel wirtschaftlicher Bewertungstechniken zeigt, erweisen sich bereits eine Vielzahl unterschiedlicher Methoden, unter Hinzuziehung zentraler ökonomischer Indikatorensysteme zur Evaluierung von Forstprojekten, als praktikabel.[186]

---

[183] Vgl. SHARMA (1992, S. 308) sowie CERNEA (1991, S. 342).
[184] Siehe hierzu auch Kapitel 6.4.
[185] Vgl. BRUENIG (1996 b, S. 9).
[186] Vgl. UN CSD / IPF (1996 e).

Aufgrund der beschriebenen Unvereinbarkeit zur Bildung eines umfassenden Ansatzes kann es konsequenterweise auch keine einheitliche Evaluationsmethode geben, mit der die verschiedensten Kosten- und Nutzenaspekte zu fassen wären.[187] Für eine sozial-orientierte Forstwirtschaft bedeutet dies, daß man sich – je nach Zielvorgabe – an zuvor festgelegten sozialen Kriterien orientiert und die gewünschten Nutzwirkungen für die Bevölkerung anhand entsprechender Indikatoren bewertet. Voraussetzung hierfür ist, daß der Kriterienkatalog auf einem Konsens aller beteiligten Gruppen beruht. Im Gegensatz zu den beziehungsreichen ökonomischen Bewertungstechniken müssen bei soziokulturellen Betrachtungen die zu untersuchenden Kriterien einzeln angesprochen und evaluiert werden, um somit Aussagen über den Grad der Wohlfahrtswirkungen in der Gesamtschau der Ergebnisse treffen zu können.

Anhand der geschilderten vielfältigen direkten und indirekten sowohl sozialen als auch ökonomischen Nutzwirkungen und deren Verflechtung läßt sich erkennen, wie vielseitig die Effekte der Waldnutzung im Sinne der Nachhaltigkeit sein können und wie vielschichtig Evaluierungsmethoden bzw. Kriterien- und Indikatorenkataloge letztendlich aufgebaut sein müssen.[188]

4.2 Der partizipatorische Ansatz

Lag der Schwerpunkt des vorangegangenen Kapitels auf der Erkenntnis, daß Waldbewirtschaftung in Entwicklungsländern einen Beitrag zur ländlichen Entwicklung leisten kann, so soll im folgenden auf die Bedingungen eingegangen werden, unter denen dieses Potential erst zu verwirklichen ist. Ein gemeinsamer Profit an der vielfältigen Ressourcennutzung der Wälder basiert auf der Möglichkeit eines gesicherten Zugangs zu eben diesen Ressourcen. Die damit verbundene Einbeziehung entsprechender Interessen- bzw. Bevölkerungsgruppen hat gleichsam eine Verteilung der Nutzwirkungen zur Folge.

Es ist aber nicht die Partizipation allein, sondern vielmehr sind es die Bedingungen, unter denen diese Partizipation stattfindet, die eine gleichberechtigte wohlfahrtsfördernde – zumindest aber wohlfahrtserhaltende Nutzung der Forstressourcen ermöglichen. Erwähnt sei an dieser Stelle, daß der partizipatorische Ansatz keineswegs eine konzeptionelle Neuerung darstellt. Entwicklungshilfeprojekte verschiedenster internationaler Institutionen sowie rein forstwirtschaftliche Zusatzstrategien greifen seit den 70er Jahren auf diesen Ansatz zurück.[189] Trotz vieler Rückschläge und veränderter Rahmenbedingungen der internationalen Zusammenarbeit berufen sich

---

[187] Vgl. HOBLEY (1996, S. 247).
[188] Kapitel 6 widmet sich ausschließlich einer solchen Bewertung von Nutzwirkungen der Waldbewirtschaftung anhand einzelner elementarer Kriterien. Ein umfassender sozialer Kriterien- und Indikatorenkatalog wurde bereits in Kapitel 3.4, Tabelle 2 präsentiert.
[189] Die FAO definiert Partizipation bereits im Jahr 1982 als „process by which the rural poor are able to organise themselves and, through their own organisation, are able to identify their own needs, share in design, implementation and evaluation of the participatory action"; vgl. PRASAD und JAHAGIRDAR (1992, S. 111).

dennoch dieselben Träger bis zum heutigen Zeitpunkt auf die Notwendigkeit der Integration relevanter Gruppen vor Ort. Die Eingliederung der von den Projekten betroffenen Bevölkerung in die Entscheidungsprozesse sowie in deren Umsetzung und Kontrolle steht dabei im Mittelpunkt. Partizipation stellt einen sozialen Prozess dar, der die Balance und Wahrung der Interessen verschiedenster gesellschaftlicher Institutionen, von Regierungsebene bis hin zur Familie, zum Ziel hat. Angestrebt wird dabei die einvernehmliche Lösung akuter Probleme unterschiedlicher Bereiche wie beispielsweise der Landnutzung, Armut, Ernährung, Umweltschutz oder des Energiekonflikts. Aufgrund der unterschiedlichen Nutzwirkungen veranschaulicht das Beispiel forstlicher Ressourcennutzung treffend, wie erforderlich ein solcher sektorenübergreifender Lösungsansatz ist.

Ein weiterer wichtiger Aspekt, der die Bedeutung des partizipatorischen Ansatzes heutzutage hervorhebt, ist die Tatsache, daß das Konfliktpotential der anthropogenen Ressourcenübernutzung in den beiden zurückliegenden Jahrzehnten um ein Vielfaches zugenommen hat. Die weltweite Degradation tropischer Wälder durch vielfältige menschliche Eingriffe bietet sich hierbei erneut als Musterbeispiel an. Gelingt es nicht, in den einzelnen Projekten eine Harmonisierung der gesellschaftlichen Bedürfnisse mit kombinierten Nutz- und Schutzkonzepten herbeizuführen, wird eine weitergehende Überbeanspruchung der Ressource nicht zu vermeiden sein. Die Miteinbeziehung und somit der Interessenausgleich der Menschen und Interessengruppen untereinander zur Konzeption neuer Nutzungsmuster ist dringend erforderlich, soll eine dauerhafte Lebensgrundlage auf der Basis nachhaltiger Verhaltensweisen erreicht werden. Anhand von Kriterien und Indikatoren wird die Untersuchung dieser direkten Projektfolgen sowie Aussagen über deren Langzeitwirkung ermöglicht. Projekte, die Bedürfnisse der betroffenen Bevölkerung nationalen, übergeordneten Zielvorgaben unterordnen, werden eine Beeinflussung dieser gewünschten Verhaltensweisen nur schwerlich realisieren können.

Die Grundlagen dieses Ansatzes sind zudem für die vorliegende Arbeit von höchstem Interesse, da es sich bei den in Kapitel 6 untersuchten *Private Licensees* um eine Interessengruppe handelt, deren Lebens- und Arbeitsverhältnisse – anhand verwendeter Kriterien und Indikatoren – den Zustand des derzeitigen Bewirtschaftungssystems, an dem sie partizipieren, widerspiegeln. Die für diese Gruppe vorherrschenden Konditionen hinsichtlich der Nutzung der Forstressourcen machen deutlich, wie groß der Unterschied zwischen theoretischem Ansatz und tatsächlicher Umsetzung sein kann. Diese Erkenntnis ergibt sich jedoch erst nach einer näheren Betrachtung der grundlegenden Elemente des partizipatorischen Ansatzes in den folgenden Kapiteln.

4.2.1 Planungs- und Bewertungsgrundlagen

Der Erfolg von Entwicklungsstrategien, die auf dem partizipatorischen Ansatz beruhen, hängt unweigerlich damit zusammen, inwiefern es gelingt, das zugrundeliegende Prinzip der Einflußnahme und Wahrung von Interessen zuvor benachteiligter bzw. unberücksichtigter Gruppen in die Tat umzusetzen. Die Komplexität des An-

4.2 Der partizipatorische Ansatz

satzes wird zusätzlich durch die unterschiedlichsten Interessengruppen sowie die Art und Weise ihrer Partizipation gekennzeichnet. Diese beiden Aspekte divergieren wiederum je nach Problemorientierung eines Projekts. Planungsgrundlagen müssen sich den genannten Punkten bereits im Vorfeld der Implementierung entsprechender Vorhaben besonders annehmen.

Bei den Interessengruppen handelt es sich auf nationaler Ebene um politische Entscheidungsträger, durchführende Instanzen oder Geldgeber; auf der darunter liegenden Ebene befinden sich spezielle Interessengruppen wie Unternehmen, Händler, NGOs oder Forschungseinrichtungen; lokale Gruppen sind die den Wald teilweise oder als vollständige Lebensgrundlage nutzenden ansässigen Bevölkerungsteile, deren Unterhalt direkt mit der nationalen Forstpolitik und entsprechenden Programmen zusammenhängt.

Es ergeben sich sowohl für die einzelnen Ebenen als auch für die einzelnen Gruppen der jeweiligen Ebene verschiedene Arten der Partizipation.[190] Daraus resultiert wiederum eine unterschiedliche Intensität der Miteinbeziehung und der Wirkungen. Aus dieser strukturellen, sozialen Komplexität ergibt sich die Notwendigkeit einer sorgsamen Planung, die vor allem darauf bedacht sein muß, die Bedürfnisse der unmittelbar betroffenen Menschen zu erkennen und weitestgehend zu realisieren. Darüber hinaus sollte beachtet werden, daß Partizipation nicht nur auf rein sozialorientierte Projekte begrenzt ist. Vielmehr kann sie auch in der Bewirtschaftung von Plantagen und Primär- bzw. Sekundärwäldern, der Nutzung von Pufferzonen sowie bei der Integration in Schutzkonzepte angewandt werden.

Gleich welche direkt betroffenen Interessengruppen in welche Bewirtschaftungssysteme miteingebunden werden, die jeweiligen Planungsschritte müssen im einzelnen von der Bereitschaft gekennzeichnet sein, die soziale Organisation der Betroffenen zu verstehen, um diese schließlich auch in der Durchführung der Projekte berücksichtigen zu können.[191] Die soziale Akzeptanz und somit die Bereitschaft der Bevölkerung zum Erfolg der Projekte beizutragen, hängt davon ab, inwieweit deren Werte, Gewohnheiten, Denkweisen sowie Bedürfnisse durch die Partizipation nicht in Mitleidenschaft gezogen werden.

Der Projektentwurf muß sich an den Erfordernissen der betroffenen Gruppen orientieren, so daß deren Ansprüche durch die Partizipation gewahrt bleiben. Zudem ist es notwendig, eine genaue Analyse bestehender sozioökonomischer Konflikte unter Berücksichtigung der Überbeanspruchung der Ressourcen durchzuführen. Auf diesem Weg vermeidet man eine Verlagerung derselben Probleme in das anstehende Projekt hinein.

---

[190] HOBLEY (1996, S. 8) unterscheidet z.B. zwischen manipulativer, passiver, konsultativer, materieller, funktioneller, interaktiver und selbst-mobilisierender Partizipation.
[191] CERNEA (1991, S. 19) führt in diesem Zusammenhang folgende Gesichtspunkte auf: "Access to, use of, and exercise control over natural and other productive resources; characteristics of household models and family systems; access to and information on wider markets and regional economies; how land tenure systems, usage rights, alternative employment opportunities affect beneficiaries' interest."

Im Idealfall können diese Probleme durch einen allgemein getragenen Projektentwurf sogar verringert werden. Erst anhand dieses gegenseitigen sozialen Lernprozesses ist es möglich, eine aussagekräftige Bewertung der Projektwirkungen mittels der folgenden Kriterien zu treffen. Diese beruhen auf einer gleichberechtigten Miteinbeziehung in die Nutzung der Forstressourcen.

Tabelle 3: Qualitative Bewertungskriterien der Partizipation

Transparency:	whether all stages of the activities are publicly visible, including decision-making process
Access to Information:	whether there has been adequate and timely access to relevant policy and project information
Accountability:	whether the agencies involved in management and implementation are procedurally and periodically answer able to people
Meaningful Choice:	whether people can participate in a voluntary manner without being compelled, constrained or otherwise left with no other choice
Comprehensiveness:	whether people have been consulted from the outset in defining the nature of the problem or opportunity prior to any project being decided upon, as contrasted with consultation during subsequent stages of the project cycle
Non-Alienation:	whether people have participated in such a way as not to feel distanced and alienated from development activities, the implementation process and the eventual outcomes

Quelle: HOBLEY 1996, S. 135.

Die Tatsache, daß die Umsetzung der genannten Planungsgrundlagen für den Erfolg des Ansatzes entscheidend ist, verdeutlicht sogleich, daß sich Maßnahmen zur Bewertung eines Projekts an genau diesen Richtlinien orientieren müssen. Aus Erkenntnissen und Erfahrungen bereits durchgeführter Projekte entstammt die Forderung, die Erarbeitung von Bewertungsindikatoren voranzutreiben, die in direktem Bezug zum jeweiligen Projektdesign stehen. Die derzeitige Entwicklung von Indikatoren, die die Verwirklichung von Planungsidealen und Nutzwirkungen festhalten, wird für eine weiterführende Akzeptanz und Implementierung der Partizipation bedeutend sein. Deshalb wird diesem Aufgabenbereich eine große Beachtung geschenkt.[192] Über entsprechende Kriterien, wie sie auch dem Planungsprozeß zugrunde liegen, herrscht bereits, wie oben gezeigt, ein breiter Konsens.

---

[192] Vgl. OKALI, SUMBERG und FARRINGTON (1994, S. 127 ff.). Vorstöße wurden bereits unternommen, die sich zur Entwicklung von Indikatoren mit einer weiteren Aufgliederung von Kriterien befassen, wie bei-

Tabelle 3 liefert eine Zusammenstellung der wichtigsten Kriterien, mit denen speziell qualitative Rahmenbedingungen der Partizipation erfaßt werden.

4.2.2 Dezentralisierung

Der vorherrschende Entwicklungsansatz in den Ländern der Dritten Welt ist gekennzeichnet von übermäßigen Zentralisierungsbestrebungen, die mit beträchtlichen Investitionen und dem Einsatz moderner Technologien einhergehen. In den wenigsten Fällen gelang es jedoch, dadurch den bestehenden sozialen Disparitäten und der Verarmung der Bevölkerung entgegenzuwirken. Oft wurde diese Situation durch die geschilderten Maßnahmen sogar verstärkt. In dem Maße, wie es zusätzlich im Zuge dieser Entwicklung zu Beeinträchtigungen der örtlichen Umweltqualität kam, wurden auch gesellschaftliche Mißverhältnisse verstärkt. Diesem Entwicklungsmodell steht der partizipatorische Entwurf mit seinen klein angelegten Projekten, angepaßten Technologien, lokalem Ressourcenmanagement und -schutz sowie seiner Abstimmung an bestehende sozioökonomischen Verhältnisse gegenüber.

Erfahrungen der Forstwirtschaft weisen eindrücklich darauf hin, daß eine dezentralisierte Planung und Durchführung wichtige Komponenten für den Erfolg der Partizipation im Forstsektor der Entwicklungsländer darstellen. Die Effektivität entsprechender Projekte ist immer dann am größten, wenn bürokratische und institutionelle Vorgaben die gesellschaftliche Organisation und den sozioökologischen Prozess nicht beeinflussen. Bespiele aus Indien, Indonesien, Nepal oder Haiti belegen, daß sich die durch die lokalen Initiativen eingefundenen Wohlfahrtswirkungen auf die im Rahmen der Projektrichtlinien bestehende Möglichkeit der selbstverantwortlichen Entscheidungsfindung und Bewirtschaftung der Forstressourcen zurückführen lassen.[193]

Erweisen sich tiefgreifende Regulierungen als unverzichtbar, sollten diese dennoch ein höchst mögliches Maß an Rechtssicherheit, Transparenz und Einfachheit darstellen. Dezentralisierung des Forstsektors bedeutet auch, daß rechtliche Rahmenbedingungen der Projekte flexibel gestaltet werden müssen, um der variierenden örtlichen Komplexität und Divergenz entgegenzukommen und eine effektive Partizipation der lokalen Bevölkerung zu ermöglichen. Andererseits aber können übergeordnete Institutionen beispielsweise dazu beitragen, demokratische Schlichtungsprozesse unterschiedlicher Nutzerinteressen zu überwachen und auf eine gegenseitige Verständigung hinzuwirken.

Dezentralisierung ermöglicht eine bei weitem zuverlässigere Adaption an lokale Bedürfnisse, als dies bei einer zentralstaatlichen Konzentration der Administration und Verantwortung der Fall ist. Damit muß jedoch kein Machverlust verbunden sein. Durch sinnvolle Richtlinien und die Sicherheit bzw. Deckung der sozialen

---

spielsweise einem fairen Diskurs oder institutioneller Gleichberechtigung; vgl. RENN, WEBLER und WIEDEMANN (1995, S. 142 ff.) sowie HOBLEY (1996, S. 135).

[193] Vgl. WORLD BANK (1996 a), FAO (1993 b), CHAKRABORTY (1996) sowie CHAKRABORTY ET AL. (1997).

Bedürfnisse, gerade durch die Dezentralisierung, wird eine Konsolidierung des Gesellschaftsgefüges erreicht und somit zur Stabilität des Staates beigetragen. Welt Bank, FAO, ITTO und IUCN sind sich in ihren Projektkonzeptionen der Bedeutung des partizipativen Ansatzes bewußt. Obwohl Erfolge in den entsprechenden Projekten nicht von der Hand zu weisen sind, wird eine flächenhafte Wirkung durch die bestehende zentralistische Ausrichtung der Bürokratie derselben Länder restringiert. Es herrscht Uneinigkeit darüber, inwieweit die Prinzipien der Partizipation auch auf Ebene der nationalstaatlichen Entwicklungspolitik für den Forstbereich eingefordert werden können.[194] Als einziges Land hat bisher allein Neuseeland einen radikalen Schritt in diese Richtung unternommen, indem eine völlige Privatisierung des Forstsektors durchgeführt wurde.

Obwohl der Ruf der internationalen Gemeinschaft zur Dezentralisierung gerade auf lokaler Ebene immer lauter, und die Bedeutung der direkt betroffenen Interessen- und Nutzergruppen zusehends hervorgehoben wird, haben sich besonders in den Entwicklungsländern noch keine nennenswerten Übertragungen dieser Forderung durchgesetzt. Die Komplexität und unvorhersehbare Folgen der Dezentralisierung wirken sich negativ auf die Implementation der Partizipation innerhalb des Forstsektor aus. Wie die Forderungen der Partizipation im einzelnen speziell für den Forstbereich angewandt werden müßten, wird in Tabelle 4 verdeutlicht. Es handelt sich hierbei um eine Gegenüberstellung einer traditionellen, staatlichen Forstwirtschaft mit einer Bewirtschaftung unter Miteinbeziehung der lokalen Bevölkerung.

Beide Standpunkte werden miteinander unter Berücksichtigung sozioökonomischer Gesichtspunkte verglichen. Durch die Herausarbeitung der Unterschiede dient diese Gegenüberstellung als ein Instrument, mit dem das Verständnis für die einzelnen Produktionssysteme und deren Auswirkungen verbessert wird. Dieser Vergleich veranschaulicht gleichzeitig die konzeptionellen Probleme, die bei der Durchführung einer sozial-orientierten, partizipatorischen Forstbewirtschaftung durch eine staatliche, konventionelle Forstbehörde auftreten. Die Schwierigkeit beruht, wie Tabelle 4 zeigt, auf der gegensätzlichen Ausrichtung beider Ansätze.

4.2.3 Eingliederung in Entwicklungskonzepte

Die Auswirkungen des partizipatorischen Ansatzes auf politischer, institutioneller, technischer und wirtschaftlicher Ebene bringen große Veränderungen mit sich und benötigen deshalb eine Neuorientierung des staatlichen Forstsektors, die jedoch ohne die Unterstützung internationaler Programme nur schwerlich erreicht werden kann. Aufgrund der zentralen staatlichen Ämterstruktur kommt es, nicht nur im Forstwesen, zu bürokratischen und oft auch kulturellen Hindernissen, die für eine räumliche sowie inhaltliche Distanz zwischen Regierung und Forstbehörde auf der einen Seite und den lokalen Nutzergruppen auf der anderen Seite verantwortlich ist.

---

[194] Vgl. HOBLEY (1996, S. 9).

4.2 Der partizipatorische Ansatz

Tabelle 4 zeigt, daß für eine partizipatorische Bewirtschaftung die Unterstützung und Beratung durch staatliche Forstbehörden notwendig ist. Oft benötigen lokale Institutionen Unterstützung, wenn z.B. organisatorische, technische, waldbauliche, finanzielle oder gruppeninterne Konflikte gelöst werden müssen. Somit kann auch die traditionelle Forstwirtschaft zum Erfolg der Partizipation an der Nutzung und dem Schutz forstlicher Ressourcen beitragen.

Tabelle 4: Staatliche und partizipatorische Forstwirtschaft im Vergleich

Sachverhalt	Traditionell staatliche Forstwirtschaft	Partizipatorische Forstwirtschaft
Zielsetzung	Dominanz einer zentralen Zielvorgabe [industrielle Holzproduktion oder Schutzgebiet]	Mehrzweckorientierung: Bedarfsdeckung entsprechend eigener Interessenlage; Koppelung verschiedener Waldfunktionen
Umfang	Großflächige Bewirtschaftungseinheiten	Einheiten entsprechend dem konzeptionellen Beteiligungsgrad [community, farm, family]
Planung	Zentraler Prozess, unterliegt staatlichen Forstämtern, geringe Flexibilität durch bürokratische Strukturen	Prozeß gekennzeichnet durch die Miteinbeziehung der örtlichen Zielgruppen unter konsultativer Führung staatlicher Forstbehörden, hohe Flexibilität durch die jeweilige Bedürfnisorientierung
Ertragsorientierung	Bestände gleicher Altersklassen und häufig geringer Vielfalt, lange Rotationszeiten	Bestände unterschiedlicher Altersklassen und Artenvielfalt, häufig in Kombination mit Agroforstsystemen; kontinuierliches Einkommen durch kurze Rotationszeiten
Preisbindung	Administrative Preismechanismen	Vermarktungsabsprachen durch Konsultation der Produzenten und Beteiligten untereinander sowie mit Verbrauchern

Fortsetzung Tab. 4: Staatliche und partizipatorische Forstwirtschaft im Vergleich

Sachverhalt	Traditionell staatliche Forstwirtschaft	Partizipatorische Forst-Wirtschaft
Technologien	Einzelproduktorientierung durch importierte einheitliche Technologien	Kombination von traditionellem, kulturellem Wissen und lokalen Nutzungsmustern; die Verwendung importierter Technologien erfordert eine Anpassung an die zu nutzenden Ressourcen sowie Bedürfnisse der Betroffenen [Führung durch staatliche Forstbehörden ist notwendig]
Strategien zur Problemlösung	Zentral, uniform	lokal, diversifiziert
Individuen, Gruppen	Menschen wird Beschäftigungsmöglichkeit geboten oder sie kommen z.B. als Konsumenten in Betracht. Konflikte entstehen durch Interessen der Menschen. Allein Experten vermögen Probleme zu lösen.	Menschen sind für den Erfolg eine notwendige Voraussetzung; durch Einbeziehung und Eigenverantwortlichkeit werden sie zur Ressource ihrer eigenen Entwicklung. Konflikte können von ihnen selbst gelöst werden; Experten werden beratend hinzugezogen.
Struktur	Segmentierung der Forstwirtschaft	Integration der Forstwirtschaft in zahlreiche andere Nutz- und Schutzkonzepte

Quelle: WORLD BANK, 1996 a sowie ITTO, 1991; verändert, eigene Zusammenstellung, 1999.

Diese Einsicht sowie die grundsätzliche Akzeptanz der Miteinbeziehung lokaler Interessengruppen hat sich jedoch in den wenigsten Fällen eindeutig herausgebildet. Es werden Strategien benötigt, die das gegenseitige Verständnis aller Beteiligten fördern, um besonders den unmittelbar betroffenen Gruppen und Individuen entgegenzukommen. Bi- und multilaterale Programme sowie die Zusammenarbeit mit einzelnen wichtigen Geldgebern und Organisationen müssen darauf hinwirken.

4.2 Der partizipatorische Ansatz

Die Bereitschaft zur Umsetzung internationaler Vereinbarungen kann nicht erzwungen werden. Es können jedoch Rahmenbedingungen geschaffen werden, die es den Ländern erleichtern, traditionelle Strukturen durch den partizipatorischen Ansatz zu erweitern und zu einem gesteigerten Gemeinwohl beizutragen. Abgesehen von finanziellen Zuwendungen zur Senkung direkter und indirekter Kosten, der Bereitstellung von Know-how und technischer Ausstattung, tragen vor allem Projekte mit Beispielcharakter sowie Ausbildungs-, Trainings- und Forschungsinitiativen unter Beteiligung der staatlichen Forstbehörde zu diesem Ziel bei.

Diese Unterstützung muß jedoch in ähnlicher Weise von der nationalen Ebene auf die lokale Ebene unter Beteiligung entsprechender Nutzergruppen weitergegeben werden und darf nicht auf dem Bereich der traditionell staatlichen Forstbewirtschaftung verharren. Ein politischer Wille, der sich auch in den internationalen Abkommen und gesetzlichen Regelungen niederschlagen sollte, ist hierfür notwendig.[195] Ihm muß jedoch die Bereitschaft folgen, diese Neuorientierung in die Tat umzusetzen und eigene Strukturen zu ändern, die eine Entwicklungen zum Wohl lokaler Gruppen bislang unterdrücken.

Die Übertragung der Bewirtschaftungsverantwortung auf die lokale Ebene ist nur dann sinnvoll und effektiv, wenn die davon betroffenen gesellschaftlichen Institutionen anerkannt sowie legal und administrativ unterstützt werden. Erst das politische Bekenntnis auf der Basis nationaler Entwicklungsstrategien ermöglicht Partizipation. Durch die Verbindung von nationalen, regionalen und lokalen Institutionen und Kompetenzen, die unter zentralen Strukturen kaum durchführbar ist, werden Vorbedingungen für eine erfolgreiche Miteinbeziehung der Bevölkerung geschaffen.

Die Unterstützung durch Industrienationen ist oftmals von institutionellen Verhältnissen auf Regierungsebene abhängig. Gerade für die stark exportorientierte Forstwirtschaft sind durch das Ausbleiben technischer und finanzieller Investitionen sowohl der öffentliche als auch der privatwirtschaftliche Bereich stark betroffen.[196] Dieser Entwicklung kann entgegengewirkt werden, indem bürokratische Strukturen transparenter und weniger zentral gestaltet und gleichzeitig örtliche Gesellschaftsstrukturen gestärkt werden.

Durch diese, gerade von internationaler Seite geforderten Maßnahmen der *capacity building* auf lokaler Ebene, wird die Sicherheit der partizipierenden Menschen erhöht und deren Skepsis gegenüber der Zusammenarbeit mit zentralen, staatlichen Organen verringert. Erst ein solches Umfeld und das gemeinsam getragene Bewirtschaftungskonzept ermöglichen eine gleichberechtigte Partizipation, bei der die erwarteten sozialen und ökonomischen Nutzeffekte langfristig besser sind als dies bei der vorangegangenen individuellen und oftmals unkontrollierten Nutzung der Forstressourcen der Fall war. Voraussetzung hierfür ist, daß es innerhalb der betei-

---

[195] Vgl. WYNTER (1993).
[196] Vgl. CHIPETA (1997).

ligten Gruppen zu organisatorischen Übereinkünften kommt, die Bewirtschaftungsabsprachen und eine einheitliche Interessenvertretung gegenüber den Forstbehörden ermöglicht.[197] Lokale institutionelle Schwächen, die gesellschaftliche Verschiedenheit lokaler Gemeinschaften innerhalb und untereinander sowie die erwähnten institutionellen Probleme auf Regierungsebene hemmen zusehends die Durchsetzung des partizipatorischen Ansatzes. Entwicklungskonzepte müssen sich gerade diesen Komponenten stellen. Dabei wird es darauf ankommen, inwieweit entsprechende Programme auf die Erfassung der sozioökonomischen Wirklichkeit eingehen, diese unterstützen und nach Möglichkeit festigen.[198]

Realitätsfremde, bzw. Projekte, an die hohe Erwartungen gebunden sind, erschweren diesen Prozess und die Konstituierung von Partizipation unnötigerweise. Strategien, die sich von Beginn an mit der umfassenden Kenntnisnahme und der langfristigen Behebung genannter Problemfelder auseinandersetzen, lassen die größten Erfolgschancen erwarten.

4.3 Identifikation der Interessengruppen

Für den Erfolg eines sozial-orientierten Bewirtschaftungsmodells ist die Lokalisierung relevanter Interessengruppen unumgänglich. Vor allem aber muß dabei das Hauptaugenmerk auf die Gruppen gerichtet werden, deren Lebensunterhalt faktisch von der Nutzung der Forstressourcen abhängig ist. Einzelne Projektträger haben hierzu verschiedene soziale Bewertungsmuster zur Ermittlung und Miteinbeziehung verschiedener Gruppen entwickelt. Dennoch hat sich bis heute diesbezüglich kein allgemein akzeptierter Mechanismus bzw. methodisches Instrumentarium herausgebildet.[199] Bei der Entwicklung von Indikatorensystemen kommt es deshalb darauf an, abgesehen von rein waldbaulichen und bewirtschaftungsspezifischen Aspekten, zusätzlich Kriterien zu entwerfen, mit denen betroffene Bevölkerungsgruppen identifiziert werden können.

Im Rahmen der vorliegenden Arbeit wurden in Zusammenarbeit mit CIFOR folgende Kriterien für die Analyse von Interessengruppen zusammengestellt und deren Anwendbarkeit in Form einer Matrix getestet: Physische und emotionale Distanz zur Forstressource, bereits existierende Rechte, Abhängigkeit, indigenes bzw. traditionelles Wissen, kulturelle Integration, Mangel an Einflußnahme und Macht sowie Armut.

---

[197] Weiterführende gruppeninterne Organisations- und Kooperationsmöglichkeiten können bei SEIP (1996, S. 117 ff.) eingesehen werden.
[198] Eine allgemeingültige Liste von sozialen Faktoren, die es bei der Implementierung von partizipatorischen Strategien zu berücksichtigen gilt, kann es nicht geben. Schon allein verschiedenartige Konzeptionen und Reichweiten der Projekte sprechen dem entgegen. PRASAD und JAHAGIRDAR (1992, S. 66 ff.), nennen aber vier relevante Gesichtspunkte, deren Einbeziehung in partizipatorische Entwicklungskonzepte unumgänglich ist. Dies sind Bevölkerungsstruktur, Besitz- und Nutzungsrechte, Arbeitsverhältnisse sowie die soziale Organisation der Betroffenen.
[199] Vgl. COLFER mit PRABHU, GÜNTER ET AL. (1999, S. 4).

4.3 Identifikation der Interessengruppen

Im Wissen um die örtlichen kontext-spezifischen soziokulturellen Eigenheiten hat sich diese Matrix dennoch in verschiedenen regionalen Untersuchungen bewährt und sich jeweils als praktikables Bewertungsraster erwiesen. Die Identifikation der für die Untersuchung relevanten Interessengruppen auf Trinidad wird anhand dieser Matrix, sowie deren Konzeption im Kapitel 6.1 detailliert dargelegt.[200] Anhand dieser Kriterien können sich lokale Projektleiter sowie Behörden orientieren, wenn eine sozial-orientierte, angemessene Bewirtschaftung der Wälder erreicht werden soll. Zudem erlauben sie einen weiterführenden Einblick in die Wechselwirkungen zwischen Mensch und Wald.

Sowohl Bewirtschaftungssysteme, die auf Partizipation ausgerichtet sind, als auch hergebrachte, unter zentraler staatlicher Leitung stehende Projekte benötigen eine eingehende Ermittlung aller durch die Bewirtschaftung beeinflußten Interessengruppen. Diese Gruppen bzw. Individuen werden in der internationalen Diskussion als stakeholder bezeichnet und besitzen aufgrund ihrer soziokulturellen Lebensweise und/oder ihrer ökonomischen Handlungsweise ein kennzeichnendes Interesse an der Nutzung der Wälder.

Dabei kann es sich um die unterschiedlichsten Gruppen handeln, die sowohl direkt als auch indirekt von der Nutzung und dem Schutz der Waldressourcen betroffen sein können. Sie reichen z.B. von Behörden, NGOs, Industrie bis zu den unmittelbar Betroffenen wie örtlichen Nutzergruppen, marginalisierten Bevölkerungsteilen sowie indigenen Gruppen. Werden deren Organisationsformen, gegenseitige Beziehungen, Wertegefüge und Kompetenzen nicht ausreichend untersucht, besteht die Gefahr, daß an der Nutzung der Ressourcen nur die einflußreichsten Gruppen bzw. einzelne Mitglieder innerhalb einer Gruppe profitieren. Um dies zu verhindern, müssen allen identifizierten Gruppen dieselben Rechte und Pflichten zuerkannt werden, ohne jedoch zu vernachlässigen, daß sie unterschiedliche Rollen innerhalb des Bewirtschaftungsprozesses einnehmen. Die diverse Struktur verschiedenster Interessengruppen macht es erforderlich, inhaltlich zwischen direkt und indirekt betroffenen Gruppen zu unterscheiden. Diese beiden Hauptgruppen werden in den folgenden Kapiteln kurz skizziert.

4.3.1 Direkt betroffene Gruppen

Grundsätzlich müssen die Interessen aller Gruppen Beachtung finden. Aus pragmatischen und besonders ethischen Gründen sollte jedoch den direkt betroffenen Gruppen mehr Aufmerksamkeit geschenkt werden. Aus ethischer Sichtweise liegt die Einsicht vor, daß speziell in den Waldgebieten lebende Gruppen nicht gerecht behandelt werden, und daß man sich deren Ressourcengrundlage zusehends von Seiten einflußreicherer Gruppen bemächtigt und somit deren Wohlergehen auf vielfältige Weise negativ beeinflußt. Pragmatisch betrachtet bedingt allein die notwendige Nutzung der Forstressourcen, um einen Beitrag zum Lebensunterhalt zu leisten, eine stärkere Aufmerksamkeit diesen Gruppen gegenüber.

---

[200] Vgl. hierzu auch COLFER (1995), GÜNTER (1998) sowie GÜNTER (1999 a).

Mit den als *forest actors* bezeichneten Gruppen werden gleichzeitig deren Rechte zur Nutzung der Forstressourcen zum Ausdruck gebracht. Damit ist jedoch nicht gemeint, daß den von den Waldressourcen abhängigen Gruppen diese Rechte auch zwangsläufig zugesprochen werden. Abhängigkeit und Anerkennung von Nutzungsrechten sind wichtige Faktoren, die sozioökologische Verflechtungen und Bewirtschaftungsweisen bzw. Verhaltensmuster direkt betroffener Interessengruppen prägen.[201] Geht es um die Einbeziehung in Projekte, erweisen sich diese Gemeinschaften aufgrund ihres engen Bezugs zu den Forstressourcen als Schlüssel-Interessengruppen, deren Partizipation und die damit verbundenen Konsequenzen für den Erfolg oder Mißerfolg ausschlaggebend sind. Deren Identifikation und behutsame Integration in den Bewirtschaftungsprozess stellen maßgebende Aufgaben dar, wenn die Nutzung des Potentials der Forstressourcen zur Stabilisierung ländlicher Entwicklung im Mittelpunkt steht.Unter den bereits erwähnten indigenen und marginalisierten Gruppen, stellen Land- und Besitzlose sowie Frauen die verletzlichsten Mitglieder dar.

4.3.2 Indirekt betroffene Gruppen

Stehen direkt betroffene Gruppen im Zentrum einer sozial-orientierten Forstwirtschaft bedeutet es, daß andere, also indirekt betroffene Gruppen, weniger Beachtung erfahren. Dies ist nur deshalb möglich, da deren Interesse im Vergleich zu direkt abhängigen örtlichen Nutzergruppen von geringerer sozialer Relevanz ist. Dennoch müssen auch dementsprechende Gruppen bei der Stakeholderanalyse eindeutig bestimmt werden. Obwohl nur indirekt durch die Nutzung der Forstressourcen betroffen, sind es aber oftmals gerade sie, die aufgrund ihres Machtvolumens und ihrer Möglichkeit zur politischen Einflußnahme Nutz- und Schutzmaßnahmen vor Ort mitbestimmen. Durch diese Verkettung sind sie in vielen Fällen für die örtlichen Bedingungen der Nutzung mitverantwortlich und beeinflussen somit die Interessen und Bedürfnisse direkt betroffener Gruppen. Die Bandbreite dieser Art von Interessengruppen ist vielfältig, sie reicht von der lokalen Administration, über umwelt- und sozialorientierte NGOs, den privaten und öffentlichen Forstsektor, Gewerkschaften, politische Parteien, religiöse Gruppen bis hin zu Verbraucherverbänden oder wissenschaftlich interessierten Gruppen.

Im Einzelfall muß jeweils ein differenziertes Spektrum erstellt werden, um sich der vorhandenen Situation mit ihren Einflußgrößen zu nähern und ein besseres Verständnis der herrschenden Konstellation zu erreichen. Dies ist besonders deshalb der Fall, da oftmals erst eine Verständigung der Interessen auf übergeordneter Ebene, Konsequenzen für einen Erfolg auf Ebene der direkt betroffenen Gruppen mit sich bringt.[202]

---

[201] Vgl. COLFER mit PRABHU, GÜNTER ET AL. (1999, S. 5) sowie GÜNTER (1999 c).
[202] Vgl. GÜNTER (1999 a & b); eine mangelnde gegenseitige Kommunikation auf Ebene der indirekt Betroffenen, sowie ein mangelndes Verständnis für die Interessen der untersuchten, direkt betroffenen Gruppe der *Private Licensees* vermindern positive Nutzeffekte für diese Gruppe.

4.4 Kriterien und Indikatoren innerhalb des Zertifizierungsprozesses

Die Ausarbeitung von Kriterien und Indikatoren nachhaltiger Forstwirtschaft ist eng mit dem Konzept der Zertifizierung verbunden. Auch dem Zertifizierungsprozeß sind wichtige Erfahrungen bei der Erstellung von Prinzipien der Bewirtschaftung sowie deren Überprüfung und Nachweis zu verdanken. Obwohl die Aufgabenstellung der vorliegenden Untersuchung sich nicht explizit mit der Holzkennzeichnung auseinandersetzt, sind deren Konfliktpunkte dennoch von Interesse, da sie praxisnahe Einblicke in die Operationalisierung dieser Kriterien und Indikatoren liefern. Im Rahmen der Untersuchung steht deshalb nicht der methodische Ablauf der Zertifizierung, sondern deren Potential und Restriktionen zur Verwirklichung nachhaltiger Forstwirtschaft anhand von Kriterien und Indikatoren im Vordergrund.[203]

Da immer mehr Verbraucher in den Industrieländern umweltfreundliche Produkte fordern, gewinnt auch die Zertifizierung vor dem Hintergrund einer nachhaltigen Waldbewirtschaftung an Bedeutung. Dieser wachsende Trend ist es, auf den nicht zuletzt das Gütesiegel der Zertifizierung zurückgeht. Hinzu kommt die Einsicht, daß durch den Aufruf zum Boykott von Tropenholzprodukten der Rückgang der Tropenwälder unvermindert fortschreitet. Die Zertifizierung stellt eine Lösungsmöglichkeit dar, die es bewirkt, einen Anreiz zur nachhaltigen Bewirtschaftung der Wälder zu liefern und dabei gleichzeitig den Marktzugang für diese Hölzer zu sichern. Voraussetzung hierfür ist indessen die Existenz einer nachweisbar dauerhaften und umweltfreundlichen Bewirtschaftung, die international abgestimmten Kriterien und Indikatoren folgt.

Die ständige Überprüfung der Bewirtschaftung durch eine ungebundene Organisation oder Unternehmung, die einer weltweit anerkannten Zertifizierungs- bzw. Akkreditierungsorganisation unterstehen, ist dabei von besonderem Interesse. Ein solcher Mechanismus soll es dem Verbraucher zunächst ermöglichen, Holz und Holzprodukte aus nachhaltiger Waldbewirtschaftung identifizieren zu können. Die Akzeptanz der Zertifizierung ist vom individuellen Verbraucherverhalten abhängig. Der Kauf zertifizierter, teurer Waldprodukte kann nicht erzwungen werden, sondern hängt von der freiwilligen Entscheidung der Konsumenten ab.

Durch die Sensibilisierung der Öffentlichkeit gegenüber der raubbaulichen Nutzung der Wälder ist besonders in den Industrienationen das Interesse und die Kaufkraft zur Abnahme dieser Produkte vermehrt vorhanden, und bietet ein Potential zur gesteigerten Verwirklichung der Prinzipien nachhaltiger Forstwirtschaft.[204]

---

[203] Der Ablauf der Zertifizierung wird eingehend in UPTON, BASS (1995, S. 81 ff.) dargelegt.
[204] Vgl. BROCKMANN, HEMMELSKAMP und HOHMEYER (1996). Die Studie macht gleichzeitig aber auch darauf aufmerksam, daß der Marktanteil von Tropenholz aller Holzproduktimporte nach Deutschland nur 3 % beträgt. Im Vergleich zu Großbritannien und Japan ist Deutschlands Markt für Tropenholz von geringer Bedeutung. Insgesamt erreichen nur 5,5 % der aus den Tropenwaldländern stammenden Holzprodukte den internationalen Markt.

Im Vordergrund steht daher der marktwirtschaftliche Anreiz für eine beschleunigte Einführung einer qualitativ akzeptierbaren Waldwirtschaft. Die verwendeten Kriterien und Indikatoren der nachhaltigen Forstwirtschaft dienen als Glaubwürdigkeitsinstrument, mit dem umwelt- und sozialverträgliche Managementpraktiken zertifiziert, d.h. attestiert werden. Das verwendete Warenzeichen garantiert die Übereinstimmung mit den anhand von Kriterien und Indikatoren definierten Standards. Dementsprechend konzentrieren sich die Hauptziele der Zertifizierung auf zwei Bereiche: Die Marktsicherung für zertifiziertes Holz sowie die Verbesserung der Waldbewirtschaftungsmethoden. Zertifizierung kann als ein Verfahren betrachtet werden, „das ein schriftliches Zertifikat zum Ergebnis hat, in dem die Position und der Bewirtschaftungsstand des Waldes, aus dem das Holz kommt, beurteilt wird und das von einer unabhängigen dritten Partei ausgestellt wurde."[205]

Grundlegend müssen zwei unterschiedliche Arten der Zertifizierung getrennt voneinander betrachtet werden: Die Zertifizierung der Waldbewirtschaftung (Betriebszertifizierung) und die Produktzertifizierung. Beide Arten der Zertifizierung besitzen die gleiche Gültigkeit, egal, ob es sich um die Zertifizierung tropischer oder borealer Forstressourcen handelt. Bei der Betriebszertifizierung steht die Forstbetriebsebene im Mittelpunkt des Prüfsystems, anhand dessen der Nachweis einer nachhaltigen Waldwirtschaft erbracht werden soll. Die Konkretisierung der Nachhaltigkeitsstandards mittels Kriterien und Indikatoren steht im Vordergrund.

Obwohl die Ebene der forstlichen Betriebseinheit derzeit vorherrschend untersucht wird, ermöglichen assimilierte Kriterien- und Indikatorenkataloge auch eine Erweiterung auf die nationale Ebene. Bei der Produktzertifizierung folgt der Zertifizierungsprozess dem Handelsgut während des gesamten Produktionsprozesses, bis hin zum Endverbraucher. Die Zertifizierung beinhaltet die gesamte Handelskette; es wird die Identität des Produkts vom Verlassen des Betriebs bis zum Ladentisch durch die Vergabe des Gütesiegels nachgewiesen. Diese unterschiedlichen Typen der Zertifizierung können völlig unabhängig voneinander stattfinden. Von besonderem entwicklungspolitischen Interesse ist die Tatsache, daß Zertifizierung nicht nur als Marktinstrument (Produktzertifizierung) eingesetzt werden kann, sondern auf diesem Wege auch einen Beitrag zur Umsetzung nachhaltiger Forstwirtschaft leisten kann.[206] Diesbezüglich gewinnt der Zertifizierungsprozess als politisches Instrument an Bedeutung, mit dem als willkommene Zusatzstrategie von Seiten der Industrienationen auf eine nachhaltige Nutzung der Forstressourcen hingewirkt werden kann.

4.4.1 Offene Fragestellungen der Zertifizierung

Eine offene Fragestellung in Form einer unbewältigten methodischen Schwierigkeit hängt mit der Produktzertifizierung zusammen. Es handelt sich dabei um den lückenlosen, glaubwürdigen Herkunftsnachweis, der alle Verarbeitungsschritte so-

---

[205] Vgl. ELLIOTT / WWF INTERNATIONAL (1996, S. 11).
[206] Vgl. DOTZAUER (1996, S. 3 f.).

4.4 Kriterien und Indikatoren innerhalb des Zertifizierungsprozesses

wie die Kontrolle der Handelskette, mit einschließt. Diese Situation wird nicht von einer einmaligen Zertifizierung geprägt, sondern von einem Evaluierungsprozess, der im Grunde die Zertifizierung der jeweiligen Stufen beinhaltet. Nur ein glaubwürdiger Nachweis wird sowohl von Holzverarbeitern als auch von Verbrauchern der Holzprodukte akzeptiert werden. Der Zertifizierung kommt somit auch die Erfüllung einer Informationsaufgabe zu, deren Ziel es ist, marktwirtschaftliche Präferenzen für ein ökologisches Eliteprodukt aus nachhaltig bewirtschafteten Wäldern zu gestalten.

Es gibt bereits eine Reihe von Beispielen, in denen diese sog. *Chain of Custody* unterbrochen wurde, und man bei der Zurückverfolgung der Handelskette feststellen mußte, daß Holz oftmals umdeklariert wurde, bevor es auf den Markt kam.[207] Weitere Probleme, die die Entwicklung der internationalen Zertifizierungsthematik widerspiegeln, können mit drei Fragestellungen beschrieben werden: Welche Formen der Waldbewirtschaftung sollen wo zertifiziert werden, welche Regeln sollen gelten und schließlich wer soll zertifizieren?[208]

Es gibt keinen grundlegenden Konsens über Standards, die beispielsweise die Einbeziehung von Plantagen oder die Konversion von Naturwäldern regeln. Außerdem erfahren ökologische, soziale oder wirtschaftliche Nachhaltigkeitskriterien eine unterschiedliche Gewichtung je nach akkreditierender Institution. Die Tatsache, daß unter den beiden anerkanntesten Akkreditierungsinstitutionen (Forest Stewardship Council, International Organization for Standardization) eine große Konkurrenz herrscht, trägt zur weiteren Hinauszögerung der Situation ohne allgemeingültig bindende Standards bei. International abgestimmte Indikatorenansätze müssen jedoch genügend Freiraum für eine lokale Adaption lassen, um beispielsweise auf besondere waldbauliche Bedingungen eingehen zu können.[209]

Währenddessen aber profitieren Zertifizierungssysteme, deren Waldbewirtschaftung geringeren Anforderungen unterliegen. Durch konkurrierende Systeme wird zusätzlich der Verbraucher irritiert, so daß dessen Akzeptanz und Vertrauen gegenüber zertifizierten Produkten sinkt. Der erhoffte Anreiz zur Förderung nachhaltiger Bewirtschaftungspraktiken bleibt aus, da eine Vielzahl von unterschiedlichen Zertifizierungsstandards die Glaubwürdigkeit, Objektivität und Unabhängigkeit des gesamten Prozesses in Frage stellen. Auf diese Weise kann das ursprüngliche Ziel der Zertifizierung ins Gegenteil verkehrt werden, so daß aufgrund der Unüberschaubarkeit des Prozesses ein Handelshemmnis entsteht.

Das grundlegende Dilemma ist also nicht geprägt von der Frage, ob zertifiziert wird, sondern unter welchen Bedingungen die Zertifizierung stattfindet. Diese Bedingungen müssen sowohl vom Verbraucher akzeptiert, als auch für den Forstbe-

---

[207] Vgl. DIE TAGESZEITUNG (29.04.98, S. 8).
[208] Vgl. BECKER (1996, S. 4 f.).
[209] Dieser Standard darf aber weder zu hoch, um Betriebe nicht abzuschrecken, noch zu niedrig sein, um nicht an Glaubwürdigkeit zu verlieren; vgl. DROSTE (1996, S. 24). Des weiteren könnte ein zu hoher Standard zur Folge haben, daß vermehrt Märkte erschlossen werden, in denen Zertifizierung keine Rolle spielt.

trieb annehmbar gestaltet werden. Werden diese Vorbedingungen nicht beachtet, kann es auf beiden Seiten zu negativen Effekten kommen, die den gesamten Zertifizierungsprozess gefährden. Vor allem für kleinere Forstbetriebe müssen Ansätze gefunden werden, die es auch ihnen ermöglichen, am Zertifizierungsprozess teilzuhaben, ohne dabei aus Kostengründen Absatznachteile zu erleiden.

Die unterschiedlichen Standards wiederum tragen zu einer geminderten Akzeptanz der Verbraucher bei. Es muß darauf geachtet werden, daß sich aus den unterschiedlich praktizierten Zertifizierungsstandards nicht auch Kostenvor- und nachteile für das Endprodukt ergeben. Diese würden die Idee des Zertifizierungsprozesses untergraben, da letztendlich auf lange Sicht die Qualität, also der Zustand des Bewirtschaftungssystems davon betroffen wäre. Die Gefahr besteht, daß die Verbraucher zu den vermeintlich billigeren, aber immerhin zertifizierten Produkten tendieren. Eine preisliche Konkurrenzsituation zertifizierter Endprodukte untereinander kann durch eine einheitlich anerkannte Akkreditierungsinstitution vermieden werden.

4.4.2 Wechselbeziehungen zwischen nachhaltiger Forstwirtschaft und dem Zertifizierungsprozeß

Es wäre eine Utopie zu glauben, daß Zertifizierung jemals eine Alternative für eine aktive Waldpolitik darstellen könnte. Das Potential der Zertifizierung liegt eher in der Bedeutung, die man dem gesamten Prozess beimißt. Werden die Erwartungen nicht zu hoch angesetzt, kann die Diskussion um den Zertifizierungsprozess genutzt werden, um das derzeitige Vakuum der internationalen waldpolitischen Uneinigkeit überwinden zu helfen und verstärkt auf einen Einigungsprozess hinsichtlich allgemein anerkannter Bewirtschaftungskriterien hinzuwirken.

Hierzu liefert die Zertifizierung einen weiteren Anstoß, der der Erarbeitung internationaler Minimalstandards zugute kommt. Nur in begrenztem Umfang kann Zertifizierung zur Lösung der Probleme im Forstbereich beitragen. Sie ist keine Vorbedingung für eine nachhaltige Forstwirtschaft, sondern das Umgekehrte ist der Fall: Eine konkrete Umsetzung der Kriterienkataloge nachhaltiger Forstwirtschaft ermöglicht erst den Zertifizierungsprozess. In diesem Sinn ist aber Zertifizierung als politisches Instrument einzusetzen, indem Förderungsmittel verstärkt an Betriebe vergeben werden, die nach anerkannten Kriterien und Indikatoren eine nachhaltige Waldbewirtschaftung durchführen.

Im Idealfall könnte Zertifizierung sowohl auf politische Rahmenbedingungen hinwirken als auch Orientierungshilfen zur Bewirtschaftung liefern. Zum gegenwärtigen Zeitpunkt erscheint die Verwirklichung dieser theoretischen Überlegungen jedoch ungewiß. Nachhaltige Forstwirtschaft kann ohne Zertifizierung stattfinden, deshalb bleibt abzuwarten, bis zu welchem Grad Zertifizierung verstärkte Anreize zur Implementierung einer vernünftigen Waldbewirtschaftung beitragen wird.[210] Potentiell stellt die Zertifizierung ein Instrument dar, das in den Dienst der Einfüh-

---

[210] Vgl. KIEKENS (1995, S. 28) sowie CULLITY und AMOAKO-NUAMA (1996, S. 12).

rung und ständigen Verbesserung nachhaltiger Bewirtschaftungspraktiken gestellt werden kann. Eine funktionierende und wirtschaftlich rentable Zertifizierung könnte eine Reihe sekundärer Effekte mit sich führen, die zur weiteren Unterstützung der Nachhaltigkeitsbestrebungen dienlich sind: Nachhaltig bewirtschaftete Wälder sind Vorzeigeobjekte und Anstoß zur Nachahmung; als Beweggrund verhelfen sie auch zu einem gesteigerten Verständnis für die Inhalte des nachhaltigen Wirtschaftens; Interessengruppen unterschiedlicher Ausgangslagen finden gemeinsame Anhaltspunkte für eine weiterführende Kommunikation; Verminderung von Interessenkonflikten. Um dies jedoch erreichen zu können, müßte zuvor ein Problem angegangen werden, das sich schon für die Umsetzung nachhaltiger Forstwirtschaft als nachteilig erwiesen hat: Die Harmonisierung der Kriterien und Indikatoren, mit denen eine standardisierte Bewirtschaftung und somit Zertifizierung ermöglicht wird. Hinzu kommt die erwähnte Tatsache, daß Zertifizierung von einer Reihe privater als auch Nichtregierungsorganisationen durchgeführt wird.

Regelungsbedarf besteht sowohl für eine methodisch-einheitliche Prinzipiengestaltung als auch praxisorientierte Durchführung der Zertifizierung.[211] Von diesem Manko sind nachhaltige Forstwirtschaft und Zertifizierung gleichermaßen betroffen. Eine international anerkannte Akkreditierung und Zertifizierung kann aber nur auf zuvor festgelegten allgemeingültigen Kriterien der nachhaltigen Forstwirtschaft basieren. Vor diesem Hintergrund ist die weitere Entwicklung internationaler Standards sowie deren lokale Anwendbarkeit und methodisch schlüssige Überprüfbarkeit unverzichtbar.

4.4.3 Zertifizierung und soziale Verträglichkeit

Einen besonders strittigen Punkt der Zertifizierungsdebatte stellen soziale Anforderungen der nachhaltigen Waldbewirtschaftung dar. Inwieweit es gelingen kann, Zertifizierung nicht nur als Marktinstrument zu nutzen, sondern damit auch gesellschaftsrelevante Nebeneffekte zu erzielen, ist zum derzeitigen Stand der Markteinführung ungeklärt. Wie aber das vorangegangene Kapitel gezeigt hat, besteht durch die von der Zertifizierung unterstützte Förderung nachhaltigen Wirtschaftens durchaus die Chance, eine stärke Beachtung sozialer Aspekte voranzutreiben. Was für die Implementierung nachhaltiger Forstwirtschaft durch den Zertifizierungsprozess gilt, muß erst recht für die Verwirklichung sozialer Belange gelten: Zu große Erwartungen sollten vorerst nicht gehegt werden. Dies würde weder der betroffenen Bevölkerung, noch dem Zertifizierungsprozess selbst dienlich sein. Zunächst sollte vielmehr darauf geachtet werden, daß durch Zertifizierung keine negativen Auswirkungen auf die Interessen der beteiligten Gruppen entstehen.

---

[211] Ohne solche Regelungen kommt es zu weiteren Irritationen und einer steigenden Unübersichtlichkeit, wie sie z.B. auch durch vermeintlich landeseigene Gütesiegel hervorgerufen werden; vgl. UPTON und BASS (1995, S. 140).

Falls die Anforderungen der Zertifizierung nicht erfüllt werden, dürfen daraus keine sozial-inakzeptablen Situationen entstehen, die zugleich eine erhöhte Belastung des Ökosystems bedeuten können. Soziale Mißstände resultieren dann vermehrt, wenn es zur Ausbildung einer Konkurrenzsituation zwischen zertifizierenden und nicht-zertifizierenden Forstbetrieben bzw. privaten Kleinunternehmern kommt. Diese Konfliktsituation ist nur zu vermeiden, wenn sowohl auf politisch, nationaler- als auch auf forstbetrieblicher Ebene Rahmenbedingungen geschaffen werden, die dies unterbinden. Erst dann wird Zertifizierung ein Mittel mit weiterem sozialen Nutzen sein. Der Zertifizierungsprozess allein kann die Notwendigkeit zur Erarbeitung einer von der Bevölkerung getragenen Landnutzungsplanung nicht ersetzen – wohl aber als Anstoß dienen, der gleichzeitig auch eine Vorbedingung für eine nachhaltige Forstwirtschaft darstellt.[212] Eine oft geäußerte Sorge hängt mit dem Schutz soziokultureller Rechte und Ansprüche indigener Bevölkerungsteile zusammen. Es ist zu befürchten, daß Zertifizierung mit einer schleichenden Legalisierung einhergeht, um weiter in Territorien dieser Völker vorzudringen.[213]

Zudem werden großflächige Bewirtschaftungskonzessionen in den meisten Fällen ohne eine Gewinnbeteiligung für lokale indigene Gemeinschaften erteilt. In beiden Fällen kann mit dem Vordringen der kommerziellen Holznutzung der Anfang einer kulturellen Entwurzelung verbunden sein. Besonders trifft dies zu, wenn durch den sog. Türöffner-Effekt Siedlern der Zugang zu den einst entlegenen Gebieten ermöglicht wird. Die Lebensräume dieser Stämme dürfen durch den Zertifizierungsprozess jedoch nicht in Mitleidenschaft gezogen werden. Der Erhalt eines Teils der sozialen Funktionen der Wälder wird dadurch in Frage gestellt. Der bereits erwähnte Vorwurf der unterschiedlichen Zertifizierungsstandards trifft auch auf die sozialen Prinzipien der jeweiligen Akkreditierungsorganisationen zu, so daß dieses Problem nicht nur durch die verschiedene ökologische Bewirtschaftungsqualität gekennzeichnet wird. Sicherheitsbestimmungen und Arbeitsbedingungen innerhalb der Forstbetriebe unterliegen vor allem in Entwicklungsländern einem völlig differenzierten Status. Die Situation ist mit den Bedingungen in Unternehmen der Industrienationen kaum vergleichbar. Auch dieser Diskrepanz muß sich der Zertifizierungsprozess stellen.[214] Für das Eintreten der Rechte von Arbeitnehmern in Entwicklungsländern ist internationale Unterstützung erforderlich.

Durch die Zertifizierung kann den Betrieben bewußt gemacht werden, daß sie im öffentlichen Interesse stehen und durch ein gesteigertes Ansehen ihre Produkte besser absetzen können. Arbeitnehmerinteressen müssen in den Zertifizierungsprozess aufgenommen werden, um bessere Arbeitsbedingungen zu schaffen. Die Gewerkschaften der betreffenden Länder sind hierfür meist zu schwach und zu schlecht organisiert. Es gibt aber auch Fälle, bei denen Zertifizierung von vornherein kein Instrument sein kann, mit dem soziale Mißstände behoben werden können.

---

[212] COLFER ist der Meinung, daß die Schaffung dieser Rahmenbedingungen durch die Ergebnisse wissenschaftlicher Untersuchungen mit beeinflußt werden müssen; vgl. COLFER (1996, S. 145).
[213] Vgl. KLIMA-BÜNDNIS (1996, S. 4).
[214] Vgl.CULLITY und AMOAKO-NUAMA (1996, S. 9).

Ein Beispiel dafür ist der Export von Rundhölzern, ohne daß eine weitere Wertschöpfung im Land verbleibt. Dies ist sozial zutiefst ungerecht. Zertifizierung kann allein zur Behebung des Problems keinen Beitrag leisten. Gewinne verbleiben allein bei den großen Konzernen und vor allem bei den weiterverarbeitenden Betrieben der Industrienationen. Der Hauptzweck der Zertifizierung ist nicht die Verwirklichung sozialer Aspekte, sondern die Förderung des Absatzes von Forstprodukten hoher ökologischer Qualität. Die Praxis der Zertifizierung wird von diesem Steuerungsinstrument bestimmt. Soziale Aspekte stehen nicht im Vordergrund. Um so erstaunlicher ist die Beobachtung, daß vier der zehn Prinzipien des FSC allein auf sozialen Anforderungen nachhaltiger Forstwirtschaft basieren.[215]

Es handelt sich erstens um die Einhaltung der Besitzansprüche, Landnutzungsrechte und Verantwortlichkeiten, zweitens um die Rechte der indigenen Bevölkerung, drittens um gemeinschaftliche Beziehungen und Rechte der Arbeitnehmer sowie viertens um ökologische und soziale Nutzen der Waldbewirtschaftung. Diese Konstellation deckt folgende Gegensätzlichkeit auf: Zertifizierung nimmt praktisch einen nur sehr geringen Einfluß auf soziale Aspekte, umgekehrt kann jedoch nur zertifiziert werden, wenn soziale Nachhaltigkeit, die beinahe die Hälfte der Prinzipien des FSC bestimmt, eingehalten wird.

4.5 Zwischenergebnis: Kriterien und Indikatoren – Notwendigkeit einer sozial verträglichen und effizienten naturnahen Forstwirtschaft

Die erörterten Anwendungsbereiche sozialer Kriterien und Indikatoren sind deshalb von besonderer Relevanz, da der Forstwirtschaft in Entwicklungsländern das Potential zugrunde liegt, einen Beitrag zur ländlichen Entwicklung zu leisten. Der Erfolg einer sozial-orientierten Waldbewirtschaftung ist aus diesem Grund maßgebend mit der Verwirklichung der Richtlinien der Kriterienkataloge verbunden. Anerkennung von Besitz- und Nutzungsrechten, sowie der Bedürfnisse der Menschen und die Miteinbeziehung in die Bewirtschaftung der Forstressourcen hat nicht nur für die lokale Bevölkerung positive Effekte zur Folge, sondern birgt auch Vorteile für staatliche Forstbehörden in sich.

Dazu zählen z.B. Kosteneinsparungen durch verringerte Protektionsmaßnahmen aufgrund minimierter illegaler Nutzungen. Vor allem der Austausch und Nutzen von traditionellem Wissen und technischer Unterstützung führt auf beiden Seiten zu positiven Nebeneffekten, die nicht nur die Steigerung der Produktivität, sondern eine gegenseitige Verständigung bewirken. Die Entwicklung des ländlichen Raums basiert also sowohl auf dessen sozioökonomischer Stabilisierung als auch in gleichem Maße in dessen soziokultureller Akzeptanz. Die in den vorangegangenen Kapiteln aufgezeigten sozialen Anwendungsbereiche von Kriterien und Indikatoren zur Prüfung von Wohlfahrtswirkungen, der Begutachtung des partizipatorischen Ansatzes und die Identifikation von Interessengruppen kommen hierbei in vollem Umfang zur Geltung. Die Diskussion innerhalb des Vermarktungsinstruments Zer-

---

[215] Vgl. FSC (1994).

tifizierung weist – trotz seiner in der Praxis vorherrschenden ökonomischen Orientierung – auf die Notwendigkeit zur Anwendung sozialer Indikatorensysteme hin. Eine Festigung des Absatzes tropischer Hölzer anhand naturnaher Bewirtschaftungspraktiken, ohne dabei auf die Arbeitsbedingungen und Lebensumstände direkt betroffener Menschen einzugehen, führt den Gedanken der nachhaltigen Forstwirtschaft gerade in den Erzeugerländern der Dritten Welt ad absurdum. Neben der Industrie, NGOs oder politischen Gruppen zählen ebenso Experten und Forscher zu indirekt betroffenen Interessengruppen, die auf ihre Weise auf die Lebensumstände unmittelbar betroffener Gruppen einwirken. Somit liegt auch in ihrer Arbeit bzw. Anwendung eine besondere Bedeutung von Kriterien und Indikatoren. Durch ihre Ergebnisse und Bewertungen tragen sie maßgebend zu den beschriebenen Prozessen der Implementierung einer sozial verträglichen Forstwirtschaft bei.

Allein der Gebrauch der erarbeiteten Kriterienkataloge vermag keine Änderung bestehender Verhältnisse zu bewirken. Vielmehr ist es erforderlich, die durch die Anwendung der Kataloge gewonnene Einsicht bestehender Mißstände in neue Strategien zur Verminderung dieser Probleme einzuverleiben. Die Verwendung der Kriterien und Indikatoren und die mit ihnen einhergehende Information muß sich schließlich in überarbeiteten Ansätzen wiederfinden. Die sozial-orientierte Forstwirtschaft steht ganz im Zeichen einer nachhaltigen und gerechten Entwicklung. Ihr Erfolg beruht aber zusätzlich darauf, inwiefern es gelingt, sie in gleichgerichtete weitere Entwicklungsbemühungen einzugliedern. In vielen Fällen müssen hierbei nationale zentrale Strukturen überwunden - und gleichzeitig eine Verlagerung der Kompetenzen auf Ebene der lokalen Institutionen erreicht werden. Dennoch bleibt die Kooperation mit staatlichen Stellen für den Erfolg der lokalen Waldnutzung von großer Bedeutung. Erst dann findet das Potential der Forstwirtschaft ein gemeinsam getragenes Bekenntnis und kann zur Unterstützung und Stabilisierung der Entwicklung des ländlichen Raums beitragen.

In Anbetracht der in den bisherigen Kapiteln erfolgten systematischen Aufarbeitung der theoretischen Grundlagen, schließt im folgenden empirischen Teil der Untersuchung die Anwendung von Kriterien und Indikatoren und Bewertung von deren Praktikabilität an. Die Darlegung von Rahmenbedingungen der Operationalisierbarkeit sowie die Untersuchung potentieller Anwendungsbereiche war hierfür eine wichtige Voraussetzung. Nachdem zunächst die Charakterisierung der gesellschaftlichen Nutzungskonflikte in Verbindung mit der daraus folgenden Ressourcendegradation sowohl auf die Repräsentativität der Waldthematik als auch auf die Dringlichkeit zur Schaffung nachhaltiger und sozial verträglicher Bewirtschaftungsrichtlinien hinweist, folgt im Anschluß die diesbezügliche Applikation von Kriterien und Indikatoren. Im Mittelpunkt stehen hierbei folgende Ausgangsfragestellungen, die aufgrund des noch jungen Forschungsstands der Klärung bedürfen. Sie sind angelehnt an die in Kapitel 4 ermittelten Anwendungsbereiche: Inwieweit ist es möglich, Kriterien und Indikatoren als Bewertungsdimensionen zu nutzen, um zur Identifikation betroffener Interessengruppen beizutragen und gleichsam stichhaltige Einblicke zu gewähren, die deren sozial-relevante Stellung und Gewichtung in der Forstwirtschaft Trinidads hervorhebt?

4.5 Zwischenergebnis: Kriterien und Indikatoren

Darauf aufbauend macht es sich die Untersuchung zur Aufgabe, Kriterien und Indikatoren heranzuziehen, um inhaltliche Richtlinien für den Status sozialer Nachhaltigkeit innerhalb der Bewirtschaftungseinheiten identifizierter Interessengruppen zu erfassen. Somit wird einerseits die Möglichkeit zur Operationalisierung einer sozial verträglichen Forstwirtschaft anhand von Kriterien und Indikatoren untersucht, andererseits gleichzeitig Schwachstellen und Kritikpunkte der Bewirtschaftungseinheiten aufgedeckt, die durch das Aufzeigen entgegenwirkender Maßnahmen behoben bzw. entschärft werden können.

Für das Untersuchungsgebiet Trinidad ist folgende Konstellation von besonderem Interesse: Die Wechselbeziehungen zwischen Forstressource und Gesellschaft des Inselstaates sind ebenso divers und komplex wie in einem Land mit einer weit größeren Bevölkerung und größeren Waldflächen, dessen Wirtschaft stärker in die Nutzung der Forstressource eingebunden ist. Als Fallstudie ist Trinidad, wie Kapitel 5 und 6 zeigen, deshalb sehr geeignet, da es dem Betrachter auf engstem Raum eine holistische Schau der klassischen Konfliktsituation mit ihrer verzweigten Interessenlage bietet.[216]

Die zu Beginn des folgenden zweiten Teils vorgenommene Untersuchung der unterschiedlichen Determinanten der Waldgefährdung deutet unverkennbar darauf hin. Auch die herausgearbeiteten verschiedenartigen Nutzungsansprüche veranschaulichen die unter den Interessengruppen herrschende enge Verflechtung und das mit ihr einhergehende Konfliktpotential. Außerdem muß darauf hingewiesen werden, daß die Gesellschaft Trinidads in ihrer soziokulturellen Zusammensetzung durch eine große Anzahl an Ethnien und Religionen gekennzeichnet ist. Die Erfassung dieser Komplexität und ihrer Auswirkungen auf die Einhaltung von Richtlinien sozialer Nachhaltigkeit darf nicht außer acht bleiben, zumal die gleichberechtigte Behandlung aller Interessengruppen ein wesentliches Merkmal einer sozial verträglichen Forstbewirtschaftung und -nutzung darstellt.

In diesem Zusammenhang sei nochmals erwähnt, daß Trinidad ein Unterzeichnerstaat der ITTO-Prinzipien ist und sich zu einer nachhaltigen Forstwirtschaft verpflichtet, die auf Projekt- und Bewirtschaftungsebene nachprüfbar sein muß. Durch den Einfluß der gesellschaftlichen Faktoren wird die ökologische Stabilität der Ressource zusehends in Mitleidenschaft gezogen. Für die Bedeutsamkeit des Untersuchungsgebiets spricht des weiteren seine Biodiversität, die von hohem genetischen Interesse ist und sich nicht zuletzt aus ihrem teilweise ausschließlich endemischen Charakter ergibt. Wie die Untersuchung des Waldbestands und der vielfältigen Nutzungsstrukturen zeigen wird, ist der Erhalt der Ressource ohne entsprechende Lösungsansätze stark gefährdet.

Trinidad erweist sich als Untersuchungsgebiet für die Anwendung von Kriterien und Indikatoren wie ein 'Experimentareal', da die Vielschichtigkeit der Probleme und Konflikte vor Ort durchaus repräsentativen Charakter besitzen und eine Übertragung der Ergebnisse auf Zielgebiete mit entsprechenden Nutzungsmustern mög-

---

[216] Vgl. GÜNTER (1998, S. 13 ff.).

lich ist. Erst die Verwendung von Kriterien und Indikatoren bietet eine dezidierte Analyse lokaler Mißstände, die als Voraussetzung zur Erstellung von Handlungsmechanismen im Sinne der Nachhaltigkeit heranzuziehen sind. Die auf Trinidad vorgefundenen negativen Umstände dienen somit als Prüfstein, um die Praktikabilität der verwendeten Kriterien und Indikatoren sowie deren Methodik zu testen.

ZWEITER TEIL

Fallstudie: Analyse und Bewertung angewandter Kriterien und Indikatoren sozialer Nachhaltigkeit auf Trinidad

5 CHARAKTERISIERUNG DES WALDBESTANDS UND DER NUTZUNGSSTRUKTUREN

5.1 Geographischer Hintergrund

Lage
Der Zwillingsstaat Trinidad & Tobago stellt die südlichsten Inseln der Kleinen Antillen dar. Sie befinden sich zwischen 10° 2' und 11° 21' nördlicher Breite und 60° 30' und 61° 56' westlicher Länge. Trinidad hat eine Größe von 4828 km^2, Tobago umfaßt 300 km^2. Zum Staatsgebiet gehören noch zahlreiche kleinere Inseln, so daß die Landfläche insgesamt ca. doppelt so groß wie die des Saarlands (2568 km^2) ist. Mit nur 18 km Entfernung von Venezuela liegt Trinidad im Einflußbereich des Orinokodeltas. Die geographische Lage bringt es mit sich, daß Trinidad nicht von Hurrikans heimgesucht wird – die auf der Insel verbreiteten Baumkulturen haben somit nicht das auf den nördlicheren Inseln übliche Sturmrisiko zu tragen.

Landesnatur
Trinidad gleicht im geologischen Aufbau dem Festland von Venezuela. Zudem führt die Fortsetzung der Küstenkordilliere Südamerikas zu drei west-ostwärts verlaufenden parallelen Bergketten, durch die die Oberflächengestalt der Insel geprägt wird. Diese sind die *Northern Range*, der höchste Gebirgsrücken der Insel (Mount Aripo: 941 m), ein von dichtem Regen- und Bergwald bewachsenes Gebiet metamorphosen Ursprungs; die aus oligozänen und miozänen Kalken aufgebaute *Central Range,* ein Bergland mäßigen Reliefs, das kaum 300 Meter übersteigt; sowie die *Southern Range,* die eine entsprechende Höhe erreicht, hauptsächlich aber aus tertiären Sedimentgesteinen aufgebaut ist.[217] Ähnlich wie die Northern Range ist auch sie von immergrünem Regenwald überzogen, ausgesprochen siedlungsarm und wenig erschlossen. In den zwischen den Bergketten befindlichen Tiefländern erstreckt sich im Westen das *Caroni*-, und im Osten der Insel das 83 km^2 große *Nariva* Mangrovengebiet landeinwärts. Das Zusammenspiel von geologischen, topographischen und auch klimatischen Faktoren ist somit größtenteils für die Landnutzung und die Erschließung der Forstressourcen bestimmend.

Klima
Auf Trinidad herrscht ein vom Nord-Ost-Passat gemildertes tropisches Klima, das von einer Trockenzeit (Januar–Mai) und einer Regenzeit (Juni–Dezember) gekennzeichnet ist. Die äquatornahe Lage hat eine geringe Schwankung der Monatsmitteltemperatur (29°C/Tag, 23°C/Nacht) zur Folge. In der Trockenzeit sinkt die Niederschlagsmenge auf durchschnittlich 60 bis 90 mm monatlich, während in den Regenmonaten Niederschläge bis zu 300 mm gemessen werden können. Die Bergketten verlaufen beinahe parallel zur Passatrichtung. Dies bedingt eine Abnahme der Niederschläge auf beiden Seiten der höheren Northern Range von Ost nach West.

---

[217] Vgl. COOPER und BACON (1983, S. 13 ff.).

Im östlichen Trinidad fallen über 2500 mm Jahresniederschlag, in den Höhenlagen der Northern Range über 3000 mm, während die Niederschlagsmengen auf den beiden nach Westen vorspringenden Halbinseln unter 1500 mm/Jahr absinkt. Die permanent hohe relative Luftfeuchtigkeit, die sich vor allem abends dem Sättigungspunkt annähert, geht in der Regenzeit auf Werte von 80 % zurück.[218]

Bevölkerung
Trinidad beheimatet 95 % der Gesamtbevölkerung von 1,3 Millionen Menschen (Stand 1995). Der Bevölkerungszuwachs lag in den 80er und besonders in den 60er Jahren bei Höchstwerten von über 2,4 %. Hohe Emigrationsraten und wirtschaftliche Stagnation führten zu einer derzeitigen Rate von unter 1,5 %. Die Ballungszentren der Insel liegen im Nordwesten zwischen der Hauptstadt Port-of-Spain und Arima sowie im Südwesten um San Fernando.

Die Bergketten, vor allem im Norden und Süden der Insel, sind weniger dicht besiedelt. Das Verhältnis städtischer zu ländlicher Bevölkerung beträgt 70 % zu 30 %. Die Bevölkerung setzt sich aus 42 % Afroamerikanern, 42 % Indern, 14 % gemischter Abstammung und 2 % Europäern und Chinesen zusammen. Der innerhalb der Westindischen Inseln einmaligen ethnischen Zusammensetzung entspricht die Vielzahl an Religionen. Neben Katholiken und Angehörigen zahlreicher protestantischer Kirchen gibt es eine große Zahl von Hindus und Moslems.[219]

Wirtschaft
Die Grundlage der Volkswirtschaft Trinidad & Tobagos bildet die Förderung und Verarbeitung von Erdöl. Die Erschöpfung der erschlossenen Ölvorkommen und die ungünstige Preisentwicklung auf dem Ölmarkt haben dazu beigetragen, daß das Wirtschaftswachstum in den 80er Jahren bis einschließlich 1993 negative Zahlen aufwies. Erhöhte Förderungsmengen und Produktionsquoten der petrochemischen Industrie führten seit 1994 zu einer Zunahme des Bruttosozialprodukts.

Diese Entwicklung spiegelt sich auch in der rückläufigen Inflationsrate wider, die 1996 2,8 % betrug und für 1999 mit 4,1 % prognostiziert wird. Die hohe Arbeitslosigkeit konnte davon jedoch kaum profitieren, denn die Quote blieb konstant bei ca. 18 %. Mitte der 90er Jahre gelang es, eine Stabilisierung des Energiesektors herbeizuführen. Über 72 % der Exporteinnahmen, 26,7 % des Bruttoinlandproduktes und 26 % der staatlichen Einnahmen wurden 1997 allein durch den Energiesektor erzielt.[220] Es bleibt abzuwarten, inwieweit sich die jüngsten Schwankungen des Ölpreises erneut auf die wirtschaftliche und soziale Situation auswirken.

---

[218] Vgl. CHALMERS (1992, S. 13).
[219] Vgl. REPUBLIC OF TRINIDAD AND TOBAGO (1997 a), World Bank (1996 b), FAO (1995 c).
[220] Vgl. ECONOMIST INTELLIGENCE UNIT (1997), REPUBLIC OF TRINIDAD AND TOBAGO (1997 b), BUNDESSTELLE FÜR AUßENHANDELSINFORMATION (1996). Laut Statistik des Finanzministeriums beläuft sich der Beitrag zum Bruttoinlandsprodukt aller übrigen Sektoren auf jeweils ca. 10 %; vgl. hierzu REPUBLIC OF TRINIDAD AND TOBAGO (1996).

5.2 Waldbestand

Im Zuge der Kolonisierung der karibischen Inselwelt durch die verschiedensten europäischen Mächte, die durch eine intensive landwirtschaftliche Nutzung und Besiedlung gekennzeichnet war, kam es zusehends zur Degeneration und Vernichtung großer Teile des ehemaligen Waldbestands. Besonders die im 18. Jahrhundert noch verstärkt betriebene Plantagenwirtschaft (die Abschaffung der Sklaverei erfolgte erst in der ersten Hälfte des 19. Jahrhunderts) führte in kurzer Zeit zu schwerwiegenden Eingriffen in den Naturhaushalt vieler Antilleninseln. Bis zum heutigen Tag teilen Antigua, Barbados, Bermuda, Cayman Islands oder Haiti dasselbe Schicksal.[221] Mit einer jährlichen Entwaldungsrate von 3,3 % sind die noch verbliebenen Wälder Jamaikas (23 % bewaldet) und der Dominikanischen Republik (2,5 % Entwaldung/Jahr, 22 % bewaldet) derzeit besonders gefährdet.[222]

Parallel dazu ist auch die Entwicklung in Trinidad besorgniserregend. Nicht allein die Tatsache der stetigen Entwaldung, sondern zudem der Umstand der nahezu offiziellen Mißachtung dieser Situation und die Passivität von Seiten der Forstbehörde läßt die prekäre Lage erkennen. Selbst jüngste Veröffentlichungen halten an Daten einer ersten Forstinventur aus dem Jahr 1946 fest.[223] Zwar ist man sich der vielfältigen Faktoren der Waldvernichtung bewußt, jedoch steht man diesen beinahe ohnmächtig gegenüber, ohne wenigstens den Versuch entgegenwirkender Maßnahmen einzuleiten. Daraus resultiert eine große Verunsicherung im Umgang mit der tatsächlichen Entwicklung des Waldbestands. Hinzu gesellt sich ein Mangel an fundierten Untersuchungen.

Anhand der folgenden Eckdaten soll die Reduzierung der Waldflächen Trinidad und Tobagos für den Zeitraum seit 1946 verdeutlicht werden. Die bereits erwähnte Studie von BEARDS (1946) gibt den Bestand an Primär- und Sekundärwäldern mit mehr als 50 % an. Er geht außerdem davon aus, daß Trinidad vor seiner Kolonisierung bis auf wenige landwirtschaftlich genutzte Flächen der Aruak Indianer vollständig bewaldet war. Die Auswertung von Luftaufnahmen aus dem Jahr 1969 ergab eine Bewaldung von 44,8 % zum damaligen Zeitpunkt, wobei 7 % aus forstwirtschaftlichen Plantagen bestanden.[224] Einer Studie der FAO aus dem Jahr 1995 zufolge belaufen sich Primär- und Sekundärwälder auf ca. 150000 ha, was einem Anteil von nunmehr ca. 29 % gleichkommt.[225] Zusammen mit Plantagen und privaten Waldbeständen werden jedoch nur noch ca. 33 % Waldanteil erreicht. Die Vernichtung der Forstressource unter privaten Waldbesitzern ist besonders eklatant.

---

[221] Beispielhaft kann der bereits seit dem 18. Jahrhundert andauernde Prozess der Waldvernichtung auf Haiti und die mit ihm einhergehenden Sekundäreffekte wie Erosion in DONNER (1980, S. 199) eingesehen werden.
[222] Nach Auskünften des *Caribbean Agricultural Research and Development Institute (CARDI);* vgl. auch FAO (1995 d). Die jährliche Entwaldungsrate Jamaikas wird in EUROPEAN COMMUNITIES COMMISSION (1996, S. 5) sogar mit 5,3 % angegeben.
[223] Betreffende Veröffentlichungen berufen sich auf Daten von BEARD (1946).
[224] Vgl. CHALMERS (1992, S. 26). Diese Zahlen stimmen mit der Ermittlung BLUMES (1968) überein, der den Anteil der Wälder im Vergleich zur gesamten Landoberfläche mit 45 % wiedergibt.
[225] Vgl. FAO (1995 e).

Während die Waldfläche unter privatem Besitz für den landwirtschaftlichen Zensus von 1963 noch mit 54433 ha angegeben wird, beläuft sie sich für den Zensus von 1982 auf lediglich 8470 ha.[226] Dies bedeutet einen Rückgang um mehr als 84 % innerhalb von 19 Jahren. Es ist vor allem diese jüngere Entwicklung, die sich in den Veröffentlichungen und Waldwirtschaftsberichten der Forstbehörde noch nicht niedergeschlagen hat, wohl aber deren Bewußtsein prägt. In Einzelgesprächen mit Vertretern der *Forestry Division* wurde der Waldbestand für das Jahr 2000 auf ca. 35 % prognostiziert, wobei man davon ausging, daß der Anteil an Primärwäldern nur noch 15–20 % beträgt. Pro Dekade wurde der Verlust an Waldflächen mit 10–15 % angegeben, während jährliche Spitzenwerte in den 80er Jahren 4 % erreichten.[227]

Auf die Gründe dieser steten Waldvernichtung wird in Kapitel 5.3 näher eingegangen. Die in Abbildung 8 dargelegten Waldareale beziehen sich ausschließlich auf staatlichen Besitz; aufgrund der Fragmentierung und der sich daraus ergebenden kleinflächigen Wälder in privatem Besitz gibt es nach Auskünften der *Forestry Division* weder eine statistisch fundierte Aufgliederung noch eine kartographische Darstellung dieser Gebiete.

5.2.1 Naturwald

Der in Trinidad vorhandene Naturwald mit natürlichem Bestandsaufbau ohne jeden anthropogenen Einfluß besteht aus regengrünen tropischen Feuchtwäldern im Westen, immergrünen Regenwäldern im Osten bzw. Nordosten und immergrünen Bergwäldern in der Northern Range. Für das Jahr 1988 wird der Anteil dieser Primärwälder in bezug auf den gesamten Waldbestand mit über 45 % wiedergegeben.[228] Für das Jahr 1980 beträgt dieser Wert hingegen noch 54 %.[229] Auch Sekundärwälder, die keinen sichtlichen anthropogenen Einfluß mehr erkennen lassen, setzen sich aus den oben genannten Bestandsformationen zusammen. Aufgrund des Tageszeitenklimas verlaufen Laubfall, Blühen und Fruchten ohne festen Rhythmus oder greifen sogar ineinander, womit sich der Gesamtaspekt der Wälder kaum verändert. Der Artenreichtum Trinidads wird auf 360 verschiedene Baumarten geschätzt.[230] Im Vergleich zu Indonesien und Malaysia mit über 2500 Arten erscheint diese Zahl von geringer Relevanz, vergleicht man aber die für die Verbreitung der Arten zur Verfügung stehende Landfläche, gewinnt die Artenvielfalt Trinidads rasch an Gewicht. Da sich jeweils nur wenige Bäume einer Art pro Hektar ausbilden, kommt es in den sekundären, wirtschaftlich genutzten Beständen zu den typischen selektiven Erntetechniken.

---

[226] Vgl. REPUBLIC OF TRINIDAD AND TOBAGO (1992, S. 3).
[227] Der derzeitige Verlust an bewaldeter Fläche pro Jahr wird von der EUROPEAN COMMUNITIES COMMISSION (1996, S. 5 mit 1,9 % beziffert).
[228] Vgl. REPUBLIC OF TRINIDAD AND TOBAGO (1988, S. 6). Eine prozentuale Aufteilung der verschiedenen Waldformationen zum jetzigen Zeitpunkt konnte nicht recherchiert werden. Von einem Rückgriff auf die Daten von BEARD (1946) möchte sich die vorliegende Arbeit distanzieren.
[229] Vgl. REPUBLIC OF TRINIDAD AND TOBAGO (1980, S. 16).
[230] Vgl. WINDHORST (1978, S. 49).

5.2 Waldbestand

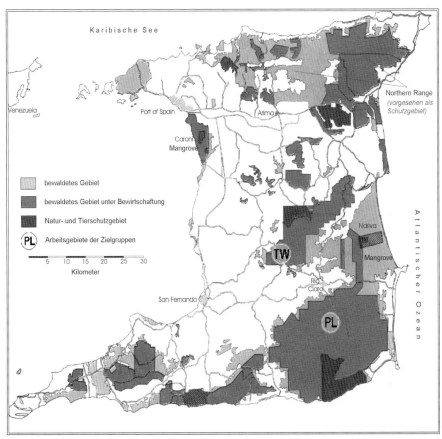

Abb. 8: Nutzungsstatus staatlicher Waldflächen
Quelle: Überarbeiteter Entwurf nach Unterlagen der FORESTRY DIVISION, MINISTRY OF AGRICULTURE (Land and Marine Resources sowie der Lands and Surveys Division), 1992.[231]

Es handelt sich bei den oben beschriebenen Beständen um klimatisch geprägte Formationen, womit gemeint ist, daß Klima und topographische Verhältnisse bestimmende Faktoren für deren Ausbreitung sind. Im Gegensatz dazu sind die Bestände des Caroni- und Nariva-Sumpfgebiets eher edaphischen Charakters und wesentlich artenärmer.

---

[231] Die im Jahr 1992 von der *Lands and Surveys Division* bearbeiteten Daten gehen ausschließlich auf Luftbildauswertungen aus dem Jahre 1980 zurück. Seit dieser Zeit fand keine neue Erfassung bzw. Inventur der Bestände statt. Auch IUCN, CIFOR und WCMC mußten in ihrer Gesamterfassung der Forstressourcen Lateinamerikas auf diese Daten zurückgreifen; vgl. IUCN (1996, S. 150).

Ihr Vorkommen wird zusätzlich durch die physikalischen und chemischen Bedingungen der jeweiligen Bodentypen beeinflußt.[232] Eine Einteilung anhand der erwähnten Entstehungsbedingungen der jeweiligen Formationen darf jedoch nicht zu dem Schluß verleiten, daß es sich hierbei um homogene Bestände handeln könnte. Das Gegenteil ist der Fall. Wie Tabelle 5 zeigt, beinhalten die verschiedenen Typen eine Vielzahl an Untergruppen, die sich selbst wiederum in ihrer Zusammensetzung und durch typische Hauptvertreter, wie sie für Trinidad kennzeichnend sind, unterscheiden.

5.2.2 Forstplantagen

Nach Angaben von Vertretern der Forstbehörde nehmen die Forstplantagen Trinidads zum gegenwärtigen Zeitpunkt 3 % der gesamten Landfläche und ca. 10 % der bewaldeten Fläche ein. Die im Verlauf dieses Jahrhunderts mit größtem Erfolg betriebene Anlage von Forstplantagen ist besonders durch zwei Spezies gekennzeichnet: Teak (*Tectona grandis*) und Honduras Pine (*Pinus caribaea*). Beides sind nicht-endemische Arten, sie entstammen dem heutigen Myanmar (Teak) und Honduras (Pine). Außerdem werden Plantagen, bestehend aus gemischten Harthölzern [Cedar (*Cedrela odorata*), Cypre (*Cordia alliodora*), Mahogany (*Swietenia macrophylla*) und Apamate (*Tabebuia pentapylla*)] betrieben. Diese drei Plantagentypen werden im folgenden kurz vorgestellt.

Teak
Vor über 100 Jahren wurde die Spezies *Tectona grandis* aus dem damaligen Burma auf die Westindischen Inseln gebracht. Die erste reine Teakplantage auf Trinidad geht bereits auf das Jahr 1913 zurück. In einem beinahe jährlichen Zyklus wurde der Bestand an Teak zusehends erweitert. Aufgrund schwerwiegenden behördlichen sowie waldbaulichen Mißmanagements hat sich der Bestand nach Angaben der Forstbehörde von ca. 26000 ha (1980) auf rund 9100 ha zum jetzigen Zeitpunkt verringert.[233] Während noch in den 80er Jahren versucht wurde, Teakplantagen in Symbiose mit landwirtschaftlicher Nutzung als Agroforst-Systeme anzulegen, handelt es sich bei den heutigen Beständen um rein monokulturell betriebene Wirtschaftsformen, die auch in Trinidad die charakteristischen ökologischen Folgewirkungen nach sich ziehen: Nährstoffmangel des Bodens, Anfälligkeit für Schädlingsbefall, Pestizideinsatz, Verlust an Biodiversität, erhöhte Bodenerosion etc. Teakbestände werden ab dem 15. Jahr in einem Abstand von zehn Jahren wirtschaftlich genutzt, bis es nach insgesamt ca. 50 Bestandsjahren zum Kahlschlag kommt, da sich ab diesem Zeitpunkt ihr Volumen kaum noch erhöht.

---

[232] Vgl. REPUBLIC OF TRINIDAD AND TOBAGO (1988, S. 7). Da sozioökonomische Problemfelder im Mittelpunkt der Arbeit stehen und Kapitel 5.2.1 und 5.2.3 einen informativen Hintergrund vermitteln sollen, wird an dieser Stelle auf WINDHORST (1978, S. 46 ff.) verwiesen, der auf vegetationsgeographische und geoökologische Voraussetzungen der Ausbildung bestimmter Waldformationen eingeht. Eine Einteilung tropischer Vegetationsformen in zonale, edaphische, physiographische und degradierte Typen kann ergänzend BRUENIG (1996 a, S. 3) entnommen werden.
[233] Die heutigen Angaben stimmen annäherungsweise mit einer Schätzung der FAO überein; vgl. FAO (1995 e).

5.2 Waldbestand

Laut Bewirtschaftungsplan der Forestry Division erfolgt danach umgehend die erneute Bepflanzung.

Tabelle 5: Typologische Zusammenfassung der Waldbestände Trinidads

Formations and Types	Associations and Faciation (fac.)
Climatic	
1. SEASONAL FORMATIONS	
Evergreen Seasonal Forest	Carape-Eschweilera association (Crappo-guatecare)
	I. Licania fac. (Crappo-debasse)
	II. Pentaclethra-Sabal fac. (Crappo-guatecare-carat)
	III. Pentaclethra-Maximiliana fac. (Crappo-guatecare-cocorite)
	IV. Clathrotropis-Maximiliana fac. (Crappo-guatecare-cocorite)
	V. Mora fac. (Mora excelsa)
Semi-evergreen Seasonal Forest	Peltogyne association (Purpleheart)
	I. Protium-Tabebuia fac. (Purpleheart-incense-poui)
	II: Mouriri fac. (pupleheart-bois lissette)
	Trichilia-Brosimum association (Acurel-moussara)
	I. Bravaisia fac. (Acurel-moussara-jiggerwood)
	II: Protium fac. (Acurel-moussara-gommier)
	III. Ficus fac. (Acurel-moussara-figuier)
Deciduous Seasonal Forest	Bursera-Lonchocarpus association, Machaerium facies (Savonette-saltfishwood)
	Protium-Tabebuia ecotone (Incense-poui)
2. DRY EVERGREEN FORMATIONS	
Littoral Woodland	Coccoloba-Hippomame association (Seagrape-manchineel)
	Roystonea-Manilkara association (Palmiste-balata)
3. MONTANE FORMATIONS	
Lower Montane Rain Forest	Byrsonima-Licania association (Serrette-bois gris)
Montane Rain Forest	Richeria-Eschweilera association (Bois bandé-Mountain guatecare
Elfin Woodland	Clusia consociation (Mountain mangrove)

Fortsetzung Tab. 5: Typologische Zusammenfassung der Waldbestände Trinidads

4. INTERMEDIATE FORMATION	
Seasonal Montane Forest	Inga-Guarea association (Pois doux-redwood)
Edaphic	
5. SWAMP FORMATIONS	
Swamp Forest	Pterocarpus consociation (Bloodwood)
Palm Swamp	Roystonea consociation (Palmiste)
	Mauritia consociation (Moriche)
Herbaceous Swamp	Cyperus-Gynerium-Montrichardia association (Mota grass, white roseau, elephant's ear)
	Cyperaceae associes (Sedges)
	Acrostichum consociation (Acrostichum)
	Leersia consociation (Cascadoux grass)
Mangrove Woodland	Rhizophora-Avicennia-Laguncularia association (Mangrove)
6. MARSH FORMATIONS	
Marsh Forest	Manicaria-Jessenia-Euterpe association, Calophyllum fac. (Galba-palms)
Palm Marsh	Mauritia-Chrysobalanus association (Moriche-fat pork)
Savanna	Byrsonima-Curatella association (Savanna serrette-roughleaf)

Quelle: CHALMERS, 1992, S. 15.

Pine (Kiefer)
Pinus caribaea var. *hondurensis* wurde auf Trinidad im Jahr 1948 eingeführt. Heutzutage stellt sie nicht nur für Trinidad, sondern den gesamten Karibischen Raum die am weitesten verbreitete und wirtschaftlich bedeutsamste Koniferenart dar. Zu Beginn der 80er Jahre wird der Bestand an Pine mit 3600 ha angegeben und beläuft sich momentan auf rund 4000 ha. Die Anlage von Pine-Plantagen erfolgt zum Großteil in Kombination mit dem agroforstlichen Taungya System. Bei mehreren Besuchen solcher Agroforst-Systeme wurde die Bedeutung der Pine als wichtige gesellschaftsrelevante Spezies für den Erfolg bestimmter landwirtschaftlicher Nutzungsformen erkannt. Synergieeffekte führen zu einer gesteigerten Produktion und verbesserten Versorgungslage. Je nach Wuchsentwicklung muß jedoch in einem Zeitraum von 4–6 Jahren die landwirtschaftliche Produktion eingestellt werden, da sich die Dominanz der Pine durchzusetzen beginnt.[234] Pine-Plantagen können im Vergleich zu Teak auf wesentlich nährstoffärmeren und teilweise degradierten Böden angelegt werden.[235]

---

[234] Auf die sozioökonomische Bedeutung der Agroforst-Systeme wird in Kapitel 5.4.2 eingegangen.
[235] Siehe hierzu auch INTERAMERICAN DEVELOPMENT BANK (1995, S. 102).

5.2 Waldbestand

Zusätzlich ist somit der Schutz vor Niederschlägen, die Stabilisierung durch Wurzelwerk und die Anreicherung von Nährstoffen gegeben. Aus diesem Grund wird sie in Trinidad häufig zur Aufforstung, bzw. Wiederaufforstung betroffener Gebiete verwendet. Nach einem Zyklus von bereits 30 Jahren hat sie ihr maximales Holzvolumen erreicht.

Gemischte Harthölzer
Mit weniger als 2000 ha stellen die gemischten Hartholzbestände die forstwirtschaftlichen Plantagen geringster Bedeutung dar. Neben einheimischen Arten wie Cedar, Mahogany oder Apamate bedient man sich auch anderer Arten, die der klimageographischen Situation auf Trinidad gut angepaßt sind und aufgrund resistenter Eigenschaften für ein erfolgreiches Wachstum sorgen. Die Errichtung dieser Plantagen ist im Vergleich zu Pine und Teak wesentlich kostspieliger. Gemischte Hartholzbestände unterzieht man keinem Kahlschlag, sondern Bäume, die ein bestimmtes Volumen erreicht haben, werden selektiv geerntet.

5.2.3 Schutzgebiete und Artenreichtum

Aufgrund der Nähe zum südamerikanischen Kontinent ist Trinidad mit einer besonders vielfältigen Biodiversität ausgestattet, die sowohl Spezies vom Festland als auch der übrigen Inselwelt beheimatet. Laut einer Projektstudie der WELT BANK stellt sie die artenreichste aller karibischen Inseln dar.[236] Von der Organization of American States wird darauf hingewiesen, daß mindesten 61 Lokalitäten unter Schutz gestellt werden sollten. Unterschutzstellung und Management solcher Gebiete wird aber durch die herrschenden legalen als auch institutionellen Mißstände erschwert. Wie Abbildung 8 (S. 123) zeigt, bestehen bereits konkret ausgewiesene Schutzgebiete. In der Realität aber findet diese Protektion mangels einer eindeutigen Gesetzeslage, fehlender Konzeption, finanzieller Mittel, Kapazitäten (Personal und Ausrüstung) faktisch nur äußerst ungenügend statt.

Verstärkt wird dieses Problem durch die enormen legalen und illegal ausgetragenen sozioökonomischen Interessenkonflikte der Waldnutzung, die in Kapitel 5.3 dargelegt werden. Ein weiteres Problem stellt die Nicht-Einhaltung der Jagdverbotssaison dar, die die Tiere in ihrem Lebensraum zusätzlich gefährden. Selbst die Bejagung und der Handel geschützter Tierarten stellt hierbei keine Ausnahme dar. Ein Plan zur Errichtung eines Nationalparksystems, erarbeitet unter Führung der Organization of American States, umfaßt insgesamt eine Fläche von 69000 ha, was einem Anteil von ca. 14 % das Staatsgebiets gleichkommt.

---

[236] Die Studie ergab eine Anzahl von allein 2160 blütenbildenden Pflanzenarten, von denen 110 endemisch sind. Nicht weniger interessant ist die Fauna der Insel, mit 108 Säugetieren, 426 Vogelarten, 70 Reptilienarten, 25 Amphibienarten und 617 Schmetterlingsarten, von all denen wiederum eine große Anzahl nur auf Trinidad vorkommen. Entlang der Küstenlinie sind die beheimateten Lederrücken-Schildkröten und Rundschwanz-Seekühe von großem Interesse; vgl. WORLD BANK (1996 c) sowie CARIBBEAN FOREST CONSERVATION ASSOCIATION (1994, S. 59). Eine Zusammenfassung und Bestandsanalyse wichtiger Arten vor dem Hintergrund ihrer ökologischer und wissenschaftlicher Bedeutung kann außerdem GOVERNMENT OF TRINIDAD AND TOBAGO / ORGANIZATION OF AMERICAN STATES (1991) entnommen werden.

Dieser Plan sieht eine Unterteilung der zu schützenden Gebiete in National Park (51 %), Scientific Reserve (11 %), Conservation Reserve (27 %), Scenic Landscape (5 %), National Landmarks (3 %) sowie Nature Recreation Park (3 %) vor. Die tatsächliche Umsetzung dieses Vorhabens läßt bis auf wenige Ausnahmen noch auf sich warten. Von den bislang verfolgten Projekten dienen lediglich 31 % der Fläche dem Schutz der Wälder und 12 % dem Tierschutz.[237]

Die Befürchtung liegt nahe, daß eine Überarbeitung des ursprünglichen Plans aufgrund der sich rapide verändernden Situation des Naturhaushalts dringend notwendig ist. Zumindest aber wurden Anfang der 90er Jahre Vorstöße unternommen, die im Zusatz zu den bereits ausgewiesenen Gebieten die Demarkation großer Teile der intakten Northern Range vorsehen. Kerngebiete, Regenerationsflächen und Pufferzonen stehen im Mittelpunkt der Diskussion. Wie aber das Beispiel der Ölindustrie im Süden der Insel zeigt, überwiegen wirtschaftliche Interessen, die die Umwelt in Mitleidenschaft ziehen.[238] In Anbetracht der Tatsache, daß bereits 1765 der zentrale Höhenzug Tobagos unter Schutz gestellt wurde und somit das älteste Schutzgebiet der 'Neuen Welt' darstellt, mutet die derzeitige Situation schlichtweg als Paradoxon an. Mit der Konstituierung des *Environmental Management Act* (1995) und der Gründung der *Environmental Management Authority* wurden erste institutionelle Schritte eingeleitet, die der beschriebenen Mißlage entgegenwirken und letztendlich zur Etablierung tatsächlicher Schutzgebiete führen sollen.

5.3 Determinanten der Waldgefährdung

Wie das Beispiel der Schutzgebiete zeigt, garantiert eine konzeptionelle Ausarbeitung auf Regierungsebene noch lange nicht die praktische Umsetzung ihrer Inhalte oder die Verwirklichung gesetzlicher Vorgaben, wie sie im Laufe der Zeit eingebracht wurden. Schwerwiegende staatliche Koordinationsprobleme, soziokulturelle und wirtschaftliche Hemmfaktoren, behindern die Effektivität der beschlossenen Maßnahmen. Eine genaue Betrachtung der Determinanten, die zu den Waldvernichtungen im weiteren Sinne führt, zeigt zweifelsohne deutliche Parallelen zwischen beiden Konfliktpunkten, die sich gegenseitig bedingen. Ohne fehlende Schutzgebiete kommt es nach wie vor zu einer weitreichenden Überbeanspruchung verschiedenster Ressourcen der Wälder. Da aber derzeit die Situation beider Problembereiche auf ähnlich gelagerte Ursachen zurückzuführen ist, ist somit gleichzeitig die Errichtung der Schutzgebiete von der Lösung der Ursachen, die zur Vernichtung der Wälder führt, abhängig. Aus diesem Grund dürfen beide Bereiche nicht separat behandelt werden, sondern es bedarf einer verantwortungsbewußten Abstimmung von Nutz- und Schutzfunktionen der Wälder. Dieser Zustand ist Ausdruck des gesellschaftlichen, ökonomischen und politischen Agierens auf Trinidad.

---

[237] Vgl. CHALMERS (1992, S. 123 ff.).
[238] Abbildung 9, Kapitel 5.3.2, veranschaulicht diese sprichwörtliche Überlagerung der Interessen der Ölindustrie.

Die folgenden Kapitel befassen sich mit einer systematischen Auflistung der wichtigsten beteiligten Determinanten, um die in Kapitel 6 untersuchten Kriterien und Indikatoren vor dem Hintergrund eben dieser Hemmfaktoren einer nachhaltigen Nutzung besser erfassen und auf ihre Anwendbarkeit prüfen zu können. Dabei dürfen die jeweiligen Determinanten jedoch keinesfalls in ihrer Isolation betrachtet werden. Vielmehr liegt der gestellten Problematik ein wahres Vernetzungsgeflecht der im einzelnen geschilderten Aspekte zugrunde. Auch wenn im folgenden der Versuch unternommen wird, die unterschiedlichen Determinanten zu kategorisieren und einzeln anzusprechen, muß das Augenmerk auf die Wirkung aller Faktoren in ihrer Gesamtheit gerichtet werden.

5.3.1 Politische Determinanten

Besitzverteilung und Landnutzungsrechte
Bei der auf Trinidad herrschenden ungleichen Besitzverteilung und der teilweise konfusen Situation um die Landnutzungsrechte handelt es sich um ein Problem, das im Zusammenhang mit einer Reihe weiterer Konfliktpunkte gesehen werden muß. Oft stellt sich diese grundlegende, politische Determinante als Ausgangspunkt und Verstärker weiterer negativer Effekte wirtschaftlicher und vorwiegend gesellschaftlicher Einflußfaktoren heraus. Ohne Zweifel spielen historische und soziokulturelle Aspekte der ungleichmäßigen Landnutzungsrechte eine große Rolle, wie dies auch im übrigen mittel- und südamerikanischen Raum der Fall ist. Dennoch wird die Situation durch die herrschende Administration und Gesetzgebung gebilligt bzw. unterstützt. Zahlreiche staatliche Regulierungsprogramme der 80er Jahre entbehrten jeglichem sozialen Aushandlungsprozeß und gingen völlig an den Bedürfnissen der eigenen Bevölkerung und ihrer sozialen Notlage vorbei, so daß sie schon in ihrem Ansatz zum Scheitern verurteilt waren. Zu der Tatsache, daß diese Vorhaben die soziale Dimension verkannten, gesellt sich die rein administrativ-technische Dimension: Der fehlende Nachdruck und die Halbherzigkeit, mit der diese Probleme bis zum heutigen Zeitpunkt angegangen werden.[239]

Wie bereits erwähnt, wird diese Situation zusätzlich durch gesellschaftliche, partiell mentalitätsbedingte Handlungsweisen verschlimmert, die zu einer weitreichenden Verunsicherung über den Status bestimmter Besitz- und Nutzungsrechte führen. Hierzu zählen die Mißachtung bestehender Besitzverhältnisse, die Übertragung von sowohl Besitz- als auch Nutzungsrechten ohne jegliche legale bzw. behördliche Einschreibungen, informelle Erbschafts- und sonstige willkürliche Besitzaufteilungen ohne legale Sanktionierung sowie die Besetzung (Squatting) staatlichen und privaten Besitztums zur landwirtschaftlichen Nutzung – teilweise in Verbindung mit der Errichtung einer Behausung etc. Angesichts dieser gesellschaftlichen Notlage oder/und Mißlage und der staatlichen Untätigkeit ist eine Lösung dieses Problems auf lange Zeit nicht vorstellbar. Einige Eckdaten stellen diese Situation unter Beweis.[240]

---

[239] Vgl. STANFIELD und SINGER (1993, Vol. II, S. 493 f.).
[240] Vgl. REPUBLIC OF TRINIDAD AND TOBAGO (1992, S. A1 3).

Insgesamt befinden sich mehr als 52 % (266550 ha) des gesamten Gebiets im Besitz des Staates. Von der zur Zeit landwirtschaftlich genutzten Fläche Trinidads sind mehr als 20 % Eigentum des Staates. Die insgesamt 4900 ha, die an staatseigene Ölfirmen verpachtet wurden, stehen für eine landwirtschaftliche Nutzung nicht zur Verfügung. Diese Faktoren, in Kombination mit steigenden Bevölkerungszahlen, erhöhen den Druck auf die oben angesprochene illegale Landnahme: Im Zeitraum von 1963 bis 1982 erhöhte sich die Anzahl der Parzellen unter 5 ha um 60 %, Flächen unter 2 ha stellen über 50 % aller Parzellen dar, ca. 35 % sind kleiner als 1 ha und 23 % kleiner als 0,5 ha. Parzellen unter 5 ha repräsentieren aber 84 % aller Agrarflächeneigentümer. Demgegenüber steht das Eigentum von Grundbesitzern mit mehr als 100 ha, die ca. 33 % der Agrarfläche einnehmen, jedoch nur 0,3 % aller Eigentümer darstellen. Die für den lateinamerikanischen Raum typische ungleiche Verteilung von Besitz- und Nutzrechten spiegelt sich auch in drastischer Weise auf Trinidad wider. Die damit einhergehende Fragmentierung der Nutzfläche, die sowohl auf staatlichem als auch privatem Besitz voranschreitet, resultiert in einer Verringerung der Produktivität und somit auch der Nutzwirkungen.

Forstgesetzgebung
Wie das Beispiel der Schutzgebiete und der Agrarrefrom zeigt, sind Anspruch und Wirklichkeit der Gesetzgebung nicht unbedingt miteinander zu vereinen. Die Forstgesetzgebung macht hierbei leider keine Ausnahme. Nach Ansicht einiger Vertreter der Forstbehörde ist die derzeitige Forstgesetzgebung, die noch aus der englischen Kolonialzeit (1942; überarbeitet 1980/'81) stammt, den derzeitigen sozioökonomischen Umbrüchen nicht mehr gewachsen und kann den veränderten Bedingungen und den sich daraus ergebenden Anforderungen an aktuelle Nutz- und Schutzfunktionen nicht mehr standhalten.[241] Eine genaue Betrachtung der bereits existierenden Forstlegislative durch das *Trinidad and Tobago National Forestry Action Programme* der FAO hat jedoch ergeben, daß die bestehenden Gesetze inhaltlich durchaus den gegebenen Anforderungen entsprechen, allein die Konsequenz, mit der die geltenden Richtlinien verfolgt werden, ist nicht zeitgemäß. Folglich waren die forstspezifischen Empfehlungen, die von der Kommission ausgingen, bereits in ähnlicher Form in die bestehende Gesetzgebung eingebunden.[242]

Nicht die mangelhafte Gesetzgebung, sondern die bezeichnende Lähmung bei deren Umsetzung führt zu den angesprochenen Problemen. Zu den externen, wirtschaftlichen und gesellschaftlichen Faktoren der Waldvernichtung gesellen sich interne Determinanten, die in der Forstbürokratie selbst zu suchen sind. Die mangelnde Praktizierung der Forstgesetzgebung kann hierfür jedoch nicht allein verantwortlich gemacht werden, vielmehr ist die Ursache in einem generellen Problem der Legislative zu suchen.

---

[241] Vgl. RAMNARINE (1997, S. 48).
[242] Vgl. CHALMERS (1992, S. 187, 192 f.).

5.3 Determinanten der Waldgefährdung

Dennoch setzten sich die internen negativen Determinanten der Forstpolitik auch in der Forstbewirtschaftung und Managementpraktiken der Ressource fort.[243]

Schaffung öffentlichen Bewußtseins
Die Erfolgsaussichten für die Verwirklichung einer nachhaltigen Nutzung der außerordentlich komplexen Waldökosysteme Trinidads könnten verbessert werden, wenn Defizite im Kenntnisstand zwischen Bewirtschaftungssystem, Umwelt und Gesellschaft behoben werden. In diesem Zusammenhang muß die unterlassene Einflußnahme des Staates erwähnt werden. Von einer aufklärenden Umweltpolitik kann nur in begrenztem Umfang die Rede sein. Da aber Umweltschutz und Bewußtseinsschärfung der Öffentlichkeit nur schwerlich mit den dominierenden Wirtschafts- und Machtlobbies zu vereinen ist, bleibt es allzuoft bei der bekannten ökologischen Rhetorik und symbolischen Gesten.

Die Förderung von Umweltbewußtsein und -ausbildung sowie der Aufbau ökologisch verantwortlicher Institutionen stehen hierbei im Mittelpunkt. Dabei geht es sowohl um die Sensibilisierung der Öffentlichkeit als auch der verantwortlichen und einflußreichen Eliten. Informationsveranstaltungen, gezielte Beratungs- und Ausbildungsprogramme, modellhafte Projekte und deren Durchführung sowie die Förderung engagierter NGOs mit möglichst breiter Beteiligung der betroffenen Bevölkerung und politisch Verantwortlichen sind dringend erforderlich. Inwieweit die 1995 aus der Taufe gehobene Environmental Management Authority dazu beitragen kann, muß sich erst zeigen. Ein völliges Manko besteht in der Tatsache, daß es bislang versäumt wird, Wohlfahrtswirkungen, die von der Forstressource ausgehen, sowie die Notwendigkeit zu deren dauerhaften Erhaltung zu vermitteln. Dazu zählt auch die Bewußtseinsbildung gegenüber der heimischen Fauna.[244]

Im Wissen um diesen natürlichen Reichtum Trinidads auf der einen Seite und dem mangelnden öffentlich staatlichen Verantwortungsbewußtsein auf der anderen Seite, fordert die UNDP bereits in den 80er Jahren oben beschriebene wegweisende Maßnahmen, die auf eine Schärfung des ökologischen Bewußtseins und ein verantwortliches Handeln abzielen.[245] Gerade aufgrund der schwerwiegenden gesell-

---

[243] In Kapitel 5.3.2 werden diese Probleme als wirtschaftliche Determinanten aufgeführt.
[244] Solche Maßnahmen müssen bereits in Form von umweltpädagogischen Ansätzen in die Bildungs- und Ausbildungspolitik integriert werden. Gerade unter Jugendlichen kann eine ökologische Sensibilisierung, mit dem Ziel einen verantwortungsbewußten Umgang mit den natürlichen Ressourcen zu fördern, langfristige und sich verstärkende Effekte nach sich ziehen; vgl. CUBE und AMELANG (1988) sowie KALFF und EISFELD (1997). Insofern besitzt die Natur- und Umweltpädagogik durchaus eine nicht zu verleugnende Entwicklungsrelevanz. Am Beispiel des Technikunterrichts läßt sich z.B. die Wertschätzung heimischer Werkstoffe und mit ihr das Bewußtsein für den Erhalt heimischer Ressourcen steigern. Es sei an dieser Stelle an BOEHM und LENHART (1992) verwiesen, die für das Untersuchungsgebiet Trinidad eine solche Studie im Hinblick auf die bestehenden Schwächen des technisch ausgerichteten Unterrichts durchgeführt haben. Eine spezielle Auseinandersetzung mit der Schaffung umwelt- und bewußtseinsfördernder Vorkehrungen, wie sie auch in den Dienst der Nachhaltigkeit gestellt werden können, ist bei KYBURZ-GRABER, RIGENDINGER ET AL. (1997, S. 65 ff.), BLUM (1987, S. 151 ff.), KNAMILLER (1987, S. 157 ff.) sowie OECD (1995) einzusehen.
[245] Vgl. UNDP (1985, S. 14 f.).

schaftlichen Determinanten, wie Bevölkerungswachstum, Armut und Squatting, gewinnen solche öffentlichen Aufklärungsaktionen an besonderer Bedeutung.

5.3.2 Wirtschaftliche Determinanten

Defizitäre Forstbewirtschaftung
Zu der bereits auf politischer Ebene kritisierten Umsetzung der Forstlegislative gesellt sich als ökonomische Determinante die Qualität der Forstbewirtschaftung selbst. Wenn man bedenkt, wie groß der Anteil der Staatswälder ist, sollte davon ausgegangen werden, daß abgesehen von externen Einflüssen (Squatting, illegaler Holzeinschlag etc.), die Bewirtschaftung von Forstressourcen unter Führung der Forstbehörde eine nachhaltige Nutzung des weitaus größten Teils der Wälder und Plantagen ermöglicht. Dies ist jedoch nicht der Fall. Die internen Faktoren des Forstsektors sind demnach zweigeteilt: Zum einen bestehen sie aus der ungenügenden Anwendung der bestehenden Gesetzgebung und zum anderen aus einer defizitären Forstbewirtschaftung, die zudem als negatives Beispiel den Mangel an öffentlichem ökologischen Bewußtsein verstärkt.

Diesem Umstand ist sich die Forestry Division selbst bewußt. Beklagt wird nicht nur, daß es durch die Vergabe der Bewirtschaftung an Konzessionäre zur Übernutzung der Ressource kommt – auch eigene Versäumnisse und Mißstände werden eingeräumt. Es kam beispielsweise weiträumig zur selektiven Übernutzung bestimmter Baumarten, die heute nur noch selten anzutreffen sind.[246] Mangelnde Überwachung, das Überschreiten der Bewirtschaftungspläne, zu kurze Regenerationszeiten, schlechte Ausbildung der Arbeiter, unzureichendes technisches Gerät, eine ungünstige Arbeitsmoral und schließlich korrupte Zustände sind in diesem Zusammenhang einige wichtige Faktoren, die es zu erwähnen gilt.[247] Durch die Tatsache, daß es im Grunde nicht nur der Kontrolle der Bewirtschaftungspraktiken, sondern auch der Arbeitsweise leitender Forstbeamter bedarf, kommen die erwähnten Dissonanzen zum Ausdruck. Ähnlich gelagerte Probleme treten bei der Bewirtschaftung der Forstplantagen auf. Insbesondere die Teakbestände, deren Nutzung bis 1998 gänzlich in den Händen der staatseigenen TANTEAK lag, wurden hierdurch in Mitleidenschaft gezogen. Zu den bestehenden verlustreichen forstlichen Bewirtschaftungs- und Weiterverarbeitungspraktiken kommen zudem betriebsinterne Management- und Marketingkonflikte, die sich ihrerseits wiederum unvorteilhaft auf die Forstbewirtschaftung auswirken.[248]

Im Zusammenhang mit Plantagen muß außerdem erwähnt werden, daß sie größtenteils bis in die 80er Jahre hinein auf Flächen zuvor kahlgeschlagener Naturwälder angelegt wurden, anstatt zu diesem Zweck bereits entwaldete Gebiete zu nutzen.

---

[246] Vgl. GOVERNMENT OF TRINIDAD AND TOBAGO / ORGANIZATION OF AMERICAN STATES (1991, S. 9.2).
[247] Vgl. REPUBLIC OF TRINIDAD AND TOBAGO (1991, S. 28 ff.).
[248] Vgl. GOPAULSINGH (1995, S. 12 f.). Laut MANMOHAN (1997, S. 5) beläuft sich der Verlust von TANTEAK für das Geschäftsjahr 1997 auf 10,3 Millionen TT $ (1 TT $ = 6,3 US $), und addiert sich somit zu den noch ausstehenden Zahlungen von 24,5 Millionen TT $ an die Caribbean Development Bank.

5.3 Determinanten der Waldgefährdung

Auswirkungen der Erdöl- und Erdgasförderung
Die starke Einflußnahme des Ölsektors auf den Waldbestand läßt sich durch zweierlei unterschiedliche Wirkungsweisen erklären: Direkte Eingriffe und Schädigungen durch die Ölförderung in den Waldgebieten sowie indirekte Auswirkungen durch wirtschaftliche Krisen, die zu einer Verstärkung gesellschaftlicher Determinanten führen. Indirekte Effekte lassen sich auf die Bedeutung dieses Sektors für die Gesamtwirtschaft zurückführen. Trinidad nimmt mit 14 % am Methanol-Welthandel den Dritten Rang aller Methanolproduzenten ein. Von 1973 bis 1983 durchlief das Land einen enormen Ölboom. Vor der Ölkrise und der damit einhergehenden Rezession (1983–1984) war Trinidad der drittgrößte Ölförderer des Westens.[249]

Der sich über die gesamten 80er Jahre ausdehnende wirtschaftliche Rückgang hatte schwerwiegende sozioökonomische Folgen, indem er drastische Einschnitte in die Lebensbedingungen der im Ölsektor beschäftigten Bevölkerung bewirkte. Durch die anhaltende Krise verschlechterte sich im Laufe der Zeit die Situation auch für die übrige Bevölkerung. Durch den Niedergang vieler Geschäfte und Unternehmen, die Kürzungen bzw. Streichungen von Arbeitsplätzen und Einkommen, begleitet von einem chronischen Wohnungsmangel und hohen Geburtenzahlen wurde ein gesellschaftlicher Druck auf die Forstbestände ausgelöst, der zu enormen Vernichtungsraten führte. Verschlimmert wurde diese Situation durch die fehlenden Staatseinnahmen. Auch die Forstbehörde war von drastischen Budgetkürzungen und Entlassungen betroffen, so daß man weder die finanziellen Mittel noch die Kapazitäten hatte, um der Situation entgegenzuwirken.

Die angesprochenen direkten Auswirkungen sind Schädigungen des Ökosystems, die auf Förderungsaktivitäten in den südlichen Waldgebieten wie Schaffung eines Wegenetzes, Pipelines, Förderstellen und Pumpanlagen, Kontamination durch unkontrollierte Ölaustritte etc. ausgelöst werden. Zwar finden 76 % der Ölförderung Trinidads im Offshore Bereich statt, jedoch wird der verbleibende Anteil ausschließlich aus Förderaktivitäten in Waldgebieten gewonnen.

Abbildung 9 veranschaulicht auf deutliche Weise, wie stark gerade die Interessen dieses Wirtschaftssektors mit forstwirtschaftlichen Interessen kollidieren. Die staatseigenen Firmen TRINTOPEC und TRINTOC haben das Nutzungsrecht für die Ölförderung in großen Waldarealen zugesprochen bekommen. Dieser Zuspruch gibt ihnen die Vollmacht uneingeschränkter Aktivitäten in den entsprechenden Gebieten. Die Forstbehörde ist nicht befugt, die Handlungen der Firmen zu kontrollieren.[250] Die Erschließung der entlegenen Waldgebiete und schwerwiegende Umweltschädigungen infolge der Förderaktivitäten und des Zustroms an Squattern blieben nicht aus. Ein Vergleich mit Abbildung 8 läßt erkennen, daß sich die Konzession für die Ölförderung sogar über bereits etablierte Schutzzonen hinwegsetzt, die in ihrer Funktion vor allem als Wildreservate und Wassereinzugsgebiete dienen sollten.

---

[249] Vgl. KfW Magazin, 6/98, S. 3 f.
[250] Vgl. REPUBLIC OF TRINIDAD AND TOBAGO (1992, S. A1–10).

134 5 Charakterisierung des Waldbestands und der Nutzungsstrukturen

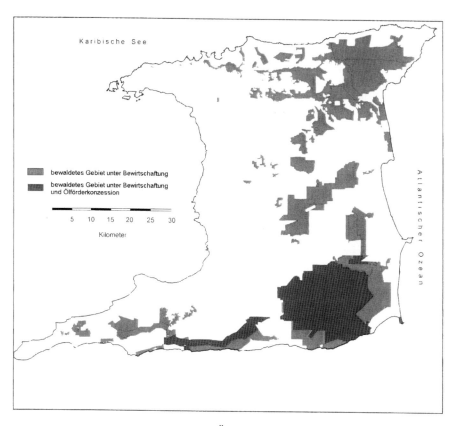

Abb. 9: Konzessionsgebiete staatlicher Ölfirmen
Quelle: Überarbeiteter Entwurf nach Unterlagen der LANDBANK UNIT
(Ministry of Housing and Settlements 1998) sowie eigenen Beobachtungen,
1997/98.

Aufgrund neuer Ölfunde zu Beginn der 90 er Jahre werden sich die Aktivitäten der Firmen erhöhen. Beteuerungen, diese so umweltverträglich wie möglich zu gestalten, müssen skeptisch betrachtet werden. Laut einer Aufstellung der Forstbehörde waren im Jahr 1995 250 ha Wald in dem südöstlich gelegenen Gebiet allein durch die Oberflächenverschmutzung mit Öl unwiederbringlich zerstört.[251]

---

[251] Vgl. REPUBLIC OF TRINIDAD AND TOBAGO (1995 a, S. 38).

5.3 Determinanten der Waldgefährdung

Tagebau
Während es in den südlichen Waldgebieten der Insel die Ölvorkommen sind, deren Gewinnung die Ressource gefährdet, so sind es im Norden vor allem anorganische Rohstoffe, deren Abbau ähnlich gravierende Konsequenzen nach sich zieht. Im Mittelpunkt des Interessenkonflikts stehen Kalkgesteine (blue limestone) sowie zahlreiche Sand- und Kiesgruben. Auch hier dominieren wirtschaftliche Interessen, so daß es in vielen Fällen zu einer Mißachtung von Schutzzonen kam. Zu den Waldvernichtungen müssen außerdem, ausgelöst durch die Abgabe von Chemikalien, Schlick und Schwemmsanden, Eingriffe in den Haushalt naheliegender Flüsse in Kauf genommen werden, die wiederum in ihrem Mündungsgebiet die Laichplätze von Schildkröten bedrohen.[252]

Durch die Vielzahl an ungeplanten und unkontrollierten Aktivitäten sowohl auf Privat- als auch Staatseigentum, die zur weiteren Fragmentierung der Wälder beitragen, erhöht sich unweigerlich das Erosionsrisiko. Aus dem Mangel an fehlender Vegetation und der verringerten Infiltration resultiert schließlich der Abtrag nährstoffreichen Bodens. Der ansteigende Oberflächenabfluß hat besonders in der Regenzeit in den Gebieten südlich der Northern Range vermehrte Überschwemmungen zur Folge. Bezeichnend für die mangelhafte Koordination der Interessen von Wirtschaft und Forstbehörde ist die Tatsache, daß es häufig zur Vernichtung der Forstbestände kommt, bevor diese wenigstens durch die Forstbehörde hätten bewirtschaftet bzw. gerodet werden können.[253] Da die betreffenden Eingriffe in den Naturhaushalt so zahlreich sind, liegen keine Schätzungen vor, die die in Mitleidenschaft gezogene Waldfläche zum Ausdruck bringen.

5.3.3 Gesellschaftliche Determinanten

Bevölkerungswachstum
Wie bereits in Kapitel 5.1 kurz erwähnt, ist die gesellschaftliche Situation Trinidads von einem starken Bevölkerungswachstum gekennzeichnet. Dieser Zuwachs läßt sich kontinuierlich bis auf den ersten Zensus (1871) zurückführen. Besonders aber seit Ende der 30er Jahre hat sich die Bevölkerungszahl auf heutzutage ca. 1,38 Millionen verdreifacht; seit 1920 ist sie sogar beinahe um das Fünffache angestiegen. 1995 lag die Bevölkerungsdichte bei 254,7 Einwohnern/km^2. In bezug auf ganz Lateinamerika und die Karibik wird dieser Wert nur noch von El Salvador, Puerto Rico und den kleineren Inseln Martinique und St. Vincent übertroffen.[254] Aus dieser Entwicklung resultiert die verstärkte Inanspruchnahme der Holzressourcen. Statistisch betrachtet stehen noch 0,13 Hektar Wald pro Einwohner zur Verfügung.[255]

---

[252] Vgl. STANFIELD und SINGER (1993, S. 10).
[253] Vgl. GOVERNMENT OF TRINIDAD AND TOBAGO / ORGANIZATION OF AMERICAN STATES (1991, S. 97).
[254] Vgl. FAO (1993 a, Annex, 1c).
[255] Vgl. FAO (1995 d, S. 4). Ein Vergleich mit den übrigen Inselstaaten zeigt auf, wie stark die Bevölkerungsdichte mit dem Waldanteil und den sich daraus ergebenden Hektar je Einwohner korreliert.

Speziell für die gesellschaftlichen Determinanten der Waldvernichtung spielt die Bevölkerungszunahme eine zentrale Rolle, die bereits schwerwiegende existierende Probleme wie Armut, Squatting und somit auch den Bedarf an Feuer- und Nutzholz sowie außer Kontrolle geratene Brände verstärkt hat. In Abbildung 10 wird die Wechselwirkung zwischen Bevölkerungswachstum und Entwicklung des Waldbestandes auf Trinidad seit der zweiten Hälfte des 20. Jahrhunderts graphisch nachvollzogen. Anhand der Entwicklung dieser Gegebenheiten in Vergangenheit und Gegenwart wird der Versuch einer vorausblickenden Projektion beider Komponenten unternommen.

Es läßt sich eine beinahe gleichmäßig linear verlaufende Entwicklung sowohl für den Verlust an Waldbestand als auch für die Zunahme der Bevölkerungszahl erkennen. Die Projektion, die ab dem Jahr 1999 einsetzt, geht von einer Fortsetzung des eindeutig bestehenden Trends aus. Fraglich ist, ob an eine linear weiter steigende Bevölkerungszahl auch eine lineare Abnahme der Forstressourcen gekoppelt ist – oder ob sich diese durch die Zunahme an gesellschaftlichem Konfliktpotential nicht verschärft. Nach einer Kalkulation der FAO wird sich demnach von 1993 bis 2010 der Verbrauch von Nutzhölzern von jährlich 59000 m^3 auf 140000 m^3 erhöhen, während die Nachfrage nach Rundhölzern von 27000 m^3 auf 69000 m^3 pro Jahr zunimmt.[256]

Armut
In Kombination mit dem beschriebenen Bevölkerungswachstum stellt die Verarmungsproblematik eine Komponente dar, die sich erheblich als Multiplikator negativer Effekte aller Determinanten auswirkt. Hiervon ist nicht nur ausschließlich die gesellschaftliche Ebene betroffen, sondern indirekt auch Politik und Wirtschaft, da auch sie sich dem Problem stellen müssen. Wachsende Bevölkerungszahlen und Armutsraten erhöhen den Druck auf die Forstressource durch den steigenden Bedarf an Land sowie Nutz- und Feuerholz. Neben der illegalen Beanspruchung der Holzressourcen auf staatseigenem Gebiet haben die gesellschaftlichen Determinanten, wie bereits beschrieben, auch erheblich zur Reduktion der Privatwälder beigetragen. Die Überlebensstrategie betroffener Bevölkerungsteile ist eng mit der Nutzung der verbliebenen Holzressourcen verbunden.

Der Vorwurf eines Mangels an ökologischem Bewußtsein sowie die Forderung nach stärkeren Überwachungs- und Schutzmaßnahmen sind der Problemstellung nur in geringem Umfang dienlich, da sie Ursachen verkennen und keine Lösungsansätze bieten. Folgende Daten liefern Orientierungshilfen, um die Problematik besser einordnen zu können: Knapp 40 % der ländlichen Bevölkerung leben unter der absoluten Armutsgrenze.[257]

---

[256] Vgl. FAO (1995 d, S. 17, 24).
[257] Vgl. UNICEF (1994).

5.3 Determinanten der Waldgefährdung

Verschlimmert wird die Situation durch den Anstieg der Lebenshaltungskosten, die im Jahr 1993 im Vergleich zum Vorjahr, hinter Haiti und Jamaika, mit 10,8 % die dritthöchste der karibischen Inselwelt darstellte.[258]

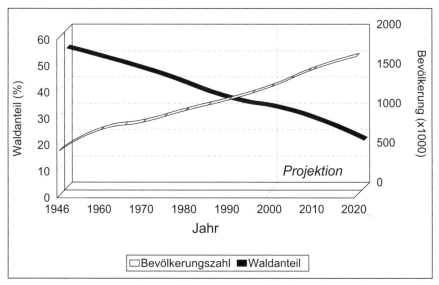

Abb. 10:   Zusammenhang zwischen Bevölkerungsentwicklung und Waldbestand seit 1946
Quelle: REPUBLIC OF TRINIDAD AND TOBAGO (1997 a, S. 8) sowie eigene Befragungen unter Vertretern der Forstbehörde.

Wie bedrohlich die Armutsentwicklung eingeschätzt wird, zeigen Untersuchungsergebnisse des *Programm of Action for the Sustainable Development of Small Island Developing States* unter Leitung von ECLAC, bei dem dieser Aspekt von seiten der Regierung Trinidads – neben den finanziellen Mißständen – die allerhöchste Priorität eingeräumt wird.[259]

Squatting
Bei der Squatting Problematik Trinidads handelt es sich nur vordergründig um einen Konflikt ausschließlich sozialen Ursprungs. Ungleiche Landverteilung, ungeklärte Besitzverhältnisse, hohe Grundstückkosten, mangelnde Gesetzgebung, die Rezession der 80er Jahre sowie die dazu parallel verlaufende Verarmung und das

---

[258] Vgl. STATISTISCHES BUNDESAMT und STATISTISCHES AMT DER EUROPÄISCHEN GEMEINSCHAFTEN, LUXEMBURG (1996, S. 121).
[259] Vgl. UN ECLAC / CDCC (1998, S. 185 ff.).

Bevölkerungswachstum sind für das Ausmaß der illegalen Landnahme in seiner heutigen Form verantwortlich. Der Konflikt gestaltet sich derart komplex, daß er einer eigenständigen Untersuchung bedarf. Aus diesem Grund können im folgenden nur Eckdaten der jüngsten Entwicklung aufgezeigt werden.[260]

Grundlegend müssen zwei Arten des Squatting voneinander unterschieden werden. Hierbei handelt es sich zum einen um die illegale Landnahme zum Zweck der Errichtung einer Behausung und zum anderen um die primär landwirtschaftliche Nutzung der besetzten Fläche. Verständlicherweise bleiben Mischformen nicht aus. Allen Formen ist gemeinsam, daß sie sowohl auf staatseigenem Gebiet als auch auf Privatbesitz stattfinden. Durch die Abschaffung der Sklaverei wird Squatting auf Trinidad bereits seit dem letzten Jahrhundert praktiziert. Durch die ungemindert anhaltende und vor allem ungeahndete Handhabung hat Squatting bereits einen akzeptierten, halblegalen Status innerhalb der Gesellschaft erreicht, der die Squatter in ihren Aktivitäten bestärkt. Eine Erhebung aus dem Jahr 1991 ergab, daß ca. 55 % der Befragten nicht damit rechnen, die von ihnen besetzten Fläche durch Räumung etc. zu verlieren. Erstens ist dies praktisch nie geschehen und zweitens könnten neue Flächen besetzt werden. Von allen Haushalten Trinidads besaßen lediglich 52,9 % ausreichende Dokumente, mit denen der legale Erwerb bzw. die Miete/Pacht des Grundstücks nachgewiesen werden konnte.

Dies kommt einer Zahl von 141468 Haushalten mit 576959 Haushaltsmitgliedern gleich, die die Besitzverhältnisse des von ihnen besetzten Grundstücks nur mangelhaft nachweisen konnten. Allein 25000 Haushalte auf staatseigenem Gebiet besaßen keinerlei liegenschaftliche Dokumente.[261] Bei einer Untersuchung der landwirtschaftlichen Fläche zeigte sich, daß 22,6 % der Flächennutzer auf Privatbesitz sowie 33,3 % der Nutzer auf staatlichem Gebiet keinen Nachweis der legalen Inanspruchnahme der Fläche erbringen konnten.[262]

Rodungsmaßnahmen der Squatter haben bislang zu einer starken Verringerung der Wälder beigetragen. Eine Lösung des Problems durch die Forstbehörde ist utopisch. Die Komplexität der Problematik verlangt nach einem sektorübergreifenden Ansatz, der die Squatter in partizipative Programme integriert, ihre Bedürfnisse und Notlagen anerkennt, dabei aber gleichzeitig ihr Bewußtsein für die Effekte ihres Handelns schärft. Erst wenn es gelingt, ein Verhältnis zur eigenen Umwelt zu entwickeln und diese langfristig zu erhalten und zu nutzen, können Auswirkungen auf die Sicherung des Lebensstandards sowie die Einsicht der notwendigen Erhaltung natürlicher Ressourcen folgen.

Feuer
Die bedeutendste Folgewirkung in Zusammenhang mit der anthropogenen Übernutzung der Forstressource ist die Feuerproblematik. Zusammen mit dem direkten

---

[260] Vgl. hierzu auch GÜNTER (1999 a).
[261] Vgl. REPUBLIC OF TRINIDAD AND TOBAGO (1992, S. 3–6).
[262] Vgl. STANFIELD and SINGER (1993, S. 17 ff.).

5.3 Determinanten der Waldgefährdung

illegalen Holzeinschlag bildet sie ein gefährliches Potential, dem sich Maßnahmen zur Walderhaltung zweifelsohne stellen müssen. Besonders die während der Trockenzeit vorherrschenden zahlreichen Brandherde haben folgenschwere Wirkungen, die nicht nur primäre und sekundäre Bestände – sondern selbst Forstplantagen gefährden. Durch die periodisch wiederkehrenden Brände werden auch Aufforstungsflächen nicht verschont. Die Gründe für die Brandlegung sind eng mit der Verarmung und der Squatterproblematik verbunden: Sie dient der Landgewinnung aus agrarwirtschaftlichen Zwecken, häufig in Kombination mit einer Behausung. Sekundäre Effekte, wie die erhöhte Erosion und Biodiversitätsverluste, können nicht ausbleiben. Wie das Beispiel der Northern Range zeigt, nehmen diese teilweise unkontrollierten Feuer ihren Ausgang oft an bereits entwaldeten, grasbedeckten Hängen, die sich in die höher gelegenen Waldgebiete ausdehnen. Abbildung 11 verdeutlicht, daß insgesamt in einem Zeitraum von nur 9 Jahren 43790 ha Wald durch Brände vernichtet wurden.

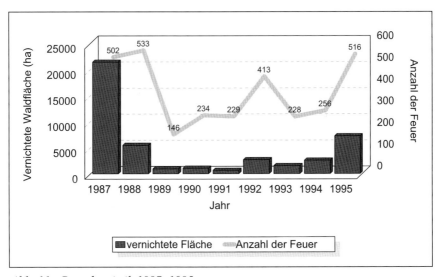

Abb. 11: Brandstatistik 1987–1995
    Quelle: REPUBLIC OF TRINIDAD AND TOBAGO (1995 b, S. 114).

Dies entspricht 8,5 % der gesamten Inselfläche bzw. ca. 29 % der heute noch verbliebenen Waldbestände. Im Vergleich zu 1987 läßt sich der Rückgang an verbrannter Fläche für das Jahr 1995 trotz einer beinahe identischen Anzahl an Feuern durch die Errichtung zahlreicher Beobachtungstürme und den dadurch verbesserten Informationsfluß in Kombination mit schnelleren Gegenmaßnahmen erklären. Ausschlaggebend hierfür waren die schwerwiegenden Auswirkungen der Brände des Jahres 1987.

5.4 Der Forstsektor

Beinahe allen karibischen Inselstaaten ist zu eigen, daß der Beitrag des Forstsektors zum Bruttoinlandsprodukt (BIP) verschwindend gering ist. Dies ist ebenfalls auf Trinidad der Fall. Lediglich Haiti stellte 1991 mit damals noch 14 % eine Ausnahme dar.[263] Selbst die überaus waldreichen Staaten Guyana und Surinam (beide sind zu ca. 94 % bewaldet) stellen nur 1 % des BIP durch den Forstsektor. Zum Vergleich: Auch in Deutschland beträgt dieser Anteil 1 %.

Dieser Umstand bedarf jedoch der genaueren Betrachtung. Deshalb werden in Kapitel 5.4.1 die ökonomische Bedeutung erörtert sowie Gründe dargelegt, die für die Restriktion der Wirtschaftlichkeit des Forstsektors auf Trinidad maßgeblich sind. Auch wenn die Forstwirtschaft eine unbedeutende Rolle für das BIP spielt, darf dies nicht darüber hinwegtäuschen, daß die primären und sekundären Produkte der Ressource für einen Großteil der Bevölkerung im Mittelpunkt des täglichen Lebens stehen. Neben der hohen direkten Beschäftigungsmöglichkeit, die der Sektor durchaus bereitstellt, sind zudem – wie bereits aufgezeigt – weite Teile der Gesellschaft Trinidads auf die Inanspruchnahme der Forstbestände angewiesen.

Abgesehen von der Bevölkerungswachstums-, der Armuts- und der Squattingproblematik gibt es aber eine Reihe weiterer diverser Beziehungen zwischen Bevölkerung und den Forstressourcen. Auf diese, im Vergleich zu den Squattern legal agierenden Teile der Bevölkerung, wird in Kapitel 5.4.2 eingegangen. Sie verdeutlichen zusätzlich die engen Verbindungen und Abhängigkeiten zwischen Teilen der Gesellschaft Trinidads und seinen Wäldern.

5.4.1 Die ökonomische Bedeutung

Lediglich 2,1 % des BIP werden durch Einnahmen der Land- und Forstwirtschaft erzielt.[264] Der überwiegende Teil dieses Betrags wird durch Kaffee-, Kakao- und im besonderen durch Zuckerrohrplantagen erwirtschaftet, so daß der Beitrag des Forstsektors tatsächlich verschwindend gering ist. 1993 wurden 7 Mio. US $ durch die Inwertsetzung eigener Bestände eingenommen, jedoch nur 1 Mio. US $ durch den Export von Forstprodukten erzielt. Demgegenüber stand zu der Deckung des eigenen Bedarfs der Import von Forstprodukten in einer Höhe von 54 Mio. US $.[265] Der jährlich steigenden Menge an importierten Forstprodukten steht die Verringerung der heimischen Produktion gegenüber.

---

[263] Die Tatsache, daß Haiti nur noch zu 1 % bewaldet ist, spiegelt sich in dieser Sachlage wider; vgl. FAO (1995 d, S. 49).
[264] Vgl. INTERNATIONAL MONETARY FUND (1996, S. III).
[265] Vgl. FAO (1995 d, S. 49).

5.4 Der Forstsektor

Nach eigenen Angaben der Forestry Division wäre eine Steigerung des Ertrags der heimischen Forstwirtschaft um das Siebenfache möglich.[266] Aus Sichtweise der Nachhaltigkeit scheinen diese Schätzungen aber nur schwerlich realisierbar. Immerhin jedoch geht das *National Forestry Action Programme* der FAO davon aus, daß das Potential der Forstressourcen eine Steigerung der Beschäftigtenzahl im gesamten Forstsektor um das Doppelte ermöglichen würde.[267]

Derzeit liegt der Anteil der Beschäftigten des Agrar- und Forstsektors in bezug auf die Beschäftigtenzahl aller übrigen Wirtschaftsbereiche bei 7,3 %. Dabei ist der Beitrag der bedeutenden Zuckerrohrbewirtschaftung (3,8 %) noch nicht mit einberechnet. Offenkundig tritt die gesellschaftliche Bedeutung als Beschäftigungsmöglichkeit, trotz der geringen ökonomischen Bedeutung, hervor. Im Vergleich dazu stellt der die wirtschaftliche Struktur Trinidads überaus dominierende Öl- und petrochemische Sektor lediglich 11,2 % aller Beschäftigten.[268]

Zwei Aspekte, die für die rein wirtschaftlich unzureichende Nutzung der Forstressource ausschlaggebend sind, wurden bislang erkannt. Dies ist zum einen die Einsicht, daß die herrschenden sozialen Mißstände zusammen mit einer weiteren forstwirtschaftlichen Nutzung zu einer unumkehrbaren Verschlimmerung der Situation führen würden, zum anderen die Vormachtstellung der lukrativen Ölbranche, auf die noch immer ein Großteil der Staatseinnahmen zurückgeht und somit Diversifizierungsmaßnahmen der Wirtschaft völlig unterbindet.

Die geringe Bedeutung des Forstsektors geht darüber hinaus auch auf lokale Produktionshemmnisse unterschiedlicher politischer und sektorbedingter Faktoren zurück: Aufhebung der Importsubstitutionspolitik, Senkung der Handelszölle, niedrige Kosten für importierte Forstprodukte aufgrund der Zusage großer Abnahmemengen, Mangel an qualifizierten Arbeitern und Fachkräften, schlechte Ausrüstung und technologische Standards, mangelhafte Reparatur- und Erhaltungsmaßnahmen, schlechte Verarbeitungsqualität und Vermarktung, unzureichende Infrastruktur, mangelhafte Forstgesetzgebung und unzulängliche waldbauliche Bewirtschaftungspraktiken.[269]

5.4.2 Die gesellschaftliche Bedeutung

Besonders für ländliche Teile der Bevölkerung war das sozioökonomische Wohlergehen bereits von jeher eng mit der Nutzung der Wälder verbunden. An dieser Tatsache hat sich bis heute nichts geändert. Für das Verständnis der folgenden Ausführungen muß man sich jedoch bewußt sein, daß vor allem diese hergebrachten tradi-

---

[266] Vgl. REPUBLIC OF TRINIDAD AND TOBAGO (1986, S. 21). Aufgrund widersprüchlicher Angaben zum Erhalt der Ressource ist diese Angabe kritisch zu betrachten. Zudem spiegeln sich in dieser Schätzung die gestiegenen Nutzungsaktivitäten durch die Bevölkerung nicht wider.
[267] Vgl. CHALMERS (1992, S. 223).
[268] Vgl. REPUBLIC OF TRINIDAD AND TOBAGO (1997 b, S. 5).
[269] Vgl. REPUBLIC OF TRINIDAD AND TOBAGO (1989, S. 25 f.).

tionellen Nutzungsmuster völlig getrennt von der Entwicklung der aktuellen, ungesetzlichen Squattingproblematik betrachtet werden müssen. Während sich die staatlichen Beschäftigungsmöglichkeiten hauptsächlich auf die Forestry Division mit 250 Mitarbeitern und die regierungseigene TANTEAK (300 Mitarbeiter) beschränken, gibt es eine Reihe von privaten und individuellen Beschäftigungsmöglichkeiten, die sich über Sägewerke (63 Stück mit ca. 350–400 Angestellten), privatwirtschaftlich lizensierte Holzfäller (PL; derzeit ca. 400), eine unbekannte Vielzahl von Agroforstbetreibern, Köhlern, Jägern etc. erstreckt. Insbesondere für die zuletzt genannten subsistenzorientierten Nutzer bieten nicht nur die primären, sondern vielfältig auch die sekundären Produkte der Wälder (minor forest products) eine ergänzende Grundlage für die Deckung des täglichen Lebensunterhalts.

Dazu kommen unterschiedlichste holzverarbeitende Betriebe mit insgesamt ca. 1500 Beschäftigten.[270] Kurze Zeit vor Ausbruch der Ölwirtschaftskrise erreichte im Jahr 1982 allein die heimische Möbelindustrie eine Wertschöpfung von 60 Mio. US$. Bei anhaltenden Wachstumsraten könnte sich in Zukunft eine neue Branche, basierend auf der Nutzung der Waldbestände, etablieren. Es handelt sich um den Tourismus bzw. um Ökotourismus, der ein erhebliches Potential besitzt, zusätzlich zu den Wechselbeziehungen zwischen Forstressource und gesellschaftlichem Nutzen beizutragen.[271]

Neben der primären Erholungsfunktion der Wälder bestehen bereits vielfältige Angebote, die den ökonomischen Anreiz verdeutlichen: Jungle Adventures, Mountaineering, Widerness Tourism, Bird Watching, Botanical Field Trips etc. Hierbei steht unter anderem die Errichtung von privaten Schutz- und Naturzentren im Mittelpunkt. Beispielhaft soll das Asa Wright Nature Centre erwähnt werden, das bereits über 30 Angestellte mit weit mehr als 100 Angehörigen beschäftigt. Die Erhaltung der Forstbestände sowie eine rigorose Umsetzung der Schutzgebiete sind hierfür ausschlaggebend, um dieses Potential als Beschäftigungs- und Einnahmequelle der Bevölkerung weiterhin zu nutzen bzw. auszubauen. Im besonderen hat sich bereits für die Schwesterinsel Tobago der Ausbau des Tourismus als wichtige wirtschaftliche Grundlage erwiesen.

Die Attraktivität Tobagos als Urlaubs- und im speziellen als Tauchrevier ist ein gutes Beispiel für das Potential, das die Tourismusbranche bereitstellt. Noch wären der Artenreichtum und die Waldbestände Trinidads vorhanden, um ähnliche Erfolge auch auf diesem Gebiet zu erzielen. Erfolgreiche Beispiele, die die Nutzung der Regen- und Bergwälder für den Tourismus unterstreichen, können aus Costa Rica vermeldet werden.

---

[270] Vgl. CHALMERS (1992, S. 223).
[271] Einflußmöglichkeiten des nachhaltigen Tourismus auf die wirtschaftliche Entwicklung werden in MIKUS (1994 a, S. 238) dargelegt; vgl. hierzu auch MIKUS (1994 b) sowie MIKUS und PECHER (1998). Es müssen jedoch ebenfalls die negativen Auswirkungen des Tourismus berücksichtigt werden, wie sie gerade auf kleinen Inselstaaten zu einer Vielzahl weiterer ökologischer Beeinträchtigungen führen können; vgl. hierzu HAAS und SCHARRER (1997) sowie FUCHS und RADTKE (1998).

Im Vordergrund steht hierbei der wirtschaftliche Anreiz für die ansässige Bevölkerung, beispielsweise durch die anteilige Auszahlung von Nationalparkgebühren oder Einkommen aus Tätigkeiten wie Fremdenführer oder Waldschutzwart etc. Sicherlich ist die Wirtschaftsleistung aller Bereiche, in deren Mittelpunkt die Nutzung der Forstressource steht, als geringfügig einzustufen. Trotz dieser Tatsache darf aber nicht vernachlässigt werden, daß sie dennoch eine beachtenswerte zusätzliche Möglichkeit, zum Lebensunterhalt beizutragen, darstellen. Die Erfahrungen auf Trinidad haben gezeigt, daß dies besonders für die ländliche Bevölkerung gilt. Gleichzeitig wird die Einsicht in den Erhalt der Forstressource gestärkt und somit die selbsttragende Charakteristik der unterschiedlichsten Aktivitäten unterstützt. Bei der Förderung des ländlichen Raums muß man deshalb auf die Möglichkeiten des Forstsektors, ergänzend in Kombination mit der Agrarwirtschaft, eingehen. Traditionelle Strukturen dürfen dabei nicht zugunsten der industriellen Bewirtschaftung zerstört werden. Im Falle Trinidads existieren beide Formen parallel nebeneinander.

Wie aber die sinkende eigene Produktion und steigende Importe zeigen, sind die Bedingungen für die heimische Forstwirtschaft alles andere als ideal. Die hohen Beschäftigungszahlen – trotz der Billigimporte aus China, Hong Kong und Taiwan sowie trotz fehlender Investitionen und Subventionen – bestätigen die Bedeutung für weite Teile der Bevölkerung.[272] Abgesehen davon spielen zusätzlich die traditionellen, teilweise subsistenzwirtschaftlichen Nutzungsmuster eine bedeutende Rolle.

5.5 Zusammenfassung und Ausblick

Je komplexer ein System ist, desto deutlicher verlangen weitreichende externe Eingriffe eine tiefgehende Kenntnis der herrschenden Bedingungen und Funktionssysteme. Im Rahmen der derzeitigen Nutzungsformen scheint dies nur unzureichend der Fall zu sein. Das Beispiel der Squatter verdeutlicht aber, daß eine voreilige Verurteilung der falsche Weg ist, zumal es sich bei vielen Vertretern dieser Gruppe um Menschen handelt, denen kaum eine andere Wahl bleibt, ihre tägliche Lebensgrundlage durch die illegale Nutzung der natürlichen Ressourcen zu sichern. Erschwerend kommt hinzu, daß die Ohnmacht, die die staatliche Haltung gegenüber der Squatting-Problematik kennzeichnet, zusätzlich zu deren Praktizierung und zu

---

[272] Bereits zu Beginn der 80er Jahre weist CHALMERS in COOPER und BACON (1983, S. 90 f.) auf diesen Mißstand der mangelnden staatlichen Bekenntnis zu den Möglichkeiten des Forstsektors hin. Welche schwerwiegenden Probleme das Versäumnis zur Schaffung von Anreizen zur Erhaltung der privaten Waldfläche mit sich brachte, wurde bereits in Kapitel 5.2 dargelegt. CHALMERS präsentiert außerdem eine Zusammenstellung der auf Trinidad bedeutendsten sekundären Waldprodukte sowie deren Verwendung im sozioökonomischen Kontext; vgl. hierzu COOPER und BACON (1983 Appendix I&II, S. 197 ff.). In vergleichbarer Weise berichtet SCHMIDT-VOGT über die ihm vorgefundenen traditionellen Nutzungsformen in Bezug auf die Höhenwälder des Jugal Himal (Nepal); vgl. SCHMIDT-VOGT (1990 a), (1990 b, S. 124 ff.) sowie (1995 a). Darüber hinaus macht er aber auch darauf aufmerksam, welche negativen Auswirkungen auf den Waldbestand und das Ökosystem durch diese Nutzungsformen entstehen könen; vgl. SCHMIDT-VOGT (1990 b, S. 160 ff.) sowie (1995 b).

schwerwiegendsten sozialen und schließlich auch ökologischen Interessenkonflikten beiträgt. Spannungen zwischen den illegal, nicht-nachhaltig agierenden Teilen der Bevölkerung und den auf traditionelle, nachhaltige Systeme zurückgreifenden Interessengruppen und Individuen bleiben nicht aus.

Zum einen ist man sich zwar von Regierungsseite dem reichhaltigen natürlichen Erbe Trinidads bewußt, jedoch fehlt letztendlich ein ausdrückliches Bekenntnis, dem auch entsprechende Aktivitäten folgen. Dennoch ist die vorgetroffene Erkenntnis, daß der Erhalt der Wälder von hohem nationalen Interesse ist, ein wichtiger erster Schritt, um sich einer nachhaltigen Entwicklung im Sinne jetziger und zukünftiger Generationen zu verpflichten.

Die Voraussetzungen für die Einführung einer nachhaltigen Bewirtschaftung sind dort am günstigsten, wo konkurrierende Ansprüche an den Wald relativ gering sind. Die geschilderte Situation auf Trinidad läßt erkennen, daß vor diesem Hintergrund die Beachtung konkreter Kriterien und Indikatoren durchaus gerechtfertigt ist. Hierzu müssen neben den sozialen auch forstwirtschaftlich ökologische und ökonomische Kriterien herangezogen werden. Der schematischen Darstellung in Abbildung 12 liegt dieser Gedanke zugrunde. Diese allein vermögen jedoch nur die den Forstsektor betreffenden Mißstände aufzudecken.

Als Ausgangspunkt werden die wichtigsten Faktoren der einzelnen Determinanten genannt. In ihrem Zusammenspiel führen sie zu einer Reihe weiterer, sich wechselseitig verstärkender Faktoren der Waldgefährdung. Die Konfliktlage kann sich nur dann ändern, wenn die mittels der Kriterien und Indikatoren erzielten Ergebnisse von staatlicher Seite zur Revision der bestehenden politischen, ökonomischen und gesellschaftlichen Ausgangssituation genutzt werden.

Politik und Wirtschaft, die bestimmenden Kräfte Trinidads, müssen sich aufgrund des eigenen nationalen Interesses diesem Problem annehmen, wollen sie sich nicht ihrer eigenen Grundlage natürlicher und menschlicher Ressourcen berauben. Beide sind sowohl direkt an der Gefährdung der Waldressourcen als auch indirekt über die Beeinflussung gesellschaftlicher Zustände, durch die ein hoher Druck auf die Wälder ausgelöst wird, mitverantwortlich.

Allein ihnen ist es aber möglich, durch die Einflußnahme wirtschaftlicher Kräfte sowie durch die politische Machtbasis, diese Situation, geprägt von einem ökologisch-sozialen Bewußtsein, zu ändern. In Anbetracht der unterschiedlichen Determinanten der Waldgefährdung ist es notwendig, mittels der konsequenten Umsetzung eindeutiger Richtlinien, der ungünstigen Ausgangssituation entgegenzuwirken und die Lebensumstände der von der Forstnutzung abhängigen Menschen zu verbessern. Ansonsten wird sich der Teufelskreis Armut – Ressourcenübernutzung – Armut weiter zuspitzen.

5.5 Zusammenfassung und Ausblick

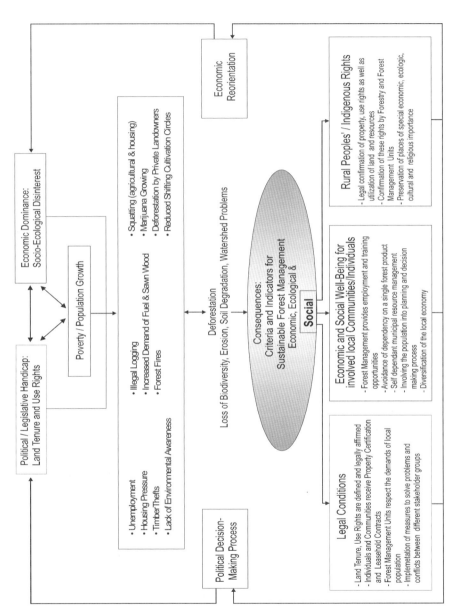

Abb. 12: Wechselwirkungen zwischen Entwaldungsfaktoren und Richtlinien nachhaltiger Forstwirtschaft
Quelle: GÜNTER (1998, S. 20), verändert.

Die Wechselwirkungen zwischen einem starken Bevölkerungswachstum, hohen Armutsanteilen, chronischen ökonomischen sowie legislativ-politischen Problemen haben auf unterschiedliche Weise die Degradation und schließlich die Vernichtung großer Bestände der Wälder Trinidads verursacht. Gelingt es nicht, die Intensität, mit der diese Determinanten die Forstressourcen gefährden, zu vermindern, wird dies unweigerlich zur Entwaldung Trinidads führen. Besonders die Situation der Schutzgebiete hat gezeigt, daß eine diesbezügliche Gesetzgebung noch lange nicht die praktische Umsetzung der Diskussionsinhalte und die Verwirklichung der gesetzlichen Vorgaben nach sich ziehen muß.

Dies ist selbst für die innerhalb der Forstbehörde getroffenen Bewirtschaftungsrichtlinien und deren waldbaulichen Durchführung der Fall. Die schlechten Managementpraktiken der staatseigenen TANTEAK haben dies unter Beweis gestellt. Rückblickend kann festgestellt werden, daß die forstliche Entwicklung Trinidads langfristig keiner adäquaten Planung und Bewirtschaftung unterliegt. Dies hat weitflächig zu einer überbeanspruchenden Nutzung der natürlichen Ressourcen geführt. Insofern haben sich die einzelnen Determinanten, mit denen diese Situation aufgedeckt wurde, bereits als Indikatoren soziökologischer Wechselwirkungen, die eine nicht-nachhaltige Entwicklung zur Folge haben, bewährt.

Die politischen und ökonomischen Zielsetzungen, die auch für den Forstsektor von großer Bedeutung sind, verfehlen lokale Standorts- und natürliche Bestandsverhältnisse sowie gesellschaftliche Mißstände. Im Mittelpunkt des Interesses für die weitere Untersuchung steht deshalb die Frage, inwieweit ausschließlich soziale Ansprüche der die Forstressourcen nutzenden Bevölkerung beeinflußt werden. Anhand der seit Generationen privatwirtschaftlich lizenzierten Holzfäller wird diese Situation mittels wesentlicher sozialer Kriterien und Indikatoren in Kapitel 6 ermittelt.[273]

---

[273] Im Vergleich dazu erfolgt außerdem eine Untersuchung der Angestellten der staatseigenen TANTEAK.

6 IDENTIFIKATION RELEVANTER INTERESSENGRUPPEN UND UNTERSUCHUNG VON DEREN STATUS SOZIALER NACHHALTIGKEIT

6.1 Ermittlung der zu untersuchenden Nutzergruppen und Forschungsgang

Wie bereits zu Beginn der Studie unter dem Kapitel Methodische Vorgehensweise dargelegt, stand im Untersuchungsgebiet nach einer Recherche der örtlichen forstspezifischen Problemkonstellation, wie sie im vierten Kapitel behandelt wird, zunächst die Identifikation der näher zu untersuchenden Interessengruppen im Vordergrund. Zahlreiche Besuche bei verschiedenen subsistenzorientierten Gruppen und Individuen, sowie bei Interessengruppen, die in Bewirtschaftungssysteme eingebunden sind, als auch das Gespräch mit unterschiedlichen Experten vor Ort haben das Kennenlernen und Verständnis für diese einzelnen Stakeholder wesentlich bereichert.

Es mußte jedoch für den Fortgang der Arbeit, also der Anwendung von Kriterien und Indikatoren, eine nachvollziehbare Auswahl der zu untersuchenden Gruppen erfolgen. Diese methodische Vorgehensweise der Identifikation der wichtigsten Interessengruppen wird im folgenden Kapitel aufgezeigt. Auch sie dient bereits der Bewertung spezieller Identifikationskriterien sowie deren methodischer Operationalisierung. Als Folge dieser Ermittlung schließt sich die Charakterisierung zweier für die weitere Untersuchung ausgewählter Gruppen an.

Hierbei steht die Beschreibung des Bewirtschaftungssystems und gleichzeitig die Einbindung der zu untersuchenden Gruppen in das System im Vordergrund. Diese erste Kennzeichnung der Interessengruppen ist für das Verständnis der später folgenden Erfahrungswerte und Ergebnisse von großer Bedeutung, da bereits in diesem ersten Schritt Arbeitsbedingungen und -umstände dargelegt werden. Im Anschluß daran folgt ein kurzer Bericht, der speziell die Durchführung der Erhebung und die dabei aufgetretenen Schwierigkeiten thematisiert.

Dieser Teil der eigenen empirischen Untersuchung wird gefolgt von der Applikation von sozialen Indikatoren im klassischen Sinn in Kapitel 6.2. Bevor sich ab Kapitel 6.3 in einem dritten Teil die weitere Untersuchung der Sozialverträglichkeit der Bewirtschaftungseinheiten anhand grundlegender Kriterien und Indikatoren in bezug auf die Zielgruppen annimmt, erlauben diese klassischen Indikatoren bereits einen Einblick in die Lebensbedingungen und soziale Struktur der untersuchten Gruppen.

Im abschließenden Kapitel der empirischen Untersuchung mit einem gleichzeitigen Ausblick auf weitere Anwendungsgebiete von Kriterien und Indikatoren stehen in Kapitel 6.4 die Wechselwirkungen zwischen dem erarbeiteten Status sozialer Nachhaltigkeit und Verhaltensmustern bzw. dem ökologischen Problembewußtsein der Zielgruppen im Vordergrund.

6.1.1 Identifikation der auf die Nutzung der Forstressource angewiesenen Interessengruppen

Die im folgenden geschilderte Vorgehensweise der Ermittlung relevanter Interessengruppen steht in engem Zusammenhang mit der Einbindung der gesamten Arbeit in die Untersuchungen von CIFOR, die sich mit der Erstellung von Kriterien und Indikatoren forstlicher Nachhaltigkeit auseinandersetzen. In ihrem Ursprung geht die angewandte Methodik auf Colfer (1995) zurück. Die Ergebnisse der vorliegenden Untersuchung wurden in eine Weiterentwicklung der Methode aufgenommen, in der zusammen mit den Forschern von CIFOR neue Erfahrungswerte, basierend auf den jeweils durchgeführten Anwendungen bzw. Tests, ihre Einarbeitung fanden.[274]

Zur Erinnerung soll an dieser Stelle erwähnt werden, daß es sich bei der vorliegenden Arbeit nicht um die Untersuchung eines modellhaften Projekts nachhaltiger Forstwirtschaft handelt, sondern die Analyse des tatsächlichen Ist-Zustandes sozialer Belange von Interessengruppen in Bewirtschaftungssystemen im Vordergrund steht. Aus diesem Grund waren zunächst die folgenden zwei Arbeitsschritte notwendig. Zuerst galt es, die für Trinidad relevanten Interessengruppen zu identifizieren. Dies geschah mittels Literaturrecherche und Expertenbefragungen vor Ort sowie durch zahlreiche Ausfahrten mit Unterstützung der Forestry Division und Aufenthalten bei den jeweiligen Gruppen.

In einem zweiten Schritt wurden die ermittelten Interessengruppen anhand einer Matrix einer weiteren Differenzierung unterzogen. Im Mittelpunkt steht hierbei die Abgrenzung der einzelnen Interessengruppen nach ihrer sozioökologischen Bedeutsamkeit und soziokulturellen Empfindsamkeit. Zum Ausdruck kommen Abhängigkeit und Verwundbarkeit einer Gruppe, die auf die Nutzung der Ressourcen angewiesen ist. Diese wird anhand der folgenden Dimensionen bzw. Kriterien gemessen: *Proximity, Pre-Existing Rights, Dependency, Indigenous Knowledge, Culture-Forest Intergration* und *Power Deficit*.

Poverty sollte als weiteres Bewertungskriterium herangezogen werden. Aufgrund seiner jeweils relativen Bedeutung muß der Begriff aber für jede Lokalität und spezifische Interessengruppe definiert werden und ist somit nicht für einen allgemeingültigen, übertragbaren Gebrauch bestimmbar. Dennoch stellt sich Kapitel 6.2 dieser Aufgabe, indem durch die Untersuchung klassischer Sozialindikatoren eine inhaltliche Annäherung erfolgt. Bei beiden Schritten war die Einbeziehung von Experten vor Ort erforderlich. Allerdings konnte nicht auf ein Team von Mitarbeitern auf Trinidad zurückgegriffen werden, wie dies in übrigen CIFOR-Untersuchungen der Fall ist. Somit fand eine Ergänzung der eigenen Sichtweise durch die fundierten Kenntnisse der Experten statt.

---

[274] Vgl. COLFER mit PRABHU, GÜNTER ET AL. (1999) sowie COLFER, BROCKLESBY, DIAW ET AL. (1999 a & b).

6.1 Ermittlung der zu untersuchenden Nutzergruppen und Forschungsgang

Außerdem wurden die sich aus dieser Lösung gleichzeitig ergebenden Vorteile der unmittelbaren Wissensvermittlung der Stakeholdersituation auf Trinidad genutzt, um der zeitlichen Begrenzung der Feldstudie entgegenzukommen. Durch die Kontaktaufnahme zu den Experten konnten beide Schritte, sowohl die Identifikation als auch die Bewertung der Interessengruppen anhand der Matrix (vgl. Tabelle 6, S. 151) parallel gestaltet und durch die eigenen Einschätzungen ergänzt werden.[275]

Ein Vergleich mit den Ergebnissen weiterer CIFOR-Untersuchungen hat ergeben, daß sowohl Anzahl als auch Zusammensetzung der Interessengruppen jeweils stark variieren. Bei der Entwicklung der Matrix kam es deshalb darauf an, diesem je nach Untersuchungsgebiet unterschiedlichen Gefüge gerecht zu werden und das Bewertungssystem einfach und schnell durchführbar zu gestalten. Für die Anwendbarkeit der Matrix waren übertragbare Ergebnisse, trotz unterschiedlicher Konstellationen der Interessengruppen, eine wichtige Voraussetzung. In der Zusammenschau der Ergebnisse der einzelnen Untersuchungsgebiete: Indonesien, Elfenbeinküste, Österreich, Kamerun, USA, Brasilien und schließlich Trinidad, hat sich diese Anwendbarkeit erwiesen.[276] Sie hat somit ihre rein praktische, aber auch theoretische Zweckmäßigkeit aufgezeigt.

Als *Who Counts Matrix* dient sie als erster Anhaltspunkt einem besseren Verständnis zwischen den Beziehungen einzelner Gruppen und der Forstressource, indem sie besonders die Stellung sog. *forest dependent people* heraushebt. Vor allem auf der Bewirtschaftungsebene dient sie für Entscheidungsträger beispielsweise zur Klärung folgender Fragestellungen: Wer besitzt zusätzliche Rechte an der Nutzung der Wälder? Für wen tragen wir Verantwortung? Wessen Wohlergehen muß berücksichtigt bzw. unterstützt werden? Welche Gruppen können sich als Partner in der Bewirtschaftung und Erhaltung der Wälder herausstellen?

Bei den als bedeutendsten eingestuften Stakeholdern für ganz Trinidad handelt es sich nach Meinung der konsultierten Experten um National Citizens, Consumers, Conservationists, Ecotourism, TANTEAK, Forestry Officials, Hunters, Squatters, Sawmillers, Forest Workers und Private Licensees. Bezeichnenderweise ist die Squattingproblematik bereits derart fortgeschritten, daß die betroffenen Individuen aufgrund ihrer Anzahl kaum noch von der Nutzung der Forstressourcen ausgeschlossen werden kann.

Aus diesem Grund wurden sie als zu berücksichtigende Gruppe in bezug auf ihre Abhängigkeit (forest dependent people) in diese Zusammenstellung aufgenommen; auch wenn sie sich aufgrund ihres eigentlich illegalen Status eindeutig von den restlichen Gruppen absetzen. Weitere individuelle Stakeholder, wie Köhler oder Agroforstbetreiber, könnten zusätzlich eingefügt werden, fanden aber aus folgenden Gründen keine Aufnahme: Im Vergleich zu den übrigen Gruppen ist ihre Anzahl geringer, außerdem werden diese Nutzungsbereiche oftmals von illegalen Akteuren abgedeckt, so daß keine eindeutige Festlegung bei der Bewertung der ein-

---

[275] Die beteiligten Experten können im Anhang eingesehen werden.
[276] Vgl. COLFER mit PRABHU, GÜNTER ET AL. (1999).

zelnen Gruppen anhand der Matrix möglich schien. Grund hierfür ist erneut das Squatting- Dilemma. Bei den bisher angewandten Kennzeichen zur Spezifizierung der Stakeholdergruppen handelt es sich keineswegs um eine abgeschlossene Kriterienliste. Wie das Beispiel Armut zeigt, ist dieser Faktor ein wesentlicher Bestandteil einer Bewertung, muß aber aufgrund der jeweils örtlichen Interpretation von Armut differenziert betrachtet werden. Je nach Einschätzung des Betrachters können lokal bedeutsame Kennzeichen integriert werden. Die im Rahmen des CIFOR-Prozesses und der eigenen Untersuchung konkretisierten Beurteilungsmerkmale, die eine übergeordnete Anwendung und somit einen Vergleich der Fallstudien zulassen, werden im folgenden kurz skizziert:

Mit *Proximity* ist die tatsächliche physische Nähe der betroffenen Gruppen zu den Wäldern gemeint. Für die Wechselbeziehung zwischen Mensch und Wald und den sich daraus ergebenden Nutzungsmustern spielt die Entfernung eine große Rolle.[277]
Pre-Existing Rights umfaßt bereits seit langem bestehende Ansprüche und Rechte der Waldnutzung oder solche, die auf eine traditionelle, subsistenzorientierte Nutzung zurückzuführen sind. Die Mißachtung solcher Rechte, oftmals ethischen und pragmatischen Charakters, kann schwerwiegende Konsequenzen nach sich ziehen, die zu sozialen Unruhen und gewalttätigen Auseinandersetzungen zwischen den Interessengruppen führen können.

Dependency bewertet, inwieweit der gesamte Lebensunterhalt auf der Nutzung der Forstressourcen basiert, was demnach als ausgesprochene Abhängigkeit eingestuft wird. Dieses Merkmal beinhaltet eine Einschätzung der Alternativen, die den Betroffenen zur Verfügung steht, mit denen sie einen Beitrag zu ihrer Ernährung und Versorgung leisten können.

Das Kriterium *Indigenous Knowledge* beurteilt, ob sich die Stakeholder durch ein besonderes traditionelles, waldspezifisches bzw. ökologisches Wissen auszeichnen. Hiermit ist nicht nur das Wissen indigener Völker gemeint. Im Fall Trinidads, wo es keine indigenen Gruppen mehr gibt, wurde auf individuelle Erfahrung und Kenntnisse der einzelnen Gruppen im Umgang mit den Forstressourcen zurückgegriffen. In Zusammenhang mit der Abhängigkeit steht das Merkmal *Culture/Forest Integration*. Da sich dieser Zusammenhang jedoch nicht zwangsläufig ergeben muß, wurde eine eigenständige Beurteilung dieses Kriteriums durchgeführt. Auch die Erhaltung der kulturellen Eigenheiten, falls sie auf eine Integration in die Waldnutzung zurückzuführen sind, bedingen die Lebensqualität der einzelnen Gruppen.

Power Deficit umschreibt den Zustand der gruppeneigenen Machtbasis, mit der man sich externen Einflüssen stärkerer und einflußreicherer Interessengruppen entgegensetzt bzw. aufgrund einer geringen eigenen Geltung – einem hohen Machtdefizit – nicht zur Wehr setzen kann.

---

[277] Auch eine hiermit verbundene emotionale Nähe soll zum Ausdruck kommen. Dies wurde von verschiedener Seite angeregt und ist erstmalig in Verbindung mit physischer Nähe in der *Who Counts Matrix* (Tabelle 6) verwirklicht; vgl. COLFER mit PRABHU, GÜNTER ET AL. (1999, S. 13 f.).

Diese Macht basiert in vielen Fällen auf Bildung, Besitz, lokaler Autorität, informellen Hierarchien und nicht zuletzt einer politischen Lobby.[278]

Tabelle 6: Identifikation und Gewichtung der Stakeholder Trinidads

Stake-holders	DIMENSIONS						
	Proximity	Pre-existing Rights	Dependency	Indigenous Knowledge	Culture/Forest Integration	Power Deficit	*VALUE*
Private Licensees	1.33	1.89	1.22	1.44	1.56	1.67	**1.52**
Forest Workers	1.44	2.11	1.33	1.67	1.89	1.67	**1.69**
Sawmillers	1.67	1.67	1.11	1.78	1.89	2.00	**1.69**
Squatters	1.22	1.78	1.56	2.44	2.11	1.33	**1.74**
Hunters	1.78	1.56	1.89	1.89	2.00	1.67	**1.80**
Forestry Officials	1.89	1.89	1.44	1.56	1.78	2.78	**1.89**
Tanteak Co.	1.67	1.78	1.33	2.33	2.44	2.56	**2.02**
Conserva-tionists	2.11	2.11	2.33	2.00	2.22	2.22	**2.17**
Ecotourism	1.89	2.89	2.11	2.22	2.44	1.89	**2.24**
Consumers	2.56	2.44	2.33	2.67	2.56	2.33	**2.48**
National Citizens	2.44	2.44	2.56	2.78	2.89	2.44	**2.59**

[1 = hoch ... 3 = gering]
Quelle: GÜNTER (1999 a), siehe auch COLFER mit PRABHU, GÜNTER ET AL. (1999, S. 60).

---

[278] Eine Beschreibung der einzelnen Dimensionen kann COLFER, BROCKLESBY, DIAW ET AL. (1999 a, S. 19 f.) entnommen werden. Detaillierter werden sie in COLFER mit PRABHU, GÜNTER ET AL. (1999, S. 11 ff.) vorgestellt.

Mit Hilfe der Matrix werden die einzelnen Interessengruppen jeweils mit den beschriebenen Bewertungskennzeichen in Verbindung gesetzt. Um diese Methode einfach und nachvollziehbar zu gestalten, wurden die Experten gebeten, bei der Beurteilung des Zusammenhanges zwischen Gruppe und Kriterium jeweils eine Skala von 1 = hoch, 2 = mittel, 3 = gering, anzuwenden. Diese in Tabelle 6 wiedergegebenen Ergebnisse stellen Mittelwerte der Einschätzungen aller Experten und der eigenen Beurteilung dar. Das Mittel aller sechs Dimensionen pro Gruppe ist in der letzten Spalte (Value) zusammengefaßt.[279]

Es läßt einen umfassenden Vergleich der Einschätzung aller Interessengruppen zu. Mit diesem Wert kommt die Bedeutsamkeit und somit gleichzeitig die besondere Verantwortung, die speziell den wichtigsten Gruppen gegenüber erbracht werden muß, zum Ausdruck. Diesem Wert entsprechend sind die Gruppen bereits in zunehmender Folge angeordnet, was einer Verringerung der Relevanz gleichkommt. In der Diskussion mit den mitwirkenden Experten vor Ort konnte eine grundlegende Übereinstimmung mit den Ergebnissen festgestellt werden. Die Zustimmung zur erzielten repräsentativen Gewichtung von Interessengruppen wurde durch die Akzeptanz der gewählten Bewertungskriterien bestärkt.

Die sich im Rahmen des CIFOR Projekts in einer Testphase befindende *Who Counts Matrix* hat somit in Kombination mit weiteren Anwendungen an methodischem Rückhalt gewonnen. Im Nachhinein bestätigte diese Methode auch die während der Ausfahrten und teilnehmenden Beobachtung gewonnenen Erfahrungen, die besonders bei den bedeutendsten Gruppen eine Übereinstimmung hinsichtlich ihrer Abhängigkeit und Verwundbarkeit hervorbrachte. Die Konzeption der Methodik sieht keine Erklärung aller einzelnen Werte vor, vielmehr sollen dadurch Trendwerte und die situative Relevanz der Gruppen transparent gestaltet werden. Die Interpretation der Ergebnisse steht in engem Zusammenhang mit der in Kapitel 4.3 dargelegten Einteilung in direkt und indirekt betroffene Gruppen.

Wie zu erwarten, sind die von der Nutzung der Ressource direkt betroffenen Gruppen als am wichtigsten eingeordnet worden. Bei forstwirtschaftlichen Aktivitäten auf Trinidad, bei denen die genannten Interessengruppen vertreten sind, wurden die auf Basis einer Lizenzvergabe arbeitenden privaten Holzfäller (Private Licensees) als die am meisten zu beachtende Gruppe eingestuft, gefolgt von herkömmlichen Waldarbeitern sowie Sägewerkbeschäftigten und schließlich die Gruppe der Squatter als weitere wichtige Stakeholder. Den Abschluß der direkt betroffenen Stakeholder bilden Jäger. Die von der Waldnutzung indirekt betroffenen Gruppen werden von der Forstbehörde bzw. den offiziellen Vertretern und dem holzverarbeitenden TANTEAK-Konzern angeführt.

Die Angestellten beider Gruppen sind aber je nach Tätigkeitsbereich als direkt betroffene Stakeholder bei den Waldarbeitern oder Sägewerkangestellten aufgeführt.

---

[279] Statistisch betrachtet hätte im Grunde mit den jeweiligen Medianwerten gerechnet werden müssen, da es sich um ein Skalenniveau (1–3) handelt. Um die Vergleichbarkeit mit entsprechenden Anwendungen von CIFOR zu wahren, mußte aber auf den Mittelwert zurückgegriffen werden.

6.1 Ermittlung der zu untersuchenden Nutzergruppen und Forschungsgang 153

Es folgen die Gruppen Naturschützer, Tourismus, Verbraucher und an letzter Stelle im weitesten Sinn die Bürger Trinidads, die aufgrund ihrer hohen Anzahl, verbunden mit der Funktion der Erholung, szenischen Schönheit, nationales Erbe der Wälder etc. aufgenommen wurden.[280]

Wie in Kapitel 4.3.2 erläutert, sind es in vielen Fällen aber gerade die indirekt betroffenen Stakeholder, die aufgrund ihres Einflußreichtums die Bedingungen der Waldnutzung direkt betroffener Gruppen mitbestimmen. Dies gilt im besonderen für die Forstbehörde und die Interessen der staatseigenen TANTEAK, denen unter *Power Deficit* die höchsten Werte, somit also das geringste Machtdefizit, beigemessen wurden. Mit Ausnahme des Ökotourismus sind hierfür auch für die übrigen indirekt betroffenen Gruppen hohe Werte kennzeichnend.

Dem Potential des Ökotourismus wird unzureichend Rechnung getragen, seine Bedeutung ist begrenzt. Mit Ausnahme der Sawmillers ist die Machtbasis aller direkt betroffenen Gruppen gering. Besonders bei den Squattern wird ein Widerspruch der gesellschaftlichen Lage Trinidads deutlich. Trotz ihrer anhaltend waldvernichtenden Aktivitäten wird ihnen die geringste Machtbasis zugesprochen.

Als Erklärung dient die Tatsache, daß sie zur Durchsetzung ihrer 'illegalen' Ziele keiner Machtbasis bedürfen. Ihre 'Macht', insbesondere die Untätigkeit des Staates, gründet in ihrer Anzahl und der Duldung ihrer Aktivitäten, um weitere sozialen Spannungen zu vermeiden. Gerade aber aus dem zuletzt genannten Grund ist ihre Einschätzung als wichtige direkt betroffene Gruppe gerechtfertigt. Die Einteilung in direkt und indirekt betroffene Gruppen korreliert am stärksten mit *Power Deficit*.

Mit Ausnahme der Squatter und der Forestry Officials ist diese Korrelation auch unter den Kriterien *Indigenous Knowledge* und *Culture/Forest Integration* nachvollziehbar. Der eher geringen Einschätzung der Squatter steht hierbei die hohe Beurteilung der Forestry Officials gegenüber. *Dependency* wird für alle direkt betroffenen Gruppen hoch eingeschätzt, besonders Sawmillers, Private Licensees und Forest Workers müssen in diesem Zusammenhang erwähnt werden.

Auffallend ist auch die hohe Bewertung der indirekt betroffenen Gruppen TANTEAK und Forestry Officials. Durch diese Abhängigkeit wird der rein wirtschaftlichen Ertragslage des Unternehmens sowie der unmittelbaren Zuständigkeit der Forstbehörden, die demnach beide stark mit der nachhaltigen Nutzung und dem Erhalt der Wälder verbunden sind, Rechnung getragen. Jägern wird unter *Preexisting Rights* der höchste Wert zugesprochen. Während die übrigen direkt betroffenen Gruppen eher jüngere Ansprüche hegen, läßt sich die Bejagung der zur Ernährung geeigneten Fauna Trinidads auf eine lange Tradition zurückführen.

---

[280] Ein Vergleich mit anderen CIFOR Untersuchungen hat ergeben, daß die Werte < 2 als Anhaltspunkt für die Kennzeichnung direkt betroffener Gruppen [*forest actors*] stand hält. Im vorliegenden Fall kann die Forstbehörde als Institution diesen Gruppen jedoch nicht zugerechnet werden.

Verwunderlich stimmt die Tatsache, daß auch den Squattern und TANTEAK ein hoher Wert beigemessen wird. Zwar ist die Squatting Problematik bereits seit langem ein Problem auf Trinidad, jedoch ist es fraglich, daraus auch Ansprüche und Rechte geltend zu machen. Möglicherweise spiegelt sich in dieser Tatsache ein Indiz für den bereits erreichten halblegalen Status der Squatter wider. Zumindest bei TANTEAK könnte als Erklärung die Monopolstellung des Unternehmens zur Nutzung der Teakplantagen herangezogen werden. Die tatsächliche Nähe der Gruppen zu den Forstressourcen kommt durch *Proximity* zum Ausdruck. Durch ihren engen Bezug zu den Wäldern, der sich zugleich räumlich niederschlägt, erreichen auch bei diesem Bewertungsmerkmal die direkt betroffenen Gruppen die höheren Werte.

6.1.2 Auswahl der Gruppen zur weiteren Untersuchung

Anhand der in Tabelle 6 erzielten Ergebnisse wurden die von nun an im Mittelpunkt der Untersuchung stehenden Gruppen ausgewählt. Dabei mußte erstens darauf geachtet werden, daß die Akzeptanz der Gruppen, an der Erhebung teilzunehmen, vorhanden war; zweitens, ob die für die Erhebung notwendige Anzahl einzelner Gruppenmitglieder überhaupt zu erreichen ist, d.h. ob und wo sie überhaupt anzutreffen sind; und drittens, inwiefern eine Einzelbefragung allein aufgrund der zeitlichen Beschränkung überhaupt möglich ist. Dieser letzte Punkt gewann vor allem deshalb an Bedeutung, da neben den als wichtigste Gruppe eingeschätzten Private Licensees zusätzlich Angestellte von TANTEAK in die Erhebung mit einbezogen wurden. Dadurch wurde ein gruppenspezifischer Vergleich der Ergebnisse ermöglicht.

Die Besonderheit einer vergleichenden Studie liegt einerseits in der Tatsache, daß die Möglichkeit besteht, den erkannten Status sozialer Nachhaltigkeit zweier unmittelbar betroffener Stakeholdergruppen miteinander in Beziehung zu setzen. Außerdem handelt es sich hierbei um die am bedeutendsten eingestuften Interessengruppen, was der Interpretation der Ergebnisse und der abschließenden Bewertung einen zusätzlichen Gehalt verleiht. Andererseits muß man sich folgender Ausgangssituation bewußt sein: Bei beiden Gruppen liegt eine hohe soziale Relevanz vor, beide verrichten als Holzfäller bzw. Waldarbeiter identische Tätigkeiten.

Die Vorzeichen, unter denen diese Beschäftigung aber stattfindet, könnten unterschiedlicher kaum sein. Während Private Licensees als private, selbständige Holzfäller auf Basis einer von der Forstbehörde verliehenen Lizenz mit einer vorgegebenen Einschlagsmenge arbeiten, handelt es sich bei den Tanteak Workers um angestellte Holzfäller eines staatseigenen Großkonzerns, der das Monopolrecht auf die Nutzung der qualitativ hochwertigen Teakplantagen besitzt. Dieser Umstand ist für die Interpretation der angewandten Kriterien und Indikatoren zusätzlich von großem Belang. Dessen ungeachtet wurden die sozialen Richtlinien für beide Gruppen gleichwertig angewandt, auch um festzustellen, inwieweit eine durch

6.1 Ermittlung der zu untersuchenden Nutzergruppen und Forschungsgang   155

gleichgestellte Indikatoren ermittelte Situation unterschiedlicher Stakeholder einem Vergleich überhaupt standhalten kann.[281]

Private Licensees (PL)
Mit jeweils sehr hohen Bewertungen und den für *Indigenous Knowledge* und *Culture/Forest Integration* erzielten Höchstwerten wurde den lizenzabhängigen privaten Holzfällern in der Zusammenschau aller Ergebnisse der höchste Stellenrang beigemessen. Aufgrund dieser Tatsache konnten sie bei der Anwendung sozialer Kriterien und Indikatoren nicht außer acht gelassen werden. Der Untersuchung zugute kam der Umstand, daß sie sich als *Nariva Mayaro Woodworkers Cooperative* organisieren. Durch mehrere Gespräche und Treffen mit deren Vorsitzendem Clarence De Grilla und dem sich entwickelnden persönlichen Kontakt wurde schließlich die Bereitschaft zur Partizipation an der Untersuchung bekundet.

Aufgrund deren individueller Arbeitsweise und Verteilung im Untersuchungsgebiet mußten aber Einzelbefragungen in Kauf genommen werden. Auch wenn dies den Zeitdruck erhöhte – im Vordergrund stand die Erfassung der Gruppe aufgrund ihrer hohen sozialen Relevanz. Diese gründet nicht nur in der Tatsache, daß PL bereits seit Generationen die jetzige Tätigkeit ausüben, was sie für die Einschätzungen nachhaltiger Gerechtigkeit zwischen Generationen besonders wertvoll macht. Vielmehr gilt es auch zu untersuchen, wie sich deren Rückgang von über 1600 Erwerbstätigen zu Beginn der 80er Jahre auf heute nurmehr 400 erklären läßt.[282] Unter Kontrolle der Forstbehörde arbeiten die PL in einem Waldbausystem *(silvicultural system)*, das die selektive Nutzung des natürlichen Bestands an Mora *(Mora excelsa / seasonal evergreen forest)* auf 500 ft^3 pro erteilter Lizenz beschränkt.[283] Es dürfen jedoch nur die Bäume genutzt werden, die zuvor durch Förster anhand einer Markierung zum Einschlag freigegeben wurden.

Als Rundhölzer weiterverarbeitet, erzielen PL ihren Gewinn, indem sie Abnehmer unter Privatleuten oder Sägewerkbetreibern finden. Pro Lizenz ist eine Gebühr an die Forstbehörde zu entrichten, die vom Gewinn abgezogen werden muß. Die genaue Ertragslage wird in Kapitel 5.3.2 näher beschrieben. Das gesamte Bewirtschaftungsgebiet ist in Blöcke mit einer variierenden Größe zwischen 400 bis 800 *acres* (ca. 162 bis 324 ha / 1 acre = 0,4047 ha) eingeteilt. Jeder Block wird je nach Zustand zur Exploitation für höchstens zwei Jahre geöffnet und bleibt danach für 30 Jahre, die der Regeneration dienen, von der Nutzung ausgeschlossen.

Mit dieser langfristigen, periodisch wiederkehrenden Nutzung konnte eine nachhaltige Sekundärwaldbewirtschaftung erreicht werden.[284] Seit der Einführung des Systems im Jahr 1948 unter Leitung der englischen kolonialen Forstbehörde konnte es

---

[281] Vgl. GÜNTER (1999 b) sowie GÜNTER (1999 c).
[282] Vgl. REPUBLIC OF TRINIDAD AND TOBAGO (1989, S. 27).
[283] Ein ft^3 (cubic foot) entsprechen 0,0283 m^3. Eine Lizenz umfaßt somit lediglich 14,15 m^3.
[284] Ausführliche Beschreibungen dieses *Periodic Block Systems* in Kombination mit dem Lizenzverfahren können GOVERNMENT OF TRINIDAD AND TOBAGO (1988, S. 25 ff.) entnommen werden.

seine naturnahe Bewirtschaftungspraxis unter Beweis gestellt. Im Gegensatz dazu hat sich, wie die kommenden Kapitel zeigen werden, die sozioökonomische Lage der PL verschlechtert. Eine Einteilung des Untersuchungsgebiets nach Blöcken wird in Abbildung 13 gezeigt. Das Arbeitsgebiet der befragten PL erstreckte sich zum Zeitpunkt der Untersuchung in den angrenzenden Blöcken 1, 2 und 7 (zentraler, nördlicher Bereich des Kartenausschnitts).

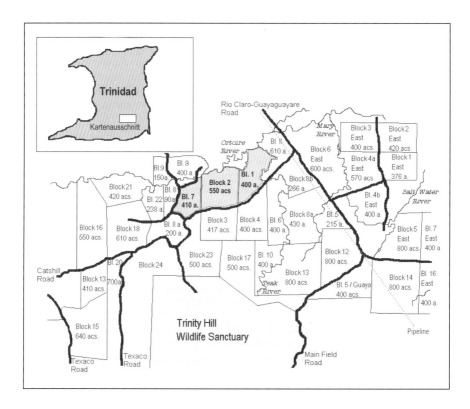

Abb. 13: Periodic Block System im Untersuchungsgebiet der PL
Quelle: Eigener Entwurf nach Unterlagen der FORESTRY DIVISION
(Ministry of Agriculture, Land and Marine Resources).

TANTEAK Workers (TW)
Durch die bereits im Vorfeld gepflegten Kontakte zum TANTEAK Management, eröffnete sich die Chance einer weiteren Befragung unter den Beschäftigten des Unternehmens. Durch diesen Umstand war es möglich, eine vergleichende Studie zwischen unmittelbar betroffenen Interessengruppen durchzuführen, denn die Beschäftigten des Unternehmens wurden je nach Tätigkeit, wie bereits in Kapitel 6.1.1 erwähnt, unter direkt betroffenen Gruppen als Forest Workers bzw. Sawmil-

6.1 Ermittlung der zu untersuchenden Nutzergruppen und Forschungsgang 157

lers eingestuft. Durch die Kontakte zur Managementebene des Unternehmens konnten Zusammenkünfte arrangiert werden, um den Fragebogen jeweils an die Anzahl der vorhandenen Arbeiter zu verteilen, was den Fortgang der Gesamterhebung wesentlich erleichterte und beschleunigte.

Aufgrund der Beschäftigung bei einem regierungseigenen Unternehmen genießen TW eine Reihe von sozialen Vorzügen, die zudem durch eine gewerkschaftliche Interessenvertretung gefestigt werden. Ein festes Einkommen, bezahlte Urlaubs- und Krankheitstage, Altersversorgung, medizinische Untersuchungen, Schutzbekleidung etc. sind nur einige der grundlegenden Unterschiede, die von vornherein zwischen TW und PL dargelegt werden müssen, um die Ergebnisse der Studie zuverlässig einschätzen zu können. Insofern herrscht innerhalb von TANTEAK auf den ersten Blick ein hoher internationaler Standard, was die Arbeitsverhältnisse anbelangt. Die vordergründigen Rahmenbedingungen einer sozialen Nachhaltigkeit sind somit weitaus günstiger als bei PL. Wie aber in Kapitel 6.4 gezeigt wird, muß damit nicht gleichzeitig ein nachhaltiges Verhältnis zwischen Mensch und Ressource verbunden sein.

6.1.3 Durchführung der Erhebung

Die Einbettung der Erhebung in das Gesamtkonzept der Studie wird bereits eingehend unter dem Kapitel Methodische Vorgehensweise zu Beginn der Untersuchung dargelegt, so daß im folgenden eine Konzentration auf die konkrete Ausführung der Befragung im Vordergrund steht. Nachdem die Identifikation und Bewertung der Interessengruppen in Zusammenarbeit mit Experten ungefähr einen Monat (September 1997) in Anspruch nahm und durch eine mehrwöchige Kontaktaufnahme mit den zu untersuchenden Gruppen ergänzt wurde, konnte mit der Durchführung der Erhebung begonnen werden.

Als erste Gruppe wurden PL befragt. Dabei mußte in Kauf genommen werden, daß die Erhebung während der Regenzeit stattfand, was zwei Nachteile mit sich brachte: Die Unzugänglichkeit des Gebiets wurde stark erhöht, außerdem mußten die PL um so mehr die regenfreie Zeit zum Arbeiten nutzen, was deren Verfügbarkeit einschränkte. Oftmals standen die Gebiete tagelang unter Wasser, bevor sie wieder begehbar waren. Aufgrund der harten körperlichen Arbeit befanden sich unter den PL sowie TW ausschließlich Männer. Wie bereits erwähnt, leben heutzutage noch insgesamt 400 Familien hauptsächlich vom Erwerb als PL.

Im Untersuchungsgebiet sind derzeit 205 PL tätig. Im Rahmen einer Zusammenkunft und Vorabinformation in Zusammenarbeit mit dem Vorsitzenden der *Nariva Mayaro Woodworkers Cooperative* (NMWC) Clarence de Grilla, wurden die Anwesenden von Sinn und Zweck der bevorstehenden Erhebung unterrichtet. Während der Pretest-Phase konnten nicht nur Unzulänglichkeiten des Fragebogens erkannt werden, sondern es mußte festgestellt werden, daß die Lese- und Schreibkompetenz der Zielgruppe nur schwerlich den Anforderungen des Fragebogens gerecht wurde. Aus diesem Anlaß mußten Einzelbefragungen in Form von Interviews durchgeführt werden, die sich strikt an die Vorgaben des standardisierten Fragebogens richteten. Bei dieser stark strukturierten Interviewsituation wurden die Ergebnisse vom Erhebenden anhand der Vorgaben des Fragebogens festgehalten.[285]

Um eine Gleichheit der Interviewsituation zu erzielen und unterschiedliche Interpretationsvorgaben auszuschließen, erfolgte jeweils eine festgelegte Fragestellung anhand des Fragebogens. Hierbei waren auch die entsprechenden Antwortvorgaben mit eingeschlossen. Pro PL mußte eine Zeit von 1,5–2 Stunden veranschlagt werden. In Anbetracht der Abgelegenheit der Arbeitsstätte, der Unzugänglichkeit des bewaldeten Gebiets und der Einzelinterviews konnten pro Tag je nach Anzahl der angetroffenen Arbeiter höchstens 4 PL befragt werden. Trotz zuvor getroffener Vereinbarungen wurden oftmals keine PL vorgefunden. Vor jeder Befragung wurde noch einmal auf den Anlaß der Studie hingewiesen und das Einverständnis zur Teilnahme erbeten.

Insgesamt verweigerten acht PL die Partizipation an der Erhebung, was zum Teil auf Probleme innerhalb NMWC zurückzuführen ist, da sich nicht alle PL von diesem Zusammenschluß vertreten sehen. In wenigen Fällen fand eine Ablehnung aufgrund individuellem Desinteresse statt. In einem Zeitraum von drei Monaten (Okt.'97–Dez.'98) konnten schließlich 50 PL befragt werden. Die Erhebung gleicht einer Stichprobe mit einer einfachen Zufallsauswahl, da, wie erwähnt, hauptsächlich die PL befragt werden mußten, die bei der Ausübung ihrer Arbeit im Wald angetroffen werden konnten. Dieser Aufenthalt der PL erstreckt sich oft über mehrere Wochen. Während der Zusammenkunft wurde dies als die beste Möglichkeit erachtet, um sie individuell befragen zu können, da sie sich nur für kurze Zeit und in unregelmäßigen Abständen bei ihren Familien in den umliegenden Dörfern aufhalten.

Aufgrund der geschilderten Erschwernisse und der von den Vereinten Nationen auf ein halbes Jahr angesetzten Feldforschung erfolgte die Einsicht, daß der bereits erhobenen Stichprobe keine weiteren PL hinzugefügt werden können. In Anbetracht der Tatsache, daß CIFOR pro Testmethode jeweils nur 10–15 Vertreter einer Interessengruppe berücksichtigt, ist diese erhobene Teilnehmerzahl zudem als durchaus ausreichend einzustufen.[286] Die dem CIFOR und der eigenen Untersuchung zugrundeliegenden Vorgehensweise erschließt sich dabei weniger aus einer quantitativ hohen Erhebungsrate als vielmehr aus der qualitativen Bedeutsamkeit der untersuchten Stakeholdergruppe, die durch die vorausgehende Identifikation anhand der dargelegten Bewertungskriterien erfolgte. Es wurde dennoch darauf geachtet, daß die Stichproben einen für die Gruppen der PL und TW typischen Charakter be-

---

[285] SCHNELL, HILL und ESSER (1995, S. 301) sprechen in diesem Zusammenhang von einem standardisierten Einzelinterview. Standardisierung und weitestgehende Neutralität des Interviewers als reinem Übermittler von Fragen bilden den Kern dieser Methode.
[286] Vgl. COLFER, BROCKLESBY, DIAW ET AL. (1999 a & b). Da es sich sowohl bei PL als auch TW um zahlenmäßig überschaubare Gruppen handelt, steht prinzipiell eine Vergrößerung der Stichprobe keinesfalls in Zusammenhang mit einer exakteren Aussage der Ergebnisse; vgl. FRIEDRICHS (1990, S. 144) sowie DIEKMANN (1995, S. 416). SCHNELL, HILL und ESSER (1995, S. 255) weisen sogar darauf hin, daß die Ergebnisse von Stichproben oftmals genauer sein können, als die Ergebnisse von Vollerhebungen.

6.1 Ermittlung der zu untersuchenden Nutzergruppen und Forschungsgang 159

sitzen. Mit Hilfe nachhaltig sozialverträglicher Indikatoren soll das Auffinden von Allgemeinem innerhalb der besonderen Gruppe der PL, sowie auch später innerhalb der besonderen Gruppe der TW, gelingen. Erwähnt werden muß ebenso die Tatsache, daß das Arbeits- und Leistungspotential im Rahmen einer Einzelerhebung beschränkt war und durch die unvorhergesehenen Schwierigkeiten der PL im Umgang mit dem Fragebogen erheblich belastet wurde.

Die verbleibende Zeit des Forschungsaufenthalts galt der Erhebung unter TW. Durch die Arbeitsorganisation innerhalb TANTEAK war es möglich, Treffen mit jeweils 5–10 Arbeitern zu organisieren. Ihnen wurde der Fragebogen ausgeteilt und nach seiner Fertigstellung eingesammelt. Während dieser Zeit konnte auf Fragestellungen der TW eingegangen werden. Diese Technik, bei der darauf geachtet werden muß, daß die Bögen auch individuell ausgefüllt werden, ist im Vergleich zur Einzelbefragung von großem zeitlichen Vorteil.

Der Befragungstypus mußte gewählt werden, da die vereinbarte Zeit von jeweils ca. 1–1,5 Stunden auf Kosten der Arbeitszeit, d.h. der Effektivität des Unternehmens ging. Dem Wunsch des Unternehmens wurde entsprochen, die Befragung wegen geringerer Arbeitsauslastungen hauptsächlich an Freitagen durchzuführen. Die Nachsicht der Vorgesetzten sei an dieser Stelle hervorgehoben. Bei insgesamt sieben Zusammenkünften konnten 59 TW befragt werden. Der Nachteil dieser Methode bestand darin, daß sich von dieser Anzahl insgesamt 16 als völlig unbrauchbar erwiesen. Die Gründe hierfür liegen wie bei PL in einem schleichenden Analphabetentum. Zusätzlich kam es zu Fällen, bei denen einige Fragen ausgelassen wurden, oder bei denen nicht genügend Zeit zur Fertigstellung vorhanden war.

Nach Rücksprache mit dem Management mußte also eine Nacherhebung stattfinden, um zumindest die im Vergleich zu den PL erzielte Zahl von 50 Befragten zu erreichen, so daß insgesamt ein Zeitraum von ca. 2 Monaten (Jan–Feb. '98) für die Erhebung unter TW aufgewandt wurde.[287] Letztendlich konnte auf diesem Wege eine mit den PL übereinstimmende Anzahl an TW erhoben werden, womit sich die Aussagekraft der untersuchten Kriterien und Indikatoren auf insgesamt 100 Vertreter der wichtigsten Stakeholdergruppen stützt. In Anlehnung an die Methodik CIFORs wurde darauf geachtet, daß die Gruppen jeweils durch dieselbe Anzahl an Befragten repräsentiert werden.

An dieser Stelle sei eine betriebsinterne Besonderheit von TANTEAK erwähnt, die eine weitere Unterteilung von Interessengruppen ermöglicht. Zum Unternehmen zählen zwei große Sägewerkeinheiten. Die dort beschäftigten Arbeiter nehmen laut Tabelle 6 den drittwichtigsten Rang direkt betroffener Stakeholder ein. Diesen Umstand machte sich die Untersuchung zunutze. Die Erhebung wurde deshalb jeweils zur Hälfte unter Waldarbeitern als auch unter Sägewerkbeschäftigten TANTEAKs durchgeführt. Aufgrund ihres Arbeitsverhältnisses bei einem regierungseigenen Betrieb und den sich daraus ergebenden hohen sozialen und arbeitsrechtlichen Vor-

---

[287] Nach Angaben des Managements sind insgesamt 153 Mitarbeiter als Waldarbeiter und als Sägewerkangestellte beschäftigt.

zügen (siehe TW, Kapitel 5.1.2) werden sie aber in der Auswertung der Ergebnisse als einheitliche Gruppe erfaßt. Wo die Auswertung der Indikatoren aber divergierende, gruppenspezifische Unterschiede aufdecken, werden diese getrennt voneinander dargestellt und interpretiert.

6.2 Charakterisierung der sozialen Struktur und Lebensumstände der Zielgruppen

Eine Untersuchung sozialer Kennzeichen der beiden erfaßten Zielgruppen steht im Zentrum der nun folgenden Ausarbeitung. Ziel ist es, im Vorfeld der weiterführenden bewirtschaftungsspezifischen Auswertung ab Kapitel 6.3, relevante soziale Gemeinsamkeiten und Unterschiede von PL und TW zu erarbeiten, die auch für die Interpretation der weiteren Ergebnisse von Bedeutung sind. Dabei wird neben demographischen und sozioökonomischen Merkmalen auch Lebenswandel und Lebensstandard der erhobenen Gruppen ermittelt. Hierzu werden unter anderem klassische Sozialindikatoren hinzugezogen. Wie bereits an anderer Stelle erwähnt, können auch sie bei Untersuchungen im Rahmen nachhaltiger Entwicklung eine bedeutende Rolle spielen. Anhand bestimmter Kennzeichen sollen die für Trinidad als wichtig empfundenen Eckpunkte sozialer Entwicklung in den Vordergrund treten. Die Auswahl der verwendeten Indikatoren wurde in Absprache mit ECLAC und CDCC gewählt.[288]

Im Mittelpunkt dieser Vorauswertung stehen zwei Überlegungen: Es sollen erstens mit der Charakterisierung der Zielgruppen zusätzliche soziokulturelle und ökonomische Hintergrundinformation geliefert werden, die wiederum eine bessere Einordnung und Interpretation der in Kapitel 6.3 angewandten Indikatoren in Zusammenhang mit den forstlichen Tätigkeiten der Gruppen erlaubt. Zweitens dient die Voruntersuchung – in der Zusammenschau aller Ergebnisse – letztendlich auch der Fragestellung, inwieweit eher konventionelle Sozialindikatoren für die Bewertung der nachhaltigen Sozialverträglichkeit eines Bewirtschaftungssystems herangezogen werden können.

6.2.1 Ethnien / Religionszugehörigkeit

Aufgrund der bereits in Kapitel 5.1 aufgezeigten ethnischen und religiösen Vielfalt Trinidads, darf sich eine Charakterisierung der untersuchten Stakeholder anhand dieser Merkmale nicht verschließen, zumal unter dem Gesichtspunkt der Intra- und Inter-Generationen-Gerechtigkeit wesentliche Kriterien, wie die gleichberechtigte Behandlung unterschiedlicher Ethnien, Religionen aber auch Altersgruppen oder Geschlecht, einer Überprüfung unterzogen werden müssen.[289]

---

[288] Mit Unterstützung von deren Vertretern Lancelot Busby und Donatus St. Aimée wurde der Fragebogen um soziale Attribute erweitert, die auch in den Untersuchungen der genannten Organisationen maßgebend sind.
[289] Vgl. Kapitel 6.3.4 und 6.3.5.

6.2 Charakterisierung der sozialen Struktur und Lebensumstände der Zielgruppen 161

In diesem Zusammenhang stehen die Ausführungen der folgenden Kapitel. Die beiden Aspekte der ethnischen und religiösen Zugehörigkeit werden bewußt in einen Zusammenhang gesetzt, da sie einen unmittelbaren Einblick in die soziokulturelle Vielschichtigkeit der Gesellschaft Trinidads bieten.[290]

In deutlicher Form spiegeln die untersuchten Gruppen die erwähnte Diversität, selbst innerhalb der eigenen Gruppe, wider. In Übereinstimmung mit den dominierenden ethnischen Gruppen der Insel werden sowohl PL als auch TW von Individuen indischer und afrikanischer Abstammung (*Afro-Trinidadians*) und Mischlingen (*Afro-Indians*) vertreten. Jeweils 52 % der Befragten beider Gruppen waren indischer Herkunft. *Afro-Trinidadians* bildeten 28 % der PL und 20 % der TW, während in umgekehrter Weise 20 % der PL und 28 % der TW Mischlinge waren. Diese beinahe symmetrische Verteilung des ethnischen Ursprungs der Befragten versinnbildlicht vor allem die ländliche Zusammensetzung der Bevölkerung. Auffallend ist der hohe Anteil an Indern des ländlichen Raums. Hierfür sind zwei Gründe ausschlaggebend.

Nach der Abschaffung der Sklavenhaltung drängten die befreiten Menschen afrikanischer Abstammung vermehrt in die Städte bzw. in deren Einzugsgebiet, während die aus Indien einströmenden Vertragsarbeiter hauptsächlich in den Kaffee- und Kakaoplantagen des ländlichen Raumes Beschäftigung fanden. Dort sind sie bis heute überproportional vertreten, zumal sie auch nach dem Niedergang der großen Plantagenwirtschaft in den betreffenden Gebieten ansässig wurden. Dennoch muß ein weiterer Grund herangezogen werden, mit dem zusätzlich die starke Präsenz der Inder im Forstsektor erklärt werden kann.

Die soziokulturelle Beziehung der Inder mit der Nutzung der Forstressourcen ist um ein Vielfaches höher, als dies beispielsweise bei Trinidadern afrikanischer Herkunft der Fall ist. Wie das Beispiel des Taungya-Agroforst-Systems zeigt, wurde mit der indischen Einwanderungswelle auch das Wissen einer bereits mit forstlichen Nutzungssystemen vertrauten Bevölkerung nach Trinidad eingeführt.[291] Die im Vergleich zu den *Afro-Trinidadians* größere Identifikation mit dem Forstsektor als Nutzungs- und Beschäftigungsgrundlage setzt sich bis heute fort. Die unter PL und TW erfaßten Vertreter ethnischer Gruppen sind ausschließlich Inder und Afrotrinidader oder Mischlinge aus diesen beiden Ethnien. Das untersuchte Berufsfeld scheint besonders von diesen Gruppen besetzt zu sein. Es sei jedoch daran erinnert, daß eine Vielzahl weiterer Ethnien für Trinidad kennzeichnend sind. Diese sind zum Großteil in den Städten ansässig und bilden dort – im Fall der Nachfahren von Europäern – die Oberschicht.

---

[290] Eine detaillierte sozialwissenschaftliche Untersuchung der Gesellschaftsstruktur Trinidads, ausgehend von einem Vergleich zwischen Menschen afrikanischer und indischer Abstammung, kann LÖBER (1976) entnommen werden.
[291] Dieser Umstand läßt sich auch in der personellen Besetzung der Forestry Division, sowie bei den Führungskräften von TANTEAK nachweisen. Beide indirekt betroffenen Hauptakteure des Forstsektors Trinidads werden überwiegend von Angehörigen indischer Herkunft geleitet.

Der erste Einblick der ethnischen Zusammensetzung der untersuchten Gruppen soll durch deren Religionszugehörigkeit ergänzt werden. Wie überaus mannigfaltig die Kombinationsmöglichkeiten ausfallen können, gewährt eine Betrachtung allein anhand der drei bereits erfaßten ethnischen Hauptvertreter. Da sich keine wesentlichen Unterschiede in der Religionszugehörigkeit zwischen PL und TW feststellen ließen, beinhaltet Tabelle 7 einen Gesamtüberblick aller Befragten, in der die erwähnte soziokulturelle Vielfalt zum Ausdruck kommt.

Tabelle 7: Religionszugehörigkeit gegliedert nach ethnischer Abstammung (in %)

	Katholik	Anglikaner	Protestant	Baptist	Hindu	Moslem	Seven Day Advent[292]	Andere
Inder	3,8	-	3,8	1,9	50	21,2	7,7	11,6
Afro-Trinidanians	16,7	20,8	8,3	29,2	-	12,5	8,3	4,2
Afro-Inder	33,3	-	4,2	4,2	8,3	20,8	4,2	25

Quelle: Eigene Erhebung, 1997/98.

6.2.2 Altersstufen und Beschäftigungsdauer

Ein markanter Unterschied beider Interessengruppen wird durch die Untersuchung der Altersstruktur deutlich. Der Mittelwert für TW erreicht 33,7 Jahre, während unter PL ein mittleres Alter von beinahe 50 Jahren (49,2) festzustellen ist. Der älteste TW war 52 Jahre alt, 76 Jahre der älteste PL. Insgesamt waren 46 % der PL älter als der älteste TW. Sogar 8 % der PL hatten das siebzigste Lebensjahr überschritten. Die erkannte Differenz in der Altersstruktur beider Gruppen ist zum einen auf das Pensionsalter unter TW, das spätestens mit dem sechzigsten Lebensjahr beginnt, zurückzuführen.[293]

Zum anderen ist die hohe Präsenz von PL auch in diesen Altersstufen ein Anzeichen dafür, daß die Abhängigkeit von der Nutzung der Forstressourcen für diese Interessengruppe auf Lebenszeit besteht. Unzureichende Absicherungen und zu geringe Rücklagen sind für manche PL Gründe, die sie zwingen, ihrer Tätigkeit trotz des hohen Alters, weiterhin nachzugehen. Es zeigt sich bereits hier eine kurzzeitig dominante Wirtschaftsweise, die jeweils vom direkten täglichen Verbrauch des Ertrags einer Lizenz gekennzeichnet ist. Zudem gesellen sich mangelnde gewerbliche Alternativen vornehmlich mit steigendem Alter hinzu.

---

[292] Ländlich verbreitete Glaubensrichtung christlichen Ursprungs.
[293] Zusätzlich zu den Leistungen der *National Insurance* werden ab diesem Zeitpunkt Vergütungen in Abhängigkeit zu der Anzahl an gearbeiteten Jahren als Arbeitnehmer von TANTEAK gezahlt.

6.2 Charakterisierung der sozialen Struktur und Lebensumstände der Zielgruppen

Es sei an dieser Stelle gleichzeitig an die Mühsal der harten Arbeit besonders für die älteren PL verwiesen. Tabelle 8 widmet sich der Altersstruktur beider Gruppen.

Tabelle 8: Altersstruktur pro Interessengruppe (Altersklassen in %)

Alter	< 26	26 – 35	36 – 45	46 – 55	56 – 65	> 65	Mittelwert	Min. Alter	Max. Alter
PL	4	26	12	18	22	18	49,2	24	76
TW	14	46	32	8	–	–	33,7	18	52

Quelle: Eigene Erhebung, 1997/98.

Hierzu sei noch zusätzlich folgende Auswertung erwähnt: Keiner der TW gab an, eine Arbeitserfahrung von mehr als 20 Jahren zu besitzen; exakt 50 % aller PL hingegen üben ihre Tätigkeit nach eigener Auskunft seit mehr als 20 Jahren aus, 20 % seit mehr als 30 Jahren und 18 % sogar seit über 40 Jahren. Ein Zusammenhang mit den Anteilen der Altersklassen ist offenbar. Diese Zahlen sind ein eindeutiger Beleg für die in Tabelle 6 erfaßten Kriterien *Indigenous Knowledge* und *Culture Forest Integration*, bei denen PL jeweils die höchsten Werte aller Interessengruppen erreichen.

Die Bedeutung dieser Kriterien für PL wird durch eine weitere Untersuchung nachgewiesen: 74 % aller befragten PL gaben an, bereits vor ihrer offiziellen Tätigkeit als PL, Erfahrungen in der Forstbewirtschaftung gesammelt zu haben; allein 64 % davon führten die zuvor erworbene Sachkenntnisse auf ihre Mithilfe bei anderen PL, meist dem Vater und nahen Verwandten, zurück. Im Gegensatz dazu besaßen unter den TW 54 % keinerlei Erfahrungen in der Forstwirtschaft vor ihrer Einstellung bei TANTEAK. Der Großteil der erfahreneren TW-Arbeiter (24 %) bezog seine Kenntnisse aus früheren Gelegenheitsjobs.

6.2.3 Schulbildung

Zusätzlich zu den direkt gewonnenen Daten gewährte die Durchführung der Erhebung weitere Einblicke in die Lebensumstände der Zielgruppen. Wie bereits in Kapitel 6.1.3 dargelegt, wurde in mehreren Fällen die Befragung bzw. das selbständige Ausfüllen der Fragebögen durch eine eingeschränkte Lese- und Schreibfähigkeit in beiden Gruppen behindert. Um eine tiefergehende Einsicht zu erhalten, wurde auch der Indikator Schulbildung für beide Zielgruppen mit aufgenommen. Aufgrund der bereits im Vorfeld festgestellten Divergenzen sollen eventuelle Rückschlüsse anhand dieses sozialen Merkmals ermöglicht werden. Die gewonnenen Daten dienen als Trendwerte, mit denen schließlich eine Verschiedenheit zwischen beiden Stakeholdern aufgezeigt werden kann. Die Ermittlung des Schulabschlusses ergibt eine sichtbar höhere Bildung unter TW. Die in Tabelle 9 aufgezeigten Abschlüsse weisen Quoten jeweils zugunsten von TW auf.

Auffällig ist die hohe Anzahl von PL, die lediglich auf einen Grundschulabschluß verweisen kann. Beinahe die Hälfte aller TW besitzt aber mindestens einen Hauptschulabschluß. Auch weiterführende Schulen wurden nur von dieser Gruppe besucht.[294]

Bei einem Vergleich der einzelnen Gruppen mit dem gesamtnationalen Wert für Trinidad und Tobago wird die erkannte Ungleichmäßigkeit zusätzlich untermauert. Obwohl beide Gruppen den nationalen Wert für keinerlei Schulbildung unterbieten, sind PL mit Grundschulabschluß überproportional vertreten – jedoch bei Haupt- und Realschulabschlüssen deutlich unterrepräsentiert. Der umgekehrte Fall trifft für TW zu, im nationalen Vergleich liegen sie unter der Quote für Grundschulabschluß, aber über der Quote, die nationale Haupt- und Realschulabgänger wiedergibt. Wie die Erfahrungen im Verlauf der Untersuchung für beide Gruppen zeigen, kann der Besuch einer Grundschule nicht darüber hinwegtäuschen, daß es nicht doch zur Ausbildung erheblicher Lese- und Schreibschwächen kommen kann. Eine genauere Betrachtung unter beiden Gruppen hat ergeben, daß mit steigendem Alter eine geringere Bildung, sprich ein niedrigerer Schulabschluß einhergeht.

Tabelle 9: Höchste Schulbildung (%)

	keine	Primary School [Grundschule]	Secondary School [Haupt/Realschule]	Trade/Technical School [weiterführende Schule]	Andere[295]
PL	8	72	20	–	–
TW	4	38	48	10	–
Trinidad & Tobago	11	47,8	34,2	n.n.	6,9

Quelle: Eigene Erhebung, 1997/98 & ECLAC/CDCC 1995.

Auch die Befragten, die keinerlei Schulbildung aufweisen konnten, sind jeweils in den hohen Altersklassen beider Gruppen aufzufinden. Umgekehrt sind die Befragten mit höherem Abschluß in den jeweils jüngeren Altersklassen vertreten. Dies ist sowohl für PL als auch TW der Fall.

---

[294] Interessanterweise konnte bei einer Hinzuziehung der ethnischen Herkunft festgestellt werden, daß es sich bei den TW, die eine weiterführende Schule besucht hatten, ausschließlich um Inder handelt. Ansonsten ist eine gleichmäßige Verteilung festzustellen. Um nicht spekulativen Folgerungen zu verfallen, soll dieser Umstand lediglich erwähnt werden. Es sei auch im Vergleich zu anderen Ethnien an die überproportionale Präsenz Menschen indischer Abstammung erinnert.
[295] Dieser Wert setzt sich aus mehreren Variablen, die im Falle von PL und TW nicht relevant sind, zusammen: Nursery (2,9 %), Non Stated (1,2 %), Other (0,9 %), University (1,9 %).

6.2 Charakterisierung der sozialen Struktur und Lebensumstände der Zielgruppen 165

Vor allem für PL, so hat es den Anschein, steht nach Abschluß der Grundschule eine weitere Bildungsalternative nur in geringem Umfang zur Verfügung. Sie wachsen in einem gesellschaftlichen Umfeld auf, indem sie erstens: Angehalten werden, ihre Arbeitskraft zum Lebensunterhalt der Familie zu nutzen, und zweitens: Ist es außerdem aufgrund der Anpassung an das britische Schulsystem und der Gebührenpflicht nur in den wenigsten Fällen möglich, höhere Schulen zu besuchen. Bereits in Kapitel 6.2.2 konnte aufgezeigt werden, daß viele von ihnen bereits seit ihrer Jugend als Hilfskräfte für die eigene Familie oder nahe Verwandte bei der Nutzung der Forstressourcen mit einbezogen werden.

6.2.4 Squatting

In unterschiedlichen Zusammenhängen wurde bereits an mehreren Stellen auf die prekäre Situation der illegalen Landnahme auf Trinidad zum Zwecke der Errichtung einer Behausung und/ oder der landwirtschaftlichen Nutzung der besetzten Fläche hingewiesen. Eine Charakterisierung der sozialen Struktur und Lebensumstände der im Mittelpunkt der Untersuchung stehenden Zielgruppen kann diese für das Untersuchungsgebiet bedeutenden Thematik nicht ausklammern. Obwohl die Squatter bei der Identifikation der für Trinidad relevanten Interessengruppen aufgrund ihrer großen Anzahl als eigenständige Einheit betrachtet wurden, bestand Gewißheit darüber, daß sie in einer Reihe der übrigen Stakeholdergruppen präsent sind. Da diese Tatsache von vornherein nicht auszuschließen war, widmet sich Kapitel 6.2.4 der Fragestellung, inwieweit die Squattingproblematik auch innerhalb der beiden offiziell legal agierenden Zielgruppen PL und TW von Bedeutung ist. Anhand einiger Eckdaten lassen sich die Auswirkungen der aktuellen Squattingproblematik auch innerhalb der Zielgruppen schnell erfassen. Insgesamt bestätigten 26 % der PL und 24 % der befragten TW, daß sie Squatting betreiben.

Da beide Gruppen ihren Lebensunterhalt durch die Nutzung der Forstressourcen unter Aufsicht der Forstbehörde bzw. als Arbeitnehmer TANTEAKs, und somit legal bestreiten, handelt es sich bei der von ihnen durchgeführten Art der illegalen Flächennutzung ausschließlich um *residential squatting*, um zuerst eine Unterkunft und in der Folge ein Haus zu errichten. Das ökologisch weitaus gefahrvollere aus landwirtschaftlichem Interesse betriebenen *agricultural squatting* wird von ihnen nicht ausgeübt. Auffallend ist die anteilsmäßige Korrelation zwischen beiden Gruppen, die ca. ein Viertel der Vertreter beider Stakeholder als Squatter ausweist.Die für Trinidad charakteristischen diffusen Besitzverhältnisse und Nutzungsrechte zeigten sich auch in den Aussagen der Squatter, die in den seltensten Fällen Auskünfte über den tatsächlichen Eigentümer erteilen konnten.

Eine weitere Parallele zwischen beiden Gruppen ergab eine Auswertung in bezug auf die Altersklassen der Squatter. Zusammengefaßt entstammen beinahe die Hälfte (48 %) aller Squatter der Altersgruppe der 26- bis 35-jährigen.[296]

---

[296] PL sind in dieser Altersstufe mit 46 % vertreten, während 50 % der TW Squatter dieser Gruppe zuzuordnen sind.

Die restlichen Anteile sind bei PL pro Alter annähernd einheitlich verteilt, während bei TW auch unter den 36- bis 45-jährigen weitere 42 % aller Squatter anzutreffen sind. Zwar sind die PL-Squatter in den höheren Altersklassen ein Anzeichen dafür, daß das Problem bereits seit längerer Zeit existiert, jedoch kennzeichnen die überproportional in den jüngeren Stufen vertretenen Squatter das Konfliktpotential der aktuellen Situation wie sie in Kapitel 5.3.3 geschildert wird.

Diese zunehmenden Spannungen kommen auch in der folgenden Betrachtung zum Ausdruck. Die Selbstverständlichkeit und Unbekümmertheit, mit der Squatter zum derzeitigen Augenblick ihre Aktivitäten durchführen, spiegelt sich in den nachstehenden Daten wider: 92 % aller bekennenden Squatter bejahten die Frage, ob ihr Haus rechtmäßiger eigener Besitz sei. Diese Tatsache ist weniger Ausdruck eines Widerspruchs, als daß sie eher ein mangelndes Bewußtsein der eigenen illegalen Landbesetzung zum Vorschein bringt. Dafür spricht letztendlich auch die Offenheit, mit der man sich als Squatter bekennt.

Mehrere Faktoren müssen für einen Erklärungsversuch der beschriebenen Situation in beiden Gruppen herangezogen werden. Dabei sollte keiner der genannten Gesichtspunkte einzeln betrachtet, sondern eher als sich gegenseitig bedingende Faktoren eines Gesamtkomplexes erfaßt werden. Unter Berücksichtigung des partizipatorischen Ansatzes und der vor allem auch auf Seiten der Squatter bestehenden Bedürfnisse zur Deckung des Lebensunterhalts, ist es sowohl der Forstbehörde als auch TANTEAK anzurechnen, daß sie in ihr jeweiliges Bewirtschaftungs- bzw. Forstnutzungsmuster auch finanziell mittellose und einflußschwache Menschen mit einbeziehen.

Zwar kann dies in Anbetracht der limitierten Ressourcen Trinidads nur zu einem gewissen Grad erfolgen, dennoch ist die von Seiten des Forstsektors gezeigte Bereitschaft ein bemerkenswertes Beispiel, dem sich auch weitere Sektoren anschließen sollten. Einen effektiven Beitrag zur Verringerung des Problems können diese jeweilig geringen Beiträge nur in der Gesamtschau aller Aktivitäten leisten. Eine intersektorale Koordination unter Hinzuziehung nationaler Entscheidungsträger sowie eventueller internationaler Hilfesteller ist hierbei von Nöten. Ein solcher Ansatz ist jedoch nicht existent. Auf der einen Seite sieht sich die Forstbehörde deshalb mit der steigenden Vernichtung der Waldflächen konfrontiert, da von staatlicher Seite eine Ignoranz gegenüber der Squattingproblematik bestehen bleibt.

Andererseits ist sie aber zum Handeln gezwungen, jedoch im Wissen, daß ihre isolierten Bemühungen ein ausweisloses Unterfangen darstellen. Zusätzlich ist der Squattingkonflikt bereits durch seine halblegale Duldung derart fortgeschritten, daß besonders im ländlichen Raum eine eindeutige Unterscheidung zwischen Squattern und Nicht-Squattern, sowie der verschiedenen Untergruppen der unrechtmäßigen Landnahme kaum noch möglich scheint. Vor dem Hintergrund der geschilderten Situation und der zu erfassenden nachhaltigen Sozialverträglichkeit der Bewirtschaftungssysteme gilt es, im Laufe der weiteren Untersuchung zu klären, inwieweit die Beschäftigung als PL oder TW zu einer möglichen Verringerung der Lebensbedingungen geführt hat, die ihrerseits wiederum für einzelne Familienmitglieder zur Notwendigkeit der illegalen Landnahme führen konnte.[297]

6.2.5 Haushaltsgröße und -ausstattung

Die Aufgliederung der Haushaltsgröße richtete sich nach der Gesamtzahl der Haushaltsmitglieder, die eine Differenz beider Gruppen zum Vorschein brachte. Im Schnitt konnte eine Anzahl von rund sechs [5,96] Haushaltsmitgliedern für PL und vier [4,04] für TW festgestellt werden. Zum genaueren Verständnis dieses Unterschieds von annähernd zwei Personen eines Haushalts pro Gruppe können unter anderem demographische Faktoren wie Alter und Familienstand hinzugezogen werden. Bereits Kapitel 6.2.2 ließ den Altersunterschied beider Gruppen erkennen. Aufgrund der Dominanz von TW gerade in den jüngeren Altersstufen ist ein Zusammenhang zum Familienstand der Befragten gegeben. Während lediglich 14 % der PL alleinstehend waren, betrug diese Kenngröße unter TW 40 %.

Der Umstand einer größeren Anzahl an Haushaltsmitgliedern unter PL ist damit jedoch nicht hinreichend geklärt. Wie die weitere Untersuchung zeigen wird, besitzen PL das weitaus geringere Einkommen. Deshalb ist es für sie notwendiger als für TW, daß weitere Mitglieder der Familie einen Beitrag zum gesamten Haushaltseinkommen leisten. Die Grundlage hierfür bildet eine größere Anzahl an Familienmitgliedern. Dafür spricht auch ein Vergleich mit der durchschnittlichen landesweiten Haushaltsgröße von 4,1 Personen pro Haushalt. Wie die Gegenüberstellung zeigt, liegen PL deutlich über diesem Wert.[298] Eine Charakterisierung der nachhaltigen Sozialverträglichkeit muß sich auch den direkten Lebensumständen bzw. -bedingungen der untersuchten Gruppen widmen. Hierfür haben sich im Rahmen der Untersuchung traditionelle Sozialindikatoren, wie sie beispielsweise für Haushaltseinrichtungen Anwendung finden, bewährt. Im folgenden werden anhand der Elektrizitäts- und Wasserversorgung sowie mittels der bestehenden Toiletteneinrichtungen Aussagen über die qualitative Wohnsituation von PL und TW getroffen.[299]

---

[297] Wie in Kapitel 6.2.5 & 6.2.6 sowie durch einzelne Inikatoren in Kapitel 6.3 [Arbeitsbedingungen, Einkommensverhältnisse] gezeigt wird, ist für PL ein deutlich geringerer Lebensstandard nachzuweisen als dies für TW der Fall ist.

[298] Vgl. UN ECLAC / CDCC (1995, S. 92). Im Gespräch mit Vertretern von ECLAC und CDCC wurde von deren Seite auch die Untersuchung der zur Verfügung stehenden Wohnfläche angeregt, um daraus, als weiteren Indikator, Rückschlüsse auf die Lebensqualität zu ziehen. Da für beide Gruppen Durchschnittswerte von ca. 2,5 Schlafzimmern pro Haushalt zur Verfügung stehen, ist dies nach Interpretation der konsultierten Experten ein Anzeichen für eine geringere Wohnqualität unter PL, da sie sich durch eine größere Anzahl an Haushaltsmitgliedern auszeichnen.

[299] An dieser Stelle sei kurz eine weitere Untersuchung anhand von Haushaltsgeräten (Fernseher, Telefon, Kühlschrank, Waschmaschine etc.) erwähnt. Bei allen einzelnen Geräten ergab sich ein offensichtlich zahlenmäßiges Übergewicht unter TW. Die Betrachtung der Elektrizitätsversorgung der Zielgruppen hat jedoch ergeben, daß es bereits hier zu prägnanten Unterschieden zwischen den Gruppen kommt und somit eine Vergleichbarkeit der Haushaltsgeräte nicht mehr gewährt ist. Deshalb liegt das Hauptaugenmerk in erster Linie bei den erwähnten primären Sozialindikatoren, wie der Strom- und Wasserversorgung oder WC- Einrichtungen.

Wie in Abbildung 14 ersichtlich, sind diese Merkmale in weitere qualitative Abstufungen unterteilt, um einen detaillierteren Einblick zu bekommen. Gerade die genaue Differenzierung erlaubt eine eingehendere Betrachtung der Entwicklung von Lebensbedingungen innerhalb und zwischen den Gruppen. Als zusätzlicher Referenzwert können die Durchschnittswerte des gesamten Landes hinzugezogen werden. Die folgenden Kennzahlen sollen der Veranschaulichung dienen: ein überwiegender Großteil (84 %) der TW verfügt über einen Stromanschluß direkt ins Haus, während dies nur für ca. die Hälfte aller PL zutrifft.

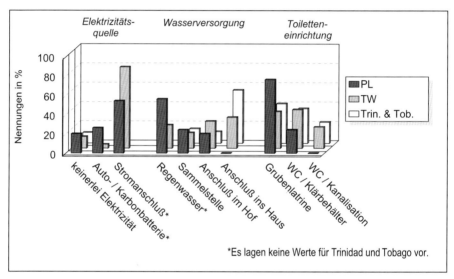

Abb. 14: *Haushaltsausstattung*
Quelle: *Eigene Erhebung, 1997/98 & UN ECLAC / CDCC (1995).*

Gut ein Viertel der PL ist auf die Nutzung von Auto- oder Karbonbatterien angewiesen, 20 % besitzen keinerlei Elektrizität. Entsprechend der hohen Rate an Stromanschlüssen sind die zuletzt genannten Abstufungen für TW weitaus weniger relevant.[300] Ein entsprechendes Bild liefert die Untersuchung der primären Quelle der Wasserversorgung. Für über die Hälfte aller PL (54 %), aber nur 24 % der TW, stellt das Sammeln von Regenwasser, als qualitativ niedrigste Stufe, die Hauptwasserversorgung dar.

---

[300] Ein interessantes Ergebnis erbrachte ein Vergleich der Energiequellen unter den bekennenden Squattern: 28 % haben keinerlei Elektrizität, 24 % benutzen eine Batterie, aber 48 % verfügen über einen Stromanschluß. Dies ist ein Beleg für die Halblegalität und das weitaus ungeahndete Fortschreiten des Squatting, wenn beinahe die Hälfte ihrer Haushalte sogar mit einem Anschluß des staatlichen Energieversorgers (T&TEC) versehen werden.

6.2 Charakterisierung der sozialen Struktur und Lebensumstände der Zielgruppen

Zwar ist der exakte Wert nicht bekannt, jedoch ergibt die Differenz der restlichen Versorgungsquellen, daß für ganz Trinidad und Tobago nur ca. 10 % der Einwohner auf diese Wasserversorgung angewiesen sind. Der überproportional hohe Anteil der Betroffenen, besonders unter PL, tritt deutlich hervor. Noch anschaulicher werden die qualitativen Unterschiede durch eine Gegenüberstellung der direkten Hausanschlüsse aufgezeigt. In keinem der Haushalte unter den befragten PL gibt es einen Anschluß ins Haus. Immerhin ist diese höchste Stufe der Wasserversorgung bei 32 % aller TW existent. Um so mehr wird die mißliche Situation innerhalb der PL durch den Vergleich mit landesweiten Werten hervorgehoben. Im Schnitt besitzen 55 % aller Einwohner Trinidad und Tobagos einen direkten hauseigenen Wasseranschluß.

Ein tendentiell ähnliches Bild liefert die Situation der Toiletteneinrichtungen. Obwohl die landesweiten Werte auch in der qualitativ niedrigsten Stufe (Grubenlatrine) mit 41 % hoch sind, werden sie dennoch mit insgesamt 76 % unter PL um beinahe das Doppelte deutlich überboten. Auffallend ist die Korrelation der Werte dieses Merkmals zwischen TW und ganz Trinidad & Tobago. Während dies vor allem für die hochwertigste Einrichtung, einem WC mit Kanalisationsanschluß, mit 22 % pro eben genannter Gruppe zutrifft, zeigt sich, daß PL hier erneut nicht vertreten sind. Unter Verwendung der genannten Indikatoren konnte eine eindeutige gruppenspezifische Tendenz unterschiedlicher Haushaltsausstattungen festgestellt werden. Demnach herrschen unter PL bei den für Trinidad relevanten Charakteristika Elektrizitätsquelle, Wasserversorgung und Toiletteneinrichtung qualitativ deutlich geringwertigere Lebensbedingungen als dies für TW der Fall ist.

6.2.6 Veränderung der Lebensbedingungen im Rückblick

Mit einer Einschätzung des Wandels der Lebensbedingungen soll die in Kapitel 6.2 als Einblick konzipierte Charakterisierung der sozialen Struktur und der Lebensumstände der untersuchten Stakeholder beschlossen werden. Dieser Schritt diente als Verbindungsglied zwischen der primären Identifikation der Interessengruppen und der im Anschluß folgenden Untersuchung der Sozialverträglichkeit ihrer Bewirtschaftungseinheiten. Von Bedeutung für die Einschätzung der veränderten Lebensbedingungen ist die Tatsache, daß sie auf die Aussagen der Befragten selbst zurückgeht. Vor dem Hintergrund des Beschäftigungszeitraums als PL bzw. TW gibt sie somit rückwirkend Aufschluß über den Wandel der Lebensumstände im zeitlichen Kontext.

Gleichzeitig aber bieten die gewonnenen Ergebnisse Anlaß zur Untersuchung der jetzigen Bewirtschaftungsgrundlagen und sind somit ein wichtiger Referenzwert für eine langfristig konzipierte, nachhaltige und demnach auch sozialverträgliche zukünftige Entwicklung. Im Wissen um die erfaßte Veränderung der Lebensbedingungen von PL und TW wird der Blick ab Kapitel 6.3 auf den derzeitigen und künftigen Fortgang gerichtet. Bereits die im vorigen Kapitel durchgeführte Betrachtung der Haushaltskomponenten brachte eine unterschiedliche Situation der momentanen Lebensbedingungen – gemessen an der qualitativen Ausstattung – zu

Tage. In Anbetracht dieser Indikatoren besitzen PL einen geringeren Lebensstandard als TW. Im Mittelpunkt dieser Ausführungen und der folgenden Kapitel steht nun die Frage, inwieweit die Diskrepanz unter den Gruppen auf die jeweilige Beschäftigungsgrundlage zurückzuführen ist. Hierfür wurde zunächst gezielt der Zusammenhang bzw. die Veränderung des eigenen Lebensstandards in bezug zu dem eigenen Betätigungsfeld als PL und TW gesetzt.

Die in Abbildung 15 präsentierten Ergebnisse sind das Resultat der von den Befragten wahrgenommenen Veränderungen des eigenen Lebensstandards ab dem Zeitpunkt der Ausübung ihrer jetzigen Tätigkeit. Die Differenzen, die durch die unterschiedlichen Haushaltsausstattungen zum Ausdruck kamen, werden durch die Einschätzungen der Entwicklung des Lebensstandards anschaulich bestärkt. Die Verteilung der Einschätzungen anhand der in Abbildung 15 angewandten Skala[1 = viel schlechter bis 6 = viel besser] zeigt eine für beide Gruppen divergierende Situation.

Während der Median für PL ein *etwas schlechter* [3,0] zum Ausdruck bringt, liegt dieser Wert für TW bei *besser* [5,0].[301] Für 68 % aller PL resultiert ihre Tätigkeit in einer Verschlechterung der Lebensbedingungen. Hingegen nehmen 94 % der TW eine Verbesserung ihrer Lebensbedingungen seit Tätigkeitsbeginn wahr. Auffallend ist eine beinahe gegenläufige Entwicklung. Zusätzlich gewinnen besonders die Einschätzungen der älteren PL an Bedeutung. Aufgrund ihrer langfristigen Tätigkeit beinhalten die von ihnen gelieferten Erfahrungs- und Vergleichswerte eine hohe Aussagekraft, die es speziell für die generationenübergreifende Anforderung nachhaltiger Entwicklung zu berücksichtigen gilt.

Es sprachen sich 70 % der seit über 30 Jahren als PL tätigen insgesamt für eine Verschlechterung der Lebensbedingungen [3,0] aus. Noch geringer fällt dieser Wert [2,0] unter 72 % der seit über 40 Jahren als PL agierenden Personen aus. Aufgrund dieser Aussagen kann die Bewirtschaftung der PL unter Führung der Forstbehörde Trinidads bereits im Vorfeld der noch folgenden tiefergehenden Indikatoren, von einem sozioökonomischen Standpunkt aus betrachtet, als schwerlich sozial verträglich im Sinne der Nachhaltigkeit eingestuft werden. Andererseits ist aber festzustellen, welche positiven Auswirkungen das Beschäftigungsverhältnis für die Arbeiter von TANTEAK mit sich bringt. Auch dieses Ergebnis der von TW vorgenommenen Einschätzung läßt sich erkennen.[302]

Bei der Erkenntnis, daß eine Diskrepanz zwischen beiden Gruppen herrscht, muß man sich jedoch jeweils die unterschiedlichen Ausgangslagen von PL als privatwirtschaftenden Einzelpersonen und von TW als Angestellten im Forstsektor erneut ins Bewußtsein rufen. Welche Konsequenzen im Untersuchungsgebiet damit verbunden sind, wurde bereits anhand der dargelegten Entwicklung erfaßt und wird

---

[301] Ein Mittelwertsvergleich zeigt, daß die Zustimmung für verbesserte Lebensbedingungen unter den Waldarbeitern TANTEAKs [5,36] höher ist als unter den Sägewerkarbeitern [4,52].
[302] Hierzu muß der bereits in Kapitel 6.1.2 unter TW erwähnte Status der Arbeitsbedingungen berücksichtigt werden.

6.2 Charakterisierung der sozialen Struktur und Lebensumstände der Zielgruppen 171

mittels weiterer Indikatoren, die sich auf die jeweiligen Bewirtschaftungseinheiten der Zielgruppen konzentrieren, vertieft. Abbildung 15 vermittelt zwar eine generell divergierende Tendenz zwischen PL und TW, jedoch treten auch hier innerhalb der Gruppen unterschiedliche Aussagen zum Vorschein, die die Einheitlichkeit der von den Befragten vorgenommenen Einschätzungen in Frage stellt.

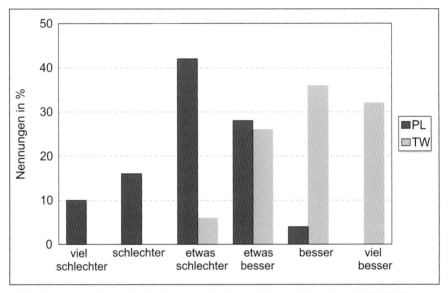

Abb. 15: Entwicklung des Lebensstandards seit Tätigkeitsbeginn als PL / TW
Quelle: Eigene Erhebung, 1997/98, siehe GÜNTER (1999 a).

Gruppeninterne Unterschiede wurden bereits durch die Qualität der Haushaltsausstattung erkannt.[303] Es gilt im Verlauf der weiteren Untersuchung die Situation der Wirtschaftsgrundlagen zu erfassen, die zu unterschiedlichen Konsequenzen für beide Gruppen führen, ohne jedoch dabei den Blick für die innerhalb der Gruppen existierenden Widersprüche zu verlieren. Auf folgende Erkenntnis der Untersuchung soll bereits an dieser Stelle verwiesen werden: Die durch die Identifikation der Interessengruppen ermittelte hohe Relevanz einzelner Stakeholder, Forest Workers (TW) und im besonderen Private Licensees (PL), kann durchaus konträre Problemstellungen einer sozialen Nachhaltigkeit sowohl zwischen als auch innerhalb der Gruppen mit sich führen. Zur Klärung dieser Gegebenheit ist die Anwendung tiefgreifender Indikatoren in Kapitel 6.3 notwendig.

---

[303] Siehe Abbildung 14, Kapitel 6.2.5.

6.3 Anwendung von Kriterien und Indikatoren nachhaltiger Sozialverträglichkeit

Nachdem die zu untersuchenden Interessengruppen identifiziert wurden und die Anwendung klassischer Sozialindikatoren bereits Unterschiede in bezug auf die Lebensbedingungen beider Gruppen aufgedeckt hat, widmet sich Kapitel 6.3 ausschließlich der Betrachtung der Sozialverträglichkeit der spezifischen Forstbewirtschaftung, wie sie für beide Zielgruppen kennzeichnend ist. Ausgehend von wesentlichen Kriterien sozialer Nachhaltigkeit wie Arbeitsbedingungen, Einkommensverhältnissen, Kommunikationsmöglichkeiten sowie Intra- und Inter- Generationen-Gerechtigkeit, werden zusätzlich sozioökologische Konsequenzen, sog. *conservation ethics*, die sich aus dem ermittelten Status der Nachhaltigkeit ergeben, untersucht.[304]

Unter Verwendung spezifischer Indikatoren werden diese einzelnen Gesichtspunkte jeweils einer näheren Analyse unterzogen. Die durch Indikatoren ermittelten Mißverhältnisse und daraus resultierende negative Folgewirkungen geben Aufschluß über Ansatzpunkte, die es im Rahmen einer dauerhaften sozialen Akzeptanz der Forstbewirtschaftung zu regulieren gilt. Insofern weist die Applikation von Indikatoren als Instrumentarium der Nachhaltigkeit in gleichem Maße auf Defizite hin, die im Rahmen einer einverständigen Forstgesetzgebung und -politik zukünftig berücksichtigt werden müssen.

Im Vorfeld der Untersuchungen einzelner Kriterien sozialer Nachhaltigkeit wird an dieser Stelle ein erster Einblick in die eigene Einschätzung der befragten Gruppen im Hinblick auf ihr Arbeitsverhältnis als PL bzw. TW, als auch eine Bewertung der von ihnen empfundenen Arbeitsbedingungen vorgenommen. Anhand einer Skala (siehe Tabelle 10) konnten beide Zielgruppen ihre Zufriedenheit in bezug auf die erwähnten Aspekte zum Ausdruck bringen. Betrachtet man den Median, entsteht der Eindruck, daß beide Gruppen ihre Situation gleich einschätzen.

Ohne das nötige Hintergrundwissen kann somit der Eindruck entstehen, daß sowohl PL als auch TW ähnliche Arbeitsbedingungen vorfinden und sich demnach eine Korrelation in ihren Einschätzungen ableiten läßt. Werden aber die Ergebnisse sämtlicher unter Kapitel 6.3 angewandten Indikatoren hinzugezogen, ist das nahezu konträre Arbeitsverhältnis, in dem sich die Gruppen befinden, zu erkennen. In besonderem Maße tritt dieser Umstand durch die im folgenden erarbeiteten Arbeitsbedingungen, Einkommensverhältnisse sowie Intra-Generationen-Ansprüche zu Tage. Eine generelle Einschätzung, wie sie Tabelle 10 zugrunde liegt, kann jedoch erst dann entsprechend interpretiert werden, wenn sie von einer tiefgehenderen Applikation sozial-relevanter Indikatoren gefolgt wird.

---

[304] Siehe Kapitel 6.4.

6.3 Anwendung von Kriterien und Indikatoren nachhaltiger Sozialverträglichkeit

Tabelle 10: Zufrieden mit Arbeit und Arbeitsbedingungen (in %)

		1	2	3	4	5	6	
Zufriedenheit mit:		sehr unzufrieden	unzufrieden	leicht unzufrieden	leicht zufrieden	zufrieden	sehr zufrieden	Median
Arbeit als PL/TW	PL	-	24	18	30	24	4	4,0
	TW	12	14	16	14	40	4	4,0
Arbeitsbedingungen	PL	14	32	18	28	8	-	3,0
	TW	22	20	28	14	14	2	3,0

Quelle: Eigene Erhebung, 1997/98.

Insofern ist sie, bezüglich der folgenden fundierteren Ergebnisse, noch von geringer Bedeutung, da sie die Hintergründe, unter denen die Aussagen zustande kommen, nicht erfaßt. Dennoch soll sie bereits zu diesem frühen Stadium der Darstellung der Ergebnisse darauf hinweisen, daß gerade die Arbeitsbedingungen ein gutes Beispiel dafür sind, auch bei der Untersuchung weiterer Kriterien spezifische Indikatoren unbedingt mit einzubeziehen. In Anbetracht ihrer Arbeitsumstände und ihrer Einkommensverhältnisse fällt die Zufriedenheit der PL mit ihrer Arbeit, vor allem im Vergleich zu TW, im Schnitt erstaunlich hoch aus. Hierin spiegelt sich zum einen der enge soziokulturelle Bezug zur Nutzung der Ressource (vgl. Tabelle 6, S. 151), aber auch der Mangel an wirtschaftlichen Alternativen wider.[305]

Andererseits gilt es ebenfalls zu ergründen, wieso sich ein großer Anteil unter PL und TW negativ geäußert haben. In erster Linie ist diese Tatsache bei TW vordergründig unverständlich, da sie z.B. ein regelmäßiges Einkommen, geregelte Arbeitszeiten, Lohnausgleichszahlungen und wesentlich bessere Arbeitsbedingungen als PL vorfinden. Um es vorwegzunehmen, befindet sich die soziale Nachhaltigkeit innerhalb ihres Betriebs in Anbetracht von Arbeitsbedingungen und Einkommensverhältnissen auf einem durchaus akzeptablen Niveau.[306] Wie ist also ein identisch 'leicht unzufriedener' Median (3,0) unter TW und PL in bezug auf die empfundenen Arbeitsbedingungen zu bewerten? Beide Gruppen beurteilen jeweils den eigenen Standard, da ihnen alternative Bewirtschaftungspraktiken fremd sind. Erst die spezifische Betrachtung der Indikatoren innerhalb des Kriteriums Arbeitsbedingungen und weiterer Kriterien wird zeigen, wie unterschiedlich sich die Aspekte für beide Gruppen darstellen.

---

[305] "What else shall I do? I have to like my job," war der Tenor derer, die sich zufrieden über ihre Arbeit äußerten.
[306] Vgl. GÜNTER (1998, S. 19).

6.3.1 Arbeitsbedingungen

Ein wesentlicher Bestandteil einer nachhaltigen Forstbewirtschaftung ist die Schaffung sozialverträglicher Arbeitsbedingungen. Hierzu gehören die Sicherung sozialer und qualifikatorischer Mindeststandards, die Sicherstellung von hinreichenden Arbeitsschutz- und Unfallverhütungsmaßnahmen, dauerhafte und gesicherte Arbeitsverhältnisse oder das Recht auf eine gewerkschaftliche Interessenvertretung. Lange Arbeitszeiten, wenig Lohn und ungenügende soziale Absicherungen kennzeichnen die Situation der Holzarbeiter in den meisten Regenwaldländern. Bereits 1989 hat der Internationale Bund der Bau- und Holzarbeiter (IBBH) die Verbesserung der allgemeinen Lebens- und Arbeitsbedingungen der Beschäftigten und ihrer Familien in der Holz- und Forstwirtschaft gefordert.[307] Unzureichende Arbeitsbedingungen sind oft der Auslöser dafür, daß durch eine schlecht geplante und durchgeführte Holzexploitation nicht nur zusätzliche ökologische Beeinträchtigungen, sondern auch Probleme unter den Arbeitern entstehen. Qualifikation und Ausrüstung wirken sich auf Bestandsschäden und Sicherheit am Arbeitsplatz aus.

Eine Vergleichsstudie der Bundesforschungsanstalt für Forst- und Holzwirtschaft hat ergeben, daß in den verschiedenen international erarbeiteten Kriterienkatalogen die Qualifikation des Forstpersonals nur teilweise, die allgemeinen Arbeitsbedingungen eine noch schwächere Berücksichtigung finden. Dagegen werden ökologische Aspekte in allen Katalogen detailliert aufgenommen, selbst die traditionellen Rechte indigener Völker dabei erwähnt. Hingegen sind Arbeits- und Lebensbedingungen der Holzarbeiter nur in den Katalog der deutschen Initiative Tropenwald (itw) detailliert eingearbeitet.[308] Obwohl auch der FSC die Erhaltung oder Förderung des langfristigen sozialen und ökonomischen Wohlergehens der Forstarbeiter und der lokalen Gemeinschaften fordert, spielen die sozialen Fragen, insbesondere die Lebens- und Arbeitsbedingungen, in der öffentlichen Diskussion eine völlig untergeordnete Rolle. Mögliche Gründe hierfür sind das zurückhaltende Agieren der Gewerkschaften, die Mißachtung der Umweltverbände gegenüber den tatsächlichen Lebensbedingungen der Menschen, die von der Nutzung der Wälder abhängig sind sowie Versäumnisse der Forstwissenschaft, die die Rolle der betroffenen Arbeitskräfte in ungebührender Form darstellt.[309]

6.3.1.1 Arbeitszeitregelung

Aufgrund ihres Angestelltenverhältnisses bei einem staatseigenen Holzkonzern entspricht die TW betreffende Arbeitszeitregelung den Beschlüssen für Beschäftigte im öffentlichen Bereich. Geregelte Arbeitszeiten mit bezahlten Überstunden kennzeichnen ihr Arbeitsverhältnis. In der Regel ist für sie eine 5-Tage-Woche mit

---

[307] Vgl. GHK (1992, S. 32 ff.).
[308] Vgl. HEUVELDOP (1994); ITW (1993). Eine ausführliche Zusammenfassung der Einflußfaktoren, die die Arbeitsbedingungen der tropischen Forstwirtschaft kennzeichnen, kann STAUDT in PANCEL (1993, S. 1484 ff.) entnommen werden.
[309] Vgl. SCHARDT (1995).

einem 8-stündigen Arbeitstag und einer einstündigen Mittagspause zutreffend. Aufgrund der physisch hohen Arbeitsbelastung und der geringeren Temperaturen in den Morgenstunden treten sie ihre Arbeit bereits um 7°° Uhr an. Auch die Urlaubs- und Krankheitstage entsprechen den tariflichen Absprachen. In Anbetracht dieser Situation nehmen TW, als Vertreter eines regierungseigenen Konzerns, sicher eine Ausnahmestellung unter Holz- und Waldarbeitern in der tropischen Forstwirtschaft ein. Insofern sind die sie betreffenden Bedingungen der Arbeitszeitregelung als durchaus akzeptabel im Sinne sozialer Nachhaltigkeit einzustufen.

Wie unterschiedlich die Situation für Holzarbeiter sein kann, die sich in keinem geregelten Angestelltenverhältnis befinden, zeigt ein Vergleich zu PL. Insbesondere ist dies der Fall, wenn man den durch Kriterien und Indikatoren festgelegten Standard, wie er für TW zutreffend ist, auf sie übertragen möchte. Weder geregelte Arbeitszeiten, noch ein geregelter Beschäftigungsstatus, Urlaubstage oder Entschädigungszahlungen jeglicher Art können von ihnen eingefordert werden. Sie sind davon abhängig, ob ihnen von der Forstbehörde eine Lizenz zum Einschlag der Ressource erteilt wird und welche zeitliche Vereinbarung mit ihren Abnehmern, die die Rundhölzer weiterverarbeiten, vorgegeben ist. Jedoch aufgrund der generell hohen Nachfrage nach Forstressourcen leisten PL in kurzer Zeit ein weitaus höheres Arbeitspensum, als dies unter TW der Fall ist. Mit Anbruch des ersten Tageslichts, zwischen 5°° und 6°° Uhr, gehen sie bereits ihrer Beschäftigung nach.

Alle PL befanden sich zum Zeitpunkt der Erhebung bei der Bewirtschaftung einer ihnen verliehenen Lizenz. 42 % gaben an, jeden Wochentag zu arbeiten, 26 % arbeiten an sechs Tagen und 32 % an fünf Tagen. Dabei verrichten sie ihre Tätigkeit im Durchschnitt zwischen neun bis zehn Stunden pro Tag, bei Arbeitspausen von insgesamt ca. einer Stunde.[310] Aufgrund der primären Befriedung von Grundbedürfnissen sind PL darauf angewiesen, ihre Arbeitskraft in vollem Umfang bei der Bewirtschaftung einer Lizenz einzubringen, um somit die Lebensgrundlage für sich und ihre Familien zu erwirtschaften. In Anbetracht ihrer geringeren Ertragslage (vgl. Kapitel 6.3.2) müssen sie ihre individuelle Arbeitskraft weitaus stärker nutzen, als dies für TW der Fall ist. Hinzu gesellt sich eine soziale Isolation, da sie oftmals über mehrere Wochen bis zu einem Monat, aufgrund der Abgelegenheit des Bewirtschaftungsgebiets, in den Wäldern zubringen. Hingegen wird der Transport für TW vom Konzern selbst unternommen, so daß sie täglich zwischen Arbeitsstätte und Wohnort pendeln können.

6.3.1.2 Trainings-/Schulungsmöglichkeiten

Aufgrund der fehlenden Einsicht in die innerbetriebliche Organisationsstruktur und dem mangelnden Fachwissen in bezug auf Arbeitsplatzqualifikationen in der Forstwirtschaft können die Trainings- und Schulungsmöglichkeiten innerhalb

---

[310] Der Übergang zwischen Arbeit und Pause ist unter vielen PL fließend. Viele essen während des Arbeitens, so daß es zu keinen echten Ruhephasen kommt, was die ohnehin erschwerliche Arbeit zusätzlich physisch belastet und zu einem erhöhten Sicherheitsrisiko führen kann.

TANTEAKs nur beschrieben – und lediglich in geringem Maße kommentiert werden. Von Bedeutung waren hierbei die tatsächlich unter den befragten TW durchgeführten Trainings- und Schulungskurse. Deren Untersuchung ergab, daß 42 % keinerlei Schulung im Rahmen ihrer Beschäftigung durchliefen. Die Frage, ob sie es vorzögen, besser geschult zu werden, wurde von 86 % der TW bejaht.

Demnach spricht sich auch ein Großteil der bereits geschulten TW für intensivere Trainings- und Schulungsmöglichkeiten aus. Immerhin besteht die Möglichkeit, als TW eine weiterführende Berufsqualifikation zu erwerben. Inwieweit diese den gegebenen Ansprüchen gerecht wird, und wem sie zuteil wird, konnte auch in Gesprächen mit Vorgesetzten letztendlich nicht geklärt werden. Auf einer Skala von 1 bis 6 (1 = unzureichend ... 6 = zureichend) erreichte der Grad der Nützlichkeit der erhaltenen Schulungs- und Trainingsmöglichkeiten unter den geschulten TW einen Durchschnittswert von 4,0, was für eine leicht positive Beurteilung spricht.

Im Gegensatz dazu die Situation für PL: Sie befinden sich in einer Lage, in der sie anscheinend niemandem gegenüber das Recht auf Training und Weiterbildung geltend machen könnten. Keiner der befragten PL konnte auf einen Schulungskurs im Umgang mit Arbeitsgerät und Techniken verweisen. Es ist überlegenswert, ob sich aus ihrer Beschäftigungssituation als selbständige Waldarbeiter nicht doch auch die Forderung nach staatlicher Unterstützung ableiten läßt. Besonders dann, wenn man berücksichtigt, daß das Bewirtschaftungs- und Lizenzvergabesystem, dem sie unterliegen, durch die staatliche Forstbehörde kontrolliert wird.

Wenn demnach der lokalen Bevölkerung die Chance eröffnet wird, in Form von PL, an der Nutzung der Forstressource zu profitieren, sollte man nicht auch im Sinne von Sicherheit und waldbaulicher Mißwirtschaft eine bestimmte qualifizierende Mindestanforderung an PL stellen oder diese aber zumindest in Form von Basisschulungen selbst durchführen?

Diese Frage stellt sich, zumal PL den Forstbehörden Rechenschaft darüber ablegen müssen, wenn waldbauliche bzw. Bewirtschaftungsschäden auftreten. Diese Konstellation hat negative Auswirkungen auf den Zustand des jeweiligen Forstbestands pro Block und somit zugleich auf die weitere Vergabe von Lizenzen, was rückwirkend erneut die Einkommenssituation der PL beeinträchtigt. Der beschriebene Umstand spiegelt sich in dem Wunsch unter PL nach Trainings- bzw. Schulungsmöglichkeiten wider, 70 % der Befragten sprachen sich dafür aus, daß sie Schulungen im Umgang und in der Bewirtschaftung der Ressource bevorzugen würden. Sowohl unter PL als auch unter TW ist ein konkreter Mangel und ein eindeutiger Bedarf an Trainingsmöglichkeiten der Forstbewirtschaftung vorhanden.

6.3.1.3 Sicherheitsbedingungen / Ausrüstung

Eine Einschätzung unter TW, die die Evaluierung ihrer Sicherheitsbedingungen zum Ziel hatte, ergab hierzu eine deutliche Unzufriedenheit. Dies kam durch den erzielten Median von 2,0 zum Ausdruck. Die Skalierung folgte dabei demselben

6.3 Anwendung von Kriterien und Indikatoren nachhaltiger Sozialverträglichkeit 177

Schema, wie es in Tabelle 10 zur Anwendung kommt. Während sich insgesamt 64 % der Waldarbeiter unzufrieden (Werte zwischen 1 bis 3) mit ihren Sicherheitsbedingungen zeigten, fiel dieser Wert unter den Sägewerkarbeitern mit 84 % noch schlechter aus. Als Gründe hierfür wurden in den meisten Fällen mangelnde berufsspezifische Kenntnisse, der Zustand des technischen Geräts sowie die Schutzvorkehrungen bzw. Ausrüstung der TW genannt. Bereits in Kapitel 6.3.1.2 wurde auf die mangelnden Aus- und Weiterbildungsmöglichkeiten hingewiesen.

Im Falle der Ausrüstung der Arbeiter war eine nähere Untersuchung nötig. Im Mittelpunkt stand eine internationalen Richtlinien entsprechende Standardausrüstung, die sich auf wesentliche Bestandteile wie Schutzhelm, Hörschutz, Schutzbekleidung, Handschuhe, Arbeitsschuhe und eine Erste-Hilfe-Ausrüstung beschränkt. Unter TW besaßen lediglich 4 % der Arbeiter keinen der genannten Gegenstände. Im extremen Gegensatz dazu die Situation unter PL: 86 % aller Befragten verrichten die Waldbewirtschaftung, ohne zumindest einen der genannten Ausrüstungsgegenstände zu besitzen.

Aufgrund des gravierenden Mangels an Schutz- und Sicherheitsvorkehrungen sind sie einem besonders hohen Risiko von Arbeitsunfällen ausgesetzt. Obwohl in den Einzelgesprächen beteuert wurde, daß noch keinerlei ernsthafte Verletzungen unter den Befragten vorkamen, wurde von deren Sprecher Clarence de Grilla bestätigt, daß es pro Jahr zu zwei bis drei geringfügigen bis mittelschweren Arbeitsunfällen kommt. Der letzte Todesfall lag vier Jahre zurück. Auch Vertreter von TANTEAKs nannten eine entsprechende Zahl von Unfällen, hierbei handele es sich jedoch ausschließlich um geringfügige Verletzungen.[311]

In Abbildung 16 erfolgt eine Gegenüberstellung beider Gruppen, die den Besitz der jeweiligen Ausrüstungsbestandteile darstellt. Es kommt nicht nur die bereits erwähnte Diskrepanz zwischen PL und TW zum Ausdruck, sondern auch die Tatsache, daß es innerhalb der TW einen Unterschied in der Ausrüstung mit den erwähnten Bestandteilen gibt. Sicherlich müssen unterschiedliche Tätigkeitsbereiche und somit auch verschiedene Anforderungen an Schutzmaßnahmen berücksichtigt werden.

Wieso aber Mindestanforderungen wie Helm, Handschuhe und Schutzkleidung nicht allen TW, egal in welchen Produktionsschritten der Bewirtschaftung sie eingesetzt werden, zuteil kommen, ist unverständlich, zumal diese nach Maßgabe der Konzernführung für alle Mitarbeiter bereit steht. Während für die Ausstattung mit Arbeitsschuhen und Schutzkleidung hohe Werte erreicht werden, ist es verwunderlich, weshalb gerade die Helmausstattung einen geringen Anteil einnimmt. Lediglich 29,2 % befanden sich im Besitz eines Helms. Entsprechend diesem Wert – und der Gruppierung in Wald- und Sägewerkarbeiter – sind nicht einmal alle der befragten TW-Waldarbeiter mit diesem Gegenstand ausgerüstet.

---

[311] Die vagen Aussagen und mangelnde Statistiken, bzw. die Verweigerung in deren Einsicht weisen auf die bestehende Problematik hin.

Die erzielten Werte weisen darauf hin, daß eine Diskrepanz zwischen Anspruch und Wirklichkeit der Sicherheitsdirektiven der Konzernleitung vorliegt. In Gesprächen mit TW und durch Beobachtungen konnte aber auch in Erfahrung gebracht werden, daß viele Schutz- und Ausrüstungsgegenstände nicht benutzt werden, obwohl sie sich im Besitz der Befragten befinden.

Möglicherweise stellt diese Tatsache einen Grund dafür dar, wieso der Konzern von vornherein eine legere Handhabung der Ausstattung seiner Arbeiter praktiziert. Aufgrund der geringen Anzahl an PL, die auf Bestandteile einer Sicherheitsausrüstung zurückgreifen können, ist ein Vergleich mit den jeweiligen prozentualen Anteilen der Mehrfachnennungen unter TW von geringer Relevanz. Helm, Handschuhe und sonstige Schutzbekleidung stellen unter den betroffenen PL die vorherrschenden Sicherheitsprämissen dar.

Es konnte ein bei weitem geringerer Ausrüstungsstandard festgestellt werden. Folglich ist es aber genauso bedeutend darauf einzugehen, weshalb nur ca. ein Viertel aller PL mindestens einen Ausrüstungsgegenstand aufweisen konnten. Der im Vergleich zu TW bedenkliche Zustand unter PL brachte die Frage mit sich, auf welche Gründe die fehlende Schutzausstattung zurückzuführen ist. Da sie sich in keinem Angestelltenverhältnis befinden, mußten jeweils individuelle Gründe der mangelnden Ausrüstung untersucht werden.

In folgenden Aussagen finden sich charakteristische Gesichtspunkte in bezug auf ihre Arbeit als PL wieder: 16 % berufen sich darauf, daß sie das Tragen von Schutzkleidung nicht gewohnt sind und dadurch zudem in ihrer Arbeit behindert werden, 18 % erachten Schutz- bzw. Sicherheitsbekleidung als nicht notwendig, für 50 % ist deren Anschaffung zu teuer und weitere 16 % sind der Meinung, sie seien sich aufgrund der mangelnden Ausbildung und Information durch die Forstbehörde dem Nutzen einer entsprechenden Ausstattung nicht bewußt.

Diese Aussagen enthalten, neben dem geringen Bildungs- und Ausbildungsstandard, einen weiteren Aspekt, der die Situation der PL kennzeichnet. Es handelt sich um die mäßigen Einkommensverhältnisse, mit denen die fehlende Schutzausrüstung von der Hälfte der Befragten begründet wird. Im Wissen um die divergierenden Einkommensverhältnisse innerhalb der PL ergab eine genauere Betrachtung erwartungsgemäß, daß sich die überwiegende Mehrheit derer, die zumindest einen Gegenstand der genannten Schutzausstattung besitzt, unter den Einkommensstärkeren ihrer Gruppe befindet.

Der Zusammenhang zwischen Einkommensverhältnissen und dem Standard sozialer Nachhaltigkeit hinsichtlich der Sicherheitsbedingungen kommt dadurch für die Gruppe der selbständigen PL zum Ausdruck. Bereits die Untersuchung der Lebensbedingungen hat unterschiedliche Standards, die auf die Einkommenssituation zurückzuführen sind, aufgezeigt. In Kapitel 6.3.2 wird auf die Umstände der Einkommensunterschiede zwischen und innerhalb der Gruppen eingegangen.

6.3 Anwendung von Kriterien und Indikatoren nachhaltiger Sozialverträglichkeit 179

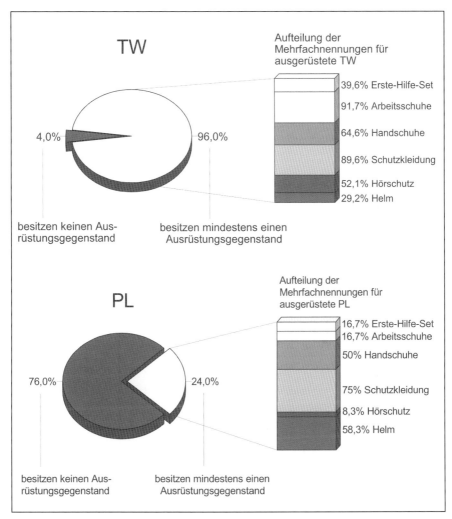

Abb. 16: Besitz von Schutz- und Sicherheitsausrüstung
Quelle: Eigene Erhebung, 1997/98.

6.3.2 Einkommensverhältnisse

Wie in Kapitel 5.4 aufgezeigt, hat der Forstsektor Trinidads nur eine geringe Bedeutung für das Bruttoinlandsprodukt. Dennoch darf sich dieser geringe Stellenwert nicht nachteilig auf die Einkommensverhältnisse der Beschäftigten des Sektors auswirken. Wie in allen anderen Wirtschaftsbereichen haben auch sie einen

Anspruch auf Einkommensverhältnisse, die keinen negativen Einfluß auf die Wahrung ihrer Ansprüche und ihres Lebensstandards nehmen. Besonders ist dies der Fall für Interessengruppen bzw. Individuen, die teilweise oder völlig auf die Nutzung der Forstressourcen angewiesen sind. Vor diesem Hintergrund erweist sich beispielsweise die oftmals herangezogene Entwicklung des Pro-Kopf-Einkommens als wenig nützlicher Indikator. Obwohl diesbezüglich komplexere Indikatorensysteme erarbeitet wurden, bildet das Einkommen nach wie vor die hauptsächliche Bezugsgröße. Auch die Forderung nach einer transparenten und einfachen Anwendung von Indikatoren wurde durch diese Systeme beeinträchtigt. Für die im Mittelpunkt der Untersuchung stehenden Zielgruppen wird daher die unmittelbare Einkommenssituation und der Vergleich mit Beschäftigten anderer Wirtschaftsbereiche herangezogen.

Wie das Beispiel der Sicherheitsstandards vor allem für PL gezeigt hat, können sich Einkommensverhältnisse ebenfalls auf andere Kriterien sozialer Nachhaltigkeit auswirken. Außerdem steht die ökonomische Situation der betroffenen ländlichen Bevölkerung mit geringen alternativen Erwerbsmöglichkeiten zwangsläufig in engem Zusammenhang mit ihrer Bereitschaft eines dauerhaft verträglichen Umgangs mit den natürlichen Ressourcen. Vor diesem Hintergrund ist die Forderung einer gerechten Entlohnung und sozialer Sicherheit der Arbeitnehmer in der Forstwirtschaft zu verstehen. Damit verbunden ist eine adäquate Verteilung des erwirtschafteten Kapitals, damit dieses sich nicht auf wenige besitzhabende Familien, Wirtschaftsgruppen und multinationale oder staatseigene Konzerne beschränkt.

6.3.2.1 Gruppeninterner Vergleich

Da die Einkommensverhältnisse für PL von mehreren Faktoren abhängig sind, wird zunächst auf TW eingegangen. Aus den im folgenden aufgezeigten Umständen wird die konträre Ausgangssituation für beide Gruppen am Beispiel der Einkommenssituation anschaulich aufgezeigt. Bevor aber eine Erläuterung der spezifischen Situation der Gruppen folgt, sollen die Einkünfte, ähnlich der Evaluierung von Arbeits- und Sicherheitsbedingungen, einer Bewertung bezüglich des Zufriedenheitsgrades unterzogen werden. Gemäß der bereits bekannten Skala (1 = sehr unzufrieden ... 6 = sehr zufrieden) ergibt sich erneut eine charakteristisch unterschiedliche Bewertung, die die bereits erfaßten Disparitäten bestärkt.

Während mit dem Median von 4,0 für TW ein Wert verhaltener Zufriedenheit zum Ausdruck kommt, beträgt das entsprechende Maß für PL 3,0, womit im Gegensatz zu TW eine entsprechende Unzufriedenheit zum Vorschein kommt. Zwar liegen die Werte eng beieinander, jedoch wird gerade durch die Verwendung des Medians die jeweilige zentrale Tendenz der Nennungen und somit die Grundeinstellung der Gruppen gegenüber ihrer Einkommenssituation verdeutlicht. Bezeichnenderweise fällt diese Bewertung unter PL im Vergleich zu TW negativer aus. Folgende Beschreibung der Einkünfte bzw. deren Zusammensetzung soll die unterschiedlichen Verhältnisse kennzeichnen.

6.3 Anwendung von Kriterien und Indikatoren nachhaltiger Sozialverträglichkeit 181

Die geregelte Beschäftigungssituation, die für TW bereits im Hinblick auf deren Arbeitszeitverhältnisse aufgezeigt werden konnte, spiegelt sich ebenso in einer kontinuierlichen Entlohnung wider. Die Auszahlung nach Tagessätzen erfolgt in regelmäßigem Abstand von jeweils zwei Wochen. Ein Vergleich des Tageseinkommens unter TW hat eine breite Streuung ergeben. Dieses richtet sich vor allem nach beruflicher Qualifikation und Dauer des Beschäftigungsverhältnisses. Unterschiede konnten auch zwischen Waldarbeitern und Sägewerkarbeitern festgestellt werden. Letztere werden im Schnitt geringfügig besser bezahlt. Für beide Gruppen beträgt der Mindestlohn eines Tagessatzes ca. 95 TT $ (1 US $ = 6,26 TT $), was einem Monatseinkommen von ca. 304 US $ entspricht.

Das höchste unter den Arbeitern gezahlte Gehalt belief sich auf 160 TT $, rund 511 US$ pro Monat, womit die bereits in Kapitel 5.2.5 und 5.2.6 erarbeiteten Unterschiede des Lebensstandards innerhalb von TW zu erklären sind. Wichtig für die Einschätzung des Einkommens ist ein Vergleich mit dem von der Regierung festgesetzten Mindestlohn für ungelernte Arbeiter, der 7 TT $, ungefähr 1,12 US $ pro Stunde beträgt. Eine Umrechnung des Tagessatzes der ungelernten TW ergibt einen Stundenlohn von rund 12 TT $. Der Vergleich mit dem auf Trinidad bestimmten Mindestlohn zeigt eine weitaus bessere Entlohnung für TW als dies gesetzmäßig der Fall wäre. Aus der kurzen Auflistung und Beschreibung dieser Indikatoren läßt sich bereits erkennen, daß auch das Kriterium eines fairen Einkommens für TW zutrifft.

Im Gegensatz zu TW basiert die Einkommenssituation für PL auf mehreren Faktoren, die letztendlich in ihrem Zusammenwirken für die reale Entlohnung der PL ausschlaggebend sind. Im einzelnen sind dies die Anzahl an Lizenzen, die PL von den Forstbehörden zur Bewirtschaftung der Ressource erhalten. Hierbei ist vor allem der ökologisch qualitative Zustand der jeweils zur Bewirtschaftung freigegebenen Blocks ausschlaggebend. Für die Arbeitsdauer, die sie für die Bearbeitung und Extraktion der Rundhölzer benötigen, spielt die beinahe halbjährige Regenzeit eine maßgebende Rolle. Sie beeinträchtigt die ohnehin erschwerlichen Arbeiten um ein Vielfaches, besonders betroffen sind hiervon die älteren PL.[312]

Auch der Zustand und die Kapazität der technischen und maschinellen Ausrüstung der PL ist hiermit verbunden. Zusätzlich sind PL hauptsächlich auf die Nachfrage lediglich zweier Abnehmergruppen angewiesen: Sägewerke und private Käufer. Des weiteren nehmen natürlich auch die Qualität des zum Einschlag freigegebenen Holzes, die Preisschwankungen auf dem Holzmarkt und der mit den Abnehmern letztendlich vereinbarte Kaufpreis eine gewichtige Rolle ein. Bereits hier zeigt sich, welchem komplexen Gefüge die Einkommensverhältnisse jedes einzelnen PL unterliegen. Es fällt deshalb schwer, einen für alle PL gültigen Einkommensmaßstab zu erarbeiten. Da zwar die Ausgangssituation von Seiten der Forstbehörde für alle PL dieselbe ist, existieren dennoch zahlreiche Einflußgrößen, die letzten Endes die spezifische Einkommenssituation jedes PL in unterschiedlicher Weise bedingen.

---

[312] Eine normale Bewirtschaftungsdauer pro Lizenz wurde mit 3–4 Wochen angegeben. Nach Auskünften der PL kann sich diese in der Regenzeit auf über 9 Wochen ausdehnen.

Kapitel 5.3.4 widmet sich ausschließlich diesen ungleichen Bedingungen, die es vor dem Hintergrund der Intra-Generationen-Gerechtigkeit zu untersuchen gilt; hierzu zählen auch Korruptionsvorwürfe der PL gegenüber der Forstbehörde, wie sie z.B. durch eine ungleichmäßige Lizenzvergabe zum Vorschein kommt.

Um aber den Vergleich zu TW zu wahren, soll an dieser Stelle zumindest ein Anhaltspunkt ausgearbeitet werden, mit dem die Einkommensverhältnisse unter PL in bezug zu der bereits behandelten positiven Situation der TW gesetzt werden kann. Folgende Einflußgrößen werden herangezogen: Anzahl der Lizenzen pro Jahr und das von PL geschätzte durchschnittliche Einkommen, das sie mit einer Lizenz erwirtschaften. Das oben geschilderte uneinheitliche Bild der Einkommensverhältnisse drückt sich bereits deutlich bei der Anzahl der bewirtschafteten Lizenzen aus. Diese von den PL genannten Stückzahlen schwanken erheblich, was zum Teil auf die oben geschilderten Einflüsse zurückzuführen ist.[313]

Anhand einer Gruppierung konnten die unterschiedlichen Nennungen besser erfaßt werden. Das Ergebnis der Einteilung erbrachte eine durchschnittliche Anzahl von 5–7 Lizenzen pro PL für ein Jahr. Die Frage nach dem mittleren Einkommen, das pro Lizenz erwirtschaftet wird, erbrachte eine Angabe von rund 2000 TT $, rund 320 US $. Sowohl die Anzahl an Lizenzen als auch der Betrag an Einkünften wurde im nachhinein von deren Sprecher Clarence de Grilla als realistisches Mittelmaß eingeschätzt.

Ihm zufolge stellen sieben Lizenzen pro Jahr einen repräsentativen Mittelwert dar. Daraus ergibt sich im Schnitt ein jährliches Einkommen von 14000 TT $ bzw. 1167 TT $, rund 186 US $ pro Monat. Bei TW belief sich der Wert des Mindestlohns auf ca. 1900 TT $, ungefähr 304 US $ pro Monat bei einem umgerechneten Stundenlohn von 12 TT $. Zieht man für PL einen neunstündigen Arbeitstag heran, beläuft sich deren Stundenlohn für eine Fünf-Tage-Woche auf ca. 6,5 TT $.[314] Nicht nur die von vielschichtigen Faktoren abhängige Einkommenssituation unter PL, sondern auch der Vergleich der erarbeiteten Einkommensindikatoren macht darauf aufmerksam, daß die Situation für PL, vor dem Hintergrund der Anforderungen sozialer Nachhaltigkeit, nachteilig einzustufen sind.

Durch den Vergleich zu TW wird deutlich, wie sich der Indikator Einkommen bzw. Entlohnung als Meßgröße eignet, um die Situation zweier bedeutender Interessengruppen miteinander in Beziehung zu setzen. Besonders deutlich tritt die Diskrepanz ihrer Ausgangssituation zum Vorschein, wenn die Gegenüberstellung der Stundenlöhne hinzugezogen wird. Es sei daran erinnert, daß der gesetzmäßige Mindestlohn auf 7 TT $ festgesetzt ist. Die Rahmenbedingungen, die für PL als selbständige Waldarbeiter geschaffen wurden, können den Ansprüchen, wie sie von

---

[313] Wie bereits erwähnt, widmet sich Kapitel 6.3.4 dieser Problemkonstellation der ungleichen Verteilung von Lizenzen. Es werden zudem die Faktoren untersucht, die diese Diskrepanzen hervorrufen.
[314] Vgl. GÜNTER (1998, S. 16 ff.). Hierbei wird von einem günstigen Fall ausgegangen. Wie Kapitel 6.3.1.1 gezeigt hat, können sich die Arbeitszeiten der PL auch auf mehr als fünf Wochentage erstrecken, womit sich deren effektiver Reingewinn pro Stunde drastisch reduziert.

6.3 Anwendung von Kriterien und Indikatoren nachhaltiger Sozialverträglichkeit

einer sozial verträglichen Forstbewirtschaftung gestellt werden, nur schwerlich gerecht werden. Zwar handelt es sich bei den für PL genannten Einkommensindikatoren um primäre Anhaltspunkte, diese können jedoch nicht darüber hinwegtäuschen, daß sich die individuelle Einkommenssituation aufgrund der verschiedenen Faktoren durchaus noch nachteiliger darstellen kann. Am Beispiel der uneinheitlichen Anzahl erhaltener Lizenzen und der schwankenden real erwirtschafteten Erträge pro Lizenz, deren Angaben zwischen 500 TT $ und 3000 TT $ lagen, soll dies nochmals hervorgehoben werden. Aus diesen Einflußgrößen ergibt sich nicht nur ein Mißverhältnis zwischen PL und TW, sondern auch innerhalb der Gruppe der PL, wie es bereits anhand der Indikatoren Haushaltsausstattung und Lebensbedingungen festgestellt wurde.

6.3.2.2 Vergleich mit anderen Branchen

Wie unterschiedlich sich die Einkommensverteilung zwischen verschiedenen Branchen in Trinidad darstellt, verdeutlicht ein Vergleich der Gehälter einer 40-Stunden-Woche unter Arbeitern in Sägewerken (181,34 TT $), der Möbelindustrie (322,30 TT $), der Zuckerrohrverarbeitung (557,09 TT $) und der Öl-Raffinerie (1248,77 TT $).[315] Die anhaltende wirtschaftliche Rezession Trinidads hatte zur Folge, daß von seiten vieler Arbeitnehmer jede Art der Arbeit – gleich welcher Entlohnung – akzeptiert wurde, wenn es sich nur um eine Beschäftigung schlechthin handelte.

Bereits durch diese kurze Einführung und den Vergleich der Verdienstverhältnisse weniger Branchen des Jahres 1987 tritt die unausgewogene Einkommensverteilung zum Vorschein. Vor allem in bezug auf den Forstsektor, wie er durch die Situation der Sägewerkarbeiter repräsentiert wird, ist dieses Mißverhältnis offenkundig.

Aufgrund der anhaltenden Krise des Ölsektors und einer damit einhergehenden Verringerung der landesweiten Bezüge und einer Festsetzung des Mindestlohnes auf lediglich 7 TT $ blieb die Diskrepanz bis heute weitestgehend bestehen.[316] Tabelle 11 faßt diesen Kontrast anhand einer Gegenüberstellung der Entwicklung von Stundenlöhnen der Jahre 1994 und 1996 zusammen und zieht zu den Branchen einzelne wichtige Zweige des Agrarsektors hinzu. Es handelt sich hierbei jeweils um die Mindestlöhne einfacher Arbeitskräfte.

Nach einer branchenspezifischen Unterteilung nehmen der Energiesektor und vor allem die Petrochemie nach wie vor eine dominierende Stellung ein. Ein Vergleich mit dem Mindestlohn in der Möbelindustrie läßt die Unterschiede der untersten Einkommensklassen erkennen.

---

[315] Vgl. DILLON & LOWE (1988, S. 101).
[316] Die Festsetzung des Mindeststundenlohns lag zwar bereits seit Beginn der 90er Jahre als Gesetzentwurf vor, wurde aber erst während der jüngsten Legislaturperiode im Jahr 1997 durch die Regierungspartei *Peoples' National Movement* ratifiziert. Es ist allerdings fraglich, ob der rechtmäßige Mindestlohn nicht bereits durch die jüngsten Entwicklungen des Lohnniveaus vieler Branchen als zu niedrig eingestuft wurde.

Tabelle 11: Mindestlöhne nach Branchen (in TT $ / Stunde)

	1994		1996	
	Mai	November	Mai	November
Möbelindustrie	8,17	8,17	8,17	8,17
Genußmittelindustrie	8,79	8,69	10,63	10,63
Baugewerbe	10,57	10,69	11,35	11,66
Transport und Verkehr	12,38	12,38	12,38	12,38
Energiesektor	15,68	16,28	17,59	17,65
Petrochemie	18,39	18,61	21,34	21,89
Sägewerke	7,25	7,25	7,25	7,25
Zuckerrohrverarbeitung	10,75	10,75	11,41	11,52
Tabakverarbeitung	19,89	19,89	20,27	22,63

Quelle: REPUBLIC OF TRINIDAD AND TOBAGO *(1997 c, S. 40–45)*.

Die Tabelle weist jedoch nicht nur auf eine unverhältnismäßige Einkommensverteilung zwischen den Sektoren hin. Am Beispiel der Land- und Forstwirtschaft wird außerdem ein eklatantes Mißverhältnis auch innerhalb eines Sektors deutlich. Bei einem Vergleich des stagnierenden Lohnniveaus der Sägewerke mit den Mindestlöhnen der Tabakverarbeitung wird dies sichtbar. Schließlich übertreffen letztere zudem die Ausnahmestellung der Mindestlöhne in der petrochemischen Industrie.

Einen interessanten Vergleich bieten auch Sägewerke und Möbelindustrie. Die ein Vielfaches betragende Steigerung der Wertschöpfung zwischen beiden Ebenen drückt sich praktisch in keinster Weise in den Mindestlöhnen der Möbelindustriebeschäftigten aus. Zieht man nun noch den ersten Holzverarbeitungsschritt am Beispiel der PL hinzu, mit der eine noch größere Spanne der Mehrwertsteigerung einhergeht, fällt die Lohnsteigerung für die weiterverarbeitende bzw. Endprodukt liefernde Möbelindustrie sehr bescheiden aus.

Es sei in diesem Zusammenhang an den in Kapitel 6.3.2.1 überschlagenen Stundenlohn von 6,5 TT $ für PL erinnert. Dieser Umstand beruht jedoch nicht auf einer gerechten Einkommensverteilung, sondern schlichtweg eher auf einer schlechten Entlohnung, die für alle drei Produktionsebenen zutreffend ist, was bereits durch den Vergleich zu anderen Branchen zum Ausdruck kam. In diesem Zusammenhang der dürftigen Einkommenssituation muß darauf hingewiesen werden, daß bei der Matrix der sozialen Gewichtung der Interessengruppen (Tabelle 6, S. 151) die Sägewerkangestellten hinter PL zusammen mit Waldarbeitern den zweiten Rang einnahmen.

Die schlechte Entlohnung, die sie erhalten, trägt ihrer Bewertung hinsichtlich des Kriteriums *Dependency* Rechnung, bei dem sie den höchsten Wert – gefolgt von PL einnehmen. Verständlicherweise handelt es sich in Tabelle 11 um Beschäftigte privater Sägewerke. Wie im vorigen Kapitel aufgezeigt, erhalten die Sägewerkbeschäftigten sowie die Waldarbeiter von TANTEAK (TW) einen Mindestlohn von

6.3 Anwendung von Kriterien und Indikatoren nachhaltiger Sozialverträglichkeit

rund 12 TT $ / Stunde. Mit Ausnahme der Löhne in der Tabakverarbeitung ist ihr Einkommen in der Land- und Forstwirtschaft als hoch einzustufen. Sowohl im Vergleich zu übrigen Beschäftigten desselben Sektors als auch zu Einkommen anderer Branchen, stellt dieser Wert im Sinne einer angepaßten Einkommensverteilung ein durchaus akzeptables Lohnniveau dar. Die geschilderte Situation für PL wie auch Angestellte privater Sägewerke läßt erkennen, daß für sie beide Vergleiche nicht standhalten.

6.3.2.3 Stellenwert des Einkommens pro Zielgruppe

Die folgenden kurzen Ausführungen sind nur entfernt im Zusammenhang mit Indikatoren einer sozialverträglichen Forstbewirtschaftung zu sehen. Eher wollen sie auf die Relevanz der Einkommensverhältnisse und die Abhängigkeit von der Nutzung der Ressource aufgrund der mangelnden wirtschaftlichen Alternativen des für TW und insbesondere für PL betreffenden Gebiets hinweisen. In dem Zusammenschluß von PL als *Nariva-Mayaro Woodworkers Cooperative* kommt die Verwaltungseinheit ihres Bewirtschaftungsgebiets namentlich zum Ausdruck. Ein Vergleich mit allen übrigen Verwaltungseinheiten von ganz Trinidad und Tobago ergibt das mit Abstand geringste monatliche Einkommen aller Erwerbstätigen für den Bezirk Nariva-Mayaro.

Die Statistik umfaßt die Jahre 1993 bis 1995, in allen drei Jahren repräsentieren die Einkommensverhältnisse Nariva-Mayaros die landesweit niedrigsten Werte. Zu den Ballungszentren Port of Spain und San Fernando ist ein mittlerer Einkommensunterschied von über 50 % nachweisbar.[317] Zieht man nun weitere Haushaltsmitglieder als potentielle Erwerbsträger hinzu, wird die Bedeutung, die sich aus den Einkünften der PL ergibt, sichtbar. Nur 22 % aller PL erzielen ein zusätzliches geregeltes Einkommen durch ein weiteres Haushaltsmitglied. Auch unter TW ist dieser Wert mit 30 % als gering einzustufen. Die dabei von beiden Seiten hauptsächlich genannten Tätigkeiten weiterer Haushaltsmitglieder wie Sägewerkangestellter, Bauarbeiter, Straßenarbeiter, Lastwagenfahrer, Landwirt und Verkäufer(in) lassen das qualitativ begrenzte Berufsspektrum der betreffenden Bevölkerungsschicht, aber auch die mangelnde wirtschaftliche Diversifikation des ländlichen Raumes erkennen.

Im Vergleich zum gesamten Haushaltseinkommen spielt demnach der Ertrag, der als PL bzw. TW eingebracht wird, eine überdurchschnittliche hohe Rolle. Eine unter PL durchgeführte Bewertung des prozentualen Anteils des eigenen Beitrags am gesamten Haushaltseinkommen macht dies deutlich: Für 22 % aller PL beträgt der eigene Anteil zwischen 40–60 % der Haushaltseinkünfte, für 12 % liegt dieser Wert zwischen 60–80 % und für 66 % der PL sogar zwischen 80–100 %.

---

[317] Vgl. REPUBLIC OF TRINIDAD AND TOBAGO (1997 a, S. 93). Für Arbeitnehmerinnen des Bezirks Nariva-Mayaro ist die Diskrepanz erheblich größer. Im Jahr 1994 betrug ihr durchschnittlicher Verdienst lediglich 12,5 % des Einkommens weiblicher Beschäftiger in Port of Spain.

Diese wenigen Anhaltspunkte veranschaulichen, welcher Stellenrang dem Einkommen, besonders unter PL, zugesprochen werden muß. In Anbetracht der im Vergleich zu TW und anderen Wirtschaftszweigen niedrigen Verdienstsituation tritt das Mißverhältnis speziell durch die hohe Relevanz des Einkommens für den Gesamthaushalt hervor. Erst durch diese Hintergrundinformationen und die dadurch ermöglichte Interpretation der interessengruppenspezifischen Einkommenssituation kann im Falle der PL dem Indikator Einkommen ein gebührend hoher Stellenrang beigemessen werden.

6.3.3 Kommunikationsmöglichkeiten und Wahrung eigener Interessen

Ein grundlegendes Kriterium sozialverträglicher Nachhaltigkeit in der Forstwirtschaft leitet sich aus dem in Kapitel 4.3 behandelten partizipatorischen Ansatz ab. Demnach beruht die Miteinbeziehung betroffener Stakeholder auf einem gegenseitigen Informationsaustausch, der als Konsens die Wahrung der einzelnen Interessen zum Ziel hat. Ausschlaggebend hierfür ist die Schaffung von Kommunikationsmöglichkeiten und Instrumentarien zur Entwicklung gemeinsam getragener Nutzungsrichtlinien. Diese müssen zudem die Möglichkeit mit einschließen, die Schlichtung kontroverser Nutzungsansprüche voranzutreiben und in Zukunft vorzugsweise ganz zu beseitigen. Für solch hochgesteckte Ziele ist es unerläßlich, daß auf der Basis einer chancengleichen Einflußnahme beratende und koordinierende Institutionen beiseite stehen, die ein Diskussionsforum mit Mittlerfunktionen darstellen.

Die entsprechende Situation bei PL und TW bietet sich dem Betrachter als weitaus weniger komplex. Es handelt sich hierbei um jeweils nur eine Stakeholdergruppe, die die Wahrung ihrer Ansprüche und Interessen im Hinblick auf nur eine einflußreichere Gruppe vertreten muß. Im Fall der angestellten TW ist dies das TANTEAK-Management und für PL fällt diese Rolle der staatlichen Forstbehörde zu. Wie die folgenden Kapitel zeigen, wäre es ein Trugschluß zu glauben, daß sich aufgrund dieser überschaubaren Konstellation kein Konfliktpotential ausbilden könne.

Von seiten der betroffenen Interessengruppen ist dieses Kriterium eng mit dem Anspruch der sozialen Akzeptanz verbunden. Gerade weil es sich um jeweils duale Positionen handelt, bei denen es keine wie oben beschriebene vermittelnde Gremien gibt, ist es angebracht, den Zustand der von PL und TW empfundenen Wahrung ihrer Interessen zu untersuchen. Die faire Interessenvertretung ist eine Hauptforderung von Partizipation. Hieraus erschließt sich deren Bedeutung eines wesentlichen separaten Kriteriums sozialer Nachhaltigkeit.

Zunächst richtet sich die Untersuchung nach der Wahrnehmung und Beurteilung direkter Einflußmöglichkeiten durch PL und TW selbst. Es schließt sich eine von den Zielgruppen vorgenommene Bewertung der indirekten Interessenvermittlung durch Gewerkschaften an. Abschließend steht die tatsächlich empfundene Qualität der Wahrung eigener Interessen im Mittelpunkt. Ausschlaggebend hierfür ist die

6.3 Anwendung von Kriterien und Indikatoren nachhaltiger Sozialverträglichkeit

Bewertung der Kommunikation mit den für PL und TW relevanten Akteuren (Forstbehörde bzw. Management) sowie deren Entgegenkommen in Anbetracht der Interessen der untersuchten Zielgruppen.

6.3.3.1 Inanspruchnahme und Beurteilung der direkten Interessenvermittlung

Zur Wahrung eigener Interessen ist die Chance der Vermittlung und Kommunikation eine notwendige Voraussetzung. Dies schließt im besonderen die Bereitschaft zur Kommunikation von oben (Forstbehörde / TANTEAK Management) nach unten (PL / TW) mit ein. Zum Einstieg in diesen Themenkomplex dient eine Befragung unter TW, die bereits deutlich auf die Notwendigkeit der Untersuchung des Kriteriums Informations- und Interessenaustausch hinweist. Im Blickpunkt steht zunächst der Kommunikationsfluß, wie er im Falle der TW von Seiten des TANTEAK Managements gehandhabt wird. Der Untersuchungsgegenstand, der sich damit befaßte, ob die für ihre Arbeit relevanten Beschlüsse des Managements die Arbeiter erreichen, wurde von 72 % der TW verneint.

Daraus ergab sich das weitere Untersuchungsinteresse, ob die nicht-informierten TW es vorzögen, unterrichtet zu werden. Für 91,7 % war dies zutreffend. Die Informationspolitik, die seitens der Konzernführung ihren Arbeitern zuteil wird, ist bereits anhand dieser einfachen Recherche in Frage zu stellen. Zum Teil geht der Mißstand darauf zurück, daß anscheinend ca. ein Drittel informiert wird, während der Großteil der TW davon unberücksichtigt bleibt. Des weiteren belegen die Zahlen eindrucksvoll, wie stark der ausgeübte Informationsfluß von TW als Manko eingestuft wird.

Eine umgekehrte Betrachtungsweise, nach der die Interessenvermittlung der TW von unten nach oben im Vordergrund stand, erbrachte gleichfalls ein zweigeteiltes Resultat. Ausgehend von der Fragestellung, ob es den Arbeitern möglich sei, eigene Interessen zu artikulieren, wurde dieser Ansatz gleichzeitig auch für PL herangezogen. Die Ergebnisse entwerfen ein kontroverses Bild innerhalb beider Gruppen. Jeweils die überwiegende Mehrheit der Befragten pro Gruppe (66 % der TW, 56 % der PL) bekannte sich dazu, daß es durchaus möglich sei, eigene Interessen zu vermitteln, während der Rest einen entgegengesetzten Standpunkt einnahm und die bestehenden Möglichkeiten nicht nutzt.

Zunächst wurde dabei von einem Widerspruch ausgegangen, der möglicherweise auf die Formulierung der Frage zurückzuführen sein könnte. Da das Problem bereits während der Testphase erkannt wurde, erfolgte eine eindeutigere Umformulierung, die jedoch erneut keine Auswirkungen auf das oben aufgezeigte Endergebnis hatte. Bei der Interpretation des Ergebnisses für TW ist zunächst davon ausgegangen worden, daß möglicherweise eine Korrelation zwischen Arbeitsqualifikation bzw. der Länge der Beschäftigungsdauer und der Möglichkeit der eigenen Interessenvermittlung bestehen könne. Beides ließ sich nicht nachvollziehen.

Recherchen bei der TANTEAK-Verwaltung haben ergeben, daß grundsätzlich jedem Arbeiter die Chance bleibt, über den direkten Vorgesetzten bzw. über einen Vertrauensmann die Kommunikation eigener Belange zu wahren.

Daß diese Möglichkeit nicht in Anspruch genommen wird, liegt, wie die obigen Ausführungen und Kapitel 6.3.3.2 zeigen, entweder an der durch TW ohnehin sehr ungenügend eingestuften Bewertung des Informationsflusses zwischen dem Management und ihnen selbst, oder aber an einem damit einhergehenden völligen Desinteresse, was die inneren Abläufe zwischen Belegschaft und Konzernführung anbelangt. Sicherlich trägt ebenso die von ihnen in Kapitel 6.3.3.2 vorgenommene schlechte Einschätzung der Arbeit ihrer Gewerkschaft dazu bei.[318] Eine ineffektive Interessenvertretung hat demnach auch unvorteilhafte Auswirkungen auf den individuellen Anspruch der Wahrung eigener Interessen.

Unter PL herrscht zwar eine gleichbedeutende Unstimmigkeit vor, diese läßt sich aber aufgrund der zeitlich intensiveren Auseinandersetzung und die durch die teilnehmende Beobachtung gewonnenen Eindrücke besser deuten. Demnach herrscht wegen des ohnehin gespannten Verhältnisses zur Forstbehörde unter einer Vielzahl der PL ein großes Mißtrauen, was die Verbesserung der eigenen Lebens- und Arbeitsbedingungen – und somit auch eine Steigerung ihrer Einflußnahme in die Bewirtschaftungsmaßgaben unter Aufsicht der Behörde anbelangt. Die völlig ungenügende Kommunikation zwischen Behörde und PL stellt für die Verwirklichung weiterer Kriterien der Sozialverträglichkeit ein ausschlaggebendes Hemmnis dar.

Ähnlich des TANTEAK Managements wird auch von seiten der Forstbehörde auf eine uneingeschränkte Möglichkeit der Interessenvermittlung für PL hingewiesen. In Übereinstimmung mit eigenen Erfahrungen und Angaben der PL sind dies zufällige Treffen, formelle Verhandlungen oder die Integration eines Repräsentanten bzw. einer Delegation. Die Tatsache, daß rund die Hälfte aller PL auf diese Möglichkeiten aber nicht eingeht, weist auf die Erfahrungen im Umgang mit der Forstbehörde und deren Vertretern hin. Ernüchterungen dieser Art wurden von den befragten PL sowie von deren Sprecher Clarence de Grilla bestätigt. Die für TW als auch PL prägende Vertrautheit mit dem wirkungslosen Umgang ihrer Belange durch Management und Forstbehörde stellen eine denkbar schlechte Ausgangssituation für einen vertrauensvollen Umgang und für eine einvernehmliche Lösung weiterer Konflikte dar.

6.3.3.2 Bewertung indirekter Kommunikation durch Gewerkschaften

Das Recht von Arbeitern (TW) zur kollektiven Interessenvertretung (ILO Konvention 97) sowie das Recht der lokalen Bevölkerung bzw. Nutzergruppen (PL) zur entsprechenden individuellen Interessenvertretung (ILO Konvention 141) ist in

---

[318] Eine Zufriedenheit mit den bestehenden Verhältnissen ist ausgeschlossen, da mit der Fragestellung lediglich die generelle Möglichkeit der Einflußnahme angeführt wurde.

6.3 Anwendung von Kriterien und Indikatoren nachhaltiger Sozialverträglichkeit

beiden Fällen gewährleistet.[319] Organisationsfreiheit ist jedoch noch lange nicht gleichbedeutend mit einem adäquaten Informationsfluß und einer gleichberechtigten Mitbestimmung, deshalb soll in diesem Kapitel die von PL und TW empfundene Wahrung ihrer Interessen über ihre jeweiligen Gewerkschaften erarbeitet werden. Die Kommunikation mit den Gewerkschaften selbst und die von den Gewerkschaften letztendlich erzielten Ergebnisse, wie sie von PL und TW wahrgenommen werden, bilden den Kernpunkt der anstehenden Betrachtung.

Aufgrund der bislang geschilderten Situation innerhalb beider Gruppen scheint eine gewerkschaftliche Vertretung von TW, im Vergleich zu PL, als nahezu entbehrlich. Die besondere Stellung der TW wäre jedoch ohne deren gewerkschaftliche Unterstützung kaum vorzustellen. Von der Managementebene TANTEAKs wurde bestätigt, daß die Vergünstigungen und die bereits untersuchten sozial akzeptablen Kriterien zum Teil auf die Einflußnahme der Gewerkschaft *National Union of Government and Federated Workers* zurückgehen. Wie ein Vergleich mit einer Studie aus dem Jahr 1980 zeigt, konnten durch die Arbeit der Gewerkschaft eine Reihe von Problemen, wie Bezahlung bzw. Lohnfortzahlung, Urlaubsregelung und z.T. Ausrüstungsaspekte verbessert werden.[320]

Die gewerkschaftliche Vertretung der PL gegenüber der Forstbehörde beruht auf der Arbeit der bereits erwähnten *Nariva-Mayaro Woodworkers Cooperative*.[321] Dieser Zusammenschluß wird jedoch nicht von allen PL akzeptiert. Aufgrund verschiedener Unzulänglichkeiten, wie z.B. der Bevorzugung bzw. Benachteiligung von PL durch Vertreter der Forstbehörde, herrscht unter einigen PL eine Mißgunst, die sich in einer ablehnenden Haltung gegenüber der Kooperative niederschlägt.

Nach Auskunft der Kooperative trifft dies auf etwa 15–20 % der PL zu. Dennoch wirken sich sämtliche in Absprache mit der Forstbehörde getroffenen Veränderungen auf alle PL aus, auch wenn sie sich nicht durch die Kooperative vertreten sehen.

Dieser Umstand erklärt, weshalb es in Tabelle 12 zu negativen Äußerungen gegenüber der Arbeit der Interessenvertretung kommt, während sich ein Großteil mit der Kooperative identifiziert. Die Zufriedenheit der Befragten mit der Arbeit und den Verhandlungsergebnissen ihrer jeweiligen gewerkschaftlichen Interessenvertretung richtet sich nach der bereits als nützlich erwiesenen Skalierungsmethode.

---

[319] Der Internationale Bund der Bau- und Holzarbeiter verabschiedete im Februar 1991 folgende Entschließung (Nr. 1): „Angesichts der im Übereinkommen Nr.87 der Internationalen Arbeitsorganisation über Vereinigungsfreiheit und Gewerkschaftsrechte enthaltenen Grundsätze und der Tatsache, daß auch die Forst- und Holzarbeitnehmer einen Beitrag zur sozialwirtschaftlichen Entwicklung der Nationen in der Dritten Welt leisten, müssen die Forst- und Holzarbeitnehmer daher frei sein, sich zu Gewerkschaften zusammenszuschließen"; vgl. GHK (1992, S. 28).
[320] Vgl. DARDAINE und BURGESS (1980, S. 20 ff.).
[321] SEIP (1996, S. 119 f.) beschreibt die Vielfältigkeit und Bedeutung von Kooperativen in der Land- und Forstwirtschaft.

Tabelle 12: Bewertung der gewerkschaftlichen Interessenvertretung (in %)

	1 sehr unzu- frieden	2 unzufrie- den	3 leicht unzu- frieden	4 leicht zufrieden	5 zufrieden	6 sehr zu- frieden	Median
TW	30	36	18	10	4	2	2,0
PL	-	6	18	40	34	2	4,0

Quelle: Eigene Erhebung, 1997/98.

In Tabelle 12 sind dabei die Skalierungsbezeichnungen wiedergegeben, wie sie auch den Befragten vorgelegt wurden.[322] Im Gegensatz zu vorigen Anwendungsbereichen der Skalierung zeichnet sich ein umgekehrtes Bewertungsraster zugunsten der Interessenvertretung von PL ab. Die Mittelwertbildung anhand des Median weist darauf hin. Dem Zufriedenheitsgrad der PL steht die hohe Unzufriedenheit unter TW gegenüber.

Dieser Umstand ist insbesondere verwunderlich, wenn man den oben erwähnten positiven Wandel auf Arbeitnehmerseite berücksichtigt, der die Situation von TW kennzeichnet. Nach Aussagen der TW ist eine mangelnde Vertrauensbasis hierfür ausschlaggebend, denn die Gewerkschaft gilt weniger als eigener Interessenvermittler, sondern als Organ der Wahrung staatlicher und konzernspezifischer Interessen. Vergünstigungen werden als Beschwichtigungsmaßnahmen betrachtet, um über Mißmanagement und Korruptionsvorwürfe hinwegzusehen. Insofern ist die für die Region charakteristische enge Verflechtung zwischen Staat und Gewerkschaft Ausgangspunkt der starken Kritik unter TW.

Insgesamt sind 84 % der TW (Werte zwischen 1 und 3) mit der Arbeit ihrer gewerkschaftlichen Interessenvertretung unzufrieden. Unter PL ist dies für nur 24 % zutreffend. Die im Schnitt hohe Akzeptanz, die der PL- eigenen Kooperative entgegengebracht wird, läßt sich auf die Anerkennung des stetigen Einsatzes für die Interessenwahrung der PL gegenüber der Forstbehörde zurückführen. Auch wenn sich die soziale und ökonomische Situation im Vergleich zu TW als nachteilig darstellt, honorieren PL die Arbeit ihrer Gewerkschaft, da sie sich um die Machtposition der Behörde und deren Standpunkte durch ihre tägliche Arbeit und den Kontakt zu den Forstbeamten bewußt sind.

Wie die Untersuchung dieses Kriteriums einer sozialverträglichen Forstwirtschaft für TW zeigt, geht das Recht auf Organisationsfreiheit nicht einher mit einer gleichbedeutenden Interessenwahrung und einer gewerkschaftlichen Identifikation. Gleichzeitig macht die Arbeit der für PL verantwortlichen Kooperative deutlich,

---

[322] Anhand dieser Orientierungshilfen fiel es den befragten PL und TW wesentlich leichter, ihre Meinung zu äußern, als dies durch die Kennzeichnung mit einem schlichten Skalenniveau (1 ... 6) der Fall war.

6.3 Anwendung von Kriterien und Indikatoren nachhaltiger Sozialverträglichkeit 191

wie sehr die Wahrung eigener Interessen von der sozialen Stellung und der sich daraus ableitenden geringen Einflußmöglichkeit bzw. Machtbasis *(power deficit)* bedingt wird. Im Gegensatz zu TW zeigt sich aber auch, daß sich aus diesem kollektiven Bewußtsein eine stärkere Befürwortung und Anerkennung der gewerkschaftlichen Interessenvertretung entwickelt hat. Kapitel 6.3.3.3 bewertet abschließend die wahrgenommene Resonanz, wie sie PL und TW von seiten der bestimmenden Einflußgrößen (Forstbehörde und Management) entgegengebracht wird.

6.3.3.3 Abschließende Bewertung der Interessenwahrung und Kommunikation

In diesem abschließenden Kapitel wird eine zusammenfassende Bewertung der direkten und indirekten Verständigung durchgeführt. Das Augenmerk liegt dabei ebenfalls auf den Konsequenzen, die sich aus dem Informations- und Interessenaustausch zwischen Forstbehörde und PL sowie Firmenmanagement und TW ergeben. Der Logik und Ausrichtung der Untersuchung folgend, bleibt die Blickrichtung von seiten der abhängigen, von der Nutzung der Ressource direkt betroffenen PL und TW beibehalten. Der Bewertung liegt die von ihnen empfundene Qualität der Kommunikation und die sich daraus ergebende Berücksichtigung eigener Interessen zugrunde.

Die Möglichkeiten und Inanspruchnahme direkter und indirekter Interessenvermittlung wurden bereits in den vorangegangenen Kapiteln erörtert. Im Mittelpunkt der folgenden Ausführung steht die Anerkennung bzw. der Grad der Berücksichtigung, der diesen Interessen seitens der bestimmenden Einflußgrößen Forstbehörde und Management entgegengebracht wird.

Der ausschlaggebende Indikator im Hinblick auf Interessenvermittlung ist weniger die Schaffung von Möglichkeiten des gegenseitigen Austausches, sondern die Gestaltung von Bewirtschaftungsrichtlinien, die auf der Akzeptanz aller Gruppen beruht. Hierzu bedarf es an erster Stelle der Berücksichtigung und Abstimmung der Ansprüche sämtlicher involvierter Gruppen. Die Schaffung von Kommunikationsmöglichkeiten ist dabei eine Voraussetzung von prinzipiellem Charakter. Die Wahrung eigener Interessen ist von der Anzahl der partizipierenden Stakeholder abhängig. Je nach Zusammensetzung der unterschiedlichen Interessen müssen demnach eigene Abstriche in Kauf genommen werden, ohne dabei grundlegende Bedürfnisse der Lebenshaltung preiszugeben. Insofern ist die Situation von PL und TW günstig einzuschätzen, da es sich um die jeweils einzigen direkt betroffenen Interessengruppen ihres Bewirtschaftungsbereichs handelt.

Tabelle 13 veranschaulicht dennoch unmißverständlich, wie gering die Berücksichtigung eigener Interessen in Abhängigkeit von Forstbehörde und Firmenmanagement von beiden Zielgruppen eingestuft wird. Eindeutig geben die für PL und TW erzielten Werte eine hohe Unzufriedenheit hinsichtlich der Wahrung ihrer Anliegen wieder. PL ermessen die eigene Situation geringfügig schlechter als dies für TW der Fall ist. Für beide Gruppen sprechen die hohen Prozentwerte der dadurch zum Ausdruck kommenden grundsätzlichen Unzufriedenheit für sich.

Tabelle 13: Bewertung der Berücksichtigung eigener Interessen in Abhängigkeit von dem Firmenmanagement (TW) und der Forstbehörde (PL) (in %)

	1	2	3	4	5	6	
	sehr unzufrieden	unzufrieden	leicht unzufrieden	leicht zufrieden	zufrieden	sehr zufrieden	Median
TW	28	18	38	14	2	-	3,0
PL	18	32	44	4	-	2	2,5

Quelle: Eigene Erhebung, 1997/98.

Insgesamt zeigen sich 84 % der TW und 94 % der PL unzufrieden mit Management bzw. Forstbehörde, was die Formulierung eigener Interessen und deren Berücksichtigung durch eben diese Instanzen anbelangt. Als Indikator weisen diese Werte auf wichtige Ansatzpunkte für eine dringend benötigte Neuregelung der Bewirtschaftungs- und Managementrichtlinien hin. Im Zuge einer angemessenen und von allen Seiten akzeptierten Kommunikation können weitere Kritikpunkte sozialer Nachhaltigkeit, wie sie bereits aufgezeigt wurden und in den folgenden Kapiteln noch auftreten, thematisiert werden.

Wie unzureichend die Kommunikation auf seiten der Zielgruppen eingeschätzt wird, zeigt eine weitere Beurteilung, bei der, in bezug auf den erzielten Median in Tabelle 13, ein noch unvorteilhafteres Ergebnis zutage kommt. Es handelt sich hierbei um eine Gesamteinschätzung, die abschließend eine Zusammenstellung aller unter Kapitel 6.3.3 untersuchten Aspekte der gegenseitigen Verständigung darstellt. Diese Evaluierung ist insofern von Bedeutung, als daß sie dem Betrachter deutlich die Wahrnehmung des derzeit bestehenden Kommunikationsmankos vor Augen führt. In ihr vereinen sich die bereits untersuchten Mißstände.

Die inakzeptable Bewertung der untersuchten Informationsübermittlung und Kommunikation, wie sie in Tabelle 14 zum Vorschein kommt, ist in Zusammenhang mit der oben diskutierten Wahrung eigener Interessen ein deutlicher Indikator, der auf den bedenklichen Status dieses Kriteriums sozialer Nachhaltigkeit hinweist. Der für beide Gruppen erzielte Median von 2,0 ist ein Kennzeichen, das die zentrale Tendenz der Unzufriedenheit eindrucksvoll untermauert.

Parallel zu dieser Untersuchung ergab eine weitere Skalierung des Zufriedenheitsgrads hinsichtlich des Informationsflusses, wie er von seiten der Forstbehörde und dem Firmenmanagement praktiziert wird, ebenfalls einen Mittelwert von 2,0 für beide Gruppen. In ihrer Gesamtwirkung machen die drei erarbeiteten Indikatoren (Berücksichtigung eigener Interessen, Kommunikation und Informationspolitik) somit eindringlich auf die Notwendigkeit der stärkeren Beachtung und Wahrung der Ansprüche der untersuchten Zielgruppen aufmerksam. Sowohl von PL als auch TW wird dieses Kriterium sozialer Nachhaltigkeit gleichermaßen negativ bewertet.

6.3 Anwendung von Kriterien und Indikatoren nachhaltiger Sozialverträglichkeit

Tabelle 14: Bewertung der Kommunikation mit dem Firmenmanagement (TW) und der Forstbehörde (PL) sowie des Informationsflusses (in %)

	1 sehr unzufrieden	2 unzufrieden	3 leicht unzufrieden	4 leicht zufrieden	5 zufrieden	6 sehr zufrieden	Median
Kommunikation:							
TW	20	36	24	8	10	2	2,0
PL	26	30	24	14	6	-	2,0
Informationsfluß:							
TW	28	34	16	10	10	2	2,0
PL	22	38	24	12	2	2	2,0

Quelle: Eigene Erhebung, 1997/98.

6.3.4 Intra-Generationen-Gerechtigkeit

Eine Reihe von Kriterien sozialer Nachhaltigkeit kann unter dem Kennzeichen der gleichberechtigten Behandlung von Nutzergruppen innerhalb der jetzigen Generation zusammengefaßt werden. Diese Kriterien unterliegen dem fundamentalen Anspruch gleichwertiger Nutzungsmöglichkeiten der Forstressource durch Individuen innerhalb einer Interessengruppe als auch zwischen verschiedenen Gruppen selbst. Im Mittelpunkt steht dabei stets der Aspekt der Konfliktvermeidung bzw. die Schaffung von Handlungsmechanismen, um die Konflikte von vornherein zu vermeiden oder aber zumindest so gering wie möglich zu halten.

Wie Kapitel 6.3.3 gezeigt hat, können die bestehenden Kommunikationsformen hierzu keinen Beitrag leisten. Vielmehr weist die erkannte Unzufriedenheit hinsichtlich der mangelnden Berücksichtigung der Interessen der Zielgruppen unmißverständlich auf bestehende Konflikte innerhalb beider Bewirtschaftungssysteme hin. Hervorgerufen werden sie hauptsächlich durch die dominierenden Einflüsse der Forstbehörde auf der einen Seite und dem Firmenmanagement auf der anderen Seite.

Einzelgespräche und eigene Beobachtungen ermöglichten ein tiefgehenderes Verständnis für die vorgefundenen Konfliktpunkte. Im folgenden werden, wie oben erwähnt, von beiden Zielgruppen die als derzeit am schwerwiegendsten empfundenen Kontroversen unter dem Stichwort der Intra-Generationen-Gerechtigkeit resümiert. Aufgrund der unterschiedlichen Konfliktlagen innerhalb beider Interessengruppen und deren spezifischer Bewirtschaftungsform muß auf eine getrennte Darstellung der Kritikpunkte zurückgegriffen werden.[323] Hinzu kommt, daß eine Vergleichbarkeit durch das jeweils unterschiedliche Konfliktpotential kaum mehr gegeben ist. Insofern, als Kriterien der Intra-Generationen-Gerechtigkeit einen Bezug zu den aktuellen Konflikten aufweisen, ist somit auch eine Verflechtung zu den bereits behandelten Kriterien und deren bestehenden Mißverhältnissen sowie zu dem eigenständigen Kriterium der Inter-Generationen-Gerechtigkeit gegeben.

Als Voraussetzung, um das Dilemma der im Anschluß betrachteten Inter-Generationen-Gerechtigkeit besser einschätzen zu können, ist die Kenntnis der Nutzungsschwierigkeit der jetzigen Generation unumgänglich. Erst mit diesem Verständnis kann die von PL und TW vorgenommene Projektion auf die folgenden Generationen, wie sie Kapitel 6.3.5 zugrunde liegt, nachvollzogen werden. Zudem können Forderungen der Nachhaltigkeit hinsichtlich dem Erhalt der Ressourcen für nachfolgende Generationen erst dann einen Sinn machen, wenn zunächst Kriterien der Intra-Generationen-Gerechtigkeit erfüllt werden, d.h., wenn bestehende Konflikte nicht bereits zum jetzigen Zeitpunkt die Lebensbedingungen der Nutzer untergraben.[324]

In diesem Zusammenhang steht auch die Untersuchung der langzeitlichen Perspektive des von TW und PL eingestuften Arbeitsverhältnisses.[325] Arbeitsplatzsicherheit ist im hier untersuchten Beispiel nicht von konjunkturellen Schwankungen abhängig, sondern beruht nach Einschätzung der Zielgruppen auf der Intensität, mit der bestehende Konflikte die Fortführung der jetzigen Tätigkeit verhindern. Dies ist um so mehr der Fall, da es keine Ansätze oder Handlungsmechanismen und somit keine regulative Forstpolitik gibt, mit der Problemlösungen angegangen werden könnten. Gerade hier müssen die durch die Anwendung von Kriterien und Indikatoren erzielten Ergebnisse jedoch ansetzen.

Als Informationsquellen dienen sie Entscheidungsträgern, um eine gerechtere Forstgesetzgebung herbeizuführen. Ausschlaggebend für den Erfolg ist aber das Bekenntnis zu einer nachhaltigen Forstbewirtschaftung, das sich nicht nur wirtschaftlichen und ökologischen Kriterien verpflichtet, sondern in gleichem Maße soziale, also gesellschafts- und nutzerrelevante Interessenlagen mit einbezieht. Im Sinne der Intra-Generationen-Gerechtigkeit und Konfliktvermeidung ist es im Falle Trinidads unumgänglich, auch eine soziokulturell gleichgestellte Behandlung zu fordern. Besonders ist dies durch die vielschichtige religiöse und ethnische Zusammensetzung der Bevölkerung bedingt.

Die bereits in Kapitel 6.2 vorgenommene Charakterisierung der sozialen Struktur der Zielgruppen hat ergeben, daß es diesbezüglich keine Bevorzugung oder Benachteiligung einzelner Gruppen gibt. Entsprechend der Bevölkerungsstruktur des ländlichen Raums sind die einzelnen Gruppierungen innerhalb der Zielgruppen vertreten. Wie ein Putschversuch moslemischer Extremisten im Jahr 1990 zeigte,

---

[323] Siehe Kapitel 6.3.4.1 (PL) & 6.3.4.2 (TW).
[324] Vgl. GÜNTER (1999 b) sowie GÜNTER (1999 c).
[325] Siehe Kapitel 6.3.4.3.

6.3 Anwendung von Kriterien und Indikatoren nachhaltiger Sozialverträglichkeit 195

kam es bereits zu gewalttätigen Auseinandersetzungen, die auf die Spannungen innerhalb der ethnischen und religiösen Gruppen hinweisen.[326] Die Forderung einer soziokulturellen Gleichbehandlung der Nutzergruppen ist insofern für Trinidad nicht unerheblich, da somit auch das Konfliktpotential zwischen einzelnen Bevölkerungsgruppen des ländlichen Raums entschärft werden kann. Sowohl die von der Forstbehörde praktizierte Zulassung, mit der eine Tätigkeit als PL genehmigt wird, als auch die Beschäftigungspolitik des TANTEAK Managements werden diesen Forderungen sozialer Nachhaltigkeit gerecht.

Ein weiteres Kriterium nachhaltiger Forstwirtschaft im Hinblick auf Intra-Generationen-Gerechtigkeit, wie es beispielsweise bei der Nutzung sekundärer Waldprodukte *(non wood forest products)* auftritt, sind gleichberechtigte Nutzungsformen für beide Geschlechter. Aufgrund der physisch anspruchsvollen Tätigkeitsbereiche der TW und PL als reine Holz- und Waldarbeiter findet dieses Kriterium jedoch keine Anwendung, da das untersuchte Berufsfeld für Frauen nicht relevant ist.

Die folgenden von TW und PL thematisierten Konfliktpunkte ergeben sich aus dem Abhängigkeitsverhältnis, in dem sie sich gegenüber Firmenmanagement und Forstbehörde befinden. Vor allem für PL machen die Schwierigkeiten darauf aufmerksam, wie sehr eine eigenverantwortliche bzw. selbständige Interessengruppe von Bewirtschaftungsrichtlinien, die von einer anderen, dominierenden Interessengruppe erstellt wurden, abhängig ist.

Die zahlreichen Faktoren, die für die Einkommenssituation der PL ausschlaggebend sind, haben dies belegt. Sie stehen im Zentrum der Konfliktsituation zwischen PL und Behörde. Das Beispiel der TW wird zeigen, daß auch innerhalb eines Holzkonzerns Spannungen zwischen Angestellten und dem Management auftreten können, auch wenn Arbeitsbedingungen und Einkommensverhältnisse teilweise einen hohen Standard erreicht haben. Kommunikationsmöglichkeiten und Wahrung eigener Interessen waren hierfür wichtige erste Indikatoren.

Ein eindeutiger Indikator, der die Unzufriedenheit der Zielgruppen hinsichtlich ihrer Arbeitssituation in Abhängigkeit eines dominierenden Entscheidungsträgers kennzeichnet, ist die diesbezügliche Anwendung der Skalierungsmethode. Die hohe Unzufriedenheit von TW und PL aufgrund akuter Konflikte spiegelt sich in einer Medianbewertung von 2,0 für beide beherrschenden Einflußgrößen (Behörde und Management) in Anbetracht der von ihnen praktizierten Maßnahmen zur Konfliktminimierung wider.[327]

---

[326] Unter Zuhilfenahme der militärischen Staatsgewalt vergingen mehrere Wochen bis zur endgültigen Wiedereinsetzung der demokratisch bestimmten Regierung. Es waren zahlreiche Tote auf beiden Seiten zu beklagen.
[327] Skalenniveau von 1 bis 6: 1 = sehr unzufrieden ... 6 = sehr zufrieden.

6.3.4.1 Konflikte zwischen PL und der Forstbehörde

Bei dem Testlauf des Fragebogens hat sich gezeigt, daß die pauschale Frage nach existierenden Konflikten von jeweils nur einem Drittel der TW und PL bejaht wurde. Während der Testphase des Fragebogens wiesen jedoch alle Einzelpersonen auf gravierende Kritikpunkte gegenüber Management und Forstbehörde hin. Deshalb fand eine Erweiterung des Fragenkatalogs statt. Zusätzliche offene Fragegestaltungen ermöglichen es, auf Verbesserungsvorschläge der bestehenden Mißverhältnisse, wie sie durch die bestimmenden Einflußgrößen Management und Behörde dominiert werden, einzugehen. Diese Möglichkeit der Kritik wurde von allen Befragten in Anspruch genommen.

Die während der teilnehmenden Beobachtung gewonnenen Eindrücke konnten somit durch die von den Zielgruppen dargelegten Unstimmigkeiten der zu ändernden Aspekte ergänzt werden. Die anschließenden Ausführungen gehen demnach auf beide Informationsquellen zurück.

Die von PL in Abbildung 17 dargelegten Kritikpunkte geben die Häufigkeiten der durch die Mehrfachantworten erzielten Ergebnisse wieder. Mit 82 % nimmt die von der Forstbehörde praktizierte Lizenzvergabe eine Ausnahmestellung unter den von PL kritisierten Unstimmigkeiten ein. Gemeint ist jedoch weniger die Zulassung bzw. das Genehmigungsverfahren, mit dem eine generelle Tätigkeit als PL ermöglicht wird. Vielmehr beziehen sich die Aussagen der PL auf eine uneinheitlich praktizierte Lizenzvergabe, wie sie sich in einer unterschiedlichen Anzahl von gewährten Lizenzen pro PL niederschlägt.[328]

Aus Sichtweise der PL fehlt dem Lizenzvergabesystem jegliche Transparenz, wodurch zusätzlich eine Konkurrenz- und Mißtrauenssituation der PL untereinander geschaffen wird. Ein erstes Anzeichen für die Unstimmigkeiten innerhalb der PL hat sich bereits durch die uneinheitliche Teilnahme in der eigens gegründeten Kooperative gezeigt. Im Sinne der Intra-Generationen-Gerechtigkeit ist eine nachvollziehbare, faire Lizenzvergabe zur Vermeidung von Konflikten mit der Behörde als auch innerhalb der PL-Zielgruppe eine unumgängliche Voraussetzung.

Zur Errechnung des durchschnittlichen Einkommens wurde von 5–7 Lizenzen pro PL für ein Jahr ausgegangen. Eine genauere Betrachtung bringt aber zum Vorschein, daß dieser Schnitt aus Extremwerten zwischen nur 2 bis zu 13 Lizenzen pro Jahr je PL zusammengesetzt ist. Aufgrund der körperlichen Leistungsfähigkeit verringert sich zwar die Anzahl der Lizenzen mit dem steigenden Alter der PL, dennoch zeigt sich eine hohe Unzufriedenheit mit der ungleichmäßigen Lizenzvergabe über alle Altersklassen hinweg. Es wird offensichtlich, wie sehr somit die Einkommenssituation der PL von der Vergabe zur Bewirtschaftung einer Lizenz abhängig ist.

---

[328] Zur Erinnerung: Pro Lizenz dürfen nur 500 ft^3 eingeschlagen und vermarktet werden. Danach sind PL auf die Vergabe einer neuen Lizenz angewiesen (siehe Kapitel 6.1.2).

6.3 Anwendung von Kriterien und Indikatoren nachhaltiger Sozialverträglichkeit 197

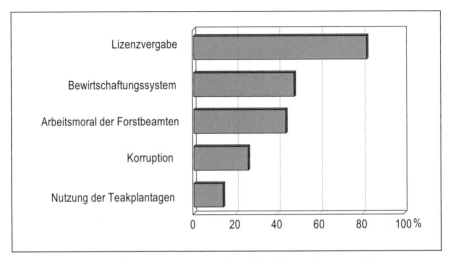

Abb. 17: Häufigkeit der Nennungen einzelner Konfliktpunkte unter PL
Quelle: Eigene Erhebung, 1997/98.

Daraus ergeben sich starke Einkommensunterschiede. In eindrucksvoller Weise spiegeln sich die erzielten Verdienste in der Arbeitsgeräteausstattung der PL wider. Nur 68 % sind im Besitz einer Kettensäge. Zur Extraktion der Rundhölzer können lediglich 18 % auf einen eigenen Schlepper zurückgreifen, 10 % verfügen über eine Winde, während 22 % dieselbe Arbeit unter Zuhilfenahme ihrer Wasserbüffel verrichten.

Durch die eigene Beobachtung wurde erkannt, wie sehr ein Großteil der PL gegen Bezahlung auf die maschinelle Unterstützung anderer PL angewiesen ist. Dieser unhaltbare Zustand trägt nicht nur zu Einkommensunterschieden bei, sondern schafft zusätzlich ein Abhängigkeitsverhältnis innerhalb der untersuchten Zielgruppe. Die durch die Forstbehörde vorgegebenen Rahmenbedingungen der Forstbewirtschaftung haben zusehends zu einer konträren Entwicklung innerhalb einer Interessengruppe geführt, die es den benachteiligten Individuen nicht ermöglicht, ihre Situation aus eigener Anstrengung zu verbessern. Diese Ausgangssituation ermöglicht es aber den gut ausgestatteten PL, zusätzlich von der Notlage anderer PL zu profitieren.

Vor dem Hintergrund der Intra-Generationen-Gerechtigkeit und der mit ihr einhergehenden Konfliktvermeidung kann der erfaßte Zustand als nicht nachhaltig sozial verträglich eingestuft werden. Die Problematik der Lizenzvergabe dient außerdem als gutes Beispiel, um die von PL erhobenen Vorwürfe der Korruption zu verdeutlichen.

Aus Sichtweise der Zielgruppe gestaltet sich die unterschiedliche Summe der vergebenen Lizenzen pro PL als nicht nachvollziehbar und daher auch als in höchstem Maße ungerecht. Die Korruptionsvorwürfe treten vor allem dann auf, wenn es selbst bei vergleichbarem Ausrüstungsstandard einzelner PL zu erheblichen Unterschieden in der Anzahl erhaltener Lizenzen kommt.

Diese undurchsichtige Situation trägt zu erheblichen Kontroversen bei, die von seiten der benachteiligten PL mit korrupten Zuständen in Zusammenhang gebracht werden. Auf Nachfrage bekräftigten jedoch Vertreter der Forstbehörde, daß allen PL eine gleichwertige Anzahl an Lizenzen erteilt werde, und daß die dargelegten Unstimmigkeiten auf Ebene der für das betreffende Bewirtschaftungsgebiet verantwortlichen Beamten zu suchen sei. Auch von PL fand ausschließlich eine Kritik gegenüber den direkt betroffenen Forstbeamten vor Ort statt. Es zeigt sich ein Mangel an Aufsicht, der zu einer kontroversen Lizenzvergabe führt.

Einzelnen Forstbeamten ohne Rechenschaftspflicht und direkte Kontrolle wird es ermöglicht, das Lizenzvergabesystem nach eigener Ermächtigung zu gestalten, wodurch der beschriebene Konflikt hervorgerufen wird.[329] Aufgrund der bereits geschilderten Kritik ist es nur wenig verwunderlich, daß 44 % der Befragten die Arbeitsmoral der Forstbeamten als separaten Punkt aufführen. Zuzüglich zu den beanstandeten Einwänden gesellen sich dennoch weitere Vorwürfe, die gegenüber den Forstbeamten erhoben werden. Arbeitsmoral beinhaltet in diesem Zusammenhang auch die Art und Weise, wie die Beamten ihren Dienst verrichten.

Am folgenden Beispiel soll dieser Kritikpunkt erläutert werden. Im Rahmen des von der Forstbehörde für PL geschaffenen Bewirtschaftungssystems ist es vonnöten, daß sowohl für die Markierung der zu nutzenden Bäume als auch für deren Verkauf und Abtransport ein Treffen mit einem Beamten vereinbart werden muß. Dieses System dient der besseren Kontrolle der Erhaltung der ökologischen Qualität der Ressource und der Überwachung der tatsächlich eingeschlagenen Bäume in bezug auf die vorher mit dem PL vereinbarten Nutzungsrechte. Nur die zuvor durch den Beamten festgelegten, markierten Bäume dürfen zu Rundhölzern, sog. *logs,* verarbeitet werden.

Ohne die zweifache Freigabe durch den Beamten – zum Einschlag und zum Verkauf der Ressource – können PL keine Lizenzbewirtschaftung betreiben. Die von PL vorgebrachte Kritik richtet sich an die Unzuverlässigkeit, mit der die Beamten diese Kontrollfunktion ausüben. Oftmals erscheinen sie nicht zu den vereinbarten Treffen, und es dauert Tage bis PL mit ihrer Arbeit beginnen – oder die bearbeite-

---

[329] Während der Feldarbeit ereignete sich ein Vorfall, der den Korruptionsvorwurf der PL bestärkt: Innerhalb des für PL zur Verfügung stehenden periodischen Bewirtschaftungssystems wurde ein Block zur Nutzung für einen externen Sägewerkinhaber freigegeben. Laut Bewirtschaftungsplan hätte dieser Block erst in sieben Jahren 'geöffnet', d.h. bewirtschaftet werden dürfen. Auf Anfrage einiger PL hat man ihnen jedoch die Bewirtschaftung desselben Blocks untersagt, während es dem Sägewerksbesitzer gestattet wurde, die qualitativ hochwertigen Stämme zu entnehmen. Die Gesamtsumme belief sich auf 10000 ft^3, was der Anzahl von 20 Lizenzen entspricht! Die irregulären Vorkommnisse können demnach nicht nur zu Spannungen innerhalb der PL führen, sondern auch zu Konflikten zwischen PL und anderen Interessengruppen.

6.3 Anwendung von Kriterien und Indikatoren nachhaltiger Sozialverträglichkeit 199

ten Hölzer verkaufen können. Es vergeht wertvolle Zeit, die sie ungenutzt verstreichen lassen müssen und nicht in die Bewirtschaftung einer Lizenz investieren können. Diese Situation wird unter PL als Abhängigkeit von der Willkür der Beamten verstanden.

Die von 48 % der PL vorgebrachte Kritik richtet sich gegen das periodische Bewirtschaftungssystem selbst. Sie stellt somit den am zweithäufigsten genannten Konfliktpunkt dar. Zum besseren Verständnis folgt eine Erläuterung der Thematik erst an dieser Stelle, da die bereits angesprochenen Konfliktpunkte der Lizenzvergabe und Bestechlichkeit auch die Qualität und die tatsächliche Effizienz des zugrundeliegenden Bewirtschaftungssystems beeinflussen und in Frage stellen. Gleich der von PL zu PL schwankenden Anzahl an erhaltenen Lizenzen, ist die Qualität der zur Bewirtschaftung freigegebenen Bäume von Lizenz zu Lizenz unterschiedlich.

Selbstverständlich läßt sich dieser Umstand bei der Bewirtschaftung der natürlichen Ressource Holz nie gänzlich ausschließen. Gleichwohl kann diese qualitative Fluktuation, gepaart mit einer ungenügenden Anzahl an Lizenzen, schwerwiegende Konsequenzen für die Ertragslage eines einzelnen PL mit sich bringen. Vor allem schlecht ausgerüstete PL, die durch die Inanspruchnahme der maschinellen Ausrüstung anderer PL weitere Ertragseinbußen in Kauf nehmen müssen, weisen darauf hin, daß die Verkettung dieser Umstände zu einer erheblichen Minderung der unmittelbaren Lebensbedingungen führt. Die ohnehin geringen Wohlfahrtswirkungen des Lizenzsystems können somit noch weiter verringert werden.

Ein weiterer Kritikpunkt der Bewirtschaftung geht mit dem schwerfälligen Freigabemodus der Hölzer und der Abhängigkeit von den Forstbeamten einher. Dieses, in bezug auf die partielle Teilnahmslosigkeit der Beamten, langwierige Verfahren wird zusätzlich erschwert durch die Zeit, die bis zur Genehmigung der nächsten Lizenz berücksichtigt werden muß. Es wiederholt sich der Kreislauf, bei dem PL auf die effektive Mitarbeit der Beamten angewiesen sind. Wie die bisher genannten Beispiele zeigen, beinhaltet das Bewirtschaftungssystem, wie es derzeit praktiziert wird, zuviel Spielraum, als daß es allen PL möglich ist, ein geregeltes Einkommen zu erzielen.

Unzulänglichkeiten und korrupte Machenschaften können vor allem dann entstehen, wenn das bestehende Bewirtschaftungssystem deren Entstehung begünstigt. Im Zusammenhang mit der Forstbewirtschaftung machen PL darauf aufmerksam, daß die Regeneration der bewirtschafteten Blocks im Mittelpunkt des Interesses der Forstbehörde steht, während die von ihnen selbst gestellten Ansprüche den Forderungen einer sozial verträglichen Forstwirtschaft nicht gerecht werden. In ihrer Einstellung sieht sich die Forstbehörde demnach eher dem Erhalt der Waldressourcen verpflichtet, als gleichzeitig die faire Miteinbeziehung der direkt betroffenen Interessengruppe der PL zu berücksichtigen. Tatsächlich befindet sich das bewirtschaftete Waldgebiet in einem sekundären, aber dennoch stabilen und intakten Zustand. Im Sinne der Nachhaltigkeit darf die Wahrung der ökologischen Stabilität aber nicht auf Kosten sozialer Stabilität gehen – und umgekehrt.

Wie die Problematik um das beschriebene Bewirtschaftungssystem zeigt, ist dieser Zustand zu Ungunsten eines Großteils der PL noch nicht erreicht. Die Tatsache, daß PL von der Nutzung der Teakplantagen ausgeschlossen sind, ist Anlaß eines weiteren Konflikts. Auch er steht dem Anspruch der Intra-Generationen-Gerechtigkeit entgegen. Da die alleinigen Nutzungsrechte bislang bei TANTEAK lagen, waren sämtliche übrigen Interessengruppen von der partizipierenden Bewirtschaftung ausgeschlossen. Dennoch wurden ebenfalls einzelne Konzessionen an private Unternehmen vergeben, die im Auftrag TANTEAKs die Bewirtschaftung übernehmen konnten. Wenn dies bisher auch nur in geringem Umfang der Fall ist, läßt sich dennoch hinterfragen, wieso man nicht PL dieselbe Chance eröffnet.

Seit Beginn 1998 erhalten nun gleichermaßen private Sägewerkbetreiber die Möglichkeit, unter Aufsicht TANTEAKs, ein zuvor festgesetztes Quantum an Teak zu entnehmen. Ein Auktionsverfahren bietet übrigen Interessenten die Gelegenheit zur Bewirtschaftung minderwertiger Stämme. Besonders weil sie sich der höheren Erträge des Teakholzes bewußt sind, thematisieren PL diese ungleiche Behandlung. Erneut zeigt sich, welche Auswirkungen ihre 'schwache' Stellung und die damit einhergehenden geringen Möglichkeiten der Einflußnahme gegenüber anderen Gruppen haben.[330]

Auch die in Kapitel 5.3 untersuchten Determinanten der Waldgefährdung stehen in unmittelbarem Zusammenhang mit den Arbeits- und Lebensumständen der PL. In ihrer Gesamtwirkung vernichten sie Schritt für Schritt die Forstressourcen und somit die Lebensgrundlage der Zielgruppe. Während der Zusammenkünfte und Unterredungen mit PL wurde hauptsächlich eine effektivere Feuerbekämpfung, eine verbesserte Wiederaufforstung sowie eine stärkere Verpflichtung im Rahmen des Wildschutzes gefordert. Noch haben sich keine Auswirkungen für die von der Behörde festgelegten Bewirtschaftungsrichtlinien ergeben. Dennoch sind sich PL darüber bewußt, daß ein diesbezügliches mangelndes Engagement der Forstbehörde zu einer langfristigen Verschlechterung ihrer Situation führen wird.

6.3.4.2 Konflikte zwischen TW und dem Firmenmanagement

Im Gegensatz zu PL, deren akute Besorgnisse um die eigene Existenzgrundlage sich zum Großteil auf Auseinandersetzungen mit der Forstbehörde zurückführen lassen, steht für TW der wirtschaftliche Erfolg des eigenen Unternehmens im Mittelpunkt ihrer Kritik. Laut Bericht eines externen Wirtschaftsprüfers lagen die Kosten des Unternehmens für das Geschäftsjahr 1996 ca. 10 Millionen TT $ (1,6 Millionen US $) über den erzielten Einnahmen. Die noch ausstehenden Rückzahlungen an die *Caribbean Development Bank* und an die *Agricultural Development Bank* belaufen sich insgesamt auf rund 30 Millionen TT $ (4,8 Millionen US $).[331]

---

[330] Siehe Tabelle 6, Kapitel 6.1.1.
[331] Vgl. MANMOHAN (1997, S. 59).

6.3 Anwendung von Kriterien und Indikatoren nachhaltiger Sozialverträglichkeit 201

Unter der gegebenen wirtschaftlichen Ertragslage scheint eine Tilgung der aufgenommenen Kredite auf lange Sicht nicht möglich. Auch über einen längeren Zeitraum von drei Geschäftsjahren (1993 bis 1995) konnten de facto keine Reingewinne erzielt werden. Nach Angaben der Konzernleitung gehen die erzielten Gewinne in Instandhaltungskosten und Lohnkosten auf.[332] Aufgrund mangelnder Liquidität und der ständigen Notwendigkeit kurzfristiger Kreditaufnahmen ist die dauerhafte Existenz des Unternehmens keineswegs gesichert. Von seiten des Unternehmens werden die strukturellen Hindernisse mit internationalen und nationalen Rahmenbedingungen in Verbindung gebracht, die sich negativ auf die Produktion und Ertragslage auswirken.

In Unterredungen mit führenden Managern wurde auf die folgende Problemkonstellation verwiesen. Auf internationaler Ebene machen sich besonders die fortschreitende Produktsubstitution, technologische Weiterentwicklungen anderer Anbieter, gestiegene Einfuhrzölle sowie Absatzeinbußen aufgrund des gestiegenen ökologischen Bewußtseins gegenüber Tropenhölzern, hauptsächlich des europäischen und amerikanischen Marktes, bemerkbar.[333] Die Erklärungsversuche nationaler Hemmnisse umfaßten die Qualität des Teakbestands, den Schwarzmarkthandel der Ressource, die hohen Schulden und Zinssätze, Handelsliberalisierungen sowie die mit ihr einhergehende Verstärkung der ausländischen Konkurrenz und der Import billiger Hölzer aus Guyana. Die aufgezeigte finanzielle Misere und die erschwerten Produktionsbedingungen gehen jedoch zum Großteil auch auf grundlegende innerbetriebliche Mängel zurück, wie sie bereits von einer Reihe von Forstexperten und Consultants der FAO beschrieben sind.[334]

Mit den Bereichen Verwaltung, Marketing und schließlich Geschäftsführung ist das Mißmanagement auch auf der obersten Konzernebene anzusiedeln.[335] Für die vorliegende Untersuchung ist dieser Zustand deshalb von Bedeutung, da die relevante Zielgruppe der TW sich als die Leidtragenden dieser scheinbar ausweglosen innerbetrieblichen wirtschaftlichen Situation verstehen. Es sind ihre Arbeitsplätze, die je nach Ausmaß der aktuellen Situation in Gefahr sind. Die während des Kontakts zu TW wahrgenommene Unsicherheit in bezug auf den eigenen Arbeitsplatz ließ sich selbst bis in die mittlere Managementebene erkennen. Auch qualifizierte Facharbeiter äußerten dieselbe Besorgnis. Zukunftsangst und Arbeitsplatzunsicherheit sind die Hauptursache, die für einen schwelenden Konflikt zwischen Angestellten und Firmenmanagement verantwortlich sind.

---

[332] Vgl. GOPAULSINGH (1995, S. 4).
[333] Die gestiegenen Einfuhrzölle beziehen sich insbesondere auf traditionelle Abnehmermärkte wie Indien und China.
[334] Vgl. SHAND (1994); v. BOTHMER (1994 a, S. 22 ff.); YOUNG (1994, S. 28 ff.).
[335] Die Qualität der Führungskräfte wird bereits bei DARDAINE und BURGESS (1980, S.26 ff.) stark kritisiert. GOPAULSINGH (1995, S. 10) gibt folgende stichwortartige Zusammenfassung der betriebsinternen Unzulänglichkeiten auf Ebene der Konzernleitung: „inadequate distribution system / method of sale, inadequate market information and intelligence, lack of clear responsibility, inadequate management information system, insufficient documentation systems and procedure, lack of succession planning, inadequate performance appraisal system, lack of organization for research and development, inadequate production planning and scheduling."

Einer früheren Untersuchung zufolge konnte die exakt gleiche Problemstellung bereits gegen Ende der 70er Jahre nachgewiesen werden.[336] Die Tatsache, daß schon zu diesem Zeitpunkt 67 % der Befragten Mißmanagement und Arbeitsplatzunsicherheit kritisierten, verdeutlicht, daß sich an der Situation der Arbeiter bis zum jetzigen Zeitpunkt nichts geändert hat. Im Gegenteil, in Abbildung 18 beträgt der Anteil der Nennung hinsichtlich des Konfliktpunktes der Mißwirtschaft auf Führungsebene sogar 76 %. Der im Rahmen der eigenen Untersuchung von TW vorgetragene dominierende Konfliktpunkt richtet sich direkt an die Konzernleitung und an das mit ihr in Verbindung gebrachte betriebswirtschaftliche Chaos.

Diese Konfliktsituation hat auf seiten der Arbeitnehmer zu einer enormen Frustration und zu einer mißmutigen Arbeitseinstellung geführt. Seitens des Firmenmanagements wird dieser Punkt wiederum als ein wichtiger Faktor der ineffizienten Bewirtschaftung der Plantagen und Produktion bzw. Weiterverarbeitung betrachtet. Im Sinne der Nachhaltigkeit ist das erarbeitete langwierige Spannungsverhältnis ein Indikator, der mit der Forderung einer sozial verträglichen Konfliktminimierung nicht zu vereinen ist. Durch die bereits in Kapitel 6.3.3.3 erkannte Kommunikationsproblematik zwischen Management und Angestellten ist eine Verbesserung der Situation zum derzeitigen Augenblick nicht vorstellbar. Im Vergleich zu weiteren Problembereichen veranschaulicht Abbildung 18, welche dominierende Stellung das Unverständnis von TW hinsichtlich der akuten Führungsschwäche einnimmt.

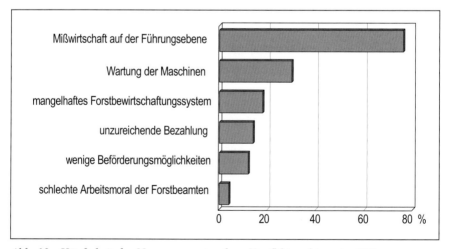

Abb. 18: Häufigkeit der Nennungen einzelner Konfliktpunkte unter TW
Quelle: Eigene Erhebung, 1997/98.

---

[336] Vgl. DARDAINE (1979, S. 43).

6.3 Anwendung von Kriterien und Indikatoren nachhaltiger Sozialverträglichkeit 203

Wurde bei PL der Hauptkonflikt Lizenzvergabe gefolgt von entsprechend gleichgewichteten Problemen wie Bewirtschaftungssystem und Arbeitsmoral der Beamten, scheinen TW im besonderen an dem soeben erfaßten Konflikt Anstoß zu nehmen. Der prozentuale Abstand zu den Nennungen übriger Kritikpunkte stellt die von TW vorgenommene Gewichtung der Problemstellung in den Vordergrund. Aus ihrer tagtäglichen Arbeitserfahrung spricht die Tatsache, daß der schlechte Zustand der technischen Ausstattungsgegenstände bzw. die mangelnde Wartung der Maschinen mit 30 % den zweithöchsten Anteil an Nennung erhält. Vordergründig scheint dieser Punkt zunächst von geringer Bedeutung. Arbeitsmoral und Frustpotential der TW stehen jedoch auch in Zusammenhang mit der ihnen zur Verfügung stehenden technischen Ausstattung und den sich daraus ergebenden unbefriedigenden Arbeitsbedingungen.

Folgerichtig hat nicht nur die Qualität der technischen Mittel, sondern auch die Einstellung zum eigenen Arbeitsplatz direkte Auswirkungen auf das Bewirtschaftungs- und schließlich auch Leistungsvermögen des gesamten Unternehmens. Aufgrund der somit beeinflußten wirtschaftlichen Kapazität ergibt sich erneut die Frage nach betrieblicher Stabilität und Arbeitsplatzsicherheit.[337] Letzten Endes spiegelt sich in dieser Auseinandersetzung ein organisatorisches Mißmanagement wider, das zu einer weiteren Belastung des ohnehin ungünstigen Spannungsverhältnisses zwischen TW und Konzernleitung beiträgt. Außerdem muß eine unzureichende Wartung und Instandhaltung auch unter dem Gesichtspunkt der Sicherheit am Arbeitsplatz betrachtet werden, denn das Risiko von Arbeitsunfällen ist eng mit dem qualitativen Zustand der zur Verfügung stehenden Arbeitsgeräte verbunden.

Mit der Kritik am ineffizienten Bewirtschaftungssystem der Plantagen wenden sich 18 % der Befragten gegen ihr eigenes unmittelbares Arbeitsumfeld. Im Blickfeld der TW stehen unkoordinierte Bewirtschaftungspraktiken und Produktionsabläufe, die Nichteinhaltung von Bewirtschaftungsplänen und Rotationszyklen, unzureichende Instandhaltung der Plantagen aufgrund mangelnden Personals oder der inakzeptable Zustand des Wegenetzes. Zwar leidet die Bewirtschaftung der Ressource auch unter der fehlenden Identifikation der Angestellten mit ihrer Arbeitsstelle, dennoch liegen die von TW angeführten, berechtigten Problemstellen außerhalb ihres eigenen Einflußbereichs. Nach Ansicht der Befragten sind sie vielmehr auf die Arbeitsweise und Untätigkeit von Fach- und Führungskräften zurückzuführen.[338] Ihre Kritik richtet sich somit erneut gegen die von der Führungsebene vorgegebenen Rahmenbedingungen, die bereits die Qualität der untersten Bewirtschaftungsabläufe negativ beeinflussen.

---

[337] Tatsächlich kommt auch in vorausgehenden Betriebsevaluationen der aufgezeigte technisch qualitative Beanstandungspunkt in hohem Maß zum Ausdruck; vgl. REUTER (1991, S. 7) sowie GOPAULSINGH (1995, S. 23 f.).

[338] Der potentielle nachhaltige Gesamtertrag (potential sustainable yield) kann nicht erwirtschaftet werden. Der geschätzte Wert der jährlich aufgrund des Bewirtschaftungsmankos ungenutzten Ressource beläuft sich auf ca. 22,5 Millionen TT $ (3,6 Millionen US $); vgl. v. BOTHMER (1994 b, S. 8).

Ein weiteres Problem ergibt sich aus der zunehmenden Miteinbeziehung privater Firmen in die Bewirtschaftung der Plantagen. Durch die Vergabe von Einschlagskonzessionen an externe Interessengruppen kommt es zu Unmutsäußerungen unter TW, da sie fürchten, mit der steigenden Auslagerung dieses Produktionsschritts seien Kosteneinsparungen in Form ihres eigenen Arbeitsplatzes verbunden. Die im Auftrag von TANTEAK ausgeführten Konzessionen dienen zum Großteil der Aufrechterhaltung der Arbeitsauslastung der firmeneigenen Sägewerke.

Es zeigt sich aber, daß das Bewirtschaftungspotential privater Konzessionäre von geringer Kapazität ist. Zudem kommt es zu vergleichsweise erheblich größeren Folgeschäden in den Plantagen, als dies unter der Bewirtschaftung durch TW der Fall ist. Da die privaten Nutzergruppen nicht nach Stundenlohn, sondern nach Stücklohn bezahlt werden, gehen sie entsprechend unachtsam mit dem Bestand um. Dieser unhaltbare Zustand weist auch auf eine mangelnde Kontrolle seitens TANTEAK bzw. der Forstbeamten hin.[339] Zum Vorschein kommen gegensätzliche Standpunkte: Während es unter dem Gesichtspunkt der Intra-Generationen-Gerechtigkeit stark zu befürworten ist, daß außenstehende Stakeholdergruppen an der Nutzung der Ressource partizipieren können, bedeutet dies für TW aufgrund ihrer bisherigen Monopolstellung eine nur schwer zu akzeptierende Beeinträchtigung ihrer eigenen Interessen. Ausschlaggebend hierfür ist die nicht existierende Kommunikation und Interessenvermittlung der Nutzergruppen untereinander.

Unter dem Dach der Forstbehörde wäre ein solch regelmäßiger gegenseitiger Kontakt eine gute Ausgangsbasis, um den bereits bestehenden Konflikten entgegenzuwirken und neue Konflikte zu minimieren. Auf Nachfrage konnte jedoch keine der betroffenen Gruppen auf existierende Kommunikationsforen oder zumindest einen Informationsaustausch hinweisen. Aus Sichtweise der TW ist mit dem Aspekt der unsachgemäßen Bewirtschaftung sowohl ein Konfliktpunkt zu den firmeneigenen Führungskräften als auch zu den außenstehenden Nutzergruppen verbunden.

Ein Einfluß auf den Zustand der Plantagen, sprich Pflege und Instandhaltung sowie die Überwachung des Einschlags etc., wird auch von Beamten der Forstbehörde ausgeübt. Schon unter PL ist die beanstandete Arbeitsmoral der Forstbeamten als ein wesentliches Problem aufgefallen. Von TW wird die gleiche Kritik mit weniger Vehemenz vorgetragen, da die Beamten in ihrem Status nicht als Vertreter TANTEAKs gesehen werden. Nur ein geringer Teil der TW bringt ihre Arbeitsleistung mit konzerninternen Konflikten in Verbindung.

Tatsächlich zeigt sich aber, daß die Qualität des Plantagenbestands zum Großteil von gewissenhaften Lichtungsarbeiten und der Intensität der Pflege, unter Aufsicht der Beamten, abhängt. Der teilweise bedenkliche Zustand – sowohl der Pine- als auch Teakplantagen – wie er in Untersuchungen der FAO zum Ausdruck kommt, geht somit auf die Qualität und die mangelnde Zuverlässigkeit der von den Forstbeamten geleiteten Arbeit zurück.[340]

---

[339] Vgl. YOUNG (1994, S. 37) sowie v. BOTHMER (1994 a, S. 35).
[340] Vgl. YOUNG (1994, S. 38, 44 ff.).

6.3 Anwendung von Kriterien und Indikatoren nachhaltiger Sozialverträglichkeit   205

Berücksichtigt man die Ergebnisse der Untersuchung hinsichtlich der Einkommensverhältnisse von TW in Kapitel 6.3.2, kann das von 14 % der Befragten vorgetragene Anliegen einer besseren Bezahlung als ungerechtfertigt eingestuft werden. Im Vergleich zu Angestellten einiger anderer Branchen und speziell zum Einkommen der PL erhalten TW eine weitaus bessere Entlohnung. Insgesamt ist ihre Situation durch ein angemessen hohes Lohnniveau gekennzeichnet. Dessen sind sie sich aber in den wenigsten Fällen bewußt. Die typische Korrelation zwischen Angestelltenverhältnis und der Auffassung einer zu geringen Entlohnung kommt hierbei zutage.

Vielmehr befinden sie sich als Angestellte eines regierungseigenen Konzerns in einer privilegierten Sonderstellung, was staatliche Leistungen und Arbeitsbedingungen betreffen. In Relation zum Hauptkonfliktpunkt, dem Firmenmanagement, fällt dieser Aspekt jedoch weitaus weniger ins Gewicht und ebenso auf die kritisierten Beförderungsmöglichkeiten. Dennoch wurde letzter Kritikpunkt von immerhin 12 % der Befragten erwähnt. Beide Aspekte sprechen auch für die zuvor erkannte Frustration unter TW, die durch die Rahmenbedingungen der Geschäftsführung vorgegeben sind.

Weitere Problemfelder kamen bei Befragungen mit TW zum Vorschein. Vor allem mit unzureichenden Feuerbekämpfungs-, Aufforstungs- und Wildschutzmaßnahmen entsprechen die genannten Konflikte, die nicht innerbetrieblicher Art sind, exakt demselben von PL geäußerten externen, landesweiten Dilemma. Die von TW und PL wahrgenommene Gefährdung des Gesamtbestands, wie er auch in Kapitel 6.3.5.1 dargelegt ist, sowie das enorme Konfliktpotential innerhalb beider Bewirtschaftungssysteme sind in ihrer Kombination keine akzeptablen Bedingungen im Sinne der Konfliktvermeidung einer nachhaltigen Entwicklung, respektive einer sozial verträglichen Forstwirtschaft. Inwiefern sich aus diesen Streitfragen Konsequenzen im Hinblick auf die langfristige Arbeitsplatzperspektive beider Gruppen ergeben, steht im Zentrum der folgenden Ausführungen.

6.3.4.3   Zeitliche Perspektive der derzeitigen Arbeitsplatzsituation

Die Schaffung gerechter und stabiler Bewirtschaftungsgrundlagen hängt eng mit dem Kriterium einer langfristigen Ertrags- und Einkommenssicherung der jetzigen Nutzergruppen zusammen. Hiervon sind TW und PL in ihren unterschiedlichen Bewirtschaftungssystemen und Konfliktkonstellationen gleichermaßen betroffen. Nachdem für die Untersuchung der unterschiedlichen Konflikte eine Trennung beider Gruppen vorgenommen werden mußte, kann nun der Vergleich sich daraus ergebender zeitlicher Perspektiven wieder parallel zueinander erfolgen. Die ausschlaggebende Hintergrundinformation um die derzeitige Arbeitsplatzsituation wird nicht nur für dieses Kapitel, sondern auch für das Kriterium der Inter-Generationen-Gerechtigkeit in Kapitel 6.3.5 von großer Relevanz sein. Als Voraussetzung der Wahrung von Grundbedürfnissen für folgende Generationen ist zunächst eine langfristige Bedürfnissicherung jetziger, direkt betroffener Interessengruppen unabdingbar.

Deshalb soll die Untersuchung der Intra-Generationen-Problemstellung mit einer Bewertung der zukünftigen Perspektive, ausgehend von der derzeitigen Arbeitsplatzsituation, schließen. Die Frage, ob die derzeitige Tätigkeit nicht als Langzeitperspektive einzustufen ist, erbrachte insgesamt eine Zustimmung von 32 % unter den Befragten beider Gruppen. Eine getrennte Betrachtung bringt aber deutliche Abweichungen zwischen den Gruppen zum Vorschein. Nur 16 % der PL waren der Meinung, daß die Ausübung ihrer Tätigkeit unter den gegebenen Umständen keine dauerhafte Perspektive für sie darstellt. Bei TW betrug dieser Wert jedoch 48 %. Die Schlußfolgerung, daß PL im Gegensatz zu TW somit deutlich bessere Möglichkeiten zur dauerhaften Wahrung ihrer Grundbedürfnisse vorfinden, entbehrt jedoch jeglicher Grundlage und ist in Anbetracht der Ergebnisse bereits angewandter Kriterien und Indikatoren nicht haltbar.

Wie die Untersuchung bislang gezeigt hat, ist eher der umgekehrte Fall deutlich positiverer Rahmenbedingungen für TW zutreffend. Dieses gilt nicht zuletzt wegen der Arbeitsbedingungen, Einkommensverhältnisse, aber auch der jeweiligen Haushaltsausstattung und der Entwicklung des Lebensstandards. Außerdem muß an dieser Stelle erneut darauf verwiesen werden, daß die landesweite Anzahl an PL zu Beginn der 80er Jahre noch 1600 Berufstätige betrug, während sie sich heute auf nur noch ca. 400 beläuft. Diese Kennzahl stellt im Grunde einen ultimativen Indikator der fehlenden langzeitlichen Perspektive für PL dar.[341]

Während eine Korrelation zwischen mangelnder Perspektive und der negativen Bewirtschaftungsumstände, wie oben aufgezeigt, für beinahe die Hälfte aller TW existiert, fällt diese für PL mit nur 16 % sehr gering aus. Auffallend ist, daß die Nennungen besonders durch die Altersgruppen der 20- bis 40-jährigen, also der jüngeren PL, gekennzeichnet sind. Im Vergleich zu älteren PL besitzen sie bessere alternative Arbeitsplatzperspektiven, womit gleichzeitig eine geringere langfristige Identifikation und eine vorausschauendere Einschätzung der zukünftigen Arbeitsverhältnisse einhergeht.

Im Gegensatz zu TW beruht das von der überwiegenden Mehrheit der PL geäußerte hohe langfristige Festhalten an der gegenwärtig ausgeübten Tätigkeit auf den eigenen Lebensumständen und äußeren Zwangslagen, die an die Beschäftigung gebunden sind. Dies trifft trotz der erheblichen sozialen Mißstände zu. In Anbetracht dessen muß die für PL bezeichnende geringe Flexibilität erwähnt werden. Nicht nur, daß alternative Erwerbsmöglichkeiten durch die wirtschaftliche Struktur und mangelnde Diversifizierung des ländlichen Raumes begrenzt sind, vielmehr sind diese auch durch den geringen Bildungsstand, die fehlende berufliche Qualifikation und das durchschnittlich hohe Alter der PL ungünstig beeinflußt.

Deshalb sehen gerade die jüngeren PL keine Perspektive für die beständige Fortführung ihrer Tätigkeit unter den gegebenen Umständen. Ein Großteil der PL unterliegt aber den beschriebenen Umständen; hinzu kommt, daß sie aufgrund ihres lebenslangen Abhängigkeits- und Nutzungsverhältnisses eine enge Bindung zur

---

[341] Vgl. REPUBLIC OF TRINIDAD AND TOBAGO (1989, S. 27).

6.3 Anwendung von Kriterien und Indikatoren nachhaltiger Sozialverträglichkeit 207

Forstressource charakterisiert, was sie zudem an der Beendigung ihrer Tätigkeit hindert.[342] Tatsächlich bekennen 90 % der PL, daß sie die von ihnen ausgeführte Arbeit trotz der Unzulänglichkeiten schätzen. Dieser Umstand zeigt einmal mehr, wie eng sie sich mit ihrem Berufsfeld als privatwirtschaftende Waldarbeiter verbunden fühlen. Es gilt aber auch zu berücksichtigen, daß die erkannte Tatsache zusätzlich durch das Wissen um geringe externe Berufsmöglichkeiten für PL beeinflußt ist. Die von TW vorgenommene Einschätzung einer minderwertigen zukünftigen Berufsperspektive geht auf die erarbeiteten internen Konflikte sowie die externe Minimierung der Waldbestände als auch Plantagen durch degenerative Nutzungs- und Bewirtschaftungspraktiken zurück.

Ihre Ausgangssituation unterscheidet sich aber deutlich von den PL. Viele TW waren bereits vor ihrer Arbeit bei TANTEAK in anderen Berufsfeldern tätig oder gingen sogar unterschiedlichen Beschäftigungen nach. Im Gegensatz zu PL sehen sie ihre Zukunft bei weitem nicht so eng an die derzeitige Tätigkeit gebunden. Deshalb wiegt bei beinahe der Hälfte der Befragten eine realistische, negative Bewertung der Zukunftsperspektive vor. Hinzu gesellt sich die erkannte Frustration. Auch die Tatsache, daß sie aufgrund ihres geringeren durchschnittlichen Alters sowie beruflichen Qualifikation und Fortbildung eher anderweitige Berufschancen in Betracht ziehen können, spiegelt sich in ihren Aussagen wider. Sie sehen ihr weiteres finanzielles Auskommen nicht in dem Maße direkt mit der Nutzung der Forstressourcen verbunden, wie dies für PL zutreffend ist. Zusammenfassend muß noch einmal festgehalten werden, daß 48 % der befragten TW keine Identifikation bzw. Zukunftsaussicht mit ihrer jetzigen Tätigkeit verbinden.

Die uneinheitlichen Nennungen beider Gruppen lassen sich auf ihre unterschiedlichen sozialen Charakteristika zurückführen. Es wurde dennoch ein weiterer Versuch unternommen, einen gemeinsam getragenen, übereinstimmenden Indikator im Hinblick auf die zukünftige Perspektive der gegenwärtigen Tätigkeit zu gewinnen. Mit dem folgenden Ausblick schließt somit das Kapitel der Intra-Generationen-Gerechtigkeit und leitet zugleich vorbereitend auf die Projektionen der Inter-Generationen-Bezugspunkte über. Als Indikator der Akzeptanz derzeitiger Bewirtschaftungsverhältnisse wurde Arbeitsplatzsicherheit und zukünftige Tätigkeit der Kinder von TW und PL miteinander kombiniert: Die Befragten mußten Auskunft darüber erteilen, ob ihr eigener gegenwärtiger Beruf auch von ihren Kindern ausgeübt werden solle.[343] Beachtenswert ist das folgende Ergebnis: Während immerhin 60 % der PL diese Erwägung ablehnten, belief sich der Wert unter den mißbilligenden TW auf 74 %.

---

[342] In den Zusammenkünften mit PL wurde vielfach bestätigt, daß sie ihre Arbeit fortsetzen möchten, solange sie eine Lizenz zur Bewirtschaftung der Ressource erhalten und es die eigene Gesundheit zuläßt; vgl. hierzu auch Kapitel 6.2.2.
[343] Siehe COLFER, BROCKLESBY, DIAW ET AL. (1999 a, S. 19): "People link their and their children's future with management of forest resources." In Zusammenarbeit mit CIFOR wurde diese Forderung als eigenständiges Kriterium sozialer Nachhaltigkeit aufgenommen. Im Falle von kinderlosen Befragten wurde auf 'hypothetische' Kinder eingegangen bzw. bei älteren PL deren Enkel herangezogen.

Es zeigt sich zwar erneut eine verhaltenere Reaktion unter PL, dennoch verkörpern beide Werte eine deutlich negative Einstellung gegenüber einer langfristigen Arbeitsplatzperspektive, sowohl bei PL als auch TW. Diese Aussagen stehen in direktem Zusammenhang mit den bislang untersuchten Kriterien und den ungelösten Konflikten derzeitiger sozial unverträglicher Nutzungs- und Bewirtschaftungspraktiken im Sinne der Intra-Generationen-Gerechtigkeit.

6.3.5 Inter-Generationen-Gerechtigkeit

Ein fundamentaler Bestandteil nachhaltiger Entwicklung ist durch die Erhaltung natürlicher Ressourcen zur Deckung der Grundbedürfnisse jetziger Generationen vorgegeben, ohne dabei Wohlfahrtswirkungen für zukünftige Generationen zu gefährden. In der internationalen Diskussion wird diese Prämisse als *Inter-Generational Equity* erfaßt.[344] Sie stellt nicht nur eine notwendige Bedingung der Sozialverträglichkeit, sondern von Nachhaltigkeit schlechthin dar. Je nach Interpretation bzw. Gewichtung können auch die bereits erfaßten und untersuchten Kriterien diesem Prinzip der Nachhaltigkeit untergeordnet werden. Die vorliegende Studie zieht es jedoch vor, die einzelnen Kriterien separat zu untersuchen, um somit der diversen Blickrichtungen und akuten Problemstellungen sozialer Nachhaltigkeit gerecht zu werden, wie sie die Bewirtschaftungseinheiten beider Zielgruppen beeinflussen.

Die Einzelbetrachtung ausschlaggebender Maßstäbe sozialer Nachhaltigkeit soll auch unter dem Stichwort der Inter-Generationen-Gerechtigkeit fortgeführt werden. Im Zeichen der stichhaltigen Adaption und Anwendung einzelner sozial relevanter Kriterien auf TW und PL konzentriert sich das vorliegende Kapitel maßgeblich auf die von den Zielgruppen wahrgenommene Vernichtung der Forstbestände und welche Konsequenzen für zukünftige Nutzergruppen damit verbunden sind. Für die Wahrung sozialer Gerechtigkeit zwischen Generationen steht die vorausschauende Bewirtschaftung der Ressource und deren dauerhafter Erhalt im Mittelpunkt. Nachdem die derzeitigen sozialen Mißstände und Nutzungskonflikte dargelegt sind, aber die Ressource selbst von der Anwendung von Kriterien und Indikatoren bislang ausgeklammert blieb, gilt das Augenmerk der anschließenden Untersuchung in Kapitel 6.3.5.1 der Bestandsentwicklung.

Diese beruht auf den Beobachtungen beider Gruppen und schließt deren tägliche Nähe zur Forstressource sowie deren langfristige Erfahrungswerte mit ein. Ziel ist es, einen Vergleich der Bestandsentwicklung von Generation zu Generation zu ermöglichen. Aus der Bewertung der Ansprüche jetziger Nutzergruppen wird ersichtlich, ob sie auch von zukünftigen Generationen gewahrt bleiben können. In diesem Zusammenhang wird es auch wichtig sein, eine Relation zu der in Kapitel 5.3 erarbeiteten Verringerung der Forstressource herzustellen. Inwiefern deckt sich also die

---

[344] Die Entwicklung von Instrumentarien zur Bewertung der Inter-Generationen Gerechtigkeit stellt einen der Forschungsschwerpunkte CIFORs dar. Die Aufnahme als Teammitglied CIFORs ging nicht zuletzt auf das eigene Forschungsinteresse der Gerechtigkeit und Chancengleichheit zwischen Generationen verschiedener Interessengruppen zurück; vgl. GÜNTER (1999 a) sowie GÜNTER (1999 c).

6.3 Anwendung von Kriterien und Indikatoren nachhaltiger Sozialverträglichkeit

Einschätzung der Zielgruppen mit dem durch die verschiedenartigsten politischen, wirtschaftlichen und gesellschaftlichen Determinanten hervorgerufenen Rückgang der Waldbestände im zeitlichen Kontext? Erst anhand dieser Gegenüberstellung läßt sich erkennen, ob die von PL und TW vorgenommene Einschätzung einem realistischen Hintergrund entspricht.

Die Entwicklung des Forstbestands ist eng mit dem Kriterium der Nutzungskontinuität, also dem dauerhaften Zugang zu Nutzungs- und Bewirtschaftungsmöglichkeiten der Ressource verbunden (*Security of Inter-Generational Access*). Hierbei wird deutlich, daß mit Inter-Generationen-Gerechtigkeit auch die forstwirtschaftlich-ökologischen Kriterien hinsichtlich der Erhaltung des Waldbestands gemeint sind oder je nach Standpunkt sogar im Zentrum stehen können.

Im vorliegenden Zusammenhang aber dient das Kriterium *Inter-Generational Access*, wie es in Kapitel 6.3.5.2 behandelt wird, der Wahrung sozialer Prinzipien nachhaltiger Forstwirtschaft. Die Gewährung einer Nutzungserlaubnis ist nicht nur von der verbliebenen Bestandsgröße, sondern auch von dessen qualitativen Zustand abhängig. Nach forstwirtschaftlichem Ermessen können sich aus dem jeweiligen situativen Kontext Zugangs- bzw. Nutzungsrestriktionen für Interessengruppen ergeben. Die Untersuchung beschäftigt sich also auch mit der Fragestellung, wie sich die Zugangsrechte in Abhängigkeit des Ressourcenstatus entwickeln werden, und welche Auswirkungen für die einzelnen Zielgruppen damit verbunden sind. Um einen generationenumspannenden Vergleich zu ermöglichen, dient die derzeitige Problemperzeption von TW und PL als Bezugspunkt. Sowohl Bestandsentwicklung als auch Zugangsrechte werden nach Einschätzung der Zielgruppen der von den Großeltern vorgefundenen und der von den Enkelkindern vorzufindenden Situation gegenübergestellt.[345]

6.3.5.1 Beurteilung der Bestandsentwicklung

Die Beurteilung der Bestandsentwicklung durch PL und TW ist in zweierlei Hinsicht von Bedeutung: Zum einen spiegelt sie die langjährige direkte Kenntnisnahme der Waldvernichtung wider, andererseits gibt sie aber auch Aufschluß darüber, inwiefern sich die Zielgruppen über den tatsächlichen landesweiten Rückgang der Ressource, der sich außerhalb ihres unmittelbaren Bewirtschaftungsgebiets und Wahrnehmungsbereichs abspielt, bewußt sind.

Ein Vergleich zu den landesweiten Rückgangsquoten wird zeigen, ob eine Relativierung der erzielten Ergebnisse notwendig ist, und in welchem Maß die Ansprüche der zielgruppenspezifischen zukünftigen Generationen davon beeinträchtigt sind. Abbildung 19 liegen die Resultate der herangezogenen Bezugspunkte 1960, 1998 und 2040 zugrunde. Nach Einschätzung der Befragten wurde die Entwicklung des jeweiligen prozentualen Waldanteils erfaßt und der Bestandsentwicklung,

---

[345] In bezug auf die aktuelle Situation wurde für die Entwicklung des Ressourcenbestands ein zeitlicher Abstand zu Großeltern und Enkeln von jeweils 40 Jahren herangezogen.

wie sie sich aus bereits vorliegenden Ergebnissen der Untersuchung zusammensetzt, gegenübergestellt. Die als Balken dargestellten Mittelwerte ergeben für jede Zielgruppe eine Einschätzung des Bestandsrückgangs, der in seinem zeitlichen Verlauf deutlich mit dem Rückgang von 1960 bis 1998 – und der bis 2040 prognostizierten weiteren Entwicklung korreliert.

Die zeitliche Abnahme der Ressource wird von beiden Zielgruppen in gleichem Maße eingestuft. Auffällig ist aber, daß sowohl PL als auch TW den prozentualen Waldanteil pro jeweiligem Bezugsjahr überschätzen. Den vorliegenden Ergebnissen zufolge, herrscht unter TW eine realistischere Bewertung der Waldvernichtung vor. Während diese bei PL einer Differenz von 15–20 Prozentpunkten pro Vergleichsjahr gleichkommt, liegt die Abweichung bei TW bei nur 5–10 %.

Für beide Gruppen kann jedoch eine uneinheitliche interne Beurteilung der Bestandsentwicklung konstatiert werden.[346] Diese lassen sich auf einen unterschiedlichen Kenntnisstand zurückführen. Hierfür ist die mangelnde Informationspolitik von staatlicher Seite, von örtlichen NGOs und dem TANTEAK Management verantwortlich. Besonders für PL kommen weitere Punkte hinzu. Dies sind die Abgeschiedenheit und die damit einhergehende Unwissenheit hinsichtlich der landesweiten Entwicklung, sowie die ökologische Stabilität des eigenen Bewirtschaftungssystems und damit eine Überschätzung des Gesamtbestands.[347] PL stufen somit die Entwicklung des Waldbestands im Durchschnitt optimistischer ein als TW.

Dennoch liegen die erzielten Werte für PL und TW sowohl über der tatsächlichen Entwicklung bis 1998 als auch über der prognostizierten Entwicklung bis 2040. Für beide Gruppen, besonders aber für PL, ergibt sich daraus eine fortschreitende Limitierung des Anspruchs der Inter-Generationen-Gerechtigkeit. Im Bewußtsein der derzeitigen Generation von berufstätigen PL verläuft der Bestandsrückgang weniger drastisch als dies durch die tatsächlichen landesweiten Erfahrungen der letzten vier bis fünf Jahrzehnte zutrifft und zukünftig zu erwarten ist. Einhergehend mit einer prägnanten Abnahme ihrer Erwerbsgrundlage, der Forstressource, liegt die Befürchtung nahe, daß sich gleichermaßen ein nicht zu vermeidender quantitativer Rückgang an erwerbstätiger PL einstellen wird.

---

[346] Am Beispiel der homogeneren Gruppe der TW sollen die dennoch vorkommenden Bewertungsunterschiede für das Jahr 2040 beispielhaft verdeutlicht werden. Die konträren Sichsweisen sind folgendermaßen gestaffelt: 34 % waren der Meinung, daß zu diesem Zeitpunkt ein Waldbestand auf Trinidad von unter 10 % existiert, während 30 % der Befragten von einem 10–20 prozentigen Waldanteil ausgingen und 36 % noch immer einen Bestand von über 30 % zugrunde legen.

[347] Als auffallendes Merkmal stellte sich hierbei heraus, daß im besonderen unter älteren PL, die einen Großteil ihres Lebens mit der Bewirtschaftung der Ressource im Untersuchungsgebiet verbrachten, eine Überbewertung des tatsächlichen nationalen Bestands einherging. Es sei zudem daran erinnert, daß PL in den wenigsten Fällen einen geregelten – geschweige täglichen Kontakt zu ihren Familien in den umliegenden Dörfern haben. Vielmehr verbringen sie Wochen, teilweise mehr als einen Monat, in notdürftig errichteten Unterkünften nahe des derzeit bewirtschafteten Blocks, bevor sie für kurze Zeit (ein Wochenende bis ½ Woche) ihre Familien besuchen.

6.3 Anwendung von Kriterien und Indikatoren nachhaltiger Sozialverträglichkeit 211

Wie die Untersuchung der Einkommensverhältnisse und deren Abhängigkeit von einer Reihe von Faktoren sowie die weitreichende Konfliktkonstellation innerhalb des Bewirtschaftungssystems gezeigt hat, ist mit der andauernden Vernichtung der Ressource eine drastische Verschärfung der bereits existierenden Mißstände und Notlagen für eine Vielzahl der PL verbunden. Im Wissen um die Reduzierung der PL um ein Vierfaches seit 1980, verläuft die Entwicklung konträr zum hier untersuchten Merkmal der Inter-Generationen-Gerechtigkeit.

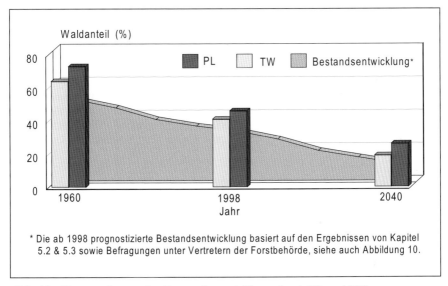

Abb. 19: Kennzeichnung der Bestandsentwicklung durch PL und TW
Quelle: Eigene Erhebung, 1997/98.

Auch für TW ist der Rückgang der Ressource von großer Bedeutung. Bereits zum derzeitigen Zeitpunkt zeichnet sich ab, daß Pine- und Teakplantagen von der landesweiten Waldvernichtung nicht unberührt bleiben. Neben den nicht-nachhaltigen Bewirtschaftungspraktiken stellen bereits heutzutage Holzdiebstähle, illegale Rodungen etc. schwerwiegende Eingriffe in den Plantagenbestand dar.[348] Mit dem bedrohten Plantagenbestand steht zukünftig auch die Erwerbstätigkeit als TW auf dem Spiel. Inter-Generationen-Gerechtigkeit, basierend auf dem Erhalt der Ressource, ist für sie nicht gewährleistet, wenn es nicht gelingt, der tendenziell langfristigen Entwicklung, d.h. Vernichtung des Forstbestands entgegenzuwirken. Als weiterführende Fragestellung ergibt sich der Zusammenhang zwischen Bestandsentwicklung und den Zugangsmöglichkeiten zur Bewirtschaftung der Ressource.

---

[348] Vgl. YOUNG (1994, S. 21 f.).

Ausgehend von den derzeitigen Erfahrungswerten der Zielgruppen – hinsichtlich ihres Bewirtschaftungssystems – stellt sich die Untersuchung der von ihnen als Folge der Bestandsentwicklung wahrgenommenen zukünftigen Zugangs- und Nutzungsmöglichkeiten. Inter-Generationen-Gerechtigkeit beinhaltet als logische Folgerung des Kriteriums der Bestandsentwicklung eine Untersuchung sich daraus ergebender Zugangsrechte für zukünftige Generationen *(Security of Inter-Generational Access to Resources)*. Diese Forderung wird im folgenden als eigenständiger Indikator der Inter-Generationen-Gerechtigkeit analysiert.

6.3.5.2 Bewertung zukünftiger Zugangsrechte

Die Untersuchung der zeitlichen Veränderung von Zugangsrechten zur Nutzung und Bewirtschaftung der Forstressource dient der Erfassung von Wohlfahrtswirkungen. Im Sinne der Inter-Generationen-Gerechtigkeit ist es notwendig zu hinterfragen, ob für die direkt betroffenen Interessengruppen der Nutzungszustand mit seinen sozioökonomischen Auswirkungen zumindest beibehalten oder nicht sogar verbessert werden kann. Die Analyse verfolgt die Absicht zu erforschen, wie von den Zielgruppen die Entwicklung der Zugangsrechte von Generation zu Generation wahrgenommen wird.

Mit dem Kriterium des *Inter-Generational Access* geht eine gerechte Verteilung sozialer Nutzen einher. Nur durch die Schaffung von Bedingungen, unter denen dauerhafte Zugangsrechte existieren, kann ein gleichberechtigter Anspruch zwischen den Nutzergruppen verschiedener Generationen gewahrt bleiben. Dieser Kernpunkt nachhaltiger Entwicklung stellt gleichzeitig eine unmißverständliche Prämisse der sozial verträglichen Forstwirtschaft dar.

Die in Abbildung 20 zugrunde gelegten Ergebnisse entsprechen Medianwerten, die durch die Bewertung der Zielgruppen separat von Generation zu Generation zum Ausdruck kamen. Pro Generation mußten die Befragten den Bewertungsmaßstab der Zugangsrechte (10 = sehr hoch ... 1 = sehr gering) auf die eigene Gruppe anwenden. Durch die Skalierungsmethodik und den herangezogenen Median können nicht nur die Entwicklungen zwischen den Generationen, sondern auch Unterschiede zwischen den Zielgruppen herausgearbeitet werden.

Im vorhergehenden Kapitel wurde die Entwicklung des Waldbestands thematisiert und unter Hinzuziehung der Einschätzungen durch die Zielgruppen ergänzt. Ein Vergleich zu der in Abbildung 20 dargestellten Bewertung der Entwicklung von Zugangsrechten weist auf eine Korrelation zum Bestandsrückgang hin. Der für die Generation der Großeltern hoch bewerteten Intensität an Zugangsrechten steht nach Einschätzung der Zielgruppen eine drastische Einschränkung an Nutzungsmöglichkeiten bezüglich der Generation der eigenen Enkelkinder gegenüber.

Es zeigt sich aber auch, daß die eher überbewertete zukünftige Bestandseinschätzung aus Kapitel 6.3.5.1 gleichzeitig nicht auch eine entsprechend 'optimistische' Bewertung der zukünftigen Zugangsrechte bedingen muß. Diesbezüglich herrscht

6.3 Anwendung von Kriterien und Indikatoren nachhaltiger Sozialverträglichkeit 213

unter PL als auch unter den Waldarbeitern TANTEAKs eine äußerst pessimistische Kennzeichnung vor. Die Wahrnehmung der Entwicklung von Zugangs- und Nutzungsmöglichkeiten beruht auf den aktuellen sowie auf langfristigen Erfahrungen der Befragten. Es sei daran erinnert, daß speziell PL eine langjährige Erwerbstätigkeit als Waldarbeiter vorweisen können, bzw. bereits als Jugendliche Aushilfstätigkeiten bei anderen PL verrichteten.[349] Insofern ist ihre Aussage von besonderem Gewicht, da die Sachkenntnis der älteren PL und auch TW sie dazu befähigt, die Entwicklung der letzten Jahrzehnte tatsächlich mit den aktuellen Erfahrungswerten in Beziehung zu setzen und somit gleichzeitig deren weiteren Fortgang zu skizzieren. Bei der Interpretation der Ergebnisse wird folgende unmißverständliche Tendenz offenbar: Im Vergleich zu ihren eigenen heutigen Bedingungen und zur Situation der Großeltern werden – nach Wahrnehmung von PL und TW – Zugangsrechte und somit Nutzungsmöglichkeiten als Grundlage für eine Beschäftigung in der Forstwirtschaft für zukünftige Generationen keine Option mehr darstellen.

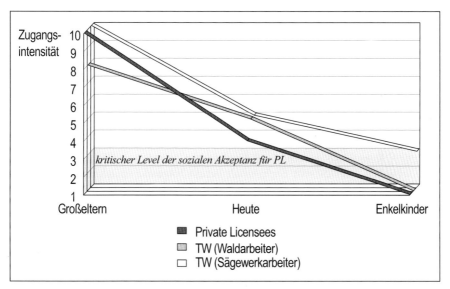

Abb. 20: Bewertung der Zugangsrechte
Quelle: Günter (1999 a), eigene Erhebung, 1997/98.

Der grundlegende Anspruch sozialer Nachhaltigkeit, Bedürfnisse der gegenwärtigen Generation zu sichern, ohne dabei die Bedürfnisse zukünftiger Generationen in Gefahr zu bringen, ist eindeutig widerlegt. Das untersuchte Kriterium der Inter-Generationen-Gerechtigkeit, einer gleichberechtigt teilhabenden Nutzenverteilung zwischen Interessengruppen, die auf Zugangsrechte angewiesen sind, wird explizit

---

[349] Vgl. Kapitel 6.2.2.

als unmöglich zu realisierende Anforderung betrachtet. Gerade da es sich hierbei um Interessengruppen höchster Abhängigkeit von der Forstressource handelt, besitzt die getroffene Aussage eine besondere Relevanz. In Anbetracht der in den vorangegangenen Kapiteln zum Ausdruck gekommenen Vertrautheit der Zielgruppen mit den verschiedensten Problemkonstellationen und den sich daraus ergebenden Bewertungen, ist ein dauerhafter Erhalt von Nutzwirkungen, wie sie sich derzeit den Zielgruppen präsentieren, ausgeschlossen. Zum besseren Verständnis der Aussagen soll noch einmal kurz die Nutzungsstruktur der Ressource durch die Zielgruppen erläutert werden. Zugangsrechte für PL schließen nicht nur die Bewirtschaftung des Bestands selbst, sondern auch die Nutzung sekundärer Produkte mit ein. Ihre Erfassung der Nutzungsmöglichkeiten muß also in einem umfassenderen Kontext gesehen werden, während sich TW in ihren Beurteilungen ausschließlich auf den Holzeinschlag beziehen.

Eine gesonderte Untersuchung unter TW Sägewerk und TW Waldarbeitern erbrachte einerseits eine gleichwertige Einschätzung der Nutzungsmöglichkeiten zum heutigen Zeitpunkt. Andererseits aber konnte besonders im Hinblick auf die wichtige zukünftige Entwicklung ein differierender Standpunkt festgestellt werden. Interessanterweise ist der zukünftige Nutzungszugang durch die beiden am unmittelbarsten in den Holzeinschlag eingebundenen Gruppen, PL und TW Waldarbeiter, gleichermaßen niedrig bewertet. TANTEAK-Sägewerkarbeiter hingegen stufen die Zugangsmöglichkeiten für folgende Generationen weniger gering ein.

Als Begründung für die optimistischere zukünftige Entwicklung von Zugangsrechten könnte ihre, im Vergleich zu den anderen Gruppen größere Distanz zur Ressource herangezogen werden. Dies läßt auf mangelnde eigene Erfahrungen bzw. geringere Kenntnisse in bezug auf die aktuellen erheblichen Konfliktkonstellationen schließen. Auf diesem Sachverhalt beruht folgende Annahme: Auch übrige Interessengruppen, die weitaus weniger abhängig sind von der Nutzung der Ressource, und die durch eine größere physische und emotionale Distanz zur Ressource gekennzeichnet sind, werden von einer weniger pessimistischen Einstellung geprägt sein als dies für PL und die Waldarbeiter TANTEAKs der Fall ist.

In der Diskussion mit anderen CIFOR Team-Mitgliedern wurde anhand dieser These auf die Bedeutung des Kriteriums *Proximity* für die *Who Counts Matrix* in Tabelle 6 (S. 151) hingewiesen. Für die Identifikation abhängiger Interessengruppen, wie sie anhand der Matrix durchgeführt wurde, stellt also das Kriterium der 'Nähe' zur Ressource einen nicht zu vernachlässigenden Bezugspunkt dar.

Das für PL geschaffene Bewirtschaftungssystem reicht bis in die erste Hälfte des 20. Jahrhunderts, also bis in die koloniale Vergangenheit Trinidads zurück. Der lokalen Bevölkerung wurde die Chance eröffnet, an der Nutzung und Bewirtschaftung der Forstressource zu partizipieren. Wie aber sämtliche der im Rahmen dieser Untersuchung angewandten Kriterien der Nachhaltigkeit gezeigt haben, sind die derzeitigen Konditionen, unter denen PL ihren Lebenserwerb bestreiten müssen, weder sozial noch wirtschaftlich akzeptabel.

6.3 Anwendung von Kriterien und Indikatoren nachhaltiger Sozialverträglichkeit 215

Zum gegenwärtigen Zeitpunkt erreichen die Zugangsrechte nach Auffassung der PL einen Grad, der ihre Miteinbeziehung in die Forstbewirtschaftung als nicht mehr sozial nachhaltig kennzeichnet. Diese Beurteilung deckt sich mit den durch bereits angewandte Kriterien und Indikatoren gewonnenen Erkenntnissen. Das Urteil der PL und die eigenen Erfahrungen ihrer Lebens- und Arbeitsbedingungen weisen darauf hin, daß sie sich existentiell auf den untersten Rang sozialer Akzeptanz im Hinblick auf die Intensität von Nutzungsmöglichkeiten zubewegen.

Unter Verwendung der in Abbildung 20 zugrunde gelegten Skala wurde von den Befragten dieser kritische Level mit dem Wert 3 wiedergegeben. Wie die Untersuchung gezeigt hat, ist ein Großteil der PL bereits derzeit von ernsten Einkommenseinbußen betroffen, die auf die beschriebenen Restriktionen und Konflikte innerhalb des Bewirtschaftungssystems zurückzuführen sind. Gerade für die von diesen Einschränkungen und Konflikten besonders betroffenen PL wäre eine Anhebung des kritischen Levels auf den derzeitig empfundenen Wert (4) durchaus denkbar. Wie Abbildung 20 aber zeigt, sind PL in Anbetracht ihrer Erfahrungen der Auffassung, daß auch eine Unterschreitung des kritischen Skalenwerts 3 zukünftig nicht zu vermeiden ist. Für die realistische Einschätzung dieser Entwicklung sprechen eine Reihe von Punkten, die ihre Situation kennzeichnen: Drastischer Rückgang der erwerbstätigen PL, Verringerung des Lebensstandards, Vernichtung des Waldbestands, restriktive Lizenzvergabe etc. Durch die unter PL vorherrschende hohe Abhängigkeit des Lebenserwerbs, allein von der Nutzung und dem Zugang zur Ressource, wird die Auswegslosigkeit, in der sie sich befinden, offensichtlich. Faktisch kann von einer Inter-Generationen-Gerechtigkeit keine Rede sein.[350]

Anders stellt sich die Situation für TW dar. Obwohl auch sie von einer sichtbar negativen Entwicklung der Nutzungs- und Zugangsrechte ausgehen, ergeben sich für sie, im Gegensatz zu PL, bislang keine Einschränkungen. Wie gezeigt, sind PL bereits zum jetzigen Zeitpunkt direkt von dem Rückgang der Nutzungsrechte betroffen. TW hingegen bleiben bisher von dieser Entwicklung unbeeinflußt. Betrachtet man die Entwicklung der Lebensbedingungen in Kapitel 6.2.6 läßt sich eher eine konträre Entwicklung zwischen beiden Gruppen feststellen.

Dieser Sachverhalt geht eindeutig auf das Angestelltenverhältnis von TW mit seiner kontinuierlich hohen Entlohnung, umfangreichen sozialen Leistungen etc. zurück. Noch läßt sich für TW kein Zusammenhang zwischen dem Bestandsrückgang und den Einschränkungen der Nutzungsmöglichkeiten auf der einen Seite, und dem Unterhalt bzw. dem Lebensstandard auf der anderen Seite feststellen. Die für TW aufgezeigten internen Konflikte sowie die landesweite Vernichtung des Waldbestands und der Plantagen weisen aber darauf hin, daß langfristig auch TANTEAK von einer Verschlechterung der Bewirtschaftungskonditionen betroffen sein wird. In ihren Bewertungen bezüglich der Nutzungsintensität tragen TW dieser, von ihnen durchaus wahrgenommenen Entwicklung Rechnung.

---

[350] Vgl. GÜNTER (1999 a).

Auch sie prognostizieren für zukünftige Generationen eine drastische Abnahme an Nutzungsmöglichkeiten. Der kritische Level einer sozialen Akzeptanz für ihr Berufsfeld von Arbeitern eines staatlichen Unternehmens liegt unter dem der PL, da sie bislang noch von keinerlei Einschränkungen betroffen sind. Noch ist nicht erkennbar, wie lange ihr Angestelltenstatus sie noch vor einer fortschreitenden Reduzierung der Nutzungsmöglichkeiten in Schutz nimmt. In ihrer Wahrnehmung sind sie sich dennoch der Unvereinbarkeit der heutigen Entwicklung mit dem dauerhaften Fortbestand ihrer Erwerbstätigkeit bewußt.

Die Konsequenzen, die sich aus der Entwicklung des Waldbestands und der Restriktion von Zugangsrechten ergeben, haben gezeigt, in welch unterschiedlich situativem Kontext sich einzelne Interessengruppen bewegen. Dies gilt es, speziell für die Untersuchung sozialer Nachhaltigkeit und die darauf aufbauende Schaffung sozialverträglicher Bewirtschaftungsmöglichkeiten zu berücksichtigen.

Die gewonnenen Ergebnisse sind um so beachtenswerter, da es sich für das Untersuchungsgebiet Trinidad um zwei direkt betroffene Stakeholdergruppen handelt, die in hohem Maß als relevante, von der Nutzung der Ressource unmittelbar abhängige Gruppen gekennzeichnet sind. Dem von allen Befragten gleichermaßen einzufordernden hohen sozialen Anspruch stehen aber der konträre Status der Zielgruppen bzw. die einzelnen konträren Ausgangspositionen gegenüber.

Aus dieser Konstellation ergibt sich für das anschließende Kapitel 6.4 der vorliegenden Untersuchung folgende Fragestellung: Welche Auswirkungen besitzen die verschiedenen Ausgangspositionen der Zielgruppen in bezug auf ihre soziökologische Problemperzeption? Des weiteren macht es sich die Untersuchung zur Aufgabe, die Nachforschung nach einem gruppenspezifischen Bewußtsein, gleichzeitig mit Verhaltensmustern im Umgang mit der Ressource in Verbindung zu bringen.

6.4 Soziökologische Wechselwirkungen und Verhaltensmuster

Nachdem die Untersuchung von Kriterien und Indikatoren bislang der Identifikation der Interessengruppen, der Anwendung klassischer Sozialindikatoren sowie der Bewertung bezüglich der Sozialverträglichkeit beider Bewirtschaftungssysteme galt, sollen im folgenden der erkannte Zustand bzw. Grad sozialer Nachhaltigkeit der Gruppen in Verbindung gesetzt werden mit ihren spezifischen Einstellungen gegenüber dem Erhalt der Ressource und ihren eigenen Verhaltensmustern. Hiermit erweitert die Untersuchung die im Mittelpunkt stehenden Kriterien und Indikatoren sozialer Nachhaltigkeit auch auf Mensch-Umwelt-Beziehungen. Es wird nunmehr der Versuch unternommen, spezifische Folgewirkungen für die Gruppen zu ermitteln, die in Relation zu den Ergebnissen der sozial-forstwirtschaftlichen Kriterien und Indikatoren stehen. Aus diesem Grund werden die gewonnenen Erkenntnisse nicht unter dem vorhergehenden Kapitel eingereiht, sondern separat, als abschließendes Kapitel der empirischen Untersuchung präsentiert.

6.4 Sozioökologische Wechselwirkungen und Verhaltensmuster

Es kann sich hierbei jedoch nur um einen ersten Einblick in diesen wichtigen, wenig beachteten Forschungsbereich handeln. Vielmehr verlangt die Thematik nach einer eigenständigen systematischen Forschungsarbeit, die jedoch den konzeptionellen Rahmen der vorliegenden Studie bei weitem sprengen würde. In diesem Wissen muß sich Kapitel 6.4 mit Stichproben, die gruppenspezifische Tendenzen aufzeigen, begnügen.[351] Ausgangspunkt der Untersuchung von gleichberechtigten Zugangsrechten zwischen Generationen ist die Prämisse, daß es sich dabei um rechtlich verankerte und legale Nutzungs- und Bewirtschaftungspraktiken handelt. Aufgrund der Ergebnisse von Inter- und Intra- Generationen-Gerechtigkeit ist es fraglich, ob diese grundlegenden Kriterien sozialer Nachhaltigkeit tatsächlich eingehalten werden können. Somit stellt sich die Frage, wie sich die abhängigen Zielgruppen verhalten, wenn die legalen Mittel zur Bestreitung des Lebensunterhalts erschöpft sind.

Da die zunehmenden Restriktionen von Zugangsrechten nicht gänzlich parallel zum Bestandsrückgang verlaufen, sondern diesem zeitlich voranschreiten, gilt es zu befürchten, daß TW und vor allem PL, denen sich keine alternativen Einkommensquellen darbieten, gezwungen sind, die verbliebenen Forstbestände illegal zu nutzen und damit gleichsam zu einer Verschärfung der Squattingproblematik beitragen. Da sie als Erwerbsquelle bislang ausschließlich auf die Nutzung der Ressource ausgerichtet sind, besteht diese Voraussetzung aufgrund der veränderten Umstände.

Wie aber stellt sich die tatsächliche Einstellung der Befragten zum Erhalt der Ressource und zu einer nachhaltigen Bewirtschaftung der Waldbestände dar? Sind die Zielgruppen der Meinung, die Nutzen kurzfristig zu optimieren und somit den Bestand weiter zu gefährden, oder langfristig zumindest auf dem geringen gegenwärtigen Status, wie er beispielsweise für PL zutreffend ist, gesichert zu verharren? In Anbetracht der soziökologischen Wechselbeziehungen und der Verhaltensweisen der befragten Zielgruppen ist somit ein enger Zusammenhang zur Problematik der nachhaltigen Waldnutzung gegeben.Evaluierungsmodelle forstlicher Nachhaltigkeit, wie sie beispielsweise von der IIED (Forest Resource Accounting) oder der FAO (Forest Resource Assessment) erarbeitet wurden, können sich nicht ausschließlich auf den sozialen oder ökologischen Zustand eines Projekts konzentrieren.[352]

---

[351] Eine holistische Betrachtung kann somit nicht erfolgen. Dazu benötigt es einer umfassenden methodischen Umorientierung. Für eine solche Studie müßten, im englischsprachigen Ausland bereits zu Beginn der 80er Jahre entwickelte, intensive Verfahrensweisen herangezogen werden. Eine solche Methode kognitiven Charakters stellt beispielsweise das Galileo-Prinzip dar, anhand dessen, in einem dreidimensionalen Modell, die Aussagen der Befragten in Assoziation zu ihren existierenden Denk- und Verhaltensweisen gesetzt werden können; vgl. WOELFEL und FINK (1980) sowie WOELFEL und DANES (1980). Die als *CatPac* bezeichnete Adaption dieser Methode zum Ziel einer Interessengruppenanalyse kann bei SALIM, COLFER, MCDOUGALL (1999, S. 51 ff.) eingesehen werden.

[352] Vgl. IIED / WCMC (1996) sowie UN CSD (1996 a). Unabhängig von diesen Modellen sind in JORGENSEN, HALLING-SORENSEN und NIELSEN (1996, S. 328 ff.) weitere Forstevaluierungsmodelle aufgeführt. Allein das von LEPS 1987 entwickelte Modell geht auf soziale Komponenten bzw. Interessenkonflikte unter verschiedenen Nutzergruppen ein. Es wird ersichtlich, welch geringe Bedeutung die Forstwissenschaft den sozial verträglichen Richtlinien zuspricht.

Aufgrund der beschriebenen Wechselwirkungen ist es deshalb notwendig, zu untersuchen, welche jeweiligen Bedingungen Konsequenzen für einen anderen Bereich nach sich ziehen. Die Wahrung einer kulturellen und sozialen Integrität, der traditionellen Rechte, der Land- und Waldnutzungsrechte, der lokalen gesellschaftlichen Struktur und Organisation sowie dauerhaft gesicherter Lebens- und Arbeitsbedingungen sind nicht nur alleinig im Sinne sozialer Nachhaltigkeit zu betrachten, sondern auch für den Gesamterfolg des Bewirtschaftungssystems, der sich aus daraus ergebenden ökologischen Folgewirkungen zusammensetzt.[353] Die Erkundung der Grundhaltung gegenüber der Ressource orientierte sich an der Konfrontation der Befragten mit forstspezifischen Fragestellungen, die entweder die individuelle Zustimmung oder Ablehnung bezüglich des thematischen Sachverhalts zu Tage förderten. Während der Beobachtungsphase und in den Besprechungen mit den Vertretern beider Gruppen konnten unterschiedliche, aber auch übereinstimmende ökologische Perzeptionsmerkmale festgestellt werden. Die auf den folgenden Seiten behandelten Themenschwerpunkte sind in Abbildung 21 zusammengefaßt.

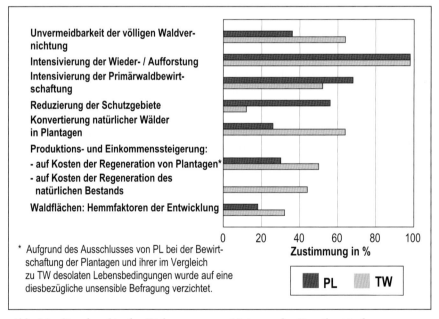

Abb. 21: Standpunkte der Zielgruppen zur Nutzung der Forstbestände
Quelle: Eigene Erhebung, 1997/98.

---

[353] Es besteht somit ein direkter Bezug zwischen dem Niveau sozialer Nachhaltigkeit, dem ökologischen Problembewußtsein und den Folgewirkugen für eine nachhaltige Ressourcennutzung; vgl. COLFER, WOELFEL, WADLEY ET AL. (1996) sowie ITTO (1991, S. 85 ff.).

6.4 Sozioökologische Wechselwirkungen und Verhaltensmuster

Durch die Konfrontation der Gruppen bezüglich aktueller forstspezifischer Konflikte gelang es, Tendenzen herauszuarbeiten, die Standpunkte und Gesinnung der einzelnen Gruppen hervorheben. Auf den ersten Blick teilweise widersprüchlich anmutende Aussagen bedurften einer profunden Interpretation, die ohne die Ergebnisse der zuvor erfolgten Anwendung von Kriterien und Indikatoren sozialer Nachhaltigkeit nicht möglich gewesen wäre. Es sollte zunächst die bereits in den vorangegangenen Kapiteln aufgezeigte pessimistische Einstellung bezüglich der zukünftigen Entwicklung der Ressource genauer untersucht werden. Im Mittelpunkt stand hierbei die Frage nach einer unvermeidbaren, völligen Vernichtung der Wälder. Während sich immerhin 36 % der PL dieser Meinung anschlossen, betrug die Zustimmung unter TW 64 %. Insgesamt sind somit also die Hälfte aller Befragten der Auffassung, daß Trinidad eine unumkehrbare Entwicklung hin zur völligen Entwaldung der Insel bevorsteht.

Entsprechend den Ergebnissen des Waldbestands in Kapitel 6.3.5.1 zeichnen sich TW in ihrer Beurteilung auch an dieser Stelle als deutlich pessimistischer aus. Als Konsequenz der für beide Gruppen bedrückenden Beobachtung ergeben sich Fragen nach der eigenen Verhaltensweise. Dabei gilt es, nicht nur das soeben dargelegte Bewußtsein, sondern auch das für beide Gruppen unterschiedliche Ausmaß sozialer Nachhaltigkeit heranzuziehen.

Würde als Erklärungsversuch nur die Beurteilung der Waldbestandsentwicklung berücksichtigt, ohne die jeweiligen derzeitigen sozial-forstwirtschaftlichen Mißstände mit einzubeziehen, könnte eine umfassende Interpretation der Ergebnisse fehlschlagen. Die Tatsache nämlich, daß 98 % der Befragten beider Gruppen für eine Verstärkung der Wiederaufforstung eintreten, gleichzeitig aber 68 % der PL und 52 % der TW für eine Intensivierung der Primärwaldbewirtschaftung plädieren, läßt sich einerseits nur durch die Besorgnis um den Bestandsrückgang, deshalb die Forderung nach Wiederaufforstung, und andererseits durch restriktive Zugangs- und Nutzungsrechte, deshalb die Forderung nach Miteinbeziehung von Primärwäldern, erklären.

Die im Sinne nachhaltiger Forstwirtschaft an sich gegensätzlichen Standpunkte der Wiederaufforstung und der gleichzeitigen intensiven Primärwaldexploitation sind ohne die Einblicke in soziale und ökologische Mißstände durch die zuvor angewandten Kriterien und Indikatoren kaum nachvollziehbar. Besonders PL sind unter den derzeitigen Konditionen mit einem undurchsichtigen Lizenzvergabesystem und einer sich abzeichnenden Verschlechterung der Lebensbedingungen von einer konträren Interessenlage gekennzeichnet. Während langfristig der Erhalt der Ressourcen mit verstärkten Wildschutz- und Wiederaufforstungsmaßnahmen betrieben werden soll, gilt ihr kurzfristiges Interesse, aufgrund der beschriebenen enormen Mißstände ihres Bewirtschaftungssystems, der Erweiterung und Intensivierung ihrer Zugangsrechte, die selbst intakte, ökonomisch lukrative Primärwaldgebiete mit einschließen. Dieser Widerspruch wird durch die Forderung nach einer Verkleinerung der Schutzgebiete bestärkt.

Welch gegensätzliche Positionen von ihnen bezogen werden, kommt dadurch zum Ausdruck, daß ebenfalls 56 % der PL die Reduzierung der Schutzgebiete befürworten. Unter TW ist dies jedoch nur für 12 % der Befragten der Fall. Es zeigt sich, welchen Einfluß der unter PL vorherrschende, weitaus niedrigere Lebenserwerb und sinkende Lebensstandard auf ihre kurzfristige Denkweise bezüglich einer Ausweitung von Bewirtschaftungs- und Nutzungsaktivitäten ausübt. Auslöser hierfür ist jedoch nicht eine kurz- bis mittelfristige Ertragssteigerung, die eine rein wirtschaftliche Bereicherung zum Ziel hat, sondern schlicht die Sicherung der eigenen familiären Existenzgrundlage.[354]

Eine kurz- bis mittelfristige Steigerung der Holzexploitation ist aber mit einer dauerhaften Nutzung und Erhaltung der Ressource kaum zu vereinen. Vor allem anhand der in Kapitel 5.2 und 5.3 beschriebenen derzeitigen Verhältnisse des Waldbestands und den mannigfachen Determinanten der Waldgefährdung, scheint eine Vereinbarkeit der beiden Standpunkte höchst unpraktikabel. Unter Berücksichtigung der minderbemittelten Lage von PL wäre es jedoch anmaßend, deren Haltung zu kritisieren. Durch die gewonnenen eigenen Eindrücke kann die Forderung von PL nachvollzogen werden, handelt es sich doch bei einem Großteil der Befragten hierbei um deren existentielle Lebensgrundlage.

Dies ist zwar auch für TW zutreffend, dennoch hat die Untersuchung ihrer Haushaltsausstattung, ihrer Lebensstandardentwicklung sowie ihrer Einkommenslage gezeigt, daß für sie, in völligem Gegensatz zu PL, diesbetreffend ein weitaus höheres Maß sozialer Nachhaltigkeit zutreffend ist. Bestandsrückgang und Verminderung der Nutzungsrechte haben sich bislang für Einkommens- und Lebensbedingungen der TW als irrelevant erwiesen.

Es stellt sich die Frage, warum sie sich, obwohl ausschließlich für die Bewirtschaftung der Plantagen beschäftigt, zu einer Intensivierung der Primärwaldnutzung (52 % Zustimmung) bekennen.[355] Die unter TW beobachtete höhere Ertragsorientierung hängt mit ihrem Angestelltenverhältnis und dem obligaten Drang zu einer besseren Entlohnung zusammen. Im Gegensatz dazu steht besonders für die schlecht ausgerüsteten PL, also die große Mehrheit, die Wahrung von Zugangsrechten und mit ihnen der dauerhafte Erhalt der Grundlage einer selbstverantwortlichen Forstbewirtschaftung im Vordergrund. TW und PL bringen aus unterschiedlichen Beweggründen mit der Intensivierung der Primärwaldbewirtschaftung die Sicherung ihrer Einkommensverhältnisse in Verbindung.

---

[354] Die eigenen Erfahrungen während der Beobachtungsphase verliefen in Übereinstimmung mit den Aussagen der Befragten. Der erwirtschaftete Ertrag dient weniger der Anhäufung wirtschaftlichen Kapitals, als vielmehr der direkten subsistentiellen Lebenshaltung.
[355] An dieser Stelle sei erwähnt, daß TW im Vergleich zu PL bei der Befragung als eher profitorientiert in Erscheinung traten. Dies soll an folgendem Umstand verdeutlicht werden. Für PL war es ein echtes Anliegen, über ihre sozioökonomische Situation Auskunft zu erteilen. Einige TW hingegen waren anfangs nur bereit, gegen Bezahlung Stellung zu den erhobenen Fragen zu beziehen. Auf Intervention der Vorgesetzten wurde aber von dieser Forderung Abstand genommen.

6.4 Sozioökologische Wechselwirkungen und Verhaltensmuster

Den bereits angeführten Motiven der PL stehen vorwiegend materielle Anreize der TW gegenüber. Diese ergeben sich aus dem Wissen, daß die verbliebenen natürlichen Waldbestände zum überwiegenden Großteil in staatlichem Besitz sind. Aus der bisherigen Monopolstellung des Konzerns lassen sich auch Erstnutzungsrechte auf die betreffenden natürlichen Waldgebiete übertragen. Zumal nicht damit zu rechnen ist, daß von staatlicher Seite eine Gewährung von Nutzungsrechten, gerade dieser wirtschaftlich wertvollen Hölzer, an private Betriebe übertragen wird. Außerdem kommt hinzu, daß man sich bei der Anlage von Teak- und Pineplantagen stellenweise der Konvertierung von Primärwäldern bediente.[356] Die Intensivierung der Primärwaldbewirtschaftung könnte also in zweierlei Hinsicht TW zugute kommen: Einerseits durch die Nutzung des derzeitigen natürlichen Bestands und andererseits durch die potentielle Anlage neuer Plantagen, wie es in der Vergangenheit geschehen ist.

Durch folgende Recherche wurde diese Annahme weitgehend bestätigt. Das Bekenntnis von TW, hinsichtlich einer gesteigerten Bewirtschaftung des natürlichen Waldbestands, kommt durch eine Erweiterung der Fragestellung vermehrt zum Ausdruck. Es konnte nachgewiesen werden, daß unter TW eine wesentlich größere Bereitschaft herrscht, einen höheren Gewinn durch die verstärkte Bewirtschaftung von Plantagen auf Kosten der Primärwälder zu erzielen. Die Fragestellung nach einer gesteigerten Konvertierung des natürlichen Waldbestands in Plantagen wurde von 64 % der befragten TW befürwortet, hingegen sprachen sich nur 26 % der PL für eine solche Maßnahme aus. Erneut zeigen sich die durch die Kriterien und Indikatoren gelieferten Hintergrundinformationen der gruppenspezifischen Nutzungsrechte für eine stichhaltige Interpretation der Ergebnisse als ausschlaggebend.

Die bisherige Monopolstellung zur Nutzung der Forstplantagen stellt für TW einen wesentlichen höheren Anreiz dar, die Konvertierung der Primärwälder einzufordern, als dies für PL, die von deren Nutzung ausgeschlossen sind, der Fall ist. Dieser Umstand ist dafür verantwortlich, daß die untersuchte Option für PL weniger interessant ist. Aus dem starken Bekenntnis der TW, in bezug auf eine Vernichtung natürlicher Ressourcen zur Anlage von Plantagen, ergibt sich der Untersuchungsgegenstand der Profitorientierung auf Kosten der Umwelt, zumal TW sich im Gegensatz zu PL in keiner derartigen finanziellen Notlage befinden, sondern ganz im Gegenteil bis heute eine kontinuierliche Steigerung ihrer Lebensbedingungen erfahren haben.

Nicht Sicherung, sondern Steigerung des Einkommens ist für die Mehrheit der TW kennzeichnend. Obwohl sich, wie gezeigt, auch ein Großteil der PL notgedrungen für die Verringerung der Schutzgebiete und die stärkere Miteinbeziehung von natürlichem Bestand einsetzen, wurde dennoch in den zahlreichen Gesprächen mit Vertretern beider Gruppen unter TW eine geringere Wertschätzung gegenüber den Primärwäldern festgestellt. Diesen qualitativen, eventuell subjektiven Eindruck galt es durch eine zusätzliche Fragestellung in einen möglichst nachvollziehbaren und plausiblen Zusammenhang zu stellen, der die unmittelbare Grundhaltung der Be-

---

[356] Vgl. Kapitel 5.3.2.

fragten zum Vorschein bringt. Ausgangspunkt war die eigene Beobachtung, die TW im Vergleich zu PL sowohl als eher ertragsorientiert als auch ökologisch unsensibler charakterisierte. Für beide Zielgruppen steht die Erhöhung der Produktion, entweder als Überstunden oder als Steigerung der Lizenzanzahl, unmittelbar im Zusammenhang mit einer verbesserten Ertragslage.

Insofern wurde ein größeres Einkommen auf Grundlage einer Produktionserhöhung als Ausgangspunkt für beide Gruppen gewählt. Die somit erzielte Einkommenssteigerung wurde ihrerseits wiederum in direkten Zusammenhang mit einer durch sie verursachten Regenerationsproblematik der Ressource gesetzt. Die Befragten mußten demnach ausführen, ob sie einem erhöhten Lebensunterhalt zustimmen, der sich parallel zu einer verminderten Regenerierung und schließlich Reduzierung und Vernichtung der Bestände vollzieht.

Mit dieser Untersuchung gelang es, zumindest partiell, eine zwischen den Gruppen abweichende Grundeinstellung herauszuarbeiten, die sich mit den oben beschriebenen Ergebnissen und eigenen Eindrücken deckt. Während unter PL 30 % einer Ertragssteigerung auf Kosten der Ressource ihre Einwilligung erteilten, lag dieser Wert bei TW mit 50 % deutlich höher. Bei dieser Frage standen Primärbestände im Mittelpunkt des Interesses. Interessanterweise ergab eine separate Befragung unter TW, die eine Einkommenserhöhung bei gleichzeitiger Reduzierung der Plantagenbestände thematisierte, ein geringeres Einverständnis. Es zeigten sich nur noch 44 % der Befragten einverstanden.[357]

Die Werte zeigen eine für TW höhere Bereitschaft zur Profitorientierung auf Kosten der Bestände, als dies für PL zutreffend ist. Dies ist um so erstaunlicher, wird berücksichtigt, daß es TW sind, die dieser Forderung vermehrt nachkommen, und nicht PL, denen aufgrund ihrer vergleichsweise deutlich niedrigeren Ertragslage eine solche Denkweise im Grunde näher liegen sollte. Es zeigt sich, daß der mit Abstand größte Teil der PL, trotz der minderbemittelten Ausgangssituation, keine Veränderung ihrer Lebensumstände durch eine gesteigerte Exploitation und Gefährdung der Bestände in Betracht zieht. Die Hälfte der TW hingegen strebt nach einer weiteren Steigerung ihrer Einkommen, die, obwohl bereits stabil und hoch, auf einer gleichzeitigen Verringerung der Ressourcen basiert. Hinzu kommt, daß unter TW eine geringfügig gesteigerte Bereitschaft vorherrscht, diesen Einkommenszuwachs eher auf Kosten der Primärwälder als auf Kosten der Plantagen zu vollziehen.

Die Grundeinstellungen beider Gruppen verlaufen somit gegenläufig zu den jeweiligen sozioökonomischen Ausgangspositionen, die grundsätzlich eher eine stärkere Befürwortung der Einkommenssteigerung unter PL und für TW einen Erhalt des Einkommens und Bestands erwarten ließ. Tendenziell ließen sich jedoch umgekehrte Standpunkte feststellen, die TW als eher profitorientierter und gleichzeitig

---

[357] Auf eine Befragung von PL bezüglich der Nutzung von Plantagen wurde – wie in Abbildung 21 erwähnt – aufgrund ihrer Nicht-Berücksichtigung bei der Plantagenbewirtschaftung und ihrer sozioökonomischen Situation verzichtet, um eine ungewollte Kompromitierung zu vermeiden.

6.4 Soziökologische Wechselwirkungen und Verhaltensmuster

ökologisch unsensibler kennzeichnen. Die im Vergleich zu TW moderatere Grundhaltung von PL bezüglich einer Gewinnsteigerung bei gleichzeitiger Vernichtung der Ressource dient somit auch einem besseren Verständnis der von PL zuvor getroffenen Aussagen.

Ihre Zustimmung zu einer Reduzierung der Schutzgebiete und Miteinbeziehung von weiteren natürlichen Beständen basiert demnach nicht auf einem Raubbau der betroffenen Gebiete, sondern auf einer dauerhaften Nutzung und Erhaltung im Sinne nachhaltiger Forstwirtschaft, wie sie von ihnen in ihrem eigenen Bewirtschaftungsgebiet bereits seit Generationen praktiziert wird. In Anbetracht der Tatsache, daß aber die Hälfte der TW eine Gefährdung der Bestände in Kauf nimmt, rückt ihre vorangegangene Zustimmung zu einer vermehrten Bewirtschaftung der natürlichen Bestände in einen tiefgehenderen Zusammenhang, der sich kurzfristig im nicht-nachhaltigen Sinne primär an einer alleinigen Ertragssteigerung orientiert.

Dies wird auch durch die Forderung nach einer Konvertierung von Primärwaldbestand in Plantagen deutlich.[358] Die erzielten Ergebnisse, die, wie erwähnt, nur einen ersten Einblick in soziökologische Wechselwirkungen und Verhaltensmuster der Zielgruppen liefern können, lassen darauf schließen, daß unter TW weitgehend eine höhere Bereitschaft herrscht, durch eine geringere Berücksichtigung der natürlichen Ressourcen größere Ertragsergebnisse zu erzielen. Die ausschlaggebenden Anreize hierfür bilden jedoch in ihrem Fall keineswegs ein menschenbezogenes Entlohnungssystem bzw. eine Stückentlohnung für die geleistete Arbeit.

Auch ist in ihrem Bewirtschaftungssystem kein überhöhter Leistungsdruck und eine Verlagerung der wirtschaftlichen Risiken des Betriebs auf seine Arbeiter festzustellen. Des weiteren befinden sie sich derzeit in einem dauerhaften Arbeitsverhältnis mit einem gesicherten Grundlohn. All dies sind Gründe, die in der Regel als Hemmfaktoren bestandsschonender Arbeitsweisen und Verhaltensmuster gelten.[359] Im Fall der TW sind diese Punkte jedoch nicht zutreffend, wohl aber für PL. Es konnte anhand der Anwendung der Kriterien und Indikatoren verdeutlicht werden, in welcher Notlage sie sich befinden, und daß für sie dennoch mehrheitlich eine Existenzsicherung mit verbesserten Nutzungsrechten auf der Basis einer nachhaltigen Forstwirtschaft im Vordergrund steht.

Auch bei der Interpretation der Grundeinstellung eines Großteils der TW muß auf die Ergebnisse der Kriterien und Indikatoren zurückgegriffen werden. Insbesondere die Betrachtung der Intra-Generationen-Gerechtigkeit, bzw. das derzeitige betriebsinterne Konfliktpotential weist auf Parallelen zwischen wirtschaftlichem Mißma-

---

[358] Die unter TW vorherrschende geringschätzigere Grundhaltung bezüglich der Ressource läßt sich auch in einem weiteren Sachverhalt erkennen. In den Besprechungen mit Vertretern beider Gruppen wurde mehrmals darauf hingewiesen, daß die noch vorhandenen bewaldeten Flächen in bezug auf die Gesamtfläche Trinidads einen Hemmfaktor für die Entwicklung des Landes darstellten. Diese Thematik machte sich die Untersuchung zueigen. Es zeigte sich, daß während der Erhebung tatsächlich Befragte beider Zielgruppen diesem Aspekt ihre Zustimmung erteilen. Erneut macht sich aber unter TW, mit einer Zustimmung von 32 %, eine geringere Wertschätzung bemerkbar, als dies für PL (18 % Zustimmung) der Fall ist.
[359] Vgl. GHK (1992, S. 12) sowie IBBH (1993, S. 8).

nagement und sich daraus ergebenden Verhaltensweisen der Arbeiter hin. Forstwirtschaftlich minderwertige Bewirtschaftungs- und Managementpraktiken können als Erklärung herangezogen werden, die als letztendliche Konsequenz auch die Denkweise einer großen Anzahl der TW mit beeinflussen.

Das durch die innerbetrieblichen Konflikte ausgelöste Frustpotential der Arbeiter und die Einschätzung der Bestandsentwicklung sowie stark reduzierte Zugangsrechte, die sich künftig zusätzlich negativ auf Arbeitsbedingungen und -umfeld der TW auswirken, kommen verstärkend hinzu. Aufgrund der dadurch gestiegenen Einsicht in die zukünftige Unsicherheit des eigenen Arbeitsplatzes kann eine geringschätzige Einstellung, gepaart mit einem Bestreben nach kurzfristiger Nutzungssteigerung und Inwertsetzung der Ressource, erwachsen. Ein Zusammenhang zwischen den erkannten divergierenden Verhaltensmustern ist somit durch die unterschiedliche Ausgangspostiton der Zielgruppen gegeben, die einerseits TW als angestellte Waldarbeiter in einem firmenspezifischen Arbeitsverhältnis, und andererseits PL als partizipierende, eigenverantwortliche Nutzergruppe, geprägt durch eine hohe existentielle generationenübergreifende Abhängigkeit kennzeichnet, die unmittelbar auf den Erhalt der Bestände zurückgeht.

Die vorangegangene Applikation von Kriterien und Indikatoren sozialer Nachhaltigkeit in der tropischen Forstwirtschaft hat diesbezüglich ein unterschiedliches Maß für die untersuchten Zielgruppen zutage gefördert. Die Annahme, daß ein äußerst geringer sozialer, bzw. sozioökonomischer Standard, wie er für PL zutreffend ist, in einer kurzfristigen, profitorientierten, ökologisch unsensiblen Denkweise resultiert, hat sich als nicht haltbar erwiesen. Ein entgegengesetztes Verhaltensmuster, langfristiger Bestands- und somit Ertragssicherung, konnte sowohl während der eigenen Beobachtung, als auch durch die Erhebung festgestellt werden.

Im Hinblick auf die erste Annahme wurde weiterhin davon ausgegangen, daß die Gruppe der TW, die durch einen hohen sozioökonomischen Status gekennzeichnet ist, der ausschließlich auf der Forstbewirtschaftung beruht, ihrerseits gleichzeitig für einen langfristigen Erhalt und eine dauerhafte Bewirtschaftung der Ressource plädiert. Wie aber erläutert, konnte diese Vermutung nicht aufrecht erhalten werden. Eher hat sich eine gegenteilige Denkweise herausgebildet, die TW tendenziell eine kurzfristigere, ökologisch unsensiblere, profitorientiertere Einstellung zuschreibt, als sie für PL zutreffend ist.

Bei der Interpretation dieser Zusammenhänge hat sich gezeigt, daß durch die Anwendung der Kriterien und Indikatoren wichtige Eindrücke gewonnenen werden konnten, die Einblicke in innerbetriebliche Konflikte des Bewirtschaftungssystems und deren externe Einflußfaktoren zum Vorschein brachten. Diese gilt es für Erklärungsversuche gruppenspezifischer Verhaltensmuster heranzuziehen. Die Themenstellung erweist sich aber als derart vielschichtig, daß sie, wie auch zu Beginn des Kapitels erwähnt, Gegenstand einer eigenständigen, methodisch komplexen Untersuchung sein muß.

Dennoch war es wichtig, weiterführende Arbeitsschwerpunkte aufzuzeigen, die unmittelbar mit der Anwendung von Kriterien und Indikatoren nachhaltiger Forstwirtschaft verknüpft werden können. Ein solches Arbeitsgebiet stellen die bislang wenig beachteten soziökologischen Wechselwirkungen und mit ihnen einhergehende Verhaltens- und Denkweisen einzelner Nutzergruppen dar.

6.5 Zusammenfassung der Ergebnisse

Identifikation der Interessengruppen und ihrer sozialen Relevanz
Dem Verlauf der empirischen Untersuchung folgend, orientiert sich die abschließende Zusammenfassung und Evaluierung der Kriterien und Indikatoren zunächst an der methodischen Vorgehensweise zur Ermittlung der näher zu erforschenden Zielgruppen. Die Bewertung der Applikation bzw. Operationalisierbarkeit von Kriterien und Indikatoren wird durch die Darstellung der Ergebnisse für die betreffenden Zielgruppen ergänzt.

Zunächst war die Identifikation bedeutender Interessengruppen des Untersuchungsgebiets Trinidad von der Anwendung sozial relevanter Kriterien bestimmt. Hierbei handelte es sich im einzelnen um die folgenden sechs Kennzeichen: Die physische Nähe zur Forstressource, bereits bestehende Waldnutzungsrechte, die wirtschaftliche Abhängigkeit von der Nutzung der Ressource, langjährige Erfahrungen und traditionelles Wissen, Zusammenhänge zwischen der Waldnutzung und der gruppenspezifischen kulturellen Hintergründe sowie das Einflußvermögen bzw. die Machtbasis der jeweiligen Nutzergruppe.

Anhand einer Gegenüberstellung der zuvor in zahlreichen Expertengesprächen erarbeiteten Interessengruppen mit den einzelnen Kriterien gelang es, in einer Gesamtschau den individuellen Stellenrang der Stakeholder herauszukristallisieren und gleichzeitig mit anderen Gruppen in Beziehung zu setzen. Auch hierbei wurde auf die Einschätzungen der vor Ort konsultierten Experten zurückgegriffen. Gemäß der im theoretischen Teil der Untersuchung herausgearbeiteten Unterteilung in direkt und indirekt betroffene Interessengruppen konnte eine dementsprechende Klassifizierung durchgeführt werden.

In Übereinstimmung mit ähnlichen Testverfahren des Kooperationspartners Centre for International Forestry Research in Indonesien, USA, Elfenbeinküste und Brasilien wurden jeweils entsprechende indirekt betroffene Stakeholder identifiziert. Hierbei handelt es sich beispielsweise um die nationale Forstbehörde, forstwirtschaftliche Betriebe oder auch NGOs. Bei den direkt betroffenen bzw. von der Nutzung der Ressource direkt abhängigen Teilen der Bevölkerung lag eine geringere Übereinstimmung vor. Vielmehr spiegeln sich in ihnen die jeweilige landeseigene und gesellschaftsbedingte Nutzungsstruktur wider.

Von hoher Relevanz für Trinidad stellten sich private Lizenzträger, Waldarbeiter, Sägewerkangestellte, Squatter sowie Jäger heraus. Indigene Bevölkerungsteile, individuelle Nutzergruppen einer bestimmten ethnischen Abstammung oder eigenständige partizipierende Volksgruppen konnten somit für Trinidad ausgeschlossen werden, so daß sich der Schwerpunkt der weiteren Anwendung von Kriterien und Indikatoren auf die beiden ermittelten Interessengruppen höchster sozialer Relevanz richtete. Es handelt sich um selbständige, auf Lizenzbasis arbeitende, private Nutzer und um Waldarbeiter. Die Gruppe der Waldarbeiter wurde in Kooperation mit einem staatlichen Holzkonzern untersucht. Insofern ist sich die vorliegende Arbeit der unterschiedlichen Ausgangsposition beider Zielgruppen bewußt. Dennoch wurden die verwendeten Kriterien und Indikatoren in gleichem Maße für beide Gruppen angewandt, um diesbezügliche Ähnlichkeiten und Unterschiede sozialer Nachhaltigkeit zu erfassen.

Die Resonanz der für die Ermittlung der Interessengruppen kontaktierten Experten, die Ergebnisse weiterer Tests im Rahmen des internationalen CIFOR Projekts sowie schließlich die Einblicke, die während der teilnehmenden Beobachtung gewonnen werden konnten, haben eine Befürwortung der konzeptionellen Vorgehensweise ergeben. Dennoch geht aus der Studie hervor, daß sie nur *eine* Möglichkeit zur Untersuchung sozialer Nachhaltigkeit liefert.

Demzufolge erhebt sie keineswegs den Anspruch, mit standardisierten Lösungswegen als Endprodukt aufzuwarten. Wo diese aber zur Anwendung kamen, wie im Fall der Identifizierung der Interessengruppen, konnte eine Bewertung der Verfahrensweise stattfinden. Dem Zuspruch der miteinbezogenen Forstexperten Trinidads zufolge, hat sich gerade diese Methode als praktikables Werkzeug und als ein erster wichtiger Ansatz erwiesen, mit dem Inhalte sozialer Nachhaltigkeit in bezug auf unterschiedliche Interessengruppen transparent gestaltet werden können.

Wie die Erfahrungen in Zusammenarbeit mit CIFOR gezeigt haben, ist es von großem Vorteil, die Weiterentwicklung dieser Werkzeuge in einen langfristigen interdisziplinären Prozess einzubinden, dem sowohl die Verfeinerung der Methodik, als auch die Möglichkeit zur Adaption im Hinblick auf den jeweiligen gesellschaftlichen Kontext und die Nutzungsstruktur zugrunde liegt. Die vorliegende Untersuchung sah sich diesem Anspruch verpflichtet.

Durch die strukturelle Betrachtungsweise der Identifikationsmatrix ist es gelungen, die Differenzierung der örtlichen Gesellschaftsstruktur durch eine spezielle Beachtung sozial relevanter Gruppen zu erzielen. Mittels der Charakterisierung und Bewertung der anfangs genannten sechs Kriterien hat sich sowohl die Ermittlung von Trägern individueller Waldwirtschafts- und Nutzungsformen als auch deren Gewichtung vor dem Hintergrund sozialer Nachhaltigkeit als praktikabel erwiesen.

Im Sinne des sozialgeographischen Forschungsansatzes stellt diese Vorgehensweise einen ersten Schritt dar, um als Untersuchungsgegenstand raumbildende Prozesse dieser Gruppe auf Grundlage ihrer Grunddaseinsfunktionen zu analysieren. Als Überbegriffe spiegeln sich diese teilweise in den Anforderungen der hier untersuchten sozialen Nachhaltigkeit wider, soll doch durch deren Kriterien und Indikatoren die Einhaltung eines sozioökonomischen und kulturellen Standards im Hinblick auf eine dauerhafte Entwicklung gewährleistet sein.

Die Anwendung dieser standardisierten Kriterien und Indikatoren stand im Mittelpunkt der weiteren Untersuchung, die gleichzeitig durch eine vergleichende Gegenüberstellung der herangezogenen Gruppen ergänzt wurde.

Sozialindikatoren zur Ermittlung sozioökonomischer Unterschiede
Da die Zielgruppen sich vornehmlich durch das Angestelltenverhältnis der staatlichen Waldarbeiter unterschieden, in ihren beruflichen Tätigkeiten jedoch gleichsam in die Bewirtschaftung der Forstressource eingebunden sind, z.B. Einschlag und Abtransport etc., war es um so wichtiger herauszufinden, welche Auswirkungen sich auf den gruppeninternen Status sozialer Nachhaltigkeit durch dieses wesentliche Unterscheidungsmerkmal ergeben.

Im Mittelpunkt des Interesses war also die Ermittlung des Stellenrangs, der sozialer Nachhaltigkeit pro Forstbewirtschaftung beigemessen wird. Hierzu wurden international ratifizierte Kriterien und Indikatoren herangezogen, um Qualität und Anforderungen sozialer Nachhaltigkeit für beide Systeme gleichermaßen einzufordern. Die Schaffung allgemein anerkannter Standards zur Operationalisierung nachhaltiger Entwicklung bzw. Forstwirtschaft, wie sie durch Kriterien und Indikatoren festgelegt sind, ist hierfür eine Grundvoraussetzung. Die Vorgehensweise zur Ermittlung der sozial relevanten Stakeholder und die Anwendung der Kriterien und Indikatoren durch Einzelinterviews und Fragebögen, stellten im Rahmen der Untersuchung die angewandten Methoden dar, um die Operationalisierung der herangezogenen Kriterien zu bewerkstelligen.

Unter Hinzuziehung klassischer Sozialindikatoren gelang es, bereits im Vorfeld der Anwendung ausschließlich sozial-forstwirtschaftlicher Kriterien, Diskrepanzen zwischen den untersuchten Nutzergruppen, staatlicher und privatwirtschaftender Waldarbeiter herauszuarbeiten. Haushaltsgröße, Haushaltsausstattung sowie die von den Befragten wahrgenommene Veränderung ihrer Lebensbedingungen gaben Aufschluß darüber, daß sich eine entgegengesetzte Entwicklung zwischen beiden Gruppen abzeichnet, die in Zusammenhang mit ihrem jeweiligen forstwirtschaftlichen Betätigungsbereich steht.

Für die privatwirtschaftenden, lizenztragenden Waldarbeiter zeichnete sich bereits zu diesem frühen Stadium der Anwendung klassischer Indikatoren eine zeitliche Verschlechterung ihrer sozialen und ökonomischen Lebensgrundlagen ab, während die Waldarbeiter des staatlichen Konzerns eine deutliche Anhebung ihres Lebensstandards in Verbindung mit ihrer Beschäftigungsdauer erfahren konnten. Erste Einblicke in divergierende Lebensumstände, die nicht zuletzt auch durch die eigenen Beobachtungen bestätigt wurden, sind durch den unterschiedlichen Beschäftigungsstatus der Zielgruppen bedingt. Zur näheren Analyse dieses Umstands wurden in einem weiteren Schritt Kriterien und Indikatoren sozialer Nachhaltigkeit für beide Gruppen gleichermaßen angewandt. Sie sollten letztendlich Aufschluß über die erkannten sozioökonomischen Differenzen der Zielgruppen und den jeweiligen Zustand sozialer Nachhaltigkeit pro Bewirtschaftungseinheit liefern.

Sozialindikatoren als Merkmale soziokultureller Gleichstellung
Bereits an dieser Stelle wird auf ein Ergebnis hingewiesen, das in direktem Zusammenhang mit den Erkenntnissen der klassischen Indikatoren steht und gleichzeitig eine Anforderung des Kriteriums der Intra-Generationen-Gerechtigkeit darstellt. Die ethnische und religiöse Vielfältigkeit des Untersuchungsgebiets brachte es mit sich, die diesbezüglich gleichberechtigte Miteinbeziehung in die Forstbewirtschaftung zu untersuchen.

Es wurde weder in bezug auf die ethnische Abstammung noch auf die Glaubensrichtungen eine Bevorzugung oder Benachteiligung einzelner Befragter festgestellt. Im Hinblick auf diesen Gesichtspunkt sozialer Nachhaltigkeit ist somit eine soziokulturelle Gleichberechtigung innerhalb der jetzigen Nutzergruppen zu konstatieren. Die Einhaltung dieses Kriteriums muß besonders deshalb beachtet werden, da die Entscheidungsträger der staatlichen Forstbehörde beinahe ausschließlich einheitlicher (indischer) Abstammung sind.

Anwendbarkeit von Kriterien und Indikatoren als Instrumentarium sozialer Nachhaltigkeit
Eine Adaption aller auf internationaler Ebene erarbeiteten Kriterien und Indikatoren konnte im Rahmen der Untersuchung nicht stattfinden. Dies hätte die Autorisation der Studie in Frage gestellt, da hierfür Untersuchungsergebnisse eines Teams, zusammengesetzt aus verschiedenen Fachrichtungen, vorliegen müssen. Auch die herangezogenen Kriterien sozial-forstwirtschaftlicher Nachhaltigkeit erlagen einer Auswahl, die durch die während der Beobachtung gewonnenen Erfahrungen der Nutzungsstruktur der Zielgruppen zustande kam.

Die Relevanz der Kriterien für die Zielgruppen und deren Durchführbarkeit, d.h. der Untersuchbarkeit standen hierbei im Vordergrund. Dennoch wurde darauf geachtet, die wesentlichen Kerngehalte sozialer Nachhaltigkeit mit zu berücksichtigen. Somit konnte eine Unterteilung in folgende Untersuchungsschwerpunkte vorgenommen werden, die durch die verwendeten Kriterien und Indikatoren zum Ausdruck kommen: Arbeitsbedingungen, Einkommensverhältnisse, Kommunikationsmöglichkeiten und Wahrung eigener Interessen, bestehendes Konfliktpotential bezüglich der Intra-Generationen-Gerechtigkeit sowie Hemmfaktoren der Inter-Generationen-Gerechtigkeit.

Anhand dieser Kriterien gelang es, Übereinstimmungen – aber ebenfalls Abweichungen bezüglich des Status sozialer Nachhaltigkeit für beide Gruppen aufzuzeigen, die schließlich auch für die Erklärung der bereits anhand der klassischen Sozialindikatoren erkannten sozioökonomischen Divergenzen eine maßgebende Rollte spielten. Die Ergebnisse, die die Anwendbarkeit der Kriterien und Indikatoren selbst betreffen, sind wie folgt zusammenzufassen: Das künftige Hauptaugenmerk muß auf ihre methodische Applikation gerichtet werden, um sie als aussagekräftige Werkzeuge waldbaulicher Tätigkeiten und weiterer Inanspruchnahmen der Ressource im Sinne der Nachhaltigkeit zu etablieren.

6.5 Zusammenfassung der Ergebnisse

Gerade vor dem Hintergrund sozialer Belange ist aber eine Adaption auf die jeweiligen Ansprüche der betroffenen Nutzer unabdingbar, da mit einer Reihe vielfältiger Nutzergruppen gleichzeitig auch unterschiedliche Interessen an die Bewirtschaftung der Forstressourcen gestellt werden. Diese stehen in engem Zusammenhang mit der sozialen Struktur der Interessengruppen und ihrer gesellschaftlichen Stellung. Hinzu kommt außerdem, daß Ansprüche sozialer Nachhaltigkeit nicht nur einem lokalen, sondern auch einem zeitlichen Wandel unterliegen, den es für die Adaptation von Kriterien und Indikatoren zu berücksichtigen gilt.

Es wird ersichtlich, daß die Indikatorensysteme einer hohen Flexibilität bedürfen, die sich gleichzeitig in ihren methodologischen Anwendungsmöglichkeiten widerspiegeln sollte, um ein Höchstmaß zur Ermittlung des Status sozialer Nachhaltigkeit einer bestimmten Zielgruppe zu erreichen. Aufgrund des noch jungen Forschungsstandes ist es notwendig, diese Einschränkungen anzuerkennen. Gleichzeitig soll aber darauf aufmerksam gemacht werden, daß es sich hierbei um einen stetigen Forschungsprozeß handeln muß, dessen Ziel die sukzessive Überarbeitung und Weiterentwicklung der methodischen Vorgehensweisen und deren Adaption vor dem Hintergrund der spezifischen sozialen und gesellschaftlichen Struktur einer Gruppe ist.

Auch nationale Rahmenbedingungen, vor allem die fortschreitende Waldvernichtung und massive unkontrollierte Squattingaktivitäten, haben bereits zu einer Restriktion legaler Zugangsrechte und zu verstärkten Nutzungskonflikten geführt. Da die Gefährdung der ökologischen und der sozialen Stabilität somit teilweise denselben Einflußgrößen unterliegen, wäre es im Sinne einer tatsächlich nachhaltigen Forstwirtschaft, soziale Aspekte nicht auf Kosten ökologischer Verträglichkeit preiszugeben, wie dies derzeit der Fall ist.

Vielmehr gilt es, deren interdependente soziökologische Zusammenhänge zu erkennen und aufgrund der Aktualität der Problematik zunächst durch kurzfristige Aktivitäten zur Sicherung eines beiderseitigen nachhaltigen Mindestanspruchs zu ersetzen. Anhand der fortwährenden Überwachung mittels der erarbeiteten Indikatorensysteme und ihrer Verfeinerung können mittel- bis langfristige Ziele anvisiert werden, deren Wertbeständigkeit sich ihrerseits aus der Qualität der angewandten Kriterien und Indikatoren und ihrer methodischen Grundlagen ergibt.

Auswirkungen des Beschäftigungsverhältnisses und der Einkommenssituation
So hat im besonderen die Untersuchung der Einkommensverhältnisse verdeutlicht, welch positive Konsequenzen das Angestelltenverhältnis der staatlichen Waldarbeiter mit sich bringt. Das geregelte Einkommen sowie das auch im Vergleich zu anderen Branchen hohe Lohnniveau haben den diesbezüglichen hohen Standard sozialer Nachhaltigkeit zum Ausdruck gebracht. Anders stellt sich die Situation bei den privaten Lizenzträgern dar. Ihr eigenverantwortliches Beschäftigungsverhältnis macht sie von einer Reihe von internen und externen Faktoren abhängig, die sich in ihrer Gesamtwirkung als deutlicher Nachteil für ihre Ertragslage erwiesen haben.

Hierzu zählen z.B. die Anzahl erhaltener Lizenzen, die Qualität der verfügbaren Ressourcen, Preisabsprachen mit den Abnehmern, mangelnde und qualitativ unterschiedliche technische Ausrüstung, saisonale Ertragseinbußen in der Regenzeit, Nutzungsrestriktionen aufgrund des bedrohlichen landesweiten Rückgangs der Ressource etc. Das unter Leitung der staatlichen Forstbehörde stehende Bewirtschaftungsgebiet weist sich durch hohe Instandhaltungsmaßnahmen der ökologischen Stabilität aus, versäumt es aber gleichzeitig, für die direkt betroffenen privaten Nutzer eine dauerhaft gesicherte Nutzungsstruktur im Sinne sozialer Nachhaltigkeit zu schaffen. Schon allein der zahlenmäßige Rückgang dieser Lizenzträger um ein Vierfaches während der letzten zwei Jahrzehnte, ist hierfür ein deutliches Anzeichen. In Anbetracht der Tatsache, daß viele Familien bereits seit Generationen dieser Beschäftigung nachgehen und sie auch in Zukunft als Grundlage ihres Lebensunterhalts betrachten, kann die mit Hilfe der Kriterien und Indikatoren erfaßte Situation als nicht akzeptabel eingestuft werden.

Darauf weisen auch die untersuchten Arbeitsbedingungen hin, die sich für die staatlichen Waldarbeiter ungleich positiver darstellen. Aufgrund ihres Angestelltenverhältnisses kommen ihnen soziale Absicherungen und Vergünstigungen zugute, wie sie durch arbeitsrechtliche Verträge, Tarifabschlüsse etc. von allen Arbeitnehmern auf staatlicher Seite geltend gemacht werden können. Im Gegensatz zur privatwirtschaftenden Nutzergruppe, die auf keinerlei Vorsorge und Absicherung zurückgreifen kann, muß auch hierbei dem regierungseigenen Konzern ein hohes Maß an sozialer Nachhaltigkeit attestiert werden.

Es läßt sich erkennen, daß die durch die Identifikation der Interessengruppen ermittelte hohe soziale Relevanz für beide Zielgruppen keineswegs gleichzeitig denselben Status sozialer Nachhaltigkeit zur Folge haben muß, sondern, daß dieser von den eigenen gruppenspezifischen Anforderungen an eine soziale Verträglichkeit und den Rahmenbedingungen des zugrunde liegenden Bewirtschaftungssystems abhängig ist. Die Angestellten des regierungseigenen Konzerns profitieren von arbeitsrechtlichen Vertragsabschlüssen und somit nicht zuletzt von der Arbeit ihrer gewerkschaftlichen Interessenvertretung. Wie aber die Beispiele der Schulungs- und Trainingsmöglichkeiten sowie Sicherheitsbedingungen gezeigt haben, genießen diese Punkte eine ungenügende Beachtung von seiten des staatlichen Unternehmens, so daß diesbezüglich eine Abschwächung des Kriteriums Arbeitsbedingungen im Rahmen sozialer Nachhaltigkeit festgestellt werden mußte. Im Falle von Forstbetrieben ist die Einhaltung sozial- nachhaltiger Inhalte nicht nur von rechtlichen Bedingungen abhängig. Wo der Einfluß dieser Bedingungen endet, steht die Umsetzung nachhaltiger Inhalte ganz im Sinne der Standpunkte und Handlungsweisen auf Ebene der Firmenleitung. Wie das untersuchte Beispiel zeigt, ist die Bereitschaft zur Umsetzung sozialer Forderungen gering, da mit Ausnahme des Zertifizierungsprozesses der Erfolg der Forstbewirtschaftung aus Sicht der Betriebe nicht von der Einhaltung sozialer Prinzipien abhängig ist. Die angewandten Kriterien und Indikatoren können insofern nachweisen, aus welchen genannten Gründen bzw. durch die Nichteinhaltung welcher Kriterien, die untersuchten Bewirtschaftungssysteme, vom Standpunkt der Beschäftigten, als nicht sozial-nachhaltig einzustufen sind.

6.5 Zusammenfassung der Ergebnisse

Abhängigkeitsverhältnisse der privaten Lizenzträger zur Forstbehörde
So wie die staatlichen Waldarbeiter ihre Rechte und Forderungen gegenüber der Konzernleitung geltend machen können, obliegt es den privaten Lizenzträgern, ihre Forderungen der – ihr Bewirtschaftungssystem kontrollierenden – staatlichen Forstbehörde und ihren Vertretern zu vermitteln. Die unter waldbaulicher Leitung der Forstbehörde stehende Bewirtschaftung darf nicht nur auf wirtschaftliche und ökologische Aspekte achten, sondern muß den in diesem System partizipierenden lokalen Interessengruppen die Grundlage eines dauerhaften, sozial gerechten Nutzungsstatus garantieren.

Diese Forderung liegt dem partizipatorischen Ansatz zugrunde. Demnach läge es auch im Sinne der Forstbehörde, den Erfolg der waldbaulichen Tätigkeiten der privaten Lizenzträger, z.B. durch Schulungs- und Trainingsmöglichkeiten oder Sicherheitsvorkehrungen, zu gewährleisten und eine einvernehmliche Regelung zu finden, mit der geregeltere Einkommensverhältnisse sowie eine Verringerung der Ertragsabhängigkeit – zumindest von internen Faktoren – einhergehen. Die Untersuchung der Arbeitsbedingungen und Ertragslage hat gezeigt, daß die Forstbehörde bislang keine Aktivitäten zur Steigerung der Akzeptanz des Bewirtschaftungsmodus unter den direkt betroffenen Nutzern unternommen hat.

Die Verantwortung der Forstbehörde beschränkt sich nicht nur auf die nachhaltige Bewirtschaftung und den Erhalt der Ressource. Gerade bei der Miteinbeziehung lokaler Nutzergruppen ist es unumgänglich, daß zumindest deren langjähriger Anspruch zur Deckung bzw. Erwirtschaftung von Grundbedürfnissen erhalten bleibt. Im Vergleich zu den Angestellten des regierungseigenen Forstbetriebs herrscht unter den privatwirtschaftenden Waldarbeitern bezüglich der Kriterien: Arbeitsbedingungen und Einkommensverhältnisse ein weitaus geringerer Standard sozialer Nachhaltigkeit vor. Bereits zum jetzigen Zeitpunkt läßt sich erkennen, daß Kriterien und Indikatoren nicht nur zur Überprüfung eines speziellen Untersuchungsgegenstands der Nachhaltigkeit dienen, sondern im Falle sozialer Anforderungen die Wahrung und den Vergleich gerechter Nutzungsstrukturen, selbst zwischen unterschiedlichen Gruppen untereinander, ermöglichen.

Unzureichende Wahrung eigener Interessen
Das Kriterium der Schaffung von Kommunikationsmöglichkeiten zur Wahrung eigener Interessen hat sich im Rahmen der verwendeten Skalierungsmethodik als operationables Untersuchungsmerkmal sozialer Verträglichkeit erwiesen. Die Betrachtung der derzeit existierenden Möglichkeiten der Interessenvermittlung und deren Inanspruchnahme wurde durch die Bewertung der betroffenen Zielgruppen ergänzt. Somit gelang es, die Erfassung der Effektivität von Kommunikationsmöglichkeiten als Werkzeuge zur Wahrung eigener Interessen der Befragten zu untersuchen, da sie einer Evaluierung durch eben diese Nutzergruppen unterzogen wurden. Die Wahrung eigener Interessen ist für die Lizenzarbeiter von der Gesprächsbereitschaft der Vertreter der Forstbehörde abhängig; diese Rolle wird bei den staatlichen Waldarbeitern von der Führungsebene des staatseigenen Konzerns übernommen. Auch wenn unter den eigenverantwortlichen Waldarbeitern eine deut-

lich höhere Zufriedenheit bezüglich der Arbeit ihrer Interessenvertretung festzustellen ist, als dies für die Gewerkschaft der staatlichen Beschäftigten der Fall ist, erbrachte eine weiterführende Betrachtung, daß beide Zielgruppen die Berücksichtigung ihrer eigenen Interessen als sehr gering einschätzen. Als weitere Indikatoren wiesen sowohl die untersuchte Kommunikation als auch die Informationspolitik, wie sie von Seiten der Forstbehörde und der Konzernleitung praktiziert wird, auf gravierende Mißverhältnisse hin, die beide im Sinne der Konfliktlösung einer sozialen Nachhaltigkeit eigentlich eine unabdingbare Voraussetzung darstellen sollten. Die durch die Anwendung der Kriterien und Indikatoren erbrachten Ergebnisse weisen eindringlich auf die Notwendigkeit hin, daß nicht nur die Schaffung weiterer Möglichkeiten zur Interessenvermittlung unerläßlich ist, sondern, daß damit gleichzeitig eine stärkere Beachtung und Wahrung der Ansprüche der Zielgruppen einhergehen muß.

Mangel an bindenden rechtlichen Vorgaben
Es zeigt sich die Abhängigkeit der von der Nutzung der Ressource direkt betroffenen Gruppen, die sich in einem höheren Einflußbereich und einer stärkeren Machtbasis der indirekt betroffenen und dennoch dominierenden Interessengruppen – Forstbehörde und Führungsebene des Konzerns – manifestiert. Hinzu kommt, daß durch die Schaffung von Interessenvertretungen der Rahmen rechtlicher Sachlagen ausgeschöpft ist. Wie die Ergebnisse der Studie belegen, ist diese Tatsache nicht gleichbedeutend mit einer stärkeren Berücksichtigung der Ansprüche und Interessen der direkt betroffenen Nutzergruppen. Von diesem Umstand sind nach Auskunft der Befragten beide Zielgruppen gleichermaßen betroffen. Das durch die Anwendung der Kriterien und Indikatoren erarbeitete Ergebnis bestätigt einmal mehr die bereits gewonnene Einsicht, daß der Status sozialer Nachhaltigkeit, nach Einhaltung rechtlicher Verpflichtungen, gänzlich von der Bereitschaft der jeweiligen dominierenden und entscheidungstragenden Gruppen, zur Berücksichtigung weiterer Prinzipien der sozialen Verträglichkeit, abhängt.

Kritikpunkte der Intra-Generationen-Gerechtigkeit, Isolationseffekte
Der erkannte Mangel an Kommunikationsmöglichkeiten zur Wahrung eigener Interessen, verbunden mit der Abhängigkeit der direkt betroffenen Zielgruppen von einer übergeordneten einflußreichen Gruppe, macht es unumgänglich, das Kriterium der Konfliktvermeidung bzw. der gleichberechtigten Behandlung innerhalb und zwischen Nutzergruppen (Intra-Generationen-Gerechtigkeit) in jedwede Untersuchung sozialer Nachhaltigkeit in der Forstwirtschaft mit einfließen zu lassen. Im Mittelpunkt der Untersuchung des Kriteriums stand sowohl die Erfassung vorhandener Konflikte als auch eine Analyse der Auswirkungen, die diese erkannten Problemfelder für die Bewirtschaftung durch die Zielgruppen und die Wahrung ihrer eigenen Interessen mit sich bringen. Bereits die im Rahmen der teilnehmenden Beobachtung geführten Gespräche sowie die während der standardisierten Erhebung erfaßte hohe Anzahl an Konfliktpunkten ist ein unmißverständlicher Indikator dafür, daß der Einhaltung des untersuchten Kriteriums nur wenig Beachtung geschenkt wird.

Vor allem für die selbstbeschäftigten Lizenzträger wirken sich bereits zum jetzigen Zeitpunkt externe Faktoren, z.B. Squatting, Feuer und illegale Rodungen, negativ auf ihre eigenen Bewirtschaftungsmöglichkeiten aus. Sie beklagen zunehmende Restriktionen durch die Forstbehörde, die sich zusehends der Wahrung der ökologischen Stabilität widmet und dabei die Ansprüche der seit Generationen mit einbezogenen privaten Nutzer in den Hintergrund treten läßt. Es zeigten sich somit die Auswirkungen, die die landesweite Verringerung der Ressource für eine einzelne legal agierende Nutzergruppe mit sich führen.

Gerade für ein Untersuchungsgebiet geringer räumlicher Ausdehnung, wie es Trinidad darstellt, konnte nachgewiesen werden, wie stark die Interessen einzelner Nutzergruppen, ausgelöst durch die vielfältigen Determinanten der Waldvernichtung, miteinander konkurrieren können. Direkt betroffene Nutzergruppen, die sich in hoher Abhängigkeit von einflußstarken politischen und wirtschaftlichen Stakeholdern befinden, nehmen durch die dadurch verringerte Möglichkeit zur Wahrung eigener sozialer und ökonomischer Ansprüche eine leidtragende Rolle ein. Zum Vorschein kam dadurch auch die bestehende Interdependenz der unterschiedlichen Interessenlagen, wie sie sich beispielhaft anhand der untersuchten Zielgruppen zeigten. Vergrößert sich die Anzahl der direkt und indirekt betroffenen Stakeholder, ist gleichzeitig eine gesteigerte Verflechtung und eine reduzierte Möglichkeit zur Wahrung der jeweiligen Interessenlage zu befürchten.

Wie durch die Ermittlung der unterschiedlichen Gruppen erkannt, kann auch ein kleiner Inselstaat eine diesbezügliche hohe Komplexität an Interessenlagen aufweisen. Insofern ist es besonders wichtig, für ein Untersuchungsgebiet geringer räumlicher Ausdehnung, dem Kriterium zur Schaffung gerechter Nutzungsmaßstäbe innerhalb und zwischen den einzelnen Gruppen, einen hohen Stellenrang einzuräumen, da die Konflikte durch den direkten engen Kontakt zueinander und aufgrund mangelnder wirtschaftlicher Alternativen noch verschärft werden können, und die dadurch bestehende Gefahr zunehmender illegaler Aktivitäten den Waldbestand weiter gefährdet. In diesem Zusammenhang müssen beispielhaft auch die aufgezeigte rapide Abnahme der privatwirtschaftenden Waldarbeiter und die landesweit unkontrollierte Squatting- und Armutsproblematik genannt werden. Letztere sind nicht nur Folge einer starken Bevölkerungszunahme, sondern auch Ausdruck mangelnder politischer und forstpolitischer Konzepte, deren Unzulänglichkeit eine unterschwellige Akzeptanz der fortschreitenden Waldvernichtung auf staatlicher Seite beinhaltet. Die Untersuchungsergebnisse für die legal agierende private Nutzergruppe sowie der von ihnen wahrgenommene Rückgang ihres Lebensstandards weisen darauf hin, daß sie bereits in der Wahrung ihrer Ansprüche durch die landesweite Entwicklung gehemmt werden.

Konflikte innerhalb der Bewirtschaftungseinheiten
Die Betrachtung der internen Konfliktpunkte führt dem Betrachter zusammenfassend die hohe Abhängigkeit der privaten Nutzer von den Entscheidungen und der Arbeit der Forstbehörde vor Augen. In ihrer Gesamtwirkung entbehren die untersuchten Kritikpunkte jeglicher Anforderung sozial verträglicher Nutzungsmaßstä-

be, da es sowohl zu vermehrten Konflikten der privaten Nutzer untereinander als auch mit anderen Nutzergruppen kommt. Es sei hierbei an das intransparente Lizenzvergabesystem, Korruptionsvorwürfe und die Ausbildung von Abhängigkeitsverhältnissen, d.h. der Übervorteilung weniger Nutzer auf Kosten der Mehrheit, aber auch an deren kollektiven Ausschluß von der Nutzung der Teakplantagen erinnert. Wie die Untersuchung ihrer zukünftigen beruflichen Perspektiven jedoch ergab, sind sie aufgrund ihrer geringen Flexibilität auf die weitere Ausübung ihrer jetzigen Tätigkeit angewiesen. Ihre limitierten wirtschaftlichen Ausweichmöglichkeiten werden durch die begrenzten Erwerbsgrundlagen des ländlichen Raumes, ihren geringen Bildungsstand, ihre schlechte berufliche Qualifikation sowie durch ihr durchschnittliches hohes Alter hervorgerufen. Das Kriterium zur Schaffung sozial gerechter Nutzungsrichtlinien unter den selbständigen Waldarbeitern hat gezeigt, daß Intra-Generationen-Gerechtigkeit weder innerhalb ihrer Gruppe, teilweise noch im Vergleich zu anderen bevorzugten Interessengruppen gegeben ist.

Die ermittelten Konflikte und die erläuterten Auswirkungen der Nutzungsbeeinträchtigung für die selbstbeschäftigten Waldarbeiter, die in unmittelbarem Zusammenhang mit einer starken Ertragsminderung stehen und eine existentielle Bedrohung für einen Großteil der Befragten darstellen, bilden unmißverständliche Indikatoren, die dem Kriterium der Intra-Generationen-Gerechtigkeit sozialer Nachhaltigkeit maßgeblich entgegenstehen.

Die von den staatlichen Waldarbeitern genannten Konflikte bezogen sich vornehmlich auf interne betriebswirtschaftliche und waldbauliche Problembereiche. Sie besitzen jedoch ein solches Potential, daß für beinahe die Hälfte aller Befragten eine langfristige Beschäftigung in der Forstwirtschaft, aufgrund der dargelegten Mißwirtschaft und der Auswirkungen auf ihren Tätigkeitsbereich, keine Perspektive darstellt. In diesem Zusammenhang ist Arbeitsplatzsicherheit weniger von konjunkturellen Fluktuationen, als vielmehr von der Intensität bestehender Konflikte abhängig, die eine dauerhafte Beschäftigung zum Zwecke des Lebenserwerbs nicht gewährleisten. Die identifizierten Konflikte und ihre Bedeutsamkeit sind somit sowohl im Hinblick auf die Ansprüche der jetzigen, direkt betroffenen Interessengruppe als auch im Sinne der Inter-Generationen Gerechtigkeit ein Indikator sozial unverträglicher Nutzungs- und Bewirtschaftungspraktiken. Eine nachhaltige Gerechtigkeit von Generation zu Generation setzt die Schaffung dauerhafter und gleichwertiger Nutzwirkungen für alle direkt betroffenen Individuen und Gruppen bereits in der gegenwärtigen Situation voraus.

Kritikpunkte der Inter-Generationen-Gerechtigkeit
In diesem Zusammenhang gilt es schließlich, die Ergebnisse der unter dem Gesichtspunkt der Inter-Generationen-Gerechtigkeit erfaßten Wahrnehmung der Bestandsentwicklung und Zugangs- bzw. Nutzungsrechte hinzuzuziehen. Entsprechend der Erkenntnisse der bereits vorangegangenen Kriterien und Indikatoren läßt sich, der Erfahrung und Beurteilung der befragten Zielgruppen zufolge, die bereits zum jetzigen Zeitpunkt kritische Nutzungsintensität für zukünftige Generationen nicht mehr aufrechterhalten.

6.5 Zusammenfassung der Ergebnisse

Hiervon sind die privaten Waldnutzer, denen keine weiteren Einbußen zugestanden werden können, besonders betroffen. Langfristig werden jedoch die staatlichen Angestellten von dieser Entwicklung erfaßt werden, da die fortschreitende Vernichtung der Ressource auch vor den von ihnen bewirtschafteten Plantagen nicht haltmacht. Beide Zielgruppen charakterisieren ihre Situation wie folgt: Im Vergleich zu den Bewirtschaftungsmöglichkeiten der vorangegangenen Nutzergenerationen und zu ihrer eigenen, besonders für die privaten Waldarbeiter bedenklichen Situation, werden Waldbestand und Zugangsrechte, als Grundlage für eine Beschäftigung in der Forstwirtschaft, zukünftigen Generationen keine Möglichkeit zur Sicherung ihrer Existenzgrundlage bieten können.

Somit ist der grundlegende Anspruch sozialer Nachhaltigkeit, Bedürfnisse der gegenwärtigen Generation zu sichern, ohne dabei die Bedürfnisse zukünftiger Generationen zu gefährden, nicht verwirklicht. Eine generationenübergreifende, gleichberechtigt teilhabende Nutzenverteilung ist nach Untersuchung der gegebenen Umstände faktisch nicht realisierbar. Eine Nutzungskontinuität ist aus Sichtweise der Zielgruppen, von denen besonders die privatwirtschaftenden Befragten auf eine lebenslange Erfahrung in der Waldbewirtschaftung zurückgreifen können, nicht gegeben.

Die von ihnen prognostizierte weitere Verringerung ihrer Zugangsrechte steht nicht nur dem partizipatorischen Ansatz entgegen, sondern untergräbt auch die Idee einer generationenumspannenden Beschäftigungsmöglichkeit in der Forstwirtschaft. Als Folge dieser Entwicklung gilt es zu befürchten, daß mit dem Entzug der bisherigen Existenzgrundlage, mangels alternativer Einkommensquellen und aufgrund der staatlichen Passivität, die Bereitschaft steigen wird, Forstbestände illegal zu nutzen und die bereits bestehende Squattingproblematik weiter zu verschärfen.

Gleichermaßen pessimistisch wurden auch die Bewirtschaftungsmöglichkeiten für zukünftige Generationen von den staatlichen Waldarbeitern eingestuft. Weniger die Minimierung ihrer Zugangsrechte als das Wissen um die ungemindert fortschreitende Vernichtung der Waldbestände und Plantagen, die nicht zuletzt auch auf eine minderwertige interne Bewirtschaftung zurückgehen, stehen im Mittelpunkt ihrer Wahrnehmung zukünftiger Nutzungsmöglichkeiten.

Bisher bleiben sie jedoch, im Gegensatz zu den privaten Nutzern, von den Bewirtschaftungsrestriktionen unbeeinflußt. Für sie läßt sich noch kein Zusammenhang zwischen dem Bestandsrückgang und einer gleichzeitigen Verringerung ihres Lebensstandards feststellen. Wenn es aber zu keinen Maßnahmen kommt, mit denen der Vernichtung der Ressource entgegengetreten wird, so kann sie langfristig auch ihr Angestelltenverhältnis vor einer Reduzierung der sie betreffenden Nutz- und Wohlfahrtswirkungen nicht in Schutz nehmen.

Die Untersuchung brachte zum Vorschein, daß für staatliche Waldarbeiter, die sich in einem geregelten und vermeintlich sicheren Angestelltenverhältnis befinden, das Kriterium der Inter-Generationen Gerechtigkeit nicht vorbehaltlos zur Geltung kommen muß, sondern daß auch sie auf lange Sicht in ihren Ansprüchen den Folgewirkungen landesweiter und betriebsinterner Mißstände und Konflikte unterliegen.

Auswirkungen auf das Nutzungsverhalten und die Ertragsorientierung
Da es aufgrund der Untersuchungsergebnisse der Intra- und Inter-Generationen-Gerechtigkeit zu bezweifeln ist, ob es zu einer Ausbildung sozialer Nachhaltigkeit kommen kann, galt das Interesse des letzten Untersuchungsschwerpunkts den Verhaltensweisen und Nutzungscharakteristika, die sich für die jeweilige Gruppe mit der aufgezeigten unvorteilhaften Entwicklung in Verbindung bringen lassen.

Gleichzeitig wurde mit dieser Thematik sozioökologischer Wechselwirkungen ein Untersuchungsgebiet vorgestellt, das in Zusammenhang mit der Operationalisierung und Bewertung sozialer Nachhaltigkeit wichtige Erkenntnisse über die ökologischen Folgewirkungen, ausgelöst durch die Einhaltung bzw. Nichteinhaltung der Prinzipien sozialer Verträglichkeit, liefern kann. In Anbetracht des langfristigen Gesamterfolgs eines Bewirtschaftungssystems ist es auch aus diesem Grund erforderlich, sozialer Nachhaltigkeit und ihren Folgewirkungen die entsprechende Beachtung zuteil werden zu lassen.

In Abbildung 22 ist die Ausprägung der wichtigsten Einflußfaktoren sozialer Nachhaltigkeit pro Zielgruppe mit ihren Auswirkungen auf eine umweltschonende Ressourcennutzung festgehalten. Es wird ersichtlich, daß der Großteil der schwach ausgebildeten sozialen Kriterien einen dementsprechend geringen Einfluß auf schonungsvolle Verhaltensweisen hat. Auch die unter TW stark ausgebildeten sozial verträglichen Standards leisten hierzu nur einen geringen Beitrag.

Je nach Intensität und Ausprägung der Einflußfaktoren niedriger Sozialverträglichkeit können nicht nur schwache, sondern auch überbeanspruchende Nutzungen und Verhaltensweisen entstehen. Weiterhin kommt zum Vorschein, daß das erstrebenswerteste Feld hoher sozialer Verträglichkeit mit gleichzeitigen Einflüssen auf einen rücksichtsvollen Umgang mit der Ressource nicht besetzt ist. Auch unter den staatlichen Waldarbeitern wird diese Konstellation nicht erreicht, da die schwach ausgeprägten Kriterien sozialer Nachhaltigkeit ihre Denkweise dominieren.

Ihr im Vergleich zu PL weitaus höherer Bildungsgrad konnte hierauf keinen Einfluß nehmen. Darauf weisen sowohl die Ergebnisse der Befragung, der teilnehmenden Beobachtung als auch die in den Besprechungen gewonnen Erkenntnisse hin. Unter den privaten Lizenzträgern bringen schon ihre extrem hohe direkte Abhängigkeit und mangelnde Ertragsalternativen eine rücksichtsvollere Nutzung der Ressource mit sich. Zudem ist ihr Handeln bestimmt von einer stark ausgeprägten Identifikation mit der eigenen Arbeit. Sie läßt sich in Anbetracht des hohen Durchschnittsalters auf eine teilweise lebenslange Beschäftigung als PL und eine Sensibilisierung für den Erhalt der Ressource als eigene Lebensgrundlage zurückführen.

6.5 Zusammenfassung der Ergebnisse

Abb. 22: *Wirkungsmodell der Ausprägung einzelner Faktoren sozialer Verträglichkeit und deren Einflußnahme auf eine ökologisch verträgliche Ressourcennutzung*
Quelle: Eigener Entwurf, 1999.

Im Wissen um die bestehenden internen Mißverhältnisse und externen Faktoren der Waldvernichtung auf seiten der Befragten, richtete sich das Augenmerk der Untersuchung auf ihre Wertschätzung gegenüber den Wäldern und ihr ökonomisches und ökologisches Interesse, das sie weiterhin mit der Bewirtschaftung der Ressource in Verbindung bringen. Für die Interpretation der Ergebnisse zeigte sich die vorangegangene Anwendung einzelner wichtiger Kriterien und Indikatoren als wesentliche Voraussetzung, um die gruppenspezifischen Verhaltensweisen besser einordnen zu können.

Zum einen konnte zwar festgestellt werden, daß die privatwirtschaftende Nutzergruppe aufgrund ihres weitaus niedrigeren Lebenserwerbs und ihres sinkenden Lebensstandards mehrheitlich für eine kurzfristige Ausweitung von Bewirtschaftungs- und Nutzungsaktivitäten plädiert. Andererseits jedoch zeigt sie sich langfristig, im Vergleich zu den staatlichen Waldarbeitern, ungleich weniger profit- und ertragsorientiert und nimmt gleichzeitig eine eigene materielle Bereicherung auf Kosten des Bestands weitaus weniger in Kauf. Somit dient auch der Wunsch einer kurzfristigen Ertragssteigerung unter den privaten Lizenzträgern vornehmlich der Sicherung der eigenen bzw. familiären Existenzgrundlage. Für sie steht, trotz der sich gerade für sie kennzeichnenden unhaltbaren Situation, der Erhalt der Ressource und die Wahrung von Zugangsrechten als Grundlage der von ihnen bereits seit Generationen ausgeübten selbstverantwortlichen Forstbewirtschaftung im Mittelpunkt ihrer Denk- und Verhaltensweise.

Im Unterschied dazu hat sich bei den staatlichen Waldarbeitern eine höhere Bereitschaft der eigenen Ertragssteigerung auf Kosten der Ressource gezeigt. Weniger die Sicherung ihrer Einkommensverhältnisse als der materielle Anreiz ist dafür verantwortlich, daß sie dem Erhalt der Ressource tendenziell eine geringere Wertschätzung entgegenbringen. Das für sie ermittelte hohe Lohnniveau, soziale Absicherungen etc. und die von ihnen selbst äußerst positiv dargelegte Entwicklung ihres Lebensstandards haben den teilweise hohen Standard sozialer Nachhaltigkeit dargelegt.

Diesem steht jedoch die Einsicht der Befragten gegenüber, daß aufgrund der immensen Bestandsvernichtung und der damit einhergehenden Reduzierung der Zugangs- und Bewirtschaftungsmöglichkeiten, vor allem aufgrund der internen Mißwirtschaft und Mißbewirtschaftung, eine Zukunftsfähigkeit der jetzigen Tätigkeit nicht gegeben ist, was, aufgrund der ohnehin scheinbar ausweglosen Situation und einhergehenden Frustration, ein vermindertes ökologisches Bewußtsein und eine stärkere kurzfristige Profitorientierung zur Folge haben. Hinzu kommt, daß sie aufgrund ihres geringeren Alters, ihrer beruflichen Qualifikation und ihrem höheren Bildungsstand eine bessere Ausgangsposition zum Erwerb gleichwertiger alternativer Einkommensquellen besitzen, als dies für die privaten Nutzer der Fall ist.

Zusammenfassend konnte festgestellt werden, daß tendenziell der langfristigen Einkommenssicherung auf seiten der privaten Lizenzträger eher das Bestreben nach einer kurzfristigen Einkommenssteigerung auf seiten der staatlichen Waldarbeiter gegenübersteht. Wie das Beispiel der privaten Nutzergruppe der vorliegenden Untersuchung zeigt, muß ein geringer sozioökonomischer Status keinesfalls gleichbedeutend mit einer ökologisch unsensiblen Denkweise sein. Eher das entgegengesetzte Verhaltensmuster, einer langfristigen Bestands- und Ertragssicherung muß für diese Gruppe, in Anbetracht ihrer hohen wirtschaftlichen Abhängigkeit, ihrer seit Generationen praktizierten Tätigkeit und ihrer emotionalen Nähe zur Forstressource, konstatiert werden.

7 SCHLUSSBETRACHTUNG: ZUSAMMENFASSENDE BEWERTUNG UND KONSEQUENZEN

(1) Durch die Definition unterschiedlichster Kriterien und deren Untersuchung mittels spezieller Indikatoren ist es gelungen, die bislang existierende begriffliche Unklarheit von Nachhaltigkeit, im besonderen von sozialer Nachhaltigkeit zu reduzieren. Vor allem der Forstwirtschaft kommt hierbei eine Vorreiterrolle zu, da es keinen weiteren Untersuchungsgegenstand gibt, der schon so lange und derart spezifisch, anhand der Kennzeichnung durch Kriterien und Indikatoren, auf ökonomische, ökologische und soziale Teilbereiche eingeht.

Insofern bietet sich die Chance, die in der Forstbewirtschaftung gewonnenen Erfahrungen durch die Anwendung von Kriterien und Indikatoren bei der Herausbildung und den Tests für weitere Untersuchungsbereiche heranzuziehen. Gerade die vorliegende Untersuchung konnte im Falle sozialer Nachhaltigkeit darauf hinweisen, daß die häufig anzutreffende Auffassung der vermeintlich problematischen oder gar unmöglichen Operationalisierbarkeit sozialer Inhalte grundsätzlich nicht haltbar ist.

Vielmehr handelt es sich bei dieser Auffassung häufig um eine Schutzbehauptung, die der Einhaltung der sozialen Verträglichkeit einen geringen Stellenrang beimißt. Selbst die Quantifizierbarkeit sozialer Aspekte konnte anhand der Einkommensverteilung, der Entwicklung der Eigentumsverteilung und des Lebensstandards, der Schutz- und Sicherheitsausrüstung etc. nachgewiesen werden. Auch die vornehmlich qualitativen Inhalte, wie Kommunikation sowie Intra- und Intergenerationen-Gerechtigkeit wurden mittels der eigenen Beobachtung und der Bewertung durch die betroffenen Zielgruppen erfaßt und deren Konsequenzen dargelegt.

In diesem Zusammenhang hat auch die Applikation der Identifikationsmatrix darauf hingewiesen, daß sie eine operationable Methode darstellt, um die Ermittlung und Einstufung der Interessengruppen mittels zuvor festgelegter, sozial relevanter Kriterien zu ermöglichen. Aufgrund des für beide Zielgruppen pro Kriterium ermittelten Status sozialer Nachhaltigkeit sowie den akuten Hemmfaktoren gelang es, Inhalte und Ansatzmöglichkeiten aufzuzeigen, anhand derer von Seiten der dominanten Interessengruppen richtungsweisende Maßnahmen ergriffen werden müssen, die sukzessive die identifizierten Probleme angehen, um zu einer Steigerung sozialer Verträglichkeit und Akzeptanz zu führen.

Mittels der klar definierten Kriterien und Indikatoren konnten Probleme innerhalb der untersuchten Bewirtschaftungseinheiten aufgedeckt – und darüber hinaus auf deren unterschiedlichen Charakter eingegangen werden. Indem Kriterien und Indikatoren einzelne Konfliktpunkte aufdecken und Aussagen über den Grad sozialer Nachhaltigkeit erlauben, weisen sie gleichermaßen auf die primären Hemmfaktoren zur Deckung von Grundbedürfnissen hin.

Als Konsequenz für die Schaffung einer nachhaltigen Forstbewirtschaftung unter Miteinbeziehung einzelner Interessengruppen müssen je nach Zielgruppe die spezifischen Probleme identifiziert, klassifiziert und bewertet werden und für Bewirtschaftungsfunktionen als Richtlinien, Maßstäbe oder Bewertungsgrundlage für eine zukünftige nachhaltige Nutzung zugrunde liegen. Diese können lokal außerordentlich differenziert und stark standortabhängig sein und müssen stets, wie die Untersuchung aufzeigt, je nach Zielgruppe individuell erarbeitet werden. Die Ergebnisse machen darauf aufmerksam, daß die Einhaltung sozialer Verträglichkeit im Zusammenhang mit der Ausgangssituation, der wirtschaftlichen Abhängigkeit, den Einflußmöglichkeiten, den Ansprüchen etc. der spezifischen Nutzergruppen zu betrachten ist. Dennoch ist es unabdingbar, daß die Kerngehalte sozialer Nachhaltigkeit, wie sie z.B. durch die Sicherung der Existenzgrundlage, die gleichberechtigte Miteinbeziehung von Individuen und Gruppen oder den Erhalt der Nutzungsmöglichkeiten für zukünftige Generationen gegeben sind, unverrückbare Bezugspunkte darstellen und für alle betroffenen Stakeholder zur Erhaltung ihrer Grundbedürfnisse individuell berücksichtigt werden müssen.

(2) Wie zu erkennen, müssen soziale Inhalte gruppenspezifisch stark voneinander unterschieden und definiert werden. Davon weichen ökologische und ökonomische Merkmale der Forstwirtschaft in regionaler Differenzierung ab. Dieser Tatsache unterliegt die Einsicht, daß es eine absolute Nachhaltigkeit nicht gibt. Gerade ökonomische und ökologische Standpunkte sind einem dynamischen Wandel unterworfen, der sich bereits durch eine verschiedenartige Anpassung auf Projektebene manifestieren kann. In diesem Zusammenhang ist zu erwähnen, daß vor allem die ökologische Nachhaltigkeit bzw. Biodiversität nicht vorbehaltlos operationalisiert werden kann, wenn man berücksichtigt, daß an bestimmten Standorten der mit Abstand überwiegende Großteil der Arten noch nicht einmal bekannt ist.

Im Vergleich zu den grundlegenden Forderungen der sozialen Nachhaltigkeit orientiert man sich auch hierbei an ausschlaggebenden Schlüsselarten und Biomonitoren, die Auskünfte über weitere Arten geben. Besonders die soziale Nachhaltigkeit unterliegt zudem einem zeitlichen Wandel. Neben der lokalen nutzer- und gesellschaftsspezifischen Struktur muß die temporäre, dynamische Struktur einer Gesellschaft mit berücksichtigt werden.

Während die grundlegenden Prinzipien und Kriterien der sozialen Verträglichkeit erhalten bleiben, muß dennoch eine Anpassung an die sich wandelnden Wertesysteme der Gesellschaften und Interessengruppen erfolgen, wie Nachfrageorientierung und Grundbedürfnisbefriedigung etc. Diese gilt es, bei der periodischen Bewertung des Standards sozialer Nachhaltigkeit kontinuierlich neu zu erfassen. Eine Anpassung quantitativ meßbarer Indikatoren und qualitativer Erkenntnisprozesse im Rahmen der Feldforschungen ist hierfür je nach Zielgruppe erforderlich. Da es also weniger zu inhaltlichen Veränderungen sozialer Nachhaltigkeit, als zu ihrer spezifischen Adaption kommen wird, ist es um so wichtiger, die methodischen Herangehensweisen, denen die Kriterien und Indikatoren zugrunde liegen, weiter zu entwickeln.

7 Schlußbetrachtung: Zusammenfassende Bewertung und Konsequenzen

Voraussetzung hierfür ist die Anerkennung eines Minimum-Sets an Kriterien, wie sie in der vorliegenden Untersuchung zur Anwendung kamen. Gleichzeitig weist der gesamte Forschungsprozeß darauf hin, daß es einer weiteren Spezifizierung methodischer Instrumente bedarf, die sowohl eine lokale als auch temporäre Flexibilität besitzen sollten oder jeweils angepaßt und weiterentwickelt werden können. Zukünftig wird also die Anwendung von Kriterien und Indikatoren sowohl von der inhaltlichen Qualifikation als auch der Transparenz und Aussagekraft ihrer methodischen Verfahrensweise abhängen. Die vorliegende Untersuchung, die in engem Zusammenhang mit den internationalen Pilotprojekten CIFORs steht, lieferte hierzu einen ersten Beitrag, in dessen Mittelpunkt die Operationalisierbarkeit der Identifikation und Bewertung relevanter Interessengruppen sowie die Ermittlung spezifischer Hemmfaktoren sozialer Verträglichkeit stand.

(3) Durch die Anwendung der Kriterien und Indikatoren gelang es, für die staatlichen Waldarbeiter, hauptsächlich aber für die lizenztragende Bevölkerungsgruppe, Mißverhältnisse und die daraus für die Gruppen resultierenden Folgewirkungen aufzudecken. Die für den langfristigen waldbaulichen Erfolg einer Bewirtschaftungseinheit erforderliche soziale Akzeptanz konnte durch die hohe Unzufriedenheit unter den Befragten nicht festgestellt werden. Hierauf weisen die ermittelten negativen sozialen und ökologischen Effekte dieser Nicht-Beachtung hin. Da sich beide Gruppen in einem starken Abhängigkeitsverhältnis gegenüber der politisch einflußstarken Forstbehörde und dem wirtschaftlich maßgebenden Holzkonzern befinden, bedarf es deren Bereitschaft und Interesse zur Erarbeitung von beiden Seiten getragenen Lösungen, die eine dauerhafte Beschäftigungsgrundlage gewährleisten, um somit auch den langfristigen waldbaulichen, ökonomischen und sozialen Erfolg der Forstbewirtschaftung zu sichern.

Die Untersuchung konnte auf Defizite hinweisen, die es von seiten der dominierenden Einflußgrößen – Forstbehörde und Konzernleitung – im Rahmen einer gruppenspezifisch gerechteren Waldbewirtschaftung zu berücksichtigen gilt. Nachdem erste Ergebnisse bereits noch vor Ort mit den einflußreichen Interessengruppen diskutiert wurden, und sie zudem anhand eigener Publikationen von dem weiteren Verlauf der Untersuchung unterrichtet sind, unterliegt es ihnen, in Zusammenarbeit mit den direkt betroffenen Zielgruppen den erkannten Schwachstellen entgegenzutreten. Die Ergebnisse der Untersuchung dienen somit den Entscheidungsträgern, um eine sozial verträglichere Forstnutzung und -bewirtschaftung herbeizuführen.

Von zentraler Bedeutung ist aber das Zugeständnis zu einer nachhaltigen Forstbewirtschaftung, die neben den wirtschaftlichen und ökologischen Interessen, den nutzerrelevanten Belangen und Forderungen denselben Stellenrang zuerkennt. Die Anwendung der Kriterien und Indikatoren hat gezeigt, in welch unterschiedlichem situativen Kontext sich einzelne, direkt betroffene Nutzergruppen bewegen. Dies gilt es für folgende Untersuchungen und methodische Weiterentwicklungen sozialer Nachhaltigkeit sowie für die darauf aufbauenden Maßnahmen zur Schaffung sozial-verträglicher Bewirtschaftungsmöglichkeiten zu berücksichtigen.

(4) Die Untersuchung leistet aber nicht nur einen Beitrag für die erwähnten forstwirtschaftlichen Entscheidungsträger vor Ort und für die Testphase des CIFOR Projekts, sondern ist zudem, wie zu Beginn erwähnt, auch in das *Program of Action for the Sustainable Development of Island Developing States* der Vereinten Nationen eingebettet. Dieses Programm macht es sich zur Aufgabe, alle verfügbaren Daten zu den unterschiedlichsten ökologischen Teilbereichen zu sammeln und somit eine Informationsdatenbank zu erstellen, die Auskunft über den Zustand eines speziellen Problembereichs einzelner Inselstaaten liefert und gleichzeitig den politischen Entscheidungsträgern und wissenschaftlichen Interessenten als Bezugspunkt ihrer Arbeit und Aufgaben dient.

Gerade aufgrund der mannigfachen akuten Umweltprobleme kleiner Inselstaaten des karibischen Raums ist es von großem Vorteil, auf die Ergebnisse unterschiedlichster interdisziplinärer Untersuchungen zugreifen zu können, um vorausschauende Entscheidungsfindungen auf Grundlage dieser verbindlichen Bezugsquellen zu vereinfachen. Die Schaffung solcher Informationsnetzwerke ist auch und besonders für die Beobachtung und Begutachtung der bedrohten Forstressourcen der betreffenden Staaten von großem Vorteil. Sie ermöglichen eine kontinuierliche Aktualisierung und somit einen weitreichenden Vergleich, der die Entwicklung der landes-eigenen Forstbestände charakterisiert und somit auf notwendige Aktivitäten hinweist, um aus der Erkenntnis negativer sowie positiver Entwicklungen und Beispiele, individuelle Konsequenzen vor dem Hintergrund des jeweiligen nationalen Forstbestandes folgen zu lassen.

Auch soziale Indikatoren wie Bevölkerungswachstum, Armutsrate, Squattingaufkommen etc., die häufig die Entwicklung der Waldressourcen beeinflussen, sind zu berücksichtigen, da sie als wichtige Vergleichsgrößen zu der Waldproblematik auf anderen Inselstaaten herangezogen werden müssen. Solche Informationsnetzwerke stellen die denkbar günstigsten Verwendungsbereiche aller unterschiedlichen ökonomischen, ökologischen und sozialen Indikatoren nachhaltiger Forstwirtschaft dar. Deren periodische Aktualisierung ermöglicht zugleich einen vermehrten Einblick in die unterschiedlichen wirtschaftlichen, politischen und gesellschaftlichen Prozesse, die sich auf den Zustand der Forstressourcen auswirken.

Wie die vorliegende Untersuchung zeigt, nehmen die sich wandelnden individuellen gesellschaftlichen Tendenzen und Interessenkonflikte eine besondere Stellung ein. Den eigenen Ergebnissen zufolge sollten auch die jeweiligen Nutzergruppen einzelner Länder mit ihren kennzeichnenden Bedürfnissen und Anforderungen an eine soziale Nachhaltigkeit in eine solche Datenbank aufgenommen werden, um den gegenseitigen Erfahrungsaustausch auf der Ebene der Entscheidungsträger zu fördern und Berücksichtigung bei den Verständigungen für die eigene Forstgesetzgebung und Forstpolitik zu finden. Schon die Schaffung solcher Indikatoreninformationssysteme ist eine wichtige Konsequenz, die sich aus den verschiedenartigen international erarbeiteten Kriterienkatalogen und deren Anwendung ergibt.

Als weitere Folge der Anwendung von Kriterien und Indikatoren wäre es von Vorteil, die jeweils methodischen Vorgehensweisen der verschiedenen Untersuchun-

7 Schlußbetrachtung: Zusammenfassende Bewertung und Konsequenzen

gen mit einfließen zu lassen. Somit stehen sie weiteren Interessenten zur Verfügung, die deren Übertragbarkeit auf andere Themenbereiche überprüfen können oder einen Beitrag zu deren speziellen Fortentwicklung leisten. Nicht zuletzt wird sich die Qualität der beinhalteten Parameter auf die Eigenschaften und die Wertbeständigkeit der aus ihnen abgeleiteten Maßnahmen auswirken. Mit diesem Austausch an Information muß somit gleichzeitig ein Transfer von methodisch konzeptionellem Know-how und Erfahrung im Umgang mit Kriterien und Indikatoren einhergehen. Im Falle nachhaltiger Forstwirtschaft könnten zudem technische und finanzielle Hilfestellungen durch multilaterale und internationale Einrichtungen wie beispielsweise FAO, UNEP oder IUFRO bereitgestellt werden, um diesen Prozeß weiter voranzutreiben. Hierbei wird es wichtig sein, auch Länder und Regionen in diese Entwicklung mit einzubeziehen, die sich bislang noch nicht bei der Operationalisierung internationaler Kriterienkataloge auf nationaler und sub-nationaler Ebene beteiligen bzw. bislang nicht berücksichtigt wurden. Aus den Erfahrungen der bereits stattfindenden Applikation von Kriterien und Indikatoren und deren Konzeptionalisierung zeigt sich, wie wichtig es ist, den Impuls, den gerade die Forstwirtschaft beigesteuert hat, beizubehalten und auf weitere Länder sowie gesellschafts- und umweltrelevante Themenbereiche zu adaptieren.

(5) Bei der Einhaltung sozialer Nachhaltigkeitskriterien in der Forstwirtschaft muß beachtet werden, daß es sich hierbei um eine Bewirtschaftung und Nutzung handelt, die von besonderer Eigenart ist. Die Forstressource besitzt Fern- und Langzeitwirkungen, meßbare und nicht-meßbare Wirkungen oder auch vermarktungsfähige und nicht-vermarktungsfähige Produkte, die alle für die Zukunftssicherung betroffener Nutzergruppen zu berücksichtigen sind. Das besondere Unterscheidungsmerkmal der Wälder zu anderen Betriebssystemen ist jedoch die Tatsache, daß Kapital und Rendite aus derselben Ressource gebildet werden.

Durch die Übernutzung dieses Elements kommt es zu den bekannten Folgeschäden, die ein dauerhaftes Wirtschaften verhindern und die langzeitlichen Nutz- und Wohlfahrtswirkungen vernichten. Aus dieser Entwicklung stammt die häufig von Forstwirten genannte Forderung, daß derzeit nicht die sozialen, sondern ökologischen Implikationen im Mittelpunkt stehen sollten. Die soziale Komponente sei ein mittel- bis langfristiges Ziel, um sie zu erreichen, muß der Wald erst wieder intakt sein und ein stabiles Gleichgewicht erreicht haben. Richtig ist, daß erst ein ökologisch stabiles System auch langfristige soziale Leistungen erbringen kann.

Die Untersuchung hat aber gezeigt, daß vor allem für die legal agierende lokale Bevölkerung die Beibehaltung eines minimalen Nutzungsstandards zur Sicherung ihrer Existenzgrundlage durchaus eine kurzfristige Anforderung darstellt. Ihre Nutzungsansprüche reichen größtenteils bereits über mehrere Generationen zurück, dennoch sehen sie sich mit radikal einschneidenden Restriktionen konfrontiert, die ihnen bereits zum gegenwärtigen Zeitpunkt drastische Ertragseinbußen und somit existenzgefährdende Bedingungen aufbürden.

Die Bevorzugung ökologischer Aspekte, um damit erst auf lange Sicht soziale Belange zu gewährleisten, hätte zur Folge, daß kurzfristig der Druck auf die Waldflächen erhöht wird, da den betroffenen Nutzern kaum ein Ausweg bleibt, als vermehrt mit einer rechtswidrigen Forstnutzung die Existenz ihrer Familien zu sichern. Das beste Beispiel bieten hierfür die bereits zahllosen, zwangsläufig illegal agierenden Squatter, denen wirtschaftliche Alternativen zur Deckung ihrer Grundbedürfnisse aufgrund mangelnder politischer Konzepte versagt bleiben. Da ein kleinräumiger Inselstaat, wie ihn Trinidad mit seiner fortschreitenden Waldvernichtung darstellt, kaum auf Ausweichgebiete zurückgreifen kann, wie dies beispielsweise in großflächigen und waldreichen Ländern praktiziert wird, bietet sich keine andere Möglichkeit, als ein Mindestmaß an kurzfristigen sozioökonomischen Interessen zu befriedigen, die aber ihrerseits den Gesamtbestand nicht gefährden dürfen.

Eine ökologische Stabilisierung auf Kosten direkt betroffener Interessengruppen ist nicht im Sinne nachhaltiger Forstwirtschaft. Im Falle Trinidads, das noch zu ca. 30 % über bewaldete Flächen verfügt, wäre es sinnvoller, einerseits auf die strikte Einhaltung bereits ausgewiesener Schutzzonen zu achten, andererseits aber dafür Sorge zu tragen, daß in den zur Bewirtschaftung freigegebenen Pufferzonen wenigstens ein Mindestmaß zur Befriedigung sozialer Bedürfnissen erzielt werden kann. Wie die Untersuchung der privatwirtschaftenden Lizenzträger gezeigt hat, sind sie nicht an einer wirtschaftlichen Bereicherung, sondern vornehmlich an der Sicherung ihrer Grundbedürfnisse interessiert.

So müssen z.B. verstärkte Aufforstungs- und Wiederaufforstungsmaßnahmen diesen Prozeß unterstützen. Alle Bemühungen der Forstbehörde werden jedoch umsonst sein, wenn es nicht gelingt, auch die politische Elite für diese Problematik zu sensibilisieren. Die bereits vollständig entwaldeten Inseln Haiti und Barbados sollten darauf aufmerksam machen, wohin ein gesamtpolitisches Desinteresse bzw. eine Laisser-faire Politik letztendlich führt, und daß es um so notwendiger ist, Nutzungspläne auf Grundlage fundamentalster Bedürfnisse der privaten Nutzer zu erstellen, um somit einer sich noch verstärkenden unkontrollierten Ressourcenvernichtung vorzugreifen. Auch die vermehrte ökologische Bewußtseinsbildung durch Informations- und Bildungsmaßnahmen unter den Interessengruppen und weiteren Teilen der Gesellschaft, stellt eine Möglichkeit dar, einen Beitrag zur Konsensfindung beizusteuern. Für ein Untersuchungsgebiet geringer räumlicher Ausdehnung ist zu befürchten, daß das primäre Ziel der Wahrung ökologischer Stabilität zu vermehrten gesellschaftlichen Konflikten führt, die ihrerseits wiederum Auswirkungen auf den noch vorhandenen Waldbestand mit sich führen. Deshalb ist es um so erforderlicher, den durch die Anwendung von Kriterien und Indikatoren gewonnenen Ergebnissen, die erwähnten Maßnahmen folgen zu lassen, um zu einer Minimierung der Konflikte beizutragen.

Die gewonnenen Einblicke in die Konfliktbereiche einzelner Interessengruppen geben Aufschluß darüber, welche primären Maßnahmen zur Befriedung der Mindestanforderungen sozialer Nachhaltigkeit der jeweiligen Gruppe getroffen werden müssen. Außerdem besitzen sie das Potential, am Beispiel eines kleinen Inselstaats

7 Schlußbetrachtung: Zusammenfassende Bewertung und Konsequenzen 247

darauf aufmerksam zu machen, welche Entwicklungen auch großflächigen Ländern mit steigenden Bevölkerungs- und Armutsraten bevorstehen, wenn es nicht zur Entwicklung politisch, wirtschaftlich und gesellschaftlich getragener Handlungsweisen kommt, die die Entstehung und weitere Ausbreitung der folgenschwersten Problembereiche unterbinden. Hierbei spielt besonders die Insularität des Untersuchungsgebiets eine wichtige Rolle, vor allem die Konsequenzen sich daraus ergebender deutlich beschränkter Ressourcen.

(6) Auch das Potential des Forstsektors ist durch den kleinräumigen insularen Naturraum Trinidads deutlich begrenzt. Somit ist die Möglichkeit zur forstwirtschaftlichen Diversifizierung ebenfalls stark eingeengt. Sie wird zusätzlich durch die Zersplitterung und fortschreitende Fragmentierung der Waldflächen negativ beeinflußt. Dieser Umstand läßt sich wiederum auf die natürliche Begrenzung und den Bevölkerungsdruck zurückführen. Aus diesem Grund sind der nicht-subsistenzorientierte Forst- und Agrarbereich wegen der geringen Größe der Insel weitgehend monostrukturell ausgerichtet.

Die bestehenden Flächenbewirtschaftungsformen, die zudem auf die ungeklärten sowie ungerechten Besitz- und Landnutzungsrechte zurückgehen, erweisen sich als unflexibel und in hohem Maße innovationsfeindlich. Die durch die mangelnde Eindeutigkeit der Besitzrechte entstandene Flächennutzungskonkurrenz wird oftmals durch den Einfluß politischer und wirtschaftlicher Interessengruppen und Entscheidungsträger zugunsten eines exportorientierten Anbaus entschieden.

Die Abhängigkeit von wenigen Cash Crops sowie die Anlage von forstwirtschaftlichen Plantagen bzw. Monokulturen birgt aber auch Gefahren in sich, die beispielsweise durch schwankende Weltmarktpreise, Schädlingsbefall oder Naturkatastrophen und das Ausbleiben der Ernte gekennzeichnet sind. Für den begrenzten Naturraum des Untersuchungsgebiets Trinidad kann außerdem festgestellt werden, daß seine Fläche zu gering ist, um die eigene Bevölkerung zu versorgen und gleichzeitig durch den Export agrar- und forstwirtschaftlicher Haupterzeugnisse dauerhaft hohe Gewinne zu erzielen. Da die Exportorientierung ebenso zu Lasten der Selbstversorgung geht, ist die Einfuhr von Lebensmitteln und Forstprodukten, die im Grunde selbst hätten produziert werden können, unumgänglich.[360]

(7) Vor allem das Beispiel der privaten Lizenzträger hat gezeigt, daß sie durch diese Entwicklung der Exportorientierung zusehends auf periphere Rand- bzw. Forstgebiete angewiesen sind. Aufgrund der räumlichen Abgeschiedenheit ihres Arbeitsgebiets und des äußerst geringen Status sozialer Nachhaltigkeit, der ihnen von der Forstbehörde eingeräumt wird, können sie im doppelten Sinn als marginalisierte Gruppe betrachtet werden. Diese Feststellung geht unmittelbar auf die detaillierte Anwendung der Kriterien und Indikatoren zurück, die den Anspruch einer Inte-

---

[360] Ähnlich gelagerte Struktur- und Entwicklungsprobleme wurden für die pazifische Inselwelt von KROSIGK (1994), KREISEL (1991) sowie BUCHHOLZ (1987) beschrieben.

ressengruppe und die Wirklichkeit der ungenügenden Beachtung und Umsetzung des Anspruchs zutage förderten. Aus diesem Status sozialer Nachhaltigkeit ergeben sich gruppenspezifische Verhaltensmuster, die sich in einer verantwortungsvollen Nutzung oder einer weiterführenden Exploitation der Ressource manifestieren. Für die privaten Lizenzträger konnte die Untersuchung die Erkenntnis aufzeigen, daß es nicht zwingend der Fall sein muß, daß, je ungleicher die gesellschaftliche Verteilung des Sozialprodukts ist, sich um so stärker auch eine unkontrollierte ökonomische Ressourcenausbeutung einstellt.

In entgegengesetzter Weise konnten unter den staatlichen Waldarbeitern ein hohes Lohnniveau und vorbildliche arbeitsrechtliche Bedingungen den Großteil der Befragten nicht dazu bewegen, eine weitsichtige und ressourcenschonende Haltung einzunehmen, da die betriebsinternen Konflikte die Zukunftsfähigkeit der Arbeitsplätze nach ihrer eigenen Auffassung deutlich in Frage stellen. Durch die Anwendung von Kriterien und Indikatoren und die durch sie gelieferten Erkenntnisse gelang es, soziale Tätigkeiten und Handlungen transparent zu gestalten. Die räumlichen Strukturen des Einflußbereichs beider Gruppen, also ihres unmittelbaren Arbeitsgebiets, sind das Ergebnis ihrer Handlungen, die zum Teil wiederum durch den ihnen gewährten Status sozialer Nachhaltigkeit bedingt werden.

Somit wirkt sich die Einhaltung bzw. Nichteinhaltung sozial verträglicher Standards auch auf die Verhaltensweisen und Nutzungsformen der betroffenen Interessengruppen aus. Wie die Analyse zeigt, entstehen diese in Abhängigkeit von den gruppenspezifischen Interessen. Grund hierfür sind divergierende Ansprüche und Forderungen an eine sozial verträgliche Forstwirtschaft, die je nach Nutzergruppe unterschiedlich ausgeprägt sind. Ausschlaggebend hierfür erweisen sich die noch vorhandene naturräumliche Qualität und die sozioökonomischen Ausgangsbedingungen der indirekt und direkt betroffenen Interessengruppen sowie deren Stellung und Machtbasis innerhalb der Gesellschaft.

Aus diesem Grund ist der weltweit angestrebte Nachhaltigkeitsstandard der Forstwirtschaft nur auf der Ebene übergeordneter fundamentaler Prinzipien möglich. Die tatsächlichen Nachhaltigkeitsmerkmale auf lokaler Ebene bzw. in Projekten bedürfen hingegen einer eingehenden Untersuchung der Tragfähigkeit einer Waldfläche, also der Balance zwischen Produktionskapazität und Regeneration sowie der sozioökonomischen Ansprüche der mit ihrer Nutzung verbundenen Gesellschaft und ihren einzelnen Interessengruppen. Für Geographen stellen sich hierbei die Aufgaben der Erfassung unterschiedlicher naturräumlicher und sozialgruppenspezifischer Ausgangspunkte und Interessenlagen sowie die Untersuchung der Wahrung gruppeninterner und individueller Ansprüche der zuvor identifizierten Stakeholder unter den aktuell gegebenen Umständen.

Ziel hierbei ist es schließlich, die Auswirkungen, die ein solcher positiver oder negativer Grad sozialer Nachhaltigkeit als raumbeeinflussender Prozeß mit seinen spezifischen Verhaltensweisen und Nutzungsmustern mit sich führt, zu analysieren. Als Instrumentarium hierfür haben sich nach Kenntnisstand der vorliegenden Untersuchung Kriterien und Indikatoren als praktikabel erwiesen, da sie nicht nur die

7 Schlußbetrachtung: Zusammenfassende Bewertung und Konsequenzen 249

Aufarbeitung gruppeninterner Disparitäten und Konflikte ermöglichen, sondern gleichsam einen Einblick in den divergierenden Status sozialer Nachhaltigkeit zwischen verschiedenen Interessengruppen ermöglichen. Dieser Status steht in engem Zusammenhang mit den raumprägenden Aktivitäten der Nutzergruppen, jedoch wird dieser Raumbezug bei der Interpretation der Indikatorensysteme bislang stark vernachlässigt.[361]

Kommt es zu einer Situation, bei der – in Abhängigkeit von wirtschaftlich und politisch einflußreichen Interessengruppen – diese sozialen Mindestansprüche nicht mehr gewährt sind, ist mit einer zunehmenden ökologischen Gefährdung zu rechnen. In Anbetracht dessen ist gerade dem Vermittlungsprozess zwischen unterschiedlichen Stakeholdern ein hoher Stellenwert beizumessen. Hierbei muß berücksichtigt werden, daß die Identität der Gruppen gewahrt bleibt und ihre Mindestanforderungen an die Partizipation in der Forstwirtschaft Beachtung finden. Nur auf diesem Weg ist es möglich, die dringend benötigte soziale Akzeptanz der Bewirtschaftungs- und Nutzungsformen unterschiedlicher Gruppen zu erreichen.

(8) Eine dementsprechende sozial verträgliche Forstwirtschaft kann auf einer Insel mit der Ausdehnung Trinidads und ihren dennoch verschiedenartigsten Interessengruppen jedoch nur dann erfolgreich sein, wenn – wie bereits erwähnt – klare und eindeutige Verhältnisse hinsichtlich des Eigentums oder der Nutzung des Grund und Bodens herrschen. Dabei darf nicht außer acht bleiben, daß die Änderung traditioneller Rechts- und Nutzungssysteme der vorhandenen Sozialstruktur der Gesellschaft den dominierenden Interessengruppen gegenübersteht. Die Modifizierung dieser speziellen Situation ist aber eine Voraussetzung für jedwede partizipative Nutzung im Sinne sozialer Nachhaltigkeit.

Zudem sind an die örtliche Situation angepaßte Entwicklungsstrategien notwendig, die eine produktivere Eingliederung der Menschen in die Forstwirtschaft ermöglicht und die lokalen gruppenspezifischen Interessenlagen anerkennt, sowie Konflikte zwischen den Gruppen zu vermeiden sucht. Außerdem muß sie Unterstützung durch bewußtseinsbildende Maßnahmen des Staates oder durch NGOs erfahren, die das gesellschaftliche ökologische Problembewußtsein anheben. Gerade die ökologischen Beeinträchtigungen, wie sie durch die Inselbewohner hervorgerufen werden, beeinflussen rückwirkend deren dauerhafte Entwicklung. Auch die Kontrolle des Bevölkerungswachstums darf hierbei nicht unerwähnt bleiben.

Gerade auf Trinidad geht eine fortschreitende Bevölkerungszunahme mit einer sich verstärkenden Landknappheit einher. Diese wiederum resultiert in zunehmender Landflucht, Squattingaktivitäten, Auswanderung und sogar einer möglichen Exten-

---

[361] Auch BIRKMANN (1999, S. 124 f.) weist ausdrücklich darauf hin, daß die durch die Anwendung von Indikatoren ermittelten Ursache-Wirkungsbeziehungen eine untergeordnete Rolle spielen. Für kleinräumige Analysen, sei es auf kommunaler oder Kleinstaatenebene, dienen Kriterien und Indikatoren als Eckpunkte der Erfassung räumlicher Zusammenhänge und Dynamiken.

sivierung peripherer Bereiche.[362] Ein verantwortungsvoller und schonender Umgang mit der limitierten heimischen Ressource wäre demnach nicht gewährleistet. Verteilungsgerechtigkeit hat aber Auswirkungen auf die Geburtenrate. In den Industrienationen hat erst die soziale Absicherung zu einer dauerhaften Absenkung der Geburtenrate geführt.

Welch hoher Einfluß diesbezüglich einem geregelten und angemessenen Lohnniveau in Verbindung mit arbeitsrechtlichen Vergütungen und einer sozialen Absicherung zuteil wird, zeigt der Vergleich zwischen beiden Zielgruppen. Wie bereits zuvor erwähnt, besteht der Haushalt der staatlichen Waldarbeiter im Schnitt aus vier Mitgliedern, während er sich unter den selbstbeschäftigten Lizenzarbeitern aus sechs Personen zusammensetzt.

Die Einhaltung entsprechender Richtlinien sozialer Nachhaltigkeit hat unter den staatlichen Waldarbeitern zu geringeren Geburtenzahlen geführt, als dies unter den privaten Lizenzträgern der Fall ist. Einkommensverteilung, verstanden als ein Hauptkriterium sozialer Nachhaltigkeit, reduziert nicht nur ökonomische, sondern auch soziale Disparitäten. Durch eine verringerte Mobilität oder ein sich regulierendes Städtewachstum bzw. eine sich eindämmende Zentralisierung können somit auch räumliche Disparitäten überwunden werden.

(9) Das Beispiel Trinidad hat gezeigt, welche Folgen eine gegenseitige Verflechtung der verschiedenartigsten Ressourcen auf engstem Raum mit sich bringen kann. Die Übernutzung einer oder mehrerer natürlicher Ressourcen führt nicht nur zu einer zunehmenden Degradierung eben dieser Teilsysteme, sondern kann eine umfassende Grenzüberschreitung in die Wege leiten, die schließlich zum Zusammenbruch des gesamten Systems führt. Was sich als Kettenreaktion für das Ökosystem einer Insel erweist, hat auf übergeordneter Ebene ihre Entsprechung im globalen System, dessen Teilbereich wiederum eine Insel darstellt. Gerade auf einem kleinräumigen Inselstaat werden gegenseitige Rückkoppelungen stärker sichtbar, als dies in Systemen größerer Ausdehnung der Fall ist. Ursache und Wirkung sind oft derart eng miteinander verknüpft, daß sie sich gegenseitig verstärken.

Die Vernichtung von Waldflächen dient hierbei als vermeintlicher Startpunkt eines anschaulichen Beispiels, anhand dessen sich solche Zusammenhänge gut aufzeigen lassen. Die Abholzung natürlicher weiträumiger Forstbestände führt zur Gefährdung von Boden und bodenbedeckender Vegetation. Eine Zunahme an Erosion ist die Folge, wodurch die Agrarfläche beeinträchtigt wird.

---

[362] Dieses für den lateinamerikanischen Kontinent prägende Phänomen läßt sich zusehends für karibische Inselstaaten nachweisen. Bevölkerungswachstum und wirtschaftliche Stagnation in Kombination mit einem Naturraum geringer Ausdehnung sind für die bestehenden Land-Stadt Wanderungen und die Migration vornehmlich in die Vereinigten Staaten ausschlaggebend. Auch auf Trinidad erstreckt sich der Ballungsraum um die Hauptstadt Port of Spain bereits entlang eines 20 km langen Bebauungsgebiets von Diego Martin nach Arouca. Hinzu kommt ein weiteres Agglomerationszentrum um San Fernando im Süden der Insel. Zur geographischen Betrachtung des Wanderungsverhaltens auf Haiti, Kuba und St. Lucia sei an DONNER (1980, S. 224 ff. & 242 ff.), BÄHR und MERTINS (1999) sowie SAHR (1997) verwiesen.

7 Schlußbetrachtung: Zusammenfassende Bewertung und Konsequenzen 251

Um Verluste zu kompensieren, ist eine Intensivierung der Landwirtschaft unter Einbringung von Düngemitteln zu befürchten. Hieraus kann wiederum eine potentielle Gefährdung des Trinkwasserpotentials resultieren.

Außerdem gelangen die Düngemittel auch mit dem Oberflächenabfluß in das Bach- und Flußnetz der Insel und gefährden die dortige Balance des Naturhaushalts.[363] Dieses direkte Ineinandergreifen von überbeanspruchten Ressourcen könnte fortgeführt werden. Wichtiger ist jedoch die Feststellung, daß die Endlichkeit der Ressourcen gerade auf einer kleinflächigen Insel greifbar ist. Dennoch wird deren Überbeanspruchung nicht ausreichend bekämpft. Die große Herausforderung wird es sein, die höchstmögliche Kompatibilität aller Interessen und Nutzungsformen zu erarbeiten. Hierzu ist es erforderlich, die komplexen Mensch-Umwelt-Beziehungen aufzudecken.

In diesem Zusammenhang können Kriterien und Indikatoren als Hilfsmittel der sorgsamen ökologischen, ökonomischen und sozialen Operationalisierung nachhaltiger Entwicklung einen wichtigen Beitrag leisten. Sie ermöglichen es, Ungleichheiten aufzudecken, die sich in verschiedenen Nutzungsmustern widerspiegeln. Demnach ermöglicht ihre Anwendung auch Einblicke in die Faktoren, die räumliche Verteilungs- und Verhaltensmuster bestimmen und wie diese zu modifizieren sind, um beispielsweise eine sozial und ökologisch verträgliche Partizipation an der Forstbewirtschaftung zu gewährleisten.

Solche Ansätze bedürfen ihrerseits der Integration in Gesamtkonzepte der Land- und Ressourcennutzung, die den einzelnen Teilbereichen eine gleichgestellte Bedeutsamkeit zuerkennt und einer ausgewogenen sowie vorausschauenden Raumordnungs- und Nutzungsplanung unterliegt. Entsprechende Vorstöße sind schon allein wegen der erwähnten hohen Flächennutzungskonkurrenz unverzichtbar. Das bescheidene Staatsgebiet, diffuse Besitzverhältnisse, Bodentypen, Reliefmerkmale und selbst klimatische Variationen haben einen unmittelbaren Einfluß auf den Entwurf und Bau neuer Siedlungen, die Verwendung agrarwirtschaftlicher Nutzflächen, Berg- und Tagebauanlagen, die Errichtung kommerzieller Forstwirtschaftsplantagen, Tourismusaktivitäten etc.

In den seltensten Fällen kommt es zu einer eindeutigen und konfliktfreien Landnutzung. Dabei ist vornehmlich zu beachten, daß religiöse, kulturelle und soziale Interessen der komplexen Gesellschaft nicht von wirtschaftlichen Faktoren dominiert bzw. reglementiert werden dürfen. Die hohe Verwundbarkeit der einzelnen Grup-

---

[363] FUCHS und RADTKE (1998) stellen die Wasserproblematik in den Mittelpunkt ihrer Untersuchung ökologischer Probleme auf Barbados. Die Gewässerverunreinigung ist von den verschiedenartigsten Faktoren wie Landwirtschaft, Haushalten, Industrie, Tourismus etc. abhängig, die nicht nur die Verschmutzung des Trinkwassers, sondern auch des Grund- und Küstenwassers nach sich ziehen. Die sich gegenseitig verstärkenden Problembereiche führen letztendlich unweigerlich zu einer Vernichtung der natürlichen Lebensgrundlagen des Menschen, wie sie durch weitere Einflüsse wie Zersiedlung und Erosion noch verstärkt werden. Auf Barbados stellt das direkte Ineinandergreifen der unterschiedlichen Determinanten auf engstem Raum ebenfalls enorme ökologische Beeinträchtigungen dar, die der Nutzung der natürlichen Ressourcen im Sinne nachhaltiger Entwicklung entgegenstehen.

pen verlangt nach einem eindeutigen Bekenntnis nachhaltiger Entwicklung hinsichtlich einer umfassenden gesellschaftlichen Stabilisierung. Das Schul-, Ausbildungs- und Gesundheitswesen bedarf der Stärkung, wenn effektive Maßnahmen – beispielsweise gegen soziale und gesundheitliche Mißstände, Drogenmißbrauch, Ernährungsmängel, Slumbildung aber auch den Ausschluß von Frauen an Entwicklungsbemühungen – eingeleitet werden sollen. Eine ungebremste Zunahme der Bevölkerung, Arbeitslosigkeit, steigende Gesundheitskosten etc. sind Belastungen, die zum jetzigen Zeitpunkt eine nachhaltige Entwicklung der Insel erheblich erschweren. Aus diesem Grund sollte zunächst deren anthropozentrische Ausrichtung im Mittelpunkt der Bemühungen stehen.

In Anbetracht der geringen Größe des Untersuchungsgebietes einerseits und einem fortschreitenden Bevölkerungswachstum andererseits ist das Potential einer nachhaltigen nationalen Entwicklung eng mit dem qualitativen Zustand der zugrunde liegenden natürlichen und gesellschaftlichen Ressourcen verbunden. In dem Maß wie eine fehlgeleitete Entwicklung eine Überbeanspruchung des Naturhaushalts bewirkt und auch einer Verschlechterung der sozioökonomischen Lebensbedingungen eines Großteils der Bevölkerung mit sich führt, werden gleichzeitig die Voraussetzungen und Rahmenbedingungen zur Initiierung einer nachhaltigen Entwicklung verschlechtert. Solche interdependente Wechselbeziehungen treten in einem Naturraum geringer Flächenausdehnung besonders zutage. Hinzu kommt die Tatsache, daß den betroffenen Menschen – verstanden als Potential und Ressource ihrer eigenen Entwicklung – eine noch zu geringe Bedeutung beigemessen wird.

Die Entziehung dauerhafter Existenzgrundlagen wird nicht nur eine individuelle oder gruppenspezifische Entwurzelung bzw. Marginalisierung mit sich führen. Die hierdurch in Gang gesetzten sozioökonomischen und ökologischen Rückkoppelungseffekte beeinflussen letzten Endes die gesamtgesellschaftlichen Wohlfahrtswirkungen, wodurch der Systemhaushalt der Insel, deren Teilbereich auch die auf ihr beheimatete menschliche Kultur darstellt, gefährdet ist.[364] Die in Abbildung 23 dargestellten Rahmenbedingungen spiegeln den Kreislaufcharakter sich gegenseitig potenzierender Wechselwirkungen des kleinräumigen Untersuchungsgebiets wider.

Sowohl externe, nationale als auch interne Determinanten behindern die Ausbildung einer sozial verträglichen Forstbewirtschaftung bzw. Partizipation bezüglich der Nutzung der Ressource. Die Ausbildung sozialer Verträglichkeit ist demnach direkt von nationalen Rahmenbedingungen als auch von den Verhältnissen auf der Bewirtschaftungsebene selbst abhängig, diese werden ihrerseits durch die nationalen gesellschaftlichen, politischen und wirtschaftlichen Bedingungen beeinflußt.

---

[364] Die komplexe kleinräumige Verkettung und somit Potenzierung der sozioökologischen Beeinträchtigungen kleiner Inselstaaten muß nicht zwangsläufig das Ergebnis einer vielfältig fehlgeleiteten Entwicklung sein. Am Beispiel des pazifischen Inselstaats Nauru verdeutlicht KREISEL (1998), daß auch eine einzelne Determinante – in diesem Fall der Phosphatabbau – den totalen ökologischen Zusammenbruch hervorrufen kann. Trotz des wirtschaftlichen Erfolgs sind letzten Endes Lebensgrundlage und -qualität der Gesellschaft betroffen.

7 Schlußbetrachtung: Zusammenfassende Bewertung und Konsequenzen   253

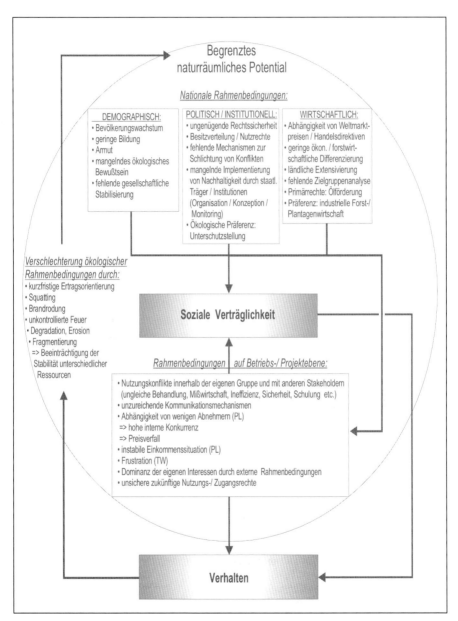

Abb. 23: Kausaldarstellung negativer Rahmenbedingungen sozial verträglicher Forstwirtschaft auf Trinidad
Quelle: Eigener Entwurf, 1999.

Die hiervon betroffenen Verhaltensmuster der Zielgruppen resultieren schließlich in einer fortschreitenden Beeinträchtigung der Stabilität der Ressource, wodurch gleichermaßen die Verringerung des gesamtnaturräumlichen Potentials hervorgerufen wird. Von dieser Entwicklung werden ebenfalls die bislang noch naturnahen Bewirtschaftungsstrukturen der PL in Mitleidenschaft gezogen. Wie die Untersuchung zeigt, befinden sie sich bereits nahe eines äußerst kritischen Stadiums sozialer Verträglichkeit. Der sich daraus ergebende Mangel an Akzeptanz gegenüber den derzeitigen internen und externen Nutzungsdirektiven wird ihnen langfristig keine Wahl lassen, als auf eine verstärkte Nutzung der Ressource zurückzugreifen, um somit die Existenzgrundlage ihrer Familien zu sichern.

(10) Die Untersuchung am Beispiel Trinidads hat gezeigt, daß die nationale Situation, bedingt durch die Intensität der unterschiedlichen Determinanten der landesweiten Waldvernichtung, bereits Auswirkungen auf den Grad sozialer Nachhaltigkeit, besonders für die lokale lizenztragende Bevölkerung mit sich führt. Es ist fragwürdig, legal agierende, direkt betroffene und von der Nutzung der Ressource wirtschaftlich abhängige Interessengruppen, die zudem in einem ökologisch stabilen Bewirtschaftungssystem arbeiten, als Konsequenz aus der landesweiten Waldvernichtung, mit Nutzungsrestriktionen zu belegen. Weder ist es im Sinne nachhaltiger Forstwirtschaft, noch einer langfristigen Akzeptanz und Konfliktvermeidung, wenn sich die Kontrollfunktionen, die von behördlicher Seite aufgrund des Lizenzvergabesystems auf diese Gruppe ausgeübt werden, in einer Reduzierung des sozialen Status niederschlagen.

Führen solche Umstände zu Nutzungsengpässen, die die Sicherung der Existenz nicht mehr gewährleisten, und nehmen system- und betriebsinterne Konflikte überhand, so daß eine Zukunftsfähigkeit der Waldbewirtschaftung aus Sicht der Betroffenen nicht mehr gegeben ist, stellt dies eine weitere Gefährdung in Form kurzfristiger Überanspruchungen dar. Besser wäre es, eine entgegengesetzte Entwicklung einzuleiten, die auch für andere Interessengruppen und selbst Squatter von richtungsweisendem Charakter sein kann.

Als Konsequenz aus der ermittelten nicht-nachhaltigen Situation ist ein Ansatz unentbehrlich, der die Individuen nicht nur als Blockaden der Entwicklung und als Faktoren der Umweltzerstörung betrachtet, sondern ihnen exakt eine differenzierte Wertschätzung beimißt. Menschen und ihr Potential müssen demnach, wie zuvor erwähnt, als Ressource ihrer eigenen Entwicklung und Wohlfahrt betrachtet werden. Die Kriterien und Indikatoren haben gezeigt, welche speziellen Problembereiche zu ändern sind, so daß diese 'Gegenoffensive' zur Schaffung von Rahmenbedingungen führt, die auf der Basis einer tatsächlich nachhaltigen Forstbewirtschaftung zur Befriedung der Grundbedürfnisse beiträgt, ohne die Stabilität der Forstressource in Gefahr zu bringen.[365]

---

[365] Als Vorreiter und bisher einzigem Hoffnungsträger im lateinamerikanischen Kontext wurden in Costa Rica Maßnahmen ergriffen, die neben der konventionellen Errichtung von Schutzgebieten auf eine gezielte naturnahe Nutzung der Ressourcen abzielen. Durch die ausdrückliche Einbeziehung der lokalen Bevölke-

7 Schlußbetrachtung: Zusammenfassende Bewertung und Konsequenzen

Hiermit ist nicht nur ausschließlich die Sicherung von Nutzungs- und Bewirtschaftungsrechten gemeint, sondern z.B. auch die Minimierung der, durch korrupte Handlungsweisen der Forstbeamten entstandenen Konflikte innerhalb und zwischen verschiedenen Nutzergruppen oder die Schaffung besserer und anerkannter Kommunikationsmöglichkeiten. Der Erfolg eines solchen Vorhabens, der die betroffenen Menschen in den Mittelpunkt des Interesses rückt, kann Modellcharakter besitzen und eine weitreichende Überzeugungsarbeit, gleichzeitiger ökologischer und sozialer Verträglichkeit, auch für andere Interessengruppen leisten.

(11) Der Untersuchung liegt die Erkenntnis zugrunde, daß der Status sozialer Nachhaltigkeit, besonders unter der selbstverantwortlichen, privatwirtschaftenden Nutzergruppe, von den Nutzungsrestriktionen der Forstbehörde und somit indirekt auch von der Ressourcenvernichtung auf nationaler Ebene und im Umfeld des Bewirtschaftungsgebiets abhängt. Für die Zielgruppe konnte also festgestellt werden, daß ihr Anspruch auf die Sicherung ihrer Grundbedürfnisse und die Wahrung sozialer Verträglichkeit denselben Determinanten unterliegen, die in ihrer Gesamtwirkung zur Gefährdung und Verringerung der Forstressource beitragen. Demzufolge können ökologische Stabilität bzw. der Zustand eines Waldbestandes und das sich daraus ergebende Potential zur Ausbildung sozialer Nachhaltigkeit von denselben Hemmfaktoren abhängig sein.

Dieser Zusammenhang muß jedoch nicht für alle Interessengruppen zutreffen und daher individuell untersucht werden. Wo dies aber der Fall ist, dient die Bekämpfung der erkannten Determinanten der Waldvernichtung gleichzeitig gesteigerter Chancen zur Durchsetzung sozial verträglicher Bewirtschaftungsrichtlinien. Der genannte Zusammenhang in bezug auf die Interessenlage lokaler Nutzer ist überall dort von ähnlichem Charakter, wo sich diese in einem direkten Abhängigkeitsverhältnis zu einflußstarken behördlichen Entscheidungsträgern befinden, die Kontrollfunktionen über das Bewirtschaftungssystem oder die Nutzungsstruktur der miteinbezogenen örtlichen Bevölkerung ausüben können und wo der Erhalt ökologischer Stabilität soziale Interessen übertrifft. Dabei wird jedoch übersehen, daß letzten Endes beide Paradigmen nachhaltiger Forstwirtschaft von denselben wirtschaftlichen, gesellschaftlichen und politischen Rahmenbedingungen beeinflußt werden. Der Erkenntnis dieses Zusammenhangs muß jedoch die Einsicht folgen, daß die Forderung zur gleichgestellten Beachtung sozialer Nachhaltigkeit keineswegs durch die ausschließliche Erarbeitung von Kriterien und Indikatoren ein einfacher zu erreichendes Ziel sei.

Ein umfassendes Verständnis von Nachhaltigkeit kann nicht zwangsläufig durch Kriterien und Indikatoren instrumentalisiert werden. Sie vermögen nur die Bereiche auszudrücken, die quantitativ erfaßt werden können oder von denen ein qualitatives

---

rung in dauerhafte Bewirtschaftungs- und Nutzungsformen erhofft man sich eine stärkere Bewußtseinsbildung gegenüber dem Kapital und den Gewinnen, die sich generieren lassen, jedoch aber auf dem Erhalt der Ressource basieren. Hierzu tragen auch die positiven Erfahrungen bei, die die Wälder als Grundlage eines Öko- bzw. Erlebnisurlaubs als weitere Synergieeffekte beisteuern; vgl. ELLENBERG (1999).

Verständnis systeminhärenter Zusammenhänge vorliegt. Eine realistische Betrachtung der untersuchten Situation muß zu dem Schluß kommen, daß eine tatsächlich umfassende soziale Nachhaltigkeit – aufgrund der erarbeiteten Hemmfaktoren – nur in einem sehr langfristigen Kontext anvisiert werden kann. Die Anwendungen in Form der bislang erstellten Kriterien und Indikatoren weisen Einschränkungen auf. Diese können erst verringert werden, wenn sich auch unser Verständnis für die komplexen Zusammenhänge nachhaltiger Entwicklung erweitert, das seinerseits wiederum der fortschreitenden Erarbeitung und Anwendung tiefgreifenderer Indikatorensysteme bedarf.

Wir müssen also diese langfristigen Einschränkungen akzeptieren und uns dem derzeitigen jungen Forschungsstand von Kriterien und Indikatoren nachhaltiger Entwicklung, resp. nachhaltiger Forstwirtschaft, bewußt sein. Werden diese Einschränkungen eingeräumt können den vorliegenden Ergebnissen die notwendigen Konsequenzen folgen, denn die Untersuchung weist bereits unmißverständliche sozioökonomische Trends auf, trägt zudem zu einem besseren Verständnis der Interessenkonflikte bei und gibt somit schließlich Hinweise zur Reduzierung der identifizierten Problemfelder.

Insofern gelingt es bereits, als Folge der Anwendung von Kriterien und Indikatoren, auf kurzfristig dringend benötigte Maßnahmen einzugehen, mit denen ein Mindestmaß an sozialer Akzeptanz eingeleitet werden kann. Mit der Schaffung eines transparenten und gerechten Lizenzsystems oder der Eindämmung korrupter Verfahrens- und Bewirtschaftungsweisen sind beispielsweise einige der kurzfristigen Ansatzpunkte für die untersuchte Zielgruppe selbst innerhalb der Forstbehörde zu suchen.

Für die staatlichen Waldarbeiter, die keineswegs derart unmittelbar wie ein Großteil der privaten Lizenzträger in ihrer Existenzsicherung bedroht sind, besitzen die ermittelten innerbetrieblichen Hemmfaktoren sozialer Nachhaltigkeit ein vergleichsweise geringeres Maß an Brisanz, zumal Einkommensverhältnisse und teilweise auch Arbeitsbedingungen einen sehr hohen Status sozialer Nachhaltigkeit erreicht haben. Dennoch müssen die mittels der Kriterien und Indikatoren aufgezeigten Schwachstellen mittel- bis langfristig behoben werden, da sie sich, wie gezeigt, unter den Befragten bereits auf eine geringere Wertschätzung gegenüber der Ressource ausgewirkt haben.

(12) Die Ergebnisse liefern vor allem Zeugnis darüber ab, wie komplex und vielschichtig soziale Anforderungen nachhaltiger Entwicklung sein können, und daß sie je nach Interessengruppe individuell erarbeitet werden müssen. Für den Untersuchungsgegenstand nachhaltiger Forstwirtschaft in den Tropen ist dies in besonderem Maße zutreffend. Vor allem die beziehungsreichen Wechselwirkungen sozioökologischer Natur, die zudem von einer Reihe entgegengesetzter Interessenlagen sowie besitz- und nutzerrechtlicher Konflikte in ihren Dimensionen erweitert werden, weisen auf diesen Umstand hin. Im Wissen um die außerordentliche Komplexität des Themenbereichs nachhaltiger Forstwirtschaft wäre es vermessen, zum jet-

7 Schlußbetrachtung: Zusammenfassende Bewertung und Konsequenzen 257

zigen Zeitpunkt die Anwendung von Kriterien und Indikatoren mit zu hohen Erwartungen zu versehen. Dennoch hat die Untersuchung aufgezeigt, welche schwerwiegenden richtungsweisenden Mißstände, aber auch positiven Ansätze und Teilbereiche durch diese Instrumente herausgearbeitet werden können.

Als Folge der sich noch in der Testphase befindenden ersten Anwendungen von Kriterien und Indikatoren auf der einen Seite und des weit verzweigten Problembereichs und Untersuchungsgegenstands auf der anderen Seite, dürfen die momentan noch bestehenden qualitativen sowie methodischen Einschränkungen nicht unerwähnt bleiben. Soziale Kriterien und Indikatoren decken individuelle Konstellationen und Gegebenheiten gesellschaftlicher Nutzungs- und Bewirtschaftungsstrukturen auf. Ebenso bedarf es individueller Konzepte, die sich der aufgedeckten Konfliktpunkte im Sinne sozialer Nachhaltigkeit widmen. Diesbezüglich werden Kriterien und Indikatoren auch in den seltensten Fällen mit standardisierten Lösungswegen aufwarten können.

Es bietet sich deshalb an, dem durch die Kriterien und Indikatoren gelieferten Wissen, basierend auf einer Einschätzung der realistischen Umsetzbarkeit, Schritt für Schritt erste Maßnahmen folgen zu lassen. Erneuten Evaluierungen obliegt es, die Effekte dieser Maßnahmen zu untersuchen, um ein weiteres Verständnis für die Effektivität der Applikation von Kriterien und Indikatoren zu gewinnen. Kriterien und Indikatoren in einen solchen adaptiven Prozeß einzubinden, ist nicht nur auf der Grundlage einer sachlich objektiven Durchführbarkeit der Maßnahmen erforderlich, sondern trägt gleichermaßen zu einer kontinuierlichen Spezifizierung der Kriterien und Indikatoren selbst sowie ihrer methodischen Operationalisierung bei.

Die durch den Kenntnisstand der vorliegenden Untersuchung zustande gekommene Gesamtbewertung bekennt sich zu einer adaptiven Verfahrensweise bei der Herausausbildung und Anwendung von Kriterien und Indikatoren sowie ihrer methodisch-empirischen Verfahrensweisen. Weiterhin bedarf es flexibler und dennoch spezieller sachbezogener Indikatorensysteme, deren Gültigkeit gleichzeitig von einer realistischen Betrachtung ihrer potentiellen Wirkungsbereiche, in Abhängigkeit der Dominanz und Intensität vielschichtiger politischer, sozioökonomischer und umweltrelevanter Rahmenbedingungen auf nationaler, sub-nationaler bis hin zur lokalen Bewirtschaftungs- bzw. Projektebene abhängig ist.

ZUSAMMENFASSUNG

Im Mittelpunkt der Untersuchung steht die Operationalisierung einer dauerhaften, sozial verträglichen Forstbewirtschaftung und -nutzung unter Hinzuziehung festgelegter Kriterien und Indikatoren, deren Praktikabilität es anhand der Fallstudie Trinidad zu testen galt. Die bereits in Deutschland erfolgten zahlreichen Experteninterviews förderten die Dringlichkeit zur Erarbeitung von Handlungsmechanismen und die zu erwartende Komplexität des Untersuchungsgegenstands zu Tage.

Zudem wurden methodische Vorgehensweisen diskutiert und thematische Schwerpunkte für die Konzeption der Feldforschung erarbeitet. Während dieser frühen Phase der Untersuchung erfolgte außerdem eine theorieorientierte Erfassung der derzeitigen Einflußfaktoren, die der Ausbildung einer sozial verträglichen Entwicklung entgegenstehen. Strukturelle und rechtliche Faktoren der Entwicklungszusammenarbeit sowie eine Fokussierung auf wirtschaftliche und ökologische Verträglichkeit sind hierfür verantwortlich.

In einem zweiten Schritt schloß sich die Untersuchung der Rahmenbedingungen der Operationalisierbarkeit von Kriterien und Indikatoren als forstwirtschaftliches Instrumentarium an. Hierbei wurden folgende beeinträchtigende Ursachen erkannt und untersucht: Quantifizierbarkeit, Schwellenwertbildung und die Ausprägung hierarchischer Strukturen innerhalb der Kriterienkataloge. Vor diesem Hintergrund folgte die Ermittlung der Funktion von Kriterien und Indikatoren als Richtlinien nachhaltiger Bewirtschaftungspraktiken in Projekten, sowie auf nationaler und internationaler Ebene.

Nach eingehender Untersuchung können mehrere Funktionen jedoch nur dann erfüllt werden, wenn der Verknüpfung in der vertikalen Ebene auch eine gleichberechtigte Miteinbeziehung aller inhaltlicher Schwerpunkte wirtschaftlichen, ökologischen und sozialen Ursprungs gegenübersteht. Die Erarbeitung der theoretischen Grundlagen befaßte sich abschließend mit der Ermittlung relevanter Anwendungsbereiche forstwirtschaftlicher Indikatorensysteme. Hierbei sollten Applikationsmöglichkeiten die Relevanz der Forstwirtschaft als Potential ländlicher Stabilisierung hervorheben. Es handelt sich um den partizipatorischen Ansatz, die Identifikation und sozioökonomische Analyse einzelner Interessengruppen sowie den Zertifizierungsprozess. Die Untersuchung dieser Bereiche untermauerte die Notwendigkeit zur Implementierung von Indikatorensystemen im Sinne einer umwelt- und gleichzeitig sozial verträglichen Forstbewirtschaftung.

Im Vorfeld der empirischen Untersuchung stand zunächst eine detaillierte Erfassung und qualitative Charakterisierung des derzeitigen Waldbestands auf Trinidad. Unter Miteinbeziehung verschiedenster Experten des Forst- und Umweltsektors vor Ort gelang es, die schwerwiegendsten Determinanten der Waldgefährdung und deren Zusammenwirken zu lokalisieren.

Aus diesem Schritt folgten die Erkenntnisse der unmittelbaren Gefährdung der verbliebenen Ressourcen sowie der Repräsentativität der vorgefundenen Situation aufgrund vielfältigster negativer Einflußfaktoren – trotz der geringen räumlichen Ausdehnung – wie sie aus den Problemgebieten großflächiger Waldvernichtung bekannt sind.

Insofern konnte die auf Einladung der Vereinten Nationen und auf Kooperation mit CIFOR zurückgehende Forschungstätigkeit die Notwendigkeit zur Erarbeitung von Handlungsmechanismen für das Untersuchungsgebiet Trinidad bestätigen. Durch die zur Anwendung aufgenommenen Kriterien wurde anhand einer Identifikationsmatrix eine Gewichtung der für Trinidad relevanten Interessengruppen durchgeführt. Die Untersuchung zeigte, wie hoch das direkte Abhängigkeitsverhältnis einzelner Gruppen von der Bewirtschaftung der Forstressource ist und welcher ökonomische, soziale und kulturelle Stellenwert diesen Stakeholdern eingeräumt werden muß.

Die Befragung von insgesamt 100 Vertretern zweier unterschiedlicher Nutzergruppen und die Auswertung der Daten unter Zuhilfenahme von SPSS deckte auf, welchen Einfluß indirekt betroffene Gruppen gerade auf das soziale und wirtschaftliche Wohlergehen der unmittelbar abhängigen Nutzer ausüben. Die Möglichkeit zur Entfaltung sozialer Nachhaltigkeit ist demnach zum Großteil von der Machtbasis der direkt betroffenen Nutzer – in gleichem Maße aber auch von den politischen und wirtschaftlichen Einflußmöglichkeiten übergeordneter, mittelbar betroffener Interessengruppen abhängig.

Die Forderung nach einer gleichrangigen Beachtung sozialer Ansprüche nachhaltiger Forstwirtschaft ist im Untersuchungsgebiet nicht gegeben; somit kann es auch nicht zur Ausbildung einer umfassenden Nachhaltigkeit kommen, da eine Überbeanspruchung der Ressource mit Rückkopplungen bei der Destabilisierung des Ökosystems zu erkennen ist. Darüber hinaus legt die Untersuchung dar, welche Konflikte sich aus dieser Konstellation ergeben und welches die Schwachpunkte sind, die die Ausbildung einer sozialen Akzeptanz und Verträglichkeit sowohl auf nationaler als auch auf Bewirtschaftungsebene verhindern.

Die im Zentrum der Untersuchung stehenden sozialen Kriterien und Indikatoren haben des weiteren gezeigt, daß, im Gegensatz zur weit verbreiteten Meinung, nicht nur rein quantitative Aspekte erfaßt werden können, sondern auch eine Bewertung vornehmlich qualitativer Prämissen nachhaltiger Forstwirtschaft durch die erfaßten Zielgruppen selbst erfolgen kann.

Die zur Anwendung gekommenen Kriterien und Indikatoren ermöglichten den Zustand sozialer Verträglichkeit zu analysieren, wie er den untersuchten Zielgruppen in ihren Bewirtschaftungseinheiten durch die herrschenden Bedingungen zuerkannt wird. Hierbei manifestierten sich Diskrepanzen zwischen den befragten Gruppen, die ihrerseits den jeweiligen Umgang mit der Ressource beeinflussen.

Zusammenfassung

Im Vergleich zu den staatlichen Waldarbeitern zeichnen sich die privaten Lizenzträger derzeit noch durch eine langfristigere naturnahe Nutzungsorientierung aus. Aufgrund der fortschreitenden Verschlechterung ihrer Situation und des hohen Konfliktpotentials verschiedenster Ressourcenübernutzungen der Insel bedarf es weitreichender Maßnahmen zur Verringerung der identifizierten Einfluß- und Hemmfaktoren sozialer Nachhaltigkeit, da mit ihr vor allem die ökologische Stabilität des Naturraumpotentials Trinidads auf dem Spiel steht.

ABSTRACT

Until the mid-nineties the discussion with regard to sustainable development was dominated by the notion of the incompatibility of its basic economic, ecological and social components with their far reaching consequences. Only until investigations took place, concentrating on single environmental problem areas and their inherent contents of all aspects of sustainability, a process was initiated leading to an operational specification which gave the former discussions a new impulse.

From then on the application and evaluation of sustainable concepts on a project- or management-unit-level was of major interest. In forest management this development was accompanied by numerous processes and initiatives focusing on the comprehensible implementation of lasting forest management practices and forest utilisation.

The first criteria and indicator (C&I) systems were already developed in the early nineties and served as initiators also for other disciplines. Additionally, the growing discussion about certification of tropical wood products has strongly enriched the elaboration of C&I for sustainable forestry and led to a progressive specification of its various contents. The recent application of such indicator systems on a sub-national level has added a new dimension to this process.

These results contribute to a further understanding of the adaptability and practicability of sustainability by means of C&I and thus also help to continuously improve the indicator systems themselves. The following investigation, focusing on social C&I, shows that not only absolute quantitative aspects can be seized, but furthermore even an assessment of mainly qualitative principles of sustainability can be carried out through the assistance of local stakeholders. As a consequence of the existing extensive C&I sets, the contents of sustainable forest management have been well elaborated.

In the future, actions will have to be directed more towards the methodical application of C&I to establish them as meaningful tools of forest utilisation against the background of sustainable development. Especially with regard to social sustainability, meeting the demands of the relevant stakeholders necessarily asks for the adaptation of C&I to the local societal context, since a range of different stakeholders implies various and often contradictory interests in forest utilisation. These are closely related to the stakeholders' social structure as well as their position within society.

As the investigation shows, affected local user-groups are only too often directly dependent on politically and economically more influential stakeholders. Moreover, when adapting C&I, it has to be taken into consideration that sustainability, and thus also social issues, are subject not only to a local but also a temporary change.

Apparently, indicator systems should best be equipped with a high flexibility, which is also of high relevance for their methodology enabling us to achieve a better insight into the groups' status of social sustainability.

Due to the only recently started research on this topic it is necessary to take notice of this presently existing restrictions. However, C&I have to be incorporated in a process which allows a steady research aiming for the successive revision of C&I, their practicability and methodology as well as adaptation with regard to a group's specific social composition and broader societal structure and position. C&I have proven their potential not only to identify stakeholders for Trinidad but also to assess them concerning their social and cultural significance.

Furthermore, through the applied C&I it was possible to investigate the weaknesses and the positive aspects of social sustainability among local stakeholders. In the case of the weaknesses, short-term goals have been made visible. Steps counteracting these conditions are urgently needed for the stabilisations of the groups' income situation and livelihood of their families. The identified insufficiencies represent starting points for the local forest policy and decision makers at the project level.

On the whole, a dependency of the status of social sustainability on several determinants was worked out. These are: A political and an economic power deficit, as well as the dominance of these groups by other stakeholders with a higher lobby and influence or power, be it legal or illegal. Even conditions on a national level like the ongoing forest destruction and the uncontrolled squatting activities have led to a restriction of the legal access to forest resources.

Yet, taking into consideration that ecological and social stability, being partially subject to the same factors, it would be in the sense of a true sustainable forestry, not to dominantly support ecological aspects and putting social aspects at risk, as it is presently the case, but to accept their interdependent relations and to meet minimal short-term requirements of sustainability for both social and ecologic aspects due to the significance of the actual problems.The ongoing supervision of such actions by means of the elaborated indicator systems and their refinement enables decision makers in a second step to single out realistic medium- and long-term goals on the ground of the already achieved experience in former activities. The quality of such actions again relies on the value and the meaningfulness of the C&I applied and their fundamental methodology.[366]

---

[366] A more extensive research summary in English was written for the *International Conference and Workshop on Indicators for the Sustainable Management of Neotropical Forests,* November 9–12, 1999, Turrialba – Costa Rica, IUFRO in collaboration with CATIE, CIFOR and FAO (see GÜNTER 1999 c).

LITERATURVERZEICHNIS

ADAMS, W. M. (1990): Green Development: Environment and Sustainability in the Third World. London/New York.

ADRIAANSE, A. (1994): In Search of Balance – A conceptual Framework for Sustainable Development Indicators. Contribution to the Network Seminar on Sustainable Development by the New Economic Foundation. Delft, October.

ALLEN, E. (1992): Brasilien Amazônia. Policy Formation and Democracy. In: Institut für Iberoamerika-Kunde: Lateinamerika, Nachhaltige Entwicklung in Amazonien. Konzept und Wirklichkeit, Nr. 19.

ANAYA, S. J. (1996): Indigenous Peoples in International Law. New York.

ARTS, B. (1994): Nachhaltige Entwicklung, eine begriffliche Abgrenzung. In: Peripherie, Nr. 54, S. 6–27.

AUSWÄRTIGES AMT, BUNDESMINISTERIUM FÜR WIRTSCHAFT UND BMZ (1995): Lateinamerikakonzept der Bundesregierung, Materialienband. Bonn.

BÄHR, J. und MERTINS, G. (1999): Die Auswirkungen von Wirtschaftskrise und Wirtschaftsreformen auf das Wanderungsverhalten in Kuba. In: Erdkunde, Bd. 53, S. 14–33.

BARBIER, E. B. (1987): The Concept of Sustainable Economic Development. In: Environmental Conservation, Jg. 14, Nr. 2, S. 101–110.

BARRACLOUGH, S. L. und GHIMIRE, K. B. (1995): Forests and Livelihoods, The Social Dynamics of Deforestation in Developing Countries. London/New York.

BEARD, J. S. (1946): The Natural Vegetation of Trinidad. Colonial Forest Service. Oxford.

BECKER, M. (1996): Zertifizierung von 'Holz aus nachhaltiger Forstwirtschaft' – Zum Stand der internationalen Entwicklung und zur Rolle der Holzwirtschaft. In: Freiburger Winterkolloquium 'Forst und Holz', S. 1–13.

BIRKMANN, J. (1999): Indikatoren für eine nachhaltige Entwicklung. Eckpunkte eines Indikatorensystems für räumliche Planungsfragen auf kommunaler Ebene. In: Raumforschung und Raumordnung, 57. Jahrgang, H. 2/3, S. 120–131.

BLUM, A. (1987): Sustainable Development: Agriculture and Environmental Education. In: BAEZ, A. V., KNAMILLER, G. W., SMYTH, J. C. (eds.): The Environment and Science and Technology Education. Science and Technology Education and Future Human Needs, Vol. 8. Oxford, New York, Beijing. S. 151–156.

BLUME, H. (1968): Die Westindischen Inseln. Braunschweig.

BMZ (1993): Erfahrungen und Möglichkeiten einer nachhaltigen Bewirtschaftung von artenreichen tropischen Regenwäldern, eine Untersuchung anhand von vier Fallbeispielen. Forschungsberichte des BMZ, Band 109. Köln.

BMZ (1995 a): Auswertung der Evaluierungsberichte des Jahres 1993. Bd. 1. Bonn.

BMZ (1995 b): Tropenwalderhaltung und Entwicklungszusammenarbeit. BMZ Aktuell, Bd. 052. Bonn.

BMZ (1996 a): Leitlinien für die bilaterale finanzielle und technische Zusammenarbeit mit Entwicklungsländern. BMZ Aktuell, Bd. 061. Bonn.

BMZ (1996 b): Förderung von Waldvölkern im Rahmen des Tropenwaldprogramms – entwicklungspolitische Bewertung und Perspektiven. BMZ Aktuell, Bd. 062. Bonn.

BMZ (1996 c): Konzept zur Entwicklungszusammenarbeit mit indianischen Bevölkerungsgruppen in Lateinamerika. BMZ Aktuell, Bd. 073. Bonn.

BMZ (1997 a): Fünf Jahre nach Rio – Tropenwalderhaltung und Entwicklungszusammenarbeit. Erfahrungen, Leistungen, Perspektiven. Bonn.

BMZ (1997 b): Die Fähigkeit zum Umwelt- und Ressourcenschutz in den Entwicklungsländern stärken. Beiträge zur Entwicklungszusammenarbeit. Bonn.

BOEHM, U. und LENHART, V. (1992): Technology Education in Trinidad and Tobago. Heidelberger Studien zur Erziehungswissenschaft, Bd. 37. Frankfurt, Berlin, Bern.

BOTHMER, K.-H. V. (1994 a): Evaluation of Commercial Forest Plantation Resources – Trinidad and Tobago. Report on Concession Policy and its Economical and Financial Implications. FAO, Rome.

BOTHMER, K.-H. V. (1994 b): Evaluation of Commercial Forest Plantation Resources – Trinidad and Tobago. Summary of Findings, Conclusions and Recommendations, Draft Report. Port of Spain.

BROCKMANN, K. L., HEMMELSKAMP, J. und HOHMEYER, O. (1996): Certified Tropical Timber and Consumer Behaviour. The Impact of a Certification Scheme for Tropical Timber from Sustainable Forest Management on German Demand. Heidelberg.

BRUENIG, E. F. (1996 a): Conservation and Management of Tropical Rainforests. An Integrated Approach to Sustainability. Wallingford.

BRUENIG, E. F. (1996 b): Cost and Benefit of Sustainability in Forestry. Hamburg.

BRUNDTLAND, G. H. ET AL., Weltkommission für Umwelt und Entwicklung (1987): Our Common Future. Oxford/New York.

BUCHHOLZ, H. J. (1987): Südpazifik Inseln. 'Kleinheit' als Entwicklungsproblem. In: Geographische Rundschau 39, H. 1, S. 14–21.

BUNDESMINISTERIUM FÜR ERNÄHRUNG, LANDWIRTSCHAFT UND FORSTEN (1999): Schutz und Bewirtschaftung der Tropenwälder, Tropenwaldbericht der Bundesregierung – 6. Bericht. Bonn.

BUNDESSTELLE FÜR AUßENHANDELSINFORMATION (1996): Trinidad und Tobago, Wirtschaftsentwicklung 1994/95. Köln.

BURCH, W. R. (1982): The Social Meanings of Forests. In: HEWETT, C. und HAMILTON, T.: Forests in Demand, Conflicts and Solutions. Boston. S. 51–59.

CANADIAN COUNCIL OF FOREST MINISTERS (1995): Defining Sustainable Forest Management. A Canadian Approach to Criteria and Indicators. Ottawa.

CARIBBEAN FOREST CONSERVATION ASSOCIATION (1994): National Parks and Protected Areas. Institute of Marine Affairs, Chaguaramas, Trinidad.

CASSELLS, D. und RIETBERGEN, S. (1995): Forestry and Conservation: The World Bank's Experience. In: Commonwealth Forestry Review, Volume 74/1, S. 62–70.

CARIBBEAN DEVELOPMENT BANK/UNITED NATIONS ECONOMIC COMMISSION FOR LATIN AMERICA AND THE CARIBBEAN (CDB/UN ECLAC) (1997): Caribbean Ministerial Meeting on the Implementation of the Programme of Action for the Sustainable Development of Small Island Developing States: Environmental Indicators for the Caribbean. SIDS/INF,10.

CERNEA, M. M. (1991): Putting People First. Sociological Variables in Rural Development. The World Bank. Washington D.C.

CERNEA, M. M. (1994): The Sociologist's Approach to Sustainable Development. In: SERAGELDIN, I. und STEER, A. (eds.): Making Development Sustainable: From Concepts to Action. Washington, S. 6–10.

CHAKRABORTY, R. N. (1996): Nachhaltige Waldbewirtschaftung in Indien. Deutsches Institut für Entwicklungspolitik, Berichte und Gutachten 14/1996. Berlin.

CHAKRABORTY, R. N., FREIER, I., KEGEL, F., MÄSCHER, M. (1997): Community Forestry in the Terai Region of Nepal. Policy Issues, Experience, and Potential. German Development Institute, Reports and Working Papers 5/1997. Berlin.

CHALMERS, W. S. (1992): FAO/Caricom Tropical Forestry Action Programme: Trinidad and Tobago National Forestry Action Programme. Report of the Country Mission Team.

CHAMBERS, R. und LEACH, M. (1987): Trees to Meet Contingencies: Savings and Security for the Rural Poor. Institute of Development Studies, Discussion Paper No. 228. Brighton.

CHIPETA, M. E. (1997): Funding Forestry Development in Asia and the Pacific, Africa and Latin America and the Caribbean. In: Unasylva 188, Vol. 48, S. 4–7.

INTERNATIONAL CENTER FOR TROPICAL AGRICULTURE/UNITED NATIONS ENVIRONMENT PROGRAMME (CIAT/UNEP) (1996): CIAT-UNEP Regional Workshop on the Use and Development of Environmental and Sustainability Indicators. Mexico City, February 14 to 16.

COLFER, C. J. P. (1995): Who Counts Most in Sustainable Forest Management? CIFOR Working Paper No. 7. Bogor.

COLFER, C. J. P. (1996): Social Aspects of Certification. Conference on the Ecological, Social and Political Issue on the Certification of Forest Managemenet. Kuala Lumpur, S. 143–146.

COLFER, C. J. P., WOELFEL, J., WADLEY, R. L., HARWELL, E. (1996): Assessing People's Perceptions of Forests in Danau Sentarum Wildlife Reserve. CIFOR Working Paper No. 13. Bogor.

COLFER, C. J. P., BROCKLESBY, M. A., DIAW, C., ETUGE, P., GÜNTER, M. ET AL. (1999 a): The BAG (Basic Assessment Guide for Human Well Being). Criteria and Indicators Toolbox Series No. 5. CIFOR. Bogor.

COLFER, C. J. P., BROCKLESBY, M. A., DIAW, C., ETUGE, P., GÜNTER, M. ET AL. (1999 b): The Grab Bag (Supplementary Methods for Assessing Human Well Being). Criteria and Indicators Toolbox Series No. 6. CIFOR. Bogor.

COLFER, C. J. P., mit PRABHU, R., GÜNTER, M., MCDOUGALL, C., PORRO, N. M. (1999): Who Counts Most? Assessing Human Well Being in Sustainable Forest Management. Criteria and Indicators Toolbox Series No. 8. CIFOR. Bogor.

CONFERENCE ON SECURITY AND COOPERATION IN EUROPE (1994): Seminar of Experts on Sustainable Development of Boreal and Temperate Forests. 27. September–1. October 1993, Montreal. Technical Report – Annex 1. Natural Resources Canada, Canadian Forest Service. Ottawa.

COOPER, ST. G. C. und BACON, P. R. (HRSG.) (1983): The Natural Resources of Trinidad and Tobago. London.

CUBE, F. V. und AMELANG, M. (HRSG.) (1988): Umweltpädagogik: Ansätze, Analysen, Ausblicke. Heidelberg.

CULLITY, D. und AMOAKO-NUAMA, C. (1996): Report of the Chairs of the International Conference on Certification and Labelling of Products from Sustainably Managed Forests held in Brisbane, 26–31 May.

DABBERT, S., BRAUN, J. und KILIAN, B. (1996): Rechtliche und agrarumweltpolitische Maßnahmen zur Erreichung unterschiedlicher Stufen der Nachhaltigkeit der Landbewirtschaftung. In: LINKH, G. (HRSG.), Akademie für Technikfolgenabschätzung in Baden Württemberg: Nachhaltige Land- und Forstwirtschaft. Berlin, Heidelberg, New York.

DARDAINE, S. (1979): A Comparison of Job Satisfaction and Performance of Workers between their Employment in the same Capacities as Government Employees at Brickfield Forest Industries and their Present Employment at the wholly Government owned Company, Trinidad and Tobago Forest Products Company Limited (TANTEAK). Department of Management Studies, University of the West Indies, St. Augustine.

DARDAINE, S. und BURGESS, K. (1980): Business Policy Company Report, Prepared on Trinidad and Tobago Forest Products Company Limited (TANTEAK). Department of Management Studies, University of the West Indies, St. Augustine.

DEUTSCHER ENTWICKLUNGSDIENST (1996): Ressourcensicherung. Berlin.

DIE TAGESZEITUNG: Aus Urwäldern werden Gartenstühle. 20. Jahrgang, 18. Woche, 29.04.1998, S. 8.

DIEFENBACHER, H. und HABICHT-ERENLER, S. (1991): Wachstum und Wohlstand. Neuere Konzepte zur Erfassung der Sozial- und Umweltverträglichkeit. Marburg.

DIEKMANN, A. (1995): Empirische Sozialforschung. Grundlagen, Methoden, Anwendungen. Hamburg.

DIETZ, F. J., SIMONIS, U. E. und VAN DER STRAATEN, J. (HRSG.) (1992): Sustainability and Environmental Policy: Restraints and Advances. Berlin.

DILLON, S. und LOWE, C. (1988): The Sawmilling Industry in Trinidad. Port of Spain.

DONNER, W. (1980): Haiti – Naturraumpotential und Entwicklung. Institut für Iberoamerika-Kunde, Schriftenreihe, Bd. 30. Hamburg.

DOTZAUER, H. (1996): The Relevance of Forest Certification for Development Policy Measures and its Possible Incorporation into Technical Co-Operation. Deutsche Gesellschaft für Technische Zusammenarbeit. Workshop on Certification. Arnoldshain.

DROSTE, H.-J. (1996): Impacts of Timber Certification on Sustainable Forest Management, Part I. Chair of World Forestry. Hamburg.

ECONOMIST (1999): World in Figures. London.

ECONOMIST INTELLIGENCE UNIT (1997): Country Report Trinidad and Tobago, Guyana, Suriname, Netherlands Antilles, Aruba, Windward and Leeward Islands, 4th Quarter 1997: Trinidad and Tobago. London.

EGESTAD, P. S. (1995): Setting Standards for Sustainable Forest Management - An Institutional Perspective Analysis. Albert Ludwigs Universität Freiburg, Institut für Forstökonomie. Freiburg.

ELLENBERG, L. (1999): Schutz der Biodiversität in Costa Rica durch ihre Nutzung. In: Geographische Rundschau 51, H. 7–8, S. 408–413.

ELLIOTT, C./WWF INTERNATIONAL (1996): WWF Leitfaden für Holzzertifizierung 96. Godalming, Surrey.

ENDRES, A. (1996): A Convention on Greenhous Gases: The Impact of Instrumental Choice on the Success of Negotiations. Hagen.

EUROPEAN COMMUNITIES COMMISSION (1996): Forests in Sustainable Development, Vol. 1, Strategic Approach. Luxembourg.

EUROPEAN LIST OF CRITERIA AND MOST SUITABLE QUANTITATIVE INDICATORS (1994): Adopted by the first Expert Level Follow-up Meeting of the Helsinki Conference, 24 June 1994, Geneva. Liaison Unit. Ministry of Agriculture and Forestry, Finland.

FALCONER, J. und ARNOLD, J. E. M. (1991): Household Food Security and Forestry, an Analysis of Socio-Economic Issues. Food and Agricultural Organization of the United Nations. Rome.

FAO (eds.) (1993 a): Forest Resources Assessment 1990, Tropical Countries. FAO Forestry Paper 112. Rome.

FAO (eds.) (1993 b): The Impact of Social and Environmental Change on Forest Management. A Case Study from West Kalimantan, Indonesia. Community Forestry Case Study Series 8. Rome 1993.

FAO (eds) (1995): Report of the Meeting on 27 November, 1. December 1995, South Africa.

FAO (eds.) (1995 a): Expert Meeting on Harmonisation of Criteria and Indicators for Sustainable Forest Management. Background Note 1/95: General Review of the International Processes on the Formulation of Criteria and Indicators for Sustainable Forest Management. Rome.

FAO (eds.) (1995 b): Expert Meeting on Harmonisation of Criteria and Indicators for Sustainable Forest Management. Background Note 2/95: Examination of Criteria and Indicators for Sustainable Forest Management at National Level. Rome.

FAO (eds.) (1995 c): National Forestry Action Programme Update No. 32, S. 330–332.

FAO (eds.) (1995 d): Forestry, Statistics Today for Tomorrow. Rome.

FAO (eds.) (1995 e): Technical Cooperation Programme, Evaluation of Commercial Forest Plantation Resources, Trinidad and Tobago. Rome.

FAO (eds) (1996): Formulation, Execution and Revision of National Forest Programmes, Basic Principles and Operational Guidelines. Rome.

FORRESTER, J. W. (1971): World Dynamics. Camebridge.

FOX, K. A. (1987): Environmental Quality in a New System of Social Accounts. In: ARCHIBUGI, F. und NIJKAMP, P. (HRSG.): Economy and Ecology: Towards Sustainable Development. Dordrecht/London. S. 189–203.

FRIEDRICHS, J. (1990): Methoden empirischer Sozialforschung, Opladen.

FOREST STEWARDSHIP COUNCIL (FSC) (1994): Forest Stewardship Council Statutes. Oaxaca.

FSC (1996): Accreditation Programme. Manual for Evaluation and Accreditation of Certification Bodies. Oaxaca.

FUCHS, A. (1996): Lösungsansätze für den Konflikt zwischen Ökonomie und Ökologie im tropischen und subtropischen Regenwald am Beispiel der Mata Atlântika Brasiliens. Kölner Forschungen zur Wirtschafts- und Sozialgeographie, Bd. 45. Köln.

FUCHS, A. und RADTKE, U. (1998): Ökologische Probleme auf der karibischen Insel Barbados. In: Geographische Rundschau 50, H. 12, S. 706–713.

GARDNER, J. und ROSELAND, M. (1989): Think Globally, the Role of Social Equity in Sustainable Development. In: Alternatives, Nr. 16/3, S. 26–34.

GEWERKSCHAFT HOLZ UND KUNSTSTOFF, HAUPTVORSTAND (GHK) (1992): Beschlüsse und Erklärungen zum Schutz des tropischen Regenwaldes. Düsseldorf.

GLOWKA, I. ET AL. (HRSG.) (1994): Guide to the Convention on Biological Diversity. IUCN Environmental Policy and Law Paper No. 30.

GOODLAND, R. und DALY, E. (HRSG.) (1992): Nach dem BRUNDTLAND-Bericht: Umweltverträgliche wirtschaftliche Entwicklung. Bonn.

GOPAULSINGH, A. (1995): Trinidad and Tobago Forest Products Company Limited, Business Plan 1996–1998. Trinidad, Carlsen Field.

GOVERNMENT OF TRINIDAD AND TOBAGO, MINISTRY OF THE ENVIRONMENT AND NATIONAL SERVICE (1998): Forestry Handbook. Port of Spain.

GOVERNMENT OF TRINIDAD AND TOBAGO / ORGANISATION OF AMERICAN STATES (1991): The Eastern Northern Range Plan in Trinidad (1991–1995), Draft. Port of Spain.

GREENPEACE (1994): Principles and Guidelines for Ecologically Responsible Forest Use. Greenpeace International.

GREGERSEN, H., DRAPER, S. und ELZ, D. (1989): People and Trees. The Role of Social Forestry in Sustainable Development. Economic Development Institute of The World Bank. Washington D.C.

GRUPPE FÜR ENTWICKLUNG UND UMWELT, GEOGRAPHISCHEN INSTITUT DER UNIVERSITÄT BERN (1995): Natürliche Ressourcen – nachhaltige Nutzung. Eine Orientierungshilfe für die nachhaltige Nutzung natürlicher Ressourcen in der Entwicklungszusammenarbeit. Berichte zu Entwicklung und Umwelt Nr. 14. Bern.

GSÄNGER, H. (1994): Soziale Sicherungssysteme für Entwicklungsländer – Anspruch und Wirklichkeit. In: Nord-Süd aktuell, 2. Quartal, S. 247–254.

GÜNTER, M. (1995): Negative Determinanten einer nachhaltigen Nutzung der tropischen Regenwälder Amazoniens. Unveröffentlichte Examensarbeit. Heidelberg.

GÜNTER, M. (1998): Report on the Implementation and Testing of Social Criteria and Indicators for Sustainable Management and Development in Small Island States. UN-ECLAC Environment Unit, Internal Paper. Port of Spain.

GÜNTER, M. (1999 a, im Druck): Intergenerational Equity and Sharing of Benefits on an Island Developing State. In: CIFOR: People in the Forest – a Look at Human Well Being. Bogor.

GÜNTER, M. (1999 b): Assessment of Social C & I on a Developing Small Island State. In: CIFOR, C & I Updates, March, No. 10. Bogor.

GÜNTER, M. (1999 c): C & I as Tools for Detecting the Status of Social Sustainability among Stakeholders in Trinidad. Research Report for the International Conference and Workshop on Indicators for the Sustainable Management of Neotropical Forests, IUFRO in Collaboration with CATIE, CIFOR and FAO, November 9–12, 1999, Turrialba. Costa Rica.

GUPTA, A. (1995): Combating Deforestation: The Role of Existing Agreements, UNDP.

HAAS, H. D. und SCHARRER, J. (1997): Tourismus auf den Karibischen Inseln. Entwicklung, Struktur und Auswirkungen des internationalen Fremdenverkehrs. In: Geographische Rundschau 49, H. 11. S. 644–650.

HARBORTH, H. J. (1989): Dauerhafte Entwicklung (Sustainable Development): Zur Entstehung eines neuen ökologischen Konzepts. Berlin.

HARBORTH, H. J. (1991): Dauerhafte Entwicklung statt globaler Selbstzerstörung. Eine Einführung in das Konzept des ‚Sustainable Development'. Berlin.

HEIN, W. (HRSG.) (1991): Umweltorientierte Entwicklungspolitik. Schriften des Deutschen Übersee-Instituts Hamburg, Nr. 7. Hamburg.

HEUVELDOP, J. (1994): Assessment of Sustainable Tropical Forest Management. Mitteilungen der Bundesforschungsanstalt für Forst- und Holzwirtschaft, Nr. 178. Hamburg.

HOBLEY, M. (1996): Participatory Forestry: The Process of Change in India and Nepal. Rural Development Forestry, Study Guide 3; Overseas Development Institute. London.

HÖHN, H. J. (1994): Umweltethik und Umweltpolitik. In: Aus Politik und Zeitgeschichte, Beilage zur Wochenzeitung ‚Das Parlament', Nr. 49, S. 13–21.

HONERLA, S. und SCHNEIDER, T. W. (1995): Synoptic Portrait of Similarities of the Contents of Existing Criteria and Indicator Catalogues for Sustainable Forest Management. Bundesforschungsanstalt für Forst- und Holzwirtschaft. Institut für Weltforstwirtschaft. Hamburg.

IBBH (INTERNATIONALER BUND DER BAU- UND HOLZARBEITER) (1996): IBBH Waldprogramm, Schutz der Wälder als gewerkschaftliche Aufgabe. Genf 1993 IIED/WCMC (International Institute for Environment and Development/World Conservation Monitoring Centre): Forest Resource Accounting. Strategic Information for Sustainable Forest Management. Cambridge.

INTERAMERICAN DEVELOPMENT BANK (1995): Northern Range Reforestation Project under the Environmental Protection and Rehabilitation Programme. Washington D.C.

INTERIM REPORT ON THE FOLLOW-UP OF THE SECOND MINISTERIAL CONFERENCE (1995): Ministerial Conference on the Protection of Forests in Europe, Helsinki. Liaison Unit. Ministry of Agriculture and Forestry, Finland.

INTERNATIONAL MONETARY FUND (IMF) (1996): Trinidad and Tobago, Statistical Appendix; IMF Staff Country Report No. 96/59. Washington D.C.

INTERGOVERNMENTAL SEMINAR ON CRITERIA AND INDICATORS FOR SUSTAINABLE FOREST MANAGEMENT (ISCI) (1996): Background Report 1: Achievements in the Development of Criteria and Indicators for Sustainable Forest Management. Helsinki.

INTERNATIONAL TROPICAL TIMBER ORGANISATION (ITTO) (1990): ITTO Guidelines for the Sustainable Management of Natural Tropical Forests. ITTO Policy Development Series 1. Yokohama.

ITTO (1991): Planning Forest Industries in Developing Countries. Helsinki.

ITTO (1992): Criteria for the Measurement of Sustainable Tropical Forest Management. ITTO Policy Development Series 3. Yokohama.

ITTO (1993): Guidelines for the Establishment and Sustainable Management of Planted Tropical Forests. ITTO Policy Development Series 4. Yokohama.

INITIATIVE TROPENWALD (ITW) (1993): Kriterien zur Beurteilung der nachhaltigen Bewirtschaftung tropischer Wälder. Berlin.

THE WORLD CONSERVATION UNION (IUCN) (1996): The Conservation Atlas of Tropical Forests – The Americas. New York, London, Toronto.

JÖST, F. und MANSTETTEN, R. (1993): Grenzen und Perspektiven des Konzepts der nachhaltigen Entwicklung. Heidelberg.

JORGENSEN, S. E., HALLING-SORENSEN, B. und NIELSEN, S. N. (eds.) (1996): Handbook of Environmental and Ecological Modeling. Boca Raton.

KALFF, M. und EISFELD, J.-G. (1997): Handbuch zur Natur- und Umweltpädagogik: Theoretische Grundlegung und praktische Anleitungen für ein tieferes Mitweltverständnis. Tuningen.

KREDITANSTALT FÜR WIEDERAUFBAU MAGAZIN – CHANCEN (KfW) (1998): Exportförderung unter Palmen. Ein KfW-Projekt: Methanolanlagen auf Trinidad und Tobago. 1–6/98, S. 2–4.

KIEKENS, J.-P. (1995): Timber Certification: A Critique. In: Unasylva 183, Vol. 46, S. 27–28.

KLIMA-BÜNDNIS (1996): Ist der kommunale Tropenholzverzicht noch zeitgemäß? Zur Diskussion um die Zertifizierung von Holz. Frankfurt.

KNAMILLER, G. W. (1987): Issue-based Environmental Education in Developing Countries. In: BAEZ, A. V., KNAMILLER, G. W., SMYTH, J. C. (eds.): The Environment and Science and Technology Education. Science and Technology Education and Future Human Needs, Vol. 8, S. 157–162. Oxford, New York, Beijing.

KÖßLER, R. (1994): Peace-Keeping, Einmischung, Menschenrechte – Erfahrungen und Projektionen. In: Peripherie, Nr.55/56, S. 181–212.

KREISEL, W. (1991): Die pazifische Inselwelt. Darmstadt.

KREISEL, W. (1998): Nauru – ein pazifischer 'Mikrostaat'. In: Geographische Rundschau 50, H. 6. S. 376–381.

KROSIGK, F. V. (1994): Struktur und Entwicklungsprobleme der südpazifischen Inselwelt. In: NOHLEN, D. und NUSCHELER, F. (HRSG.): Ostasien und Ozeanien. Handbuch der Dritten Welt, Bd. 8, S. 298–337. Ludwigsburg.

KUIK, O. und VERBRUGGEN, H. (HRSG.) (1991): In Search of Indicators of Sustainable Development. Dordrecht, Boston, London.

KYBURZ-GRABER, R., RIGENDINGER, L. ET AL. (1997): Sozio-ökologische Umweltweltbildung. Umwelterziehung, Bd. 12. Hamburg.

LAMNEK, S. (1995): Qualitative Sozialforschung. Bd. 1 & Bd. 2. Weinheim.

LANLEY, J. P. und CLEMENT, J. (1979): Present and Future Forests and Plantations in the Tropics. UN Food and Agricultural Organisation, Report FO: MISC/1979/1. Rome.

LANLY, J. P. (1992): Forestry Issues at the United Nations Conference on Environment and Development. In: Unasylva, 171, Vol. 43, S. 61–67.

LANLY, J. P. (1995): Sustainable Forest Management: Lessons of History and recent Developments. In: Unasylva, 182, Vol. 46, S. 38–45.

LÉLÉ, S. (1991): Sustainable Development: A critical Review. In: World Development, 19/6, S. 607–621.

LENDI, M. (1994): Rechtliche Möglichkeiten und Grenzen der Umsetzung des Nachhaltigkeitsprinzips. In: Dokumente und Informationen zur Schweizerischen Orts-, Regional- und Landesplanung, DISP 117, S. 31–36.

LIVERMAN, D. M., HANSON, M. E. ET AL. (1998): Global Sustainability: Toward Measurement. In: Environmental Management, Vol. 12, Nr. 2, S. 133–143.

LÖBER, H.-G. (1976): Persönlichkeit und Kultur auf Trinidad. Ein Vergleich zwischen Afrikanern und Indern. Sozialwissenschaftliche Studien zu internationalen Problemen: SSIP Schriften, Heft 29. Saarbrücken.

LOWE, P. D. (1995): The Limits to the Use of Criteria and Indicators for Sustainable Forest Management. In: Commonwealth Forestry Review, 74 (4), S. 343–349.

MAINI, J. S. (1993): Sustainable Development of Forests. A systematic Approach to Defining Criteria, Guidelines and Indicators. In: Seminar of Experts on Sustainable Development of Boreal and Temperate Forests. Annex I. Montreal, S. 61–70.

MALTHUS, T. R. (1997 reprint): Essays on the Principle of Population. London. In deutscher Übersetzung: Das Bevölkerungsgesetz. München (1977).

MANMOHAN, E. (1997): Tanteak hit a $ 10.3m losing streak. In: Trinidad Express, Ausgabe vom 27.12.1997, S. 5.

MARSH, G.P. (1974 reprint): Man and Nature. Harvard.

MASSARRAT, M. ET AL. (HRSG.) (1993): Die Dritte Welt und wir: Bilanz und Perspektiven für Wissenschaft und Praxis. Freiburg.

MEADOWS, D. L., ZAHN, E. und MILLING, P. (1972): Die Grenzen des Wachstums. Bericht des Club of Rome zur Lage der Menschheit. Stuttgart.

MEADOWS, D. H., MEADOWS, D. L. und RANDERS, J. (1992): Die neuen Grenzen des Wachstums. Die Lage der Menschheit: Bedrohung und Zukunftschancen. Stuttgart.

MENDOZA, G. A., MACOUN, P., PRABHU, R. ET AL. (1999): Guidelines for Applying Multi-Criteria Analysis to the Assessment of Criteria and Indicators. Criteria and Indicators Toolbox Series No. 9. CIFOR. Bogor.

MIKUS, W. (1970): Wirtschafts- und bevölkerungsgeographische Wandlungen auf den kleinen süditalienischen Inseln. In: Deutscher Geographentag Kiel 1969. Tagungsbericht und wissenschaftliche Abhandlungen Wiesbaden. S. 440–462.

MIKUS, W. (1984): Der Nord-Süd-Konflikt. Hinweise zur wirtschafts- und sozialgeographischen Differenzierung. In: ELSTER, H. J., KOCH, E. (HRSG.): Naturwissenschaft und Technik. Stuttgart. S. 47–64.

MIKUS, W. (1985): Problems resulting from Misinterpretations of natural Resources and natural Hazards in tropical Countries. The Example of Peru. In: Geo Journal, 11.1, S. 103–109.

MIKUS, W. (1986): Entwicklungsprojekte in Südamerika – Allgemeine Forschungsprobleme und Beispiele. In: LIPPOLT, H.J. ET AL (HRSG.): Geowissenschaftliche Forschungen in Heidelberg im Jubiläumsjahr 1986. Geowiss. Abh., Bd. 6. Heidelberg. S. 353–364.

MIKUS, W. (1988): Vergleichende Projektevaluierung und Regierungsberatung - eine Aufgabe praxisorientierter Wissenschaft. In: MIKUS, W. ET AL (HRSG.): Heidelberger Dritte Welt Studien 26. Der Praxisbezug der Entwicklungsländerforschung. Grundsätze und Beispiele aus Asien, Afrika und Lateinamerika. Heidelberg. S. 103–113.

MIKUS, W. (1994 a): Wirtschaftsgeographie der Entwicklungsländer. Stuttgart/Jena.

MIKUS, W. (1994 b): Umwelt und Tourismus. Analysen und Maßnahmen zu einer nachhaltigen Entwicklung am Beispiel des Tegernsees. Heidelberger Geographische Bausteine, Heft 12.

MIKUS, W. und HUBELE, M. (1996): Aufgaben, Probleme und Beispiele umweltökonomischer Forschung in Südamerika. In: BARSCH, D. ET AL. (HRSG.): 100 Jahre Geographie an der Ruprecht-Karls Universität Heidelberg. Heidelberg. (= HGA, 100). S. 237–257.

MIKUS, W. und PECHER, F. K. (1998): Nachhaltige Entwicklung an Tourismusstandorten, Evaluierung von Ansätzen, Aufgaben und Zielen in Fremdenverkehrsgebieten Südostbayerns. Materialien zur Fremdenverkehrsgeographie, Heft 46, Geographische Gesellschaft Trier.

MONTREAL PROCESS (1995): Criteria and Indicators for the Conservation and Sustainable Management of Temperate and Boreal Forests. Canadian Forest Service. Quebec.

MONTREAL PROCESS (1996): Eighth Meeting of the Working Group on Criteria and Indicators for the Conservation and Sustainable Management of Temperate and boreal Forests. Aide Memoire. 5 June 1996. Canberra, Australia.

MUNN, R. E. (1988): Towards Sustainable Development: An Environmental Perspective. (Paper presented at the International Conference on Environment and Development). Mailand.

ORGANISATION FOR ECONOMIC CO-OPERATION AND DEVELOPMENT (OECD) (1982): The OECD List of Social Indicators. Paris.

OECD (1992): Convention on Climate Change: Economic Aspects of Negotiations. Paris.

OECD (1994): Environmental Indicators – OECD Core Set. Paris.

OECD (1995): Environmental Learning for the 21st Century. Paris.

OHNE VERFASSER (o.V., 1995): Sustaining the World's Forests: The Santiago Agreement, Criteria and Indicators for the Conservation and Sustainable Management of Temperate and Boreal Forests. In: Journal of Forestry, 93 (4), S. 18–21.

OKALI, C., SUMBERG, J., und FARRINGTON, J. (1994): Farmer Participatory Research, Rhetoric and Reality. Overseas Development Institute. London.

PANCEL, L. (HRSG.) (1993): Tropical Forestry Handbook, Vol. 2. Berlin, Heidelberg, New York.

PEARCE, D. (1985): Sustainable Futures: Economics and the Environment. London.

PEARCE, D., BARBIER, E. und MARKANDYA, A. (1990): Sustainable Development: Economics and Environment in the Third World. Worcester.

PEZZEY, J. (1992): Sustainable Development Concepts – An Economic Analysis. World Bank Environment Paper Number 2. Washington, D.C.

PRABHU, R. (1996): Developing Criteria and Indicators for Sustainable Forest Management: First Results from the CIFOR Research Project. Center for International Forestry Research CIFOR. Bogor.

PRABHU, R., COLFER, C. J. P., VENKATESWARLU, P. ET AL. (1996): Testing Criteria and Indicators for the Sustainable Management of Forests: Phase 1, Final Report. CIFOR. Bogor.

PRABHU, R., MAYNARD, W., EBA'A ATYI, R. ET AL. (1998): Testing and Developing Criteria and Indicators for Sustainable Forest Management in Cameroon: The Kribi Test, Final Report. CIFOR. Bogor.

PRABHU, R., RUITENBEEK, H. J., BOYLE, ET AL. (1998): Between Voodoo Science and adaptive Management: The Role and Research Needs for Indicators of Sustainable Forest Management. Paper for IUFRO/FAO/CIFOR International Conference on Indicators for Sustainable Forest Management. Melbourne, August 24–28.

PRABHU, R., COLFER, C. J. P. and DUDELY, R. G. (1999): Guidelines for Developing, Testing and Selecting Criteria and Indicators for Sustainable Forest Management. Criteria and Indicators Toolbox Series No.1. CIFOR. Bogor.

PRASAD, R. R. und JAHAGIRDAR, M. P. (1992): Social Factors in Social Forestry. National Institute of Rural Development. Hyderabad.

PRETZSCH, J. (1998): Chances and Limits of Tropical Forest Management from the Socio-Economic View: Status Quo and Perspectives. In: Plant Research and Development, Vol. 47/48, S. 88–97.

PRITCHARD, S. (HRSG.) (1998): Indigenous Peoples, The UN and Human Rights. London.

RADKE, V. (1993): Nachhaltiges Wirtschaften auf der Grundlage quasi langzeitverantwortlichen Handelns. Diskussionsbeitrag des Fachbereichs Wirtschaftswissenschaften der Fern-Universität Hagen, Nr. 210. Hagen.

RAMNARINE, A. R. (1997): Forest Policy, Trinidad and Tobago. Draft Paper. Port of Spain.

REDCLIFT, M. (1991): Sustainable Development: Exploring the Contradictions. London.

REDCLIFT, M. (1993): Sustainable Development: Needs, Values, Rights. In: Environmental Values, Vol. 1, Nr. 2, S. 3–20.

RENN, O., WEBLER, T. und WIEDEMANN, P. (HRSG.) (1995): Fairness and Competence in Citizen Participation, Evaluating Models for Environmental Discourse. Technology, Risk and Society – An International Series in Risk Analysis, Vol. 10. Dordrecht, Boston, London.

RENN, O. (1996): Ökologisch denken – sozial handeln: Die Realisierbarkeit einer nachhaltigen Entwicklung und die Rolle der Kultur- und Sozialwissenschaft. In: KASTENHOLZ, H.G.; ERDMANN, K.H. und WOLFF, M. (HRSG.): Nachhaltige Entwicklung, Zukunftschancen für Mensch und Umwelt. Berlin. S. 79–117.

RENNINGS, K. (1997): Economic and Ecological Concepts of Sustainable Development: External Costs and Sustainability Indicators. In: HOHMEYER, O., OTTINGER, R. L. und RENNINGS, K. (HRSG.): Social Costs and Sustainability, Valuation and Implementation in the Energy and Transport Sector. Heidelberg, Berlin, New York.

REPUBLIC OF TRINIDAD AND TOBAGO – FORESTRY DIVISION (1980): Inventory of the Indigenous Forests of Trinidad and Tobago, Executive Report. Port of Spain.

REPUBLIC OF TRINIDAD AND TOBAGO – FORESTRY DIVISION (1986): Our National Forest Resource, Proceedings of a Seminar held at Valsayn Teachers Training College. Port of Spain.

REPUBLIC OF TRINIDAD AND TOBAGO – MINISTRY OF FOOD PRODUCTION, MARINE EXPLOITATION, FORESTRY AND ENVIRONMENT (1988): The National Plan for the Forestry Sub-Sector. Port of Spain.

REPUBLIC OF TRINIDAD AND TOBAGO – MINISTRY OF ENVIRONMENT AND NATIONAL SERVICE, FOREST RESOURCE INVENTORY AND MANAGEMENT SECTION (1989): The National Forest Resources Plan. Port of Spain.

REPUBLIC OF TRINIDAD AND TOBAGO – MINISTRY OF ENVIRONMENT AND NATIONAL SERVICE, FOREST RESOURCE INVENTORY AND MANAGEMENT SECTION (1991): Forest Resources Management Plan for the South Eastern Conservancy. Port of Spain.

REPUBLIC OF TRINIDAD AND TOBAGO – MINISTRY OF AGRICULTURE, LAND AND MARINE RESOURCES (1992): Land Rationalisation and Development Programme. Madison.

REPUBLIC OF TRINIDAD AND TOBAGO – MINISTRY OF AGRICULTURE, LAND AND MARINE RESOURCES (1995 a): Forest Resources Management Plan for the South-East Conservancy. Forest Resource Inventory and Management. Port of Spain.

REPUBLIC OF TRINIDAD AND TOBAGO – MINISTRY OF AGRICULTURE, LAND AND MARINE RESOURCES (1995 b): Annual Report of the Forestry Division 1995. Port of Spain.

REPUBLIC OF TRINIDAD AND TOBAGO – MINISTRY OF FINANCE (1996): Review of the Economy 1996. Port of Spain.

REPUBLIC OF TRINIDAD AND TOBAGO – CENTRAL STATISTICAL OFFICE (1997 a): Annual Statistical Digest 1994/95, No. 41. Port of Spain.

REPUBLIC OF TRINIDAD AND TOBAGO – CENTRAL STATISTICAL OFFICE (1997 b): Labour Force Bulletin: 2nd Quarter 1997. Port of Spain.

REPUBLIC OF TRINIDAD AND TOBAGO – CENTRAL STATISTICAL OFFICE (1997 c): Economic Indicators, January–December 1996. Port of Spain.

REUTER, H. W. F. (1991): Tree Felling Operations in Trinidad and Tobago, Observations and Recommendations. Investigation of Forestry Technical Problems – German Senior Experts Service, Internal Report. Bonn.

RIEKEN, J. (1992): Nachhaltigkeit und Ressourcennutzung in Entwicklungsländern. In: Göttinger Beiträge zur Land- und Forstwirtschaft in den Tropen und Subtropen: Nachhaltigkeit und Ressourcennutzung in Entwicklungsländern, Heft 71, S. 49–68.

ROMM, J. (1993): Sustainable Forestry, an Adaptive Social Process. In: APLET, G., JOHNSON, N., OLSON, J. ET AL.: Defining Sustainable Forestry. Washington D.C. S. 280–293.

ROTH, E. (1995): Sozialwissenschaftliche Methoden. Lehr- und Handbuch für Forschung und Praxis. München, Wien.

SAHR, W.-D. (1997): Land-Stadt-Beziehungen der Ostkaribik. Funktionale und soziologische Aspekte. In: Geographische Rundschau 49, H. 11, S. 638–643.

SALIM, A., COLFER, C. J. P., mit MCDOUGALL, C. (1999): Scoring and Analysis Guide for Assessing Human Well-Being. Criteria and Indicators Toolbox Series No.7. CIFOR. Bogor.

SANTIAGO DECLARATION (1995): Statement on Criteria and Indicators for the Conservation and Sustainable Management of Temperate and Boreal Forests. Santiago.

SCHARDT, S. (1995): Nachhaltige Waldbewirtschaftung, Kriterien und Indikatoren für eine sozial verträgliche Nutzung. Initiative zur Förderung nachhaltiger Waldbewirtschaftung. Berlin.

SCHMIDT-VOGT, D. (1990 a): Die Höhenwälder im Jugal Himal (Nepal): Waldtypen und Waldentwicklung unter dem Einfluß menschlicher Nutzung. In: SEMMEL, A. (HRSG.): Deutscher Geographentag Saarbrücken, 2.–7. Oktober 1989. Tagungsbericht und wissenschaftliche Abhandlung, Stuttgart. S. 297–300.

SCHMIDT-VOGT, D. (1990 b): High Altitude Forests in the Jugal Himal (Eastern Central Nepal): Forest Types and Human Impact. Geoecological Research Vol. 6., Stuttgart.

SCHMIDT-VOGT, D. (1991): Schwendbau und Pflanzensukzession in Nord-Thailand. In: AvH-Magazin 58, S. 21–32.

SCHMIDT-VOGT, D. (1994): Deforestation in the Nepal Himalaya: Causes, Scope, Consequences. In: European Bulletin of Himalayan Research, No. 7, S. 18–24.

SCHMIDT-VOGT, D. (1995 a): Traditional Use of high Altitude Forests in the Nepal-Himalaya. In: V.D. HEIDE, S. (HRSG.): Adapted Technologies and environmental Education as Possibilities for inter-cultural Communication in the Himalayan Region, Kathmandu, S. 60–65.

SCHMIDT-VOGT, D. (1995 b): Die Entwaldung im Nepal-Himalaya: Ursachen, Ausmaße, Folgen. In: GAENZSLE, M. und SCHMIDT-VOGT, D. (HRSG.): 4. Heidelberger Südasien-Gespräche: Nepal und die Himalaya Region, Beiträge zur Südasien-Forschung Bd. 166, Stuttgart, S. 89–96.

SCHMIDT-VOGT, D.: Stand Structure in Forests of the Nepal Himalaya and Northern Thailand as an Indicator of Human Impact. In: STELLRECHT, I. (HRSG.): Proceedings of the Workshop Karakorum-Himalaya: Dynamics of Change, 20.–22. April 1995, Mainz (im Druck).

SCHMIDT-VOGT, D.: Forests and Trees in the Cultural Landscape of Lawa Swidden Farmers in Northern Thailand. In: SEELAND, K. (HRSG.): Nature is Culture: Indigenous Knowledge and Socio-Cultural Aspects of Trees and Forests in Non-European Cultures (im Druck).

SCHMIDT-VOGT, D. (1996): Swidden Farming and Fallow Vegetation in Northern Thailand. Heidelberg.

SCHNEIDER, T. W. (1995): Kriterien und Indikatoren für eine nachhaltige Waldbewirtschaftung. In: Allgemeine Forstzeitschrift, 50 (14), S. 770–772.

SCHNELL, R., HILL, P. B. und ESSER, E. (1995): Methoden der empirischen Sozialforschung. München, Wien, Oldenbourg.

SCIENTIFIC COMMITTEE ON PROBLEMS OF THE ENVIRONMENT (1995): Environmental Indicators – A Systematic Approach to Measuring and Reporting on the Environment in the Context of Sustainable Development; Ghent-Workshop.

SEIP, K. K. (1996): Forestry for Human Development, A Global Imperative. Oslo, Stockholm, Copenhagen, Oxford, Boston.

SHAND, E. (1994): Evaluation of Commercial Forest Plantation Resources – Trinidad and Tobago. Report on Situation and Management of Forest Plantations. FAO, Rome.

SHARMA, N. P. (1992): Managing the World's Forests, Looking for Balance between Conservation and Development. The World Bank. Dubuque.

SIMONIS, U. E. (1996): Ökologische Umorientierung der Industriegesellschaft. In: Aus Politik und Zeitgeschichte, Beilage zur Wochenzeitung 'Das Parlament', Nr. 7, S. 3–13.

SKALA-KUHMANN, A. (1996): Rechtliche Instrumente zur Förderung der nachhaltigen Nutzung und zum Schutz der forstlichen Ressourcen im internationalen Zusammenhang. Eschborn.

SMYTH, A.J. und DUMANSKI, J. (1993): FESLM: An International Framework for Evaluating Sustainable Land Management. Land and Water Development Division, FAO. Rom.

SPANGENBERG, J. H. (1996): The Human Development Index. Paper presented at the International Conference on 'Challenges of Sustainable Development.' Amsterdam.

STANFIELD, D. und SINGER, N. (HRSG.) (1993): Land Tenure and the Management of Land Resources in Trinidad and Tobago, Vol. I & II. Land Tenure Centre, University of Wisconsin. Madison.

STATISTISCHES BUNDESAMT UND STATISTISCHES AMT DER EUROPÄISCHEN GEMEINSCHAFTEN, LUXEMBURG (1996): Länderbericht Karibische AKP-Staaten. Wiesbaden.

STENGEL, H. (1995): Grenzen und Spielräume nachhaltiger Entwicklung der Dritten Welt. Abhandlungen zur Nationalökonomie, Bd. 2. Berlin.

STOCKMANN, R. und GAEBE, W. (HRSG.) (1993): Hilft die Entwicklungshilfe langfristig? Bestandsaufnahme zur Nachhaltigkeit von Entwicklungsprojekten. Opladen.

STOCKMANN, R. (1997): The Sustainability of Development Cooperation. Baden-Baden.

SÜLZER, R. (1995): Nachhaltigkeit und Instrumente der Wirksamkeitskontrolle in der deutschen Entwicklungszusammenarbeit. Deutscher Entwicklungsdienst. Berlin.

SYNNOTT, T. J. and WENBAN-SMITH, M. (1996): The FSC Accreditation Programme: Introduction and Overview. Oaxaca.

TARAPOTO PROPOSAL (1995): Proposal of Criteria and Indicators for Sustainability of the Amazon Forest. Results of the Regional Workshop on the Definition of Criteria and Indicators for Sustainability of Amazon Forests. 25 February 1995, Amazon Cooperation Treaty, Lima, Peru.

UNITED NATIONS CONFERENCE ON ENVIRONMENT AND DEVELOPMENT (UN CED) (1992 a): Agenda 21. Report of the United Nations Conference on Environment and Development, Rio de Janeiro, 3–14 June 1992.

UN CED (1992 b): ANNEX III: The Non Legally Binding Authorative Statement of Principles for a Global Consensus on the Management, Conservation and Sustainable Development of All Types of Forests. Report of the United Nations Conference on Environment and Development, Rio de Janeiro, 3–14 June 1992.

UNITED NATIONS COMMISSION ON SUSTAINABLE DEVELOPMENT (UN CSD) (1995): Work Programme on Indicators for Sustainable Development.

UNITED NATIONS COMMISSION ON SUSTAINABLE DEVELOPMENT/INTERGOVERNMENTAL PANEL ON FORESTS (UN CSD/IPF) (1996 a): Category III, Programme Element 2: Criteria and Indicators for Sustainable Forest Management: Summary. E/CN.17/IPF.

UN CSD/IPF (1996 b): Category III, Programme Element 2: Criteria and Indicators for Sustainable Forest Management. E/CN.17/IPF.

UN CSD/IPF (1996 c): Category I, Programme Element 1: Progress through National Forest and Land Use Plans. E/CN.17/IPF.

UN CSD/IPF (1996 d): Category III, Programme Element 1 (a): Assessment of the Multiple Benefits of all Types of Forest. E/CN.17/IPF.

UN CSD/IPF (1996 e): Category III, Programme Element 1 (b): Methodologies for Proper valuation of the Multiple Benefits of Forests. E/CN.17/IPF.

UN CSD/IPF (1997 a): Implementation of Forest-Related Decisions of the United Nations Conference on Environment and Development at the National and International Levels, Including an Examination of Sectoral and Cross-Sectoral Linkages. E/CN.17/IPF.

UN CSD/IPF (1997 b): Final Report of the Intergovernmental Panel on Forests. E/CN.17/IPF.

UNITED NATIONS DEVELOPMENT PROGRAMME (UNDP) (1985): Evaluation and Development of Wildlife Resources: Trinidad and Tobago, Project Findings and Recommendations. UNDP/Port of Spain.

UNITED NATIONS DEPARTMENT FOR POLICY COORDINATION AND SUSTAINABLE DEVELOPMENT (UN DPCSD) (1996): Development Watch – Monitoring Progress on Sustainable Development, Sustainable Development Indicators.

UN DPCSD (1997): Caribbean Ministerial Meeting on the Implementation of the Programme of Action for the Sustainable Development of Small Island Developing States: Indicators of Sustainable Development – Framework and Methodologies. SIDS 1997/INF.12.

UNITED NATIONS ECONOMIC COMMISSION FOR LATIN AMERICA AND THE CARRIBEAN (UN ECLAC) (1991): Sustainable Development: Changing Production Patterns, Social Equity and the Environment. Santiago de Chile.

UN ECLAC/CARIBBEAN DEVELOPMENT AND COOPERATION COMITTEE (CDCC) (1995): Digest of Selected Demographic and Social Indicators 1960–1994, For CDCC Member Countries. Port of Spain.

UN ECLAC/CDCC (1998): Implementation of the Small Islands Developing States Programm of Action – a Caribbean Perspective. Port of Spain.

UNITED NATIONS INTERNATIONAL CHILDREN'S EMERGENCY FUND (UNICEF) (1994): The State of the World's Children – 1994. New York. [http://lanic.utexas.edu/la/region/aid/aid94/Social/SOCIND2.html].

UPTON, C. und BASS, S. (1995): The Forest Certification Handbook. London.

WÄLTY, S., KNECHT, T. und SEITZ, G. (HRSG.) (1990): Von Nachholender zu Nachhaltiger Entwicklung: Beiträge zur Entwicklungsforschung. Zürich.

WALZ, R. (1994): Synopse aktueller Konzepte von nationalen Umweltindikatoren. Erster Zwischenbericht zum Forschungsvorhaben des Umweltbundesamtes: Weiterentwicklung von Indikatorensystemen für die Umweltberichterstattung. Fraunhofer-Institut für Systemtechnik und Innovationsforschung. Karlsruhe.

WALZ, R. ET AL. (1995): Synopse ausgewählter Indikatorenansätze für Sustainable Development. Bericht im Rahmen des Forschungsvorhabens 'Weiterentwicklung von Indikatorensystemen für die Umweltberichterstattung' des Umweltbundesamtes. Fraunhofer Institut für Systemtechnik und Innovationsforschung. Karlsruhe.

WESSEL, K. (1996): Empirisches Arbeiten in der Wirtschafts- und Sozialgeographie, Paderborn.

WINDHORST, H. W. (1978): Geographie der Wald- und Forstwirtschaft. Stuttgart.

WINTERBOTTOM, R. (1990): Tacking Stock: The Tropical Forestry Action Plan After Five Years. World Resources Institute. Washington D.C.

WÖHLCKE, M. (1990): Umwelt- und Ressourcenschutz in der internationalen Entwicklungspolitik: Probleme und Zielkonflikte. Baden-Baden.

WOELFEL, J. and FINK, E. L. (1980): The Measurement of Communication Processes: Galileo Theory and Method. New York.

WOELFEL, J. and DANES, J. (1980): Multidimensional Scaling Models for Communication Research. In: MONGUE, P. and CAPELLA, J. (EDS.): Multivariate Techniques in Communication Research. New York. S. 333–346.

WOLLENBERG, E. und COLFER, C. J. P. (1996): Social Sustainability in the Forest. In: ITTO Tropical Forest Update 6 (2), S. 9–11.

WORLD BANK (1995): Monitoring Environmental Progress. Washington D.C.

WORLD BANK (1996 a): The World Bank Participatory Sourcebook. Washington D.C. [http://www.worldbank.org/html/edi/sourcebook/sbhome.htm].

WORLD BANK (1996 b): Trends in Developing Economies. Washington D.C. [http://www.worldbank.org/html/extdr/offrep/lac/tt2.htm].

WORLD BANK (1996 c): Trinidad and Tobago National Parks and Watershed Management Projekt. Washington D.C. [http://www.worldbank.org.pics/pid/tt40269.txt].

WORLD RESOURCES INSTITUTE/UNITED NATIONS ENVIRONMENT PROGRAMME/ UNITED NATIONS DEVELOPMENT PROGRAMME (WRI/UNEP/UNDP) (1992): World Resources 1992–93. A Guide to the Global Environment. Toward Sustainable Development. Oxford/New York.

WORLDWIDE FUND FOR NATURE (WWF)/NEW ECONOMIC FOUNDATION (1994): Indicators for Sustainable Development – Strategies for the Use of Indicators in the National Reports to the Commission on Sustainable Development and in the EC Structural Funds Process.

WWF/THE WORLD CONSERVATION UNIT (IUCN) (1996): Wälder zum Leben. Ein Handbuch von WWF und IUCN zum Thema Wald. Godalming.

WYNTER, P. E. (1993): Legalize it! Community Participation in Natural Resource Management. In: Unasylva 175, Vol. 44, S. 23–28.

YOUNG, T.R. (1994): Evaluation of Commercial Forest Plantation Resources – Trinidad and Tobago. Report of the Legislation Consultant Regarding Concession Allocation and other Timber Sales Systems. FAO. Rome.

ZEITSCHRIFT DES DEUTSCHEN ENTWICKLUNGSDIENSTES (1995): Nachhaltige Entwicklung. DED Brief Nr. 4.

ZINK, J. A. und FARSAD, A. (1995): Issues of Sustainability and Sustainable Land Management. In: Canadian Journal of Soil Sciences, Vol. 75, Iss. 4, S. 407–412.

ZWEEDE, J., KRESSIN, J., MESQUITA ET AL. (1996): Final Report, Test Brazil October 22–November 21, 1995. CIFOR, Bogor.

ANHANG

- Übersicht der konsultierten Experten

- Vergleich sozialer Kriterien und Indikatoren nachhaltiger Forstwirtschaft in internationalen Prozessen und Initiativen

- Fragebogen

Übersicht der konsultierten Experten

	Deutschland	
Dr. Vollmer	Bundesministerium für wirtschaftliche Zusammenarbeit und Entwicklung, Fachbereich Forstwirtschaft; Bonn	25. April 1997
Prof. Dr. M. Krott Dr. A. Yachkaschi	Institut für Forstpolitik und Naturschutz; Universität Göttingen	16. Mai 1997
Prof Dr. J. Heuveldop Dr. Glauner	Bundesforschungsanstalt für Forst- und Holzwirtschaft, Institut für Weltforstwirtschaft; Hamburg	21. Mai 1997
Dr. Thiess T. Henningsen	Greenpeace; Hamburg	21. Mai 1997
S. Schardt	Initiative zur Förderung nachhaltiger Waldbewirtschaftung / Initiative Tropenwald; Berlin	23. Mai 1997
R. N. Chakraborty	Deutsches Institut für Entwicklungspolitik; Berlin	23. Mai 1997
Dr. v. Tyll Dr. H. Dotzauer	Deutsche Gesellschaft für Technische Zusammenarbeit und Entwicklung, Forstwirtschaft; Eschborn	26. Mai 1997
J. Pieterse	Kreditanstalt für Wiederaufbau; Fachbereich Land- und Waldwirtschaft; Frankfurt	27. Mai 1997
Prof. Dr. M. Becker	Institut für Forstpolitik; Universität Freiburg	2. Juni 1997
Prof. Dr. T. Krings	Institut für Kulturgeographie; Universität Freiburg	2. Juni 1997
Dr. habil. G. Kapp	Institut für Waldbau; Universität Freiburg	2. Juni 1997

Übersicht der konsultierten Experten 291

\	Trinidad	
Axel Kravatzky	Sustainable Economic Development Unit; St. Augustine	24. September 1997
Aldwyn Bart	Eastern Caribbean Institute of Agriculture and Forestry; Centeno	27. September 1997
Dr. Carol James	United Nations Development Unit; Port of Spain	2. Oktober 1997
Kenny Singh Anthony Ramnarine Sheriff Faizool Suream Jhilmit	Forestry Division, Republic of Trinidad and Tobago; Port of Spain / Cumuto	mehrmals (1997/98)
Eden Shand	Caribbean Forestry Conservation Association; Port of Spain	mehrmals (1997/98)
Eric Blommestein	ECLAC / Environment Unit; Port of Spain	mehrmals (1997/98)
Prof. Dr. Peter Bacon	Faculty of Agriculture and Natural Science, Zoology Unit; University of the West Indies, St. Augustine	mehrmals (1997/98)
Clarence & Stalin de Grilla	Nariva Mayaro Woodworkers Cooperative; Rio Claro	mehrmals (1997/98)
Michael King Maurice Chung	Trinidad and Tobago Forest Products Co Ltd (TANTEAK); Carlsen Field, Brickfield	mehrmals (1997/98)

Vergleich sozialer Kriterien und Indikatoren nachhaltiger Forstwirtschaft in internationalen Prozessen und Initiativen

ITTO	Helsinki	Montreal	Tarapoto	Dry-Zone Africa
Criterion 4: Socio-economic effects	Criterion 6: Maintenance of other socio-economic functions and conditions	Criterion 6: Maintenance and enhancement of long-term multiple socio-economic benefits to meet the needs of society	Criterion 1: Socio-economic benefits Criterion 3: Sustainable forest production	Criterion 6: Maintenance and enhancement of socio-economic effects
National revenue and expenditure budgets for forest management	6.1 Share of the forest sector from the gross national product. Including the total amount of and change in the value and/or quantity of non-wood products, Criterion 3.3: e.g. hunting and game, cork berries, mushrooms etc.	6.1.a. Value and volume of wood and wood products, including value added through downstream processing b. Value and quantities of production of non-wood forest products c. Supply and consumption of wood and wood products, including consumption per capita d. Value of wood and non-wood forest products as percentage of GDP	3.b Quantity and proportion of sustainable forest production in comparison with the national total forest production 1.1.c Values of forest products from sustainable sources and from unsustainable sources as percentages of GNP 2.b Aggregate value of sustainable forest sector production	Indicators of economic benefits: 6.1 Value of wood products 6.2 Value of non-wood products 6.4 Share of forst sector in GNP 6.5 Value in primary and secondary industries
	6.2 Provision of recreation; area of forest with access per inhabita, percentage of total forest area	6.2. Recreation and tourism a. Area and percent of forest land managed for general recreation and tourism, in relation to the total area of forest land b. Number and type of facilities available for general recreation and tourism, in relation to population and forest area c. Number of visitor days attributed to recreation and tourism, in relation to population and forest area d. Degree of recycling of forest products	1.2.d Rate of increase of sustainable recreation and tourism activities 3.d Area and percentage of forest lands managed for recreation and tourism in relation to total forest area	6.1 Ecotourism (including hunting and recreation) 6.6 Value from bio mass energy

292 Vergleich sozialer Kriterien und Indikatoren nachhaltiger Forstwirtschaft

Employment patterns and trends Income, generation and distribution patterns	6.3	Changes in rate of employment in forestry, notably in rural areas (persons employed in forstry, logging, forest industry	1.1.d	Employment and direct and indirect income from sustainable activities in the forest sector and generation of forest based employment in relation to national employment	Indicators of the distribution of benefits:
	6.5	Employment and community needs a. Direct and indirect employment in the forest sector and the forest sector for employment as a proportion of total employment b. Average wage rates and injury rates in major employment categories within the forest sector c. Viability ans adaptability to changing economic conditions of forest dependent communities, including indigenous communities d. Area and percent of forest land and used for subsistence purposes	1.1.e	Average per capita income in different forest sector activities	6.9 Employment generation, notably in rural areas 6.1.1 benefits accuring to local communities 6.1.2 Contributions to food security
			1.1.f	Efficiency and competitiveness of forest product production and processing systems	
			1.1.g	Impact of the economic use of forests on the availability of forest resources of importance to local populations	
	6.4.a.	Area and percentage of forest land managed in relation to the total area of forest land to protect the range of cultural, social and spiritual needs and values b. Non-consumptive forest values	1.3.a	Area and percentage of forest lands, in relation to total forest land area, managed to protect cultural, social and spiritual needs and values	6.1 Degree to which social, cultural and spiritual needs are met
			1.1.h	Relationship between direct and indirect uses of the forests	

Quelle: Eigene Zusammenstellung; siehe auch ISCI (1996)

Fragebogen

Social Sustainability in Tropical Forestry

Date:
Questionnaire no.:

1. At first I want to ask you some questions about your work in the forest.
    a: For how long do you work here?_____
    b: What sort of employments did you have before you started working here ?
    _____
    _____
    c: What kind of work do you have to do (position)?_____
    _____

    d: Are you a permanent ☐ or a casual ☐ worker?

    e: if casual: For how long do you get an employment? _____

    f: How are you paid ?   per day per week   fortnightly   per month

    g: TW: How much money are you paid ?   ☐ below 50   ☐ 121-130
    (daily basis in TT$)   ☐ 51-60   ☐ 131-140
                                           ☐ 61-70   ☐ 141-150
                                           ☐ 71-80   ☐ 151-160
                                           ☐ 81-90   ☐ 161-170
                                           ☐ 91-100   ☐ 171-180
                                           ☐ 101-110   ☐ 181-190
                                           ☐ 111-120   ☐ above 191

    Optional for PL:

    f: How high do you think is the income you get from one licence?____
    g: How many licenses do you get per year?_____
    h: How long does it take you to work one license?_____
    i: To which percentage does your income contribute to your total household income?   _____

j: Please compare your living conditions at the moment with your living conditions before you started working here. In general, did they get:

☐ much worse ☐ worse ☐ slightly worse ☐ slightly better ☐ better ☐ much better

2. The following questions deal with your working conditions.

a: How many hours per day do you work? _____
b: How many breaks per day do you get (or take)? _____
c: How many days per week do you work? _____
d: How many days of holiday do you get, or take (per year)? _____
e: Please tell me how you are satisfied with the following aspects:

	very dissatisfied	dissatisfied	slightly dissatisfied	slightly satisfied	satisfied	very satisfied
work (in general):	☐	☐	☐	☐	☐	☐
payment/income:	☐	☐	☐	☐	☐	☐
holidays:	☐	☐	☐	☐	☐	☐
management:	☐	☐	☐	☐	☐	☐
safety conditions:	☐	☐	☐	☐	☐	☐
working conditions:	☐	☐	☐	☐	☐	☐
union:	☐	☐	☐	☐	☐	☐

f: Are you provided with: (Do you have ... ?)
- protective helmets ☐ yes ☐ no
- ear muffs/hearing defenders ☐ yes ☐ no
- protective clothing ☐ yes ☐ no
- gloves ☐ yes ☐ no
- safety shoes ☐ yes ☐ no
- first aid kit ☐ yes ☐ no

g: If no: why not:_____

h: How many minor_____, severe_____ and fatal_____accidents (injuries) happened at work in the last 3 years.

i: How would you describe the physical work load for your type of work:

☐ light ☐ ☐ ☐ ☐ ☐ hard

Fragebogen 297

3. a: At the beginning of your work here, were you provided with:

   education opportunities: ❏ yes ❏ no
   training opportunities: ❏ yes ❏ no

   b: If yes: Please tell me to which degree did it respond to necessary skills required for your type of work.

   ❏ ❏ ❏ ❏ ❏ ❏
   did not   did
   respond   respond

   c: If no: Would you have prefered to be educated or trained?
   ❏ yes   ❏ no

4. The following list shows you some aspects of the current international discussion on sustainable forest management.
   a: Can you think of other important aspects from your own point of view?
   b: Please tell me which three of them are the most important for you (use 1,2,3)?

	Own
NATURAL REGENERATION OF THE FOREST IS ENSURED	
PRODUCTIVITY OF THE FOREST IS MAINTAINED	
ECOSYSTEM FUNCTION IS MAINTAINED	
CONTINUOUS FLOW OF TIMBER OR OTHER FOREST PRODUCTS IS ENSURED	
FOREST RESOURCES MUST BE MAINTAINED FOR THE NEXT AND FUTURE HUMAN GENERATIONS	
OTHERS:	

5. a: Can you think of any institution or organization who takes interest in your situation?
   ❏ yes   ❏ no
   b: If yes: What is its name? _____
   _____
   _____

c: What is its interest? _____
_____
_____

d: How does it support you? _____
_____
_____
_____

e: No support ❑

6. a : Does the management (for PL: Forestry Division) inform you about ist decisions, intentions and how they affect your work ?
   ❑ yes   ❑ no
   b: If no: Would you like to be informed ?   ❑ yes   ❑ no

   c: Do you consider the information you get to be :
   ❑ very insufficient   ❑ insufficient   ❑ slightly insufficient   ❑ slightly sufficient   ❑ sufficient   ❑ very sufficient

   d: Do you get the opportunity to make your own interests known to the supervisors and the management ?   ❑ yes   ❑ no

   e: If yes: How can you convey your interests?
   by chance encounters   ❑ yes   ❑ no
   formal meetings   ❑ yes   ❑ no
   send delegation (representative) ❑ yes   ❑ no
   other channels of dialogue: _____
   _____
   _____

   f: What are your interests (What would you like to be changed)? _____
   _____
   _____
   _____
   _____

7. a: Do you perceive the communication between you and the management (for PL: Forestry Division) to be sufficient?
   ❑ very insufficient   ❑ insufficient   ❑ slightly insufficient   ❑ slightly sufficient   ❑ sufficient   ❑ very sufficient

Fragebogen

b: If you make your interests known, to which degree are your wishes taken into consideration in your everyday work?

☐ extremely low consideration ☐ very low ☐ low ☐ high ☐ very high ☐ extremely high consideration

8. a: Before you started working in the forest, did you have some previous experience or knowledge with timber processing or forestry in general?
☐ yes   ☐ no

b: If yes: How did you get it? _____
_____
_____

c: What kind of experience? _____
_____
_____

d: Did the management (Forestry Division) make use of your already existing knowledge?   ☐ yes   ☐ no

e: If yes: To which degree is your knowledge and experience taken into consideration in your everyday work?

☐ extr. low consideration ☐ very ☐ low ☐ high ☐ very ☐ extr. high consideration

9. a: Are there any conflicts between you the workers and the management (Forestry Division)?   ☐ yes   ☐ no

b: If yes: What kind of conflicts are there? _____
_____
_____

c: How often do they occur (1 = monthly; 2 = weekly; 3 = daily)
_____

d: Are there any conflicts between you and the Union?   ☐ yes   ☐ no
e: What kind of conflicts are there? _____
_____
_____

f: Do you like your job?   ☐ yes   ☐ no

Geographisches Institut der Universität Kiel

g: Would you like your children to do the same kind of work?
      ☐ yes   ☐ no
h: If no: Why not ? _____
 _____
 _____

i: Are you looking for another job at the moment?
      ☐ yes   ☐ no
j: If yes: What kind of work is it you are looking for? _____
 _____
 _____

10. a: What do you think was (is, will be) the total area of natural forests in Trinidad (in % of total land area)?

  1960 _____   today _____   2040 _____

b: The following question serves to identify how access to forest resources is perceived to be changing from generation to generation from your point of view. Please give me your opinion on how access to forest resources is changing over time per generation. (Use scale from 10 [high] to 1 [low]).

  Access to forest resources over time per generation.

grandparents	self	grandchildren

c: What is the basis for the estimate you have given above?

 ☐ reduced forest areas   ☐ management (legislative) restrictions

others: _____
_____

11. a: Would you prefer higher wages if that meant a higher production, causing a problem for the regeneration of the plantation? ☐ yes   ☐ no
      (PL: natural forest) ☐ yes   ☐ no

b: Would you say that your employment here is a long term perspective for you?   ☐ yes   ☐ no

c: If no: Why not? _____
_____
_____
_____

d: Please tell me if you agree or disagree with each of the following statements:

	agree	disagree
forest reserves should be reduced	❏	❏
forest areas in Trinidad will sooner or later be cleared	❏	❏
the forest areas are a hinderance to the country's development	❏	❏
replanting activities should be strengthened	❏	❏
more natural forest areas should be exploited	❏	❏
more natural forest areas should be converted into pine or teak plantations	❏	❏
forest areas should be converted into other more useful areas (agriculture)	❏	❏

12. a: If you consider your total household income, of which importance is the share of income from your work?

   ❏ extr. low   ❏ very low   ❏ low   ❏ high   ❏ very high   ❏ extr. high

   b: How many members of your family, including you, work in the forestry sector? _____

   c: Does someone else of your household earn money?   ❏ yes   ❏ no

   d: If yes : Who else earns money ?   e: By doing what?   f: Percentage of total household income?

   _____   _____   _____
   _____   _____   _____

13. For the following question it is important to know the size of your household.
   a: Please tell me the total number of persons, including you, who live in your household permanently?   _____

   b: Whom do you live together with (in numbers)?
      wife/husband: _____
      children (under 16): _____
      children (over 16):   _____
      brothers/sisters: _____
      parents: _____
      others: _____

c: Does the place where you live belong to you? ☐ yes ☐ no

d: Is it squatted? ☐ yes ☐ no

e: If no: Is it rented? ☐ yes ☐ no

f: If yes: What is your rent? _____

g: How many bedrooms does your home have? _____

h: Was it provided by Tanteak (TW only) ☐ yes ☐ no

i: Which of the following items do you have in your household?
☐ radio ☐ fridge ☐ no electricity
☐ television ☐ freezer ☐ battery
☐ video ☐ washing-machine ☐ T + TEC
☐ telephone ☐ dryer

j: What is the main source of water supply in your household?
☐ piped to dwelling ☐ catchment, not piped ☐ public
☐ piped to yard ☐ other: _____ ☐ private
☐ stand pipe
☐ well/tank

k: What kind of toilet facilities does your household have?
☐ toilet linked to sewer
☐ cesspit/septic tank
☐ Pit latrine ☐ no toilet facilities

l: What is the main material your house is built of?
☐ wood
☐ concrete
☐ other _____

14. At the end of the questionnaire I would like to ask you a few questions about yourself:

                              RELIGION   MARITAL STATUS

AGE:____   ☐ roman catholic   ☐ married
                              ☐ anglican   ☐ single
SEX: ☐ male   ☐ protestant   ☐ divorced
        ☐ female   ☐ hindu   ☐ widowed
                              ☐ muslim
                              ☐ others :_____

ETHNIC GROUP:_____

15. a: Where do you live? _____
    b: Were you born there?   ☐ yes   ☐ no

    c: For how long have you been living there?
        ☐ < 5 years
        ☐ 6–10 years
        ☐ 11–15 years
        ☐ 16–20 years
        ☐ > 21 years

    d: Where did you live before? _____

16. a: How long does it take to get to the place where you work from where you live? _____

    b: How do you get there?   c: Which of these do you own?
        ☐ car   => ☐
        ☐ motorbike   => ☐
        ☐ bicycle   => ☐
        ☐ bus
        ☐ on foot
        ☐ other:_____

17. At what level/class did you leave school?
        ☐ Primary
        ☐ Secondary
        ☐ Trade/Technical
        ☐ Tertiary
        ☐ University
        ☐ other:_____

HEIDELBERGER GEOGRAPHISCHE ARBEITEN*

Heft 1	Felix Monheim: Beiträge zur Klimatologie und Hydrologie des Titicacabeckens. 1956. 152 Seiten, 38 Tabellen, 13 Figuren, 4 Karten.	€ 6,--
Heft 4	Don E. Totten: Erdöl in Saudi-Arabien. 1959. 174 Seiten, 1 Tabelle, 11 Abbildungen, 16 Figuren.	€ 7,50
Heft 5	Felix Monheim: Die Agrargeographie des Neckarschwemmkegels. 1961. 118 Seiten, 50 Tabellen, 11 Abbildungen, 7 Figuren, 3 Karten.	€ 11,50
Heft 8	Franz Tichy: Die Wälder der Basilicata und die Entwaldung im 19. Jahrhundert. 1962. 175 Seiten, 15 Tabellen, 19 Figuren, 16 Abbildungen, 3 Karten.	€ 15,--
Heft 9	Hans Graul: Geomorphologische Studien zum Jungquartär des nördlichen Alpenvorlandes. Teil I: Das Schweizer Mittelland. 1962. 104 Seiten, 6 Figuren, 6 Falttafeln.	€ 12,50
Heft 10	Wendelin Klaer: Eine Landnutzungskarte von Libanon. 1962. 56 Seiten, 7 Figuren, 23 Abbildungen, 1 farbige Karte.	€ 10,--
Heft 11	Wendelin Klaer: Untersuchungen zur klimagenetischen Geomorphologie in den Hochgebirgen Vorderasiens. 1963. 135 Seiten, 11 Figuren, 51 Abbildungen, 4 Karten.	€ 15,50
Heft 12	Erdmann Gormsen: Barquisimeto, eine Handelsstadt in Venezuela. 1963. 143 Seiten, 26 Tabellen, 16 Abbildungen, 11 Karten.	€ 16,--
Heft 17	Hanna Bremer: Zur Morphologie von Zentralaustralien. 1967. 224 Seiten, 6 Karten, 21 Figuren, 48 Abbildungen.	€ 14,--
Heft 18	Gisbert Glaser: Der Sonderkulturanbau zu beiden Seiten des nördlichen Oberrheins zwischen Karlsruhe und Worms. Eine agrargeographische Untersuchung unter besonderer Berücksichtigung des Standortproblems. 1967. 302 Seiten, 116 Tabellen, 12 Karten.	€ 10,50
Heft 23	Gerd R. Zimmermann: Die bäuerliche Kulturlandschaft in Südgalicien. Beitrag zur Geographie eines Übergangsgebietes auf der Iberischen Halbinsel. 1969. 224 Seiten, 20 Karten, 19 Tabellen, 8 Abbildungen.	€ 10,50
Heft 24	Fritz Fezer: Tiefenverwitterung circumalpiner Pleistozänschotter. 1969. 144 Seiten, 90 Figuren, 4 Abbildungen, 1 Tabelle.	€ 8,--
Heft 25	Naji Abbas Ahmad: Die ländlichen Lebensformen und die Agrarentwicklung in Tripolitanien. 1969. 304 Seiten, 10 Karten, 5 Abbildungen.	€ 10,--
Heft 26	Ute Braun: Der Felsberg im Odenwald. Eine geomorphologische Monographie. 1969. 176 Seiten, 3 Karten, 14 Figuren, 4 Tabellen, 9 Abbildungen.	€ 7,50

*Nicht aufgeführte Hefte sind vergriffen.

Heft 27	Ernst Löffler: Untersuchungen zum eiszeitlichen und rezenten klimagenetischen Formenschatz in den Gebirgen Nordostanatoliens. 1970. 162 Seiten, 10 Figuren, 57 Abbildungen. € 10,--
Heft 29	Wilfried Heller: Der Fremdenverkehr im Salzkammergut – eine Studie aus geographischer Sicht. 1970. 224 Seiten, 15 Karten, 34 Tabellen. € 16,--
Heft 30	Horst Eichler: Das präwürmzeitliche Pleistozän zwischen Riss und oberer Rottum. Ein Beitrag zur Stratigraphie des nordöstlichen Rheingletschergebietes. 1970. 144 Seiten, 5 Karten, 2 Profile, 10 Figuren, 4 Tabellen, 4 Abbildungen. € 7,--
Heft 31	Dietrich M. Zimmer: Die Industrialisierung der Bluegrass Region von Kentucky. 1970. 196 Seiten, 16 Karten, 5 Figuren, 45 Tabellen, 11 Abbildungen. € 10,50
Heft 33	Jürgen Blenck: Die Insel Reichenau. Eine agrargeographische Untersuchung. 1971. 248 Seiten, 32 Diagramme, 22 Karten, 13 Abbildungen, 90 Tabellen. € 26,50
Heft 35	Brigitte Grohmann-Kerouach: Der Siedlungsraum der Ait Ouriaghel im östlichen Rif. 1971. 226 Seiten, 32 Karten, 16 Figuren, 17 Abbildungen. € 10,--
Heft 37	Peter Sinn: Zur Stratigraphie und Paläogeographie des Präwürm im mittleren und südlichen Illergletscher-Vorland. 1972. 159 Seiten, 5 Karten, 21 Figuren, 13 Abbildungen, 12 Längsprofile, 11 Tabellen. € 11,--
Heft 38	Sammlung quartärmorphologischer Studien I. Mit Beiträgen von K. Metzger, U. Herrmann, U. Kuhne, P. Imschweiler, H.-G. Prowald, M. Jauß †, P. Sinn, H.-J. Spitzner, D. Hiersemann, A. Zienert, R. Weinhardt, M. Geiger, H. Graul und H. Völk. 1973. 286 Seiten, 13 Karten, 39 Figuren, 3 Skizzen, 31 Tabellen, 16 Abbildungen. € 15,50
Heft 39	Udo Kuhne: Zur Stratifizierung und Gliederung quartärer Akkumulationen aus dem Bièvre-Valloire, einschließlich der Schotterkörper zwischen St.-Rambert-d'Albon und der Enge von Vienne. 1974. 94 Seiten, 11 Karten, 2 Profile, 6 Abbildungen, 15 Figuren, 5 Tabellen. € 12,--
Heft 42	Werner Fricke, Anneliese Illner und Marianne Fricke: Schrifttum zur Regionalplanung und Raumstruktur des Oberrheingebietes. 1974. 93 Seiten. € 5,--
Heft 43	Horst Georg Reinhold: Citruswirtschaft in Israel. 1975. 307 Seiten, 7 Karten, 7 Figuren, 8 Abbildungen, 25 Tabellen. € 15,--
Heft 44	Jürgen Strassel: Semiotische Aspekte der geographischen Erklärung. Gedanken zur Fixierung eines metatheoretischen Problems in der Geographie. 1975. 244 Seiten. € 15,--

Heft 45	Manfred Löscher: Die präwürmzeitlichen Schotterablagerungen in der nördlichen Iller-Lech-Platte. 1976. 157 Seiten, 4 Karten, 11 Längs- u. Querprofile, 26 Figuren, 8 Abbildungen, 3 Tabellen. € 15,--
Heft 49	Sammlung quartärmorphologischer Studien II. Mit Beiträgen von W. Essig, H. Graul, W. König, M. Löscher, K. Rögner, L. Scheuenpflug, A. Zienert u.a. 1979. 226 Seiten. € 17,90
Heft 51	Frank Ammann: Analyse der Nachfrageseite der motorisierten Naherholung im Rhein-Neckar-Raum. 1978. 163 Seiten, 22 Karten, 6 Abbildungen, 5 Figuren, 46 Tabellen. € 15,50
Heft 52	Werner Fricke: Cattle Husbandry in Nigeria. A study of its ecological conditions and social-geographical differentiations. 1993. 2nd Edition (Reprint with Subject Index). 344 pages, 33 maps, 20 figures, 52 tables, 47 plates. € 21,--
Heft 55	Hans-Jürgen Speichert: Gras-Ellenbach, Hammelbach, Litzelbach, Scharbach, Wahlen. Die Entwicklung ausgewählter Fremdenverkehrsorte im Odenwald. 1979. 184 Seiten, 8 Karten, 97 Tabellen. € 15,50
Heft 58	Hellmut R. Völk: Quartäre Reliefentwicklung in Südostspanien. Eine stratigraphische, sedimentologische und bodenkundliche Studie zur klimamorphologischen Entwicklung des mediterranen Quartärs im Becken von Vera. 1979. 143 Seiten, 1 Karte, 11 Figuren, 11 Tabellen, 28 Abbildungen. € 14,--
Heft 59	Christa Mahn: Periodische Märkte und zentrale Orte – Raumstrukturen und Verflechtungsbereiche in Nord-Ghana. 1980. 197 Seiten, 20 Karten, 22 Figuren, 50 Tabellen. € 14,--
Heft 60	Wolfgang Herden: Die rezente Bevölkerungs- und Bausubstanzentwicklung des westlichen Rhein-Neckar-Raumes. Eine quantitative und qualitative Analyse. 1983. 229 Seiten, 27 Karten, 43 Figuren, 34 Tabellen. € 19,90
Heft 62	Gudrun Schultz: Die nördliche Ortenau. Bevölkerung, Wirtschaft und Siedlung unter dem Einfluß der Industrialisierung in Baden. 1982. 350 Seiten, 96 Tabellen, 12 Figuren, 43 Karten. € 19,90
Heft 64	Jochen Schröder: Veränderungen in der Agrar- und Sozialstruktur im mittleren Nordengland seit dem Landwirtschaftsgesetz von 1947. Ein Beitrag zur regionalen Agrargeographie Großbritanniens, dargestellt anhand eines W-E-Profils von der Irischen See zur Nordsee. 1983. 206 Seiten, 14 Karten, 9 Figuren, 21 Abbildungen, 39 Tabellen. € 17,50
Heft 65	Otto Fränzle et al.: Legendenentwurf für die geomorphologische Karte 1:100.000 (GMK 100). 1979. 18 Seiten. € 1,50

Heft 66   Dietrich Barsch und Wolfgang-Albert Flügel (Hrsg.): Niederschlag, Grundwasser, Abfluß. Ergebnisse aus dem hydrologisch-geomorphologischen Versuchsgebiet "Hollmuth". Mit Beiträgen von D. Barsch, R. Dikau, W.-A. Flügel, M. Friedrich, J. Schaar, A. Schorb, O. Schwarz und H. Wimmer. 1988. 275 Seiten, 42 Tabellen, 106 Abbildungen.   € 24,--

Heft 68   Robert König: Die Wohnflächenbestände der Gemeinden der Vorderpfalz. Bestandsaufnahme, Typisierung und zeitliche Begrenzung der Flächenverfügbarkeit raumfordernder Wohnfunktionsprozesse. 1980. 226 Seiten, 46 Karten, 16 Figuren, 17 Tabellen, 7 Tafeln.   € 16,--

Heft 69   Dietrich Barsch und Lorenz King (Hrsg.): Ergebnisse der Heidelberg-Ellesmere Island-Expedition. Mit Beiträgen von D. Barsch, H. Eichler, W.-A. Flügel, G. Hell, L. King, R. Mäusbacher und H.R. Völk. 1981. 573 Seiten, 203 Abbildungen, 92 Tabellen, 2 Karten als Beilage.   € 35,50

Heft 71   Stand der grenzüberschreitenden Raumordnung am Oberrhein. Kolloquium zwischen Politikern, Wissenschaftlern und Praktikern über Sach- und Organisationsprobleme bei der Einrichtung einer grenzüberschreitenden Raumordnung im Oberrheingebiet und Fallstudie: Straßburg und Kehl. 1981. 116 Seiten, 13 Abbildungen.   € 7,50

Heft 72   Adolf Zienert: Die witterungsklimatische Gliederung der Kontinente und Ozeane. 1981. 20 Seiten, 3 Abbildungen; mit Farbkarte 1:50 Mill.   € 6,--

Heft 73   American-German International Seminar. Geography and Regional Policy: Resource Management by Complex Political Systems. Eds.: John S. Adams, Werner Fricke and Wolfgang Herden. 1983. 387 pages, 23 maps, 47 figures, 45 tables.   € 25,50

Heft 74   Ulrich Wagner: Tauberbischofsheim und Bad Mergentheim. Eine Analyse der Raumbeziehungen zweier Städte in der frühen Neuzeit. 1985. 326 Seiten, 43 Karten, 11 Abbildungen, 19 Tabellen.   € 29,50

Heft 75   Kurt Hiehle-Festschrift. Mit Beiträgen von U. Gerdes, K. Goppold, E. Gormsen, U. Henrich, W. Lehmann, K. Lüll, R. Möhn, C. Niemeitz, D. Schmidt-Vogt, M. Schumacher und H.-J. Weiland. 1982. 256 Seiten, 37 Karten, 51 Figuren, 32 Tabellen, 4 Abbildungen.   € 12,50

Heft 76   Lorenz King: Permafrost in Skandinavien – Untersuchungsergebnisse aus Lappland, Jotunheimen und Dovre/Rondane. 1984. 174 Seiten, 72 Abbildungen, 24 Tabellen.   € 19,--

Heft 77   Ulrike Sailer: Untersuchungen zur Bedeutung der Flurbereinigung für agrarstrukturelle Veränderungen – dargestellt am Beispiel des Kraichgaus. 1984. 308 Seiten, 36 Karten, 58 Figuren, 116 Tabellen.   € 22,50

Heft 78   Klaus-Dieter Roos: Die Zusammenhänge zwischen Bausubstanz und Bevölkerungsstruktur – dargestellt am Beispiel der südwestdeutschen Städte Eppingen und Mosbach. 1985. 154 Seiten, 27 Figuren, 48 Tabellen, 6 Abbildungen, 11 Karten.   € 14,50

Heft 79   Klaus Peter Wiesner: Programme zur Erfassung von Landschaftsdaten, eine Bodenerosionsgleichung und ein Modell der Kaltluftentstehung. 1986. 83 Seiten, 23 Abbildungen, 20 Tabellen, 1 Karte.   € 13,--

Heft 80   Achim Schorb: Untersuchungen zum Einfluß von Straßen auf Boden, Grund- und Oberflächenwässer am Beispiel eines Testgebietes im Kleinen Odenwald. 1988. 193 Seiten, 1 Karte, 176 Abbildungen, 60 Tabellen.   € 18,50

Heft 81   Richard Dikau: Experimentelle Untersuchungen zu Oberflächenabfluß und Bodenabtrag von Meßparzellen und landwirtschaftlichen Nutzflächen. 1986. 195 Seiten, 70 Abbildungen, 50 Tabellen.   € 19,--

Heft 82   Cornelia Niemeitz: Die Rolle des PKW im beruflichen Pendelverkehr in der Randzone des Verdichtungsraumes Rhein-Neckar. 1986. 203 Seiten, 13 Karten, 65 Figuren, 43 Tabellen.   € 17,--

Heft 83   Werner Fricke und Erhard Hinz (Hrsg.): Räumliche Persistenz und Diffusion von Krankheiten. Vorträge des 5. geomedizinischen Symposiums in Reisenburg, 1984, und der Sitzung des Arbeitskreises Medizinische Geographie/Geomedizin in Berlin, 1985. 1987. 279 Seiten, 42 Abbildungen, 9 Figuren, 19 Tabellen, 13 Karten.   € 29,50

Heft 84   Martin Karsten: Eine Analyse der phänologischen Methode in der Stadtklimatologie am Beispiel der Kartierung Mannheims. 1986. 136 Seiten, 19 Tabellen, 27 Figuren, 5 Abbildungen, 19 Karten.   € 15,--

Heft 85   Reinhard Henkel und Wolfgang Herden (Hrsg.): Stadtforschung und Regionalplanung in Industrie- und Entwicklungsländern. Vorträge des Festkolloquiums zum 60. Geburtstag von Werner Fricke. 1989. 89 Seiten, 34 Abbildungen, 5 Tabellen.   € 9,--

Heft 86   Jürgen Schaar: Untersuchungen zum Wasserhaushalt kleiner Einzugsgebiete im Elsenztal/Kraichgau. 1989. 169 Seiten, 48 Abbildungen, 29 Tabellen.   € 16,--

Heft 87   Jürgen Schmude: Die Feminisierung des Lehrberufs an öffentlichen, allgemeinbildenden Schulen in Baden-Württemberg, eine raum-zeitliche Analyse. 1988. 159 Seiten, 10 Abbildungen, 13 Karten, 46 Tabellen.   € 16,--

Heft 88   Peter Meusburger und Jürgen Schmude (Hrsg.): Bildungsgeographische Studien über Baden-Württemberg. Mit Beiträgen von M. Becht, J. Grabitz, A. Hüttermann, S. Köstlin, C. Kramer, P. Meusburger, S. Quick, J. Schmude und M. Votteler. 1990. 291 Seiten, 61 Abbildungen, 54 Tabellen.   € 19,--

Heft 89   Roland Mäusbacher: Die jungquartäre Relief- und Klimageschichte im Bereich der Fildeshalbinsel Süd-Shetland-Inseln, Antarktis. 1991. 207 Seiten, 87 Abbildungen, 9 Tabellen.   € 24,50

Heft 90   Dario Trombotto: Untersuchungen zum periglazialen Formenschatz und zu periglazialen Sedimenten in der "Lagunita del Plata", Mendoza, Argentinien. 1991. 171 Seiten, 42 Abbildungen, 24 Photos, 18 Tabellen und 76 Photos im Anhang.   € 17,--

Heft 91   Matthias Achen: Untersuchungen über Nutzungsmöglichkeiten von Satellitenbilddaten für eine ökologisch orientierte Stadtplanung am Beispiel Heidelberg. 1993. 195 Seiten, 43 Abbildungen, 20 Tabellen, 16 Fotos.   € 19,--

Heft 92   Jürgen Schweikart: Räumliche und soziale Faktoren bei der Annahme von Impfungen in der Nord-West Provinz Kameruns. Ein Beitrag zur Medizinischen Geographie in Entwicklungsländern. 1992. 134 Seiten, 7 Karten, 27 Abbildungen, 33 Tabellen.   € 13,--

Heft 93   Caroline Kramer: Die Entwicklung des Standortnetzes von Grundschulen im ländlichen Raum. Vorarlberg und Baden-Württemberg im Vergleich. 1993. 263 Seiten, 50 Karten, 34 Abbildungen, 28 Tabellen.   € 20,--

Heft 94   Lothar Schrott: Die Solarstrahlung als steuernder Faktor im Geosystem der sub-tropischen semiariden Hochanden (Agua Negra, San Juan, Argentinien). 1994. 199 Seiten, 83 Abbildungen, 16 Tabellen.   € 15,50

Heft 95   Jussi Baade: Geländeexperiment zur Verminderung des Schwebstoffaufkommens in landwirtschaftlichen Einzugsgebieten. 1994. 215 Seiten, 56 Abbildungen, 60 Tabellen.   € 14,--

Heft 96   Peter Hupfer: Der Energiehaushalt Heidelbergs unter besonderer Berücksichtigung der städtischen Wärmeinselstruktur. 1994. 213 Seiten, 36 Karten, 54 Abbildungen, 15 Tabellen.   € 16,--

Heft 97   Werner Fricke und Ulrike Sailer-Fliege (Hrsg.): Untersuchungen zum Einzelhandel in Heidelberg. Mit Beiträgen von M. Achen, W. Fricke, J. Hahn, W. Kiehn, U. Sailer-Fliege, A. Scholle und J. Schweikart. 1995. 139 Seiten.   € 12,50

Heft 98   Achim Schulte: Hochwasserabfluß, Sedimenttransport und Gerinnebettgestaltung an der Elsenz im Kraichgau. 1995. 202 Seiten, 68 Abbildungen, 6 Tabellen, 6 Fotos.   € 16,--

Heft 99   Stefan Werner Kienzle: Untersuchungen zur Flußversalzung im Einzugsgebiet des Breede Flusses, Westliche Kapprovinz, Republik Südafrika. 1995. 139 Seiten, 55 Abbildungen, 28 Tabellen.   € 12,50

Heft 100   Dietrich Barsch, Werner Fricke und Peter Meusburger (Hrsg.): 100 Jahre Geographie an der Ruprecht-Karls-Universität Heidelberg (1895-1995). 1996.   € 18,--

Heft 101   Clemens Weick: Räumliche Mobilität und Karriere. Eine individualstatistische Analyse der baden-württembergischen Universitätsprofessoren unter besonderer Berücksichtigung demographischer Strukturen. 1995. 284 Seiten, 28 Karten, 47 Abbildungen und 23 Tabellen.   € 17,--

Heft 102   Werner D. Spang: Die Eignung von Regenwürmern (Lumbricidae), Schnecken (Gastropoda) und Laufkäfern (Carabidae) als Indikatoren für auentypische Standortbedingungen. Eine Untersuchung im Oberrheintal. 1996. 236 Seiten, 16 Karten, 55 Abbildungen und 132 Tabellen.   € 19,--

Heft 103   Andreas Lang: Die Infrarot-Stimulierte-Lumineszenz als Datierungsmethode für holozäne Lössderivate. Ein Beitrag zur Chronometrie kolluvialer, alluvialer und limnischer Sedimente in Südwestdeutschland. 1996. 137 Seiten, 39 Abbildungen und 21 Tabellen.   € 12,50

Heft 104   Roland Mäusbacher und Achim Schulte (Hrsg.): Beiträge zur Physiogeographie. Festschrift für Dietrich Barsch. 1996. 542 Seiten.   € 25,50

Heft 105   Michaela Braun: Subsistenzsicherung und Marktpartizipation. Eine agrargeographische Untersuchung zu kleinbäuerlichen Produktionsstrategien in der Province de la Comoé, Burkina Faso. 1996. 234 Seiten, 16 Karten, 6 Abbildungen und 27 Tabellen.   € 16,--

Heft 106   Martin Litterst: Hochauflösende Emissionskataster und winterliche SO_2-Immissionen: Fallstudien zur Luftverunreinigung in Heidelberg. 1996. 171 Seiten, 29 Karten, 56 Abbildungen und 57 Tabellen.   € 16,--

Heft 107   Eckart Würzner: Vergleichende Fallstudie über potentielle Einflüsse atmosphärischer Umweltnoxen auf die Mortalität in Agglomerationen. 1997. 256 Seiten, 32 Karten, 17 Abbildungen und 52 Tabellen.   € 15,--

Heft 108   Stefan Jäger: Fallstudien von Massenbewegungen als geomorphologische Naturgefahr. Rheinhessen, Tully Valley (New York State), YosemiteValley (Kalifornien). 1997. 176 Seiten, 53 Abbildungen und 26 Tabellen.   € 14,50

Heft 109   Ulrike Tagscherer: Mobilität und Karriere in der VR China – Chinesische Führungskräfte im Transformationsprozess. Eine qualitativ-empirische Analyse chinesischer Führungskräfte im deutsch-chinesischen Joint-Ventures, 100% Tochtergesellschaften und Repräsentanzen. 1999. 254 Seiten, 8 Karten, 31 Abbildungen und 19 Tabellen.   € 19,90

Heft 110   Martin Gude: Ereignissequenzen und Sedimenttransporte im fluvialen Milieu kleiner Einzugsgebiete auf Spitzbergen. 2000. 124 Seiten, 28 Abbildungen und 17 Tabellen.   € 14,50

Heft 111   Günter Wolkersdorfer: Politische Geographie und Geopolitik zwischen Moderne und Postmoderne. 2001. 272 Seiten, 43 Abbildungen und 6 Tabellen.   € 19,90

Heft 112   Paul Reuber und Günter Wolkersdorfer (Hrsg.): Politische Geographie. Handlungsorientierte Ansätze und Critical Geopolitics. 2001. 304 Seiten. Mit Beiträgen von Hans Gebhardt, Thomas Krings, Julia Lossau, Jürgen Oßenbrügge, Anssi Paasi, Paul Reuber, Dietrich Soyez, Ute Wardenga, Günter Wolkersdorfer u.a.   € 19,90

Heft 113   Anke Väth: Erwerbsmöglichkeiten von Frauen in ländlichen und suburbanen Gemeinden Baden-Württembergs. Qualitative und quantitative Analyse der Wechselwirkungen zwischen Qualifikation, Haus-, Familien- und Erwerbsarbeit. 2001. 396 Seiten, 34 Abbildungen, 54 Tabellen und 1 Karte.
€ 21,50

Heft 114   Heiko Schmid: Der Wiederaufbau des Beiruter Stadtzentrums. Ein Beitrag zur handlungsorientierten politisch-geographischen Konfliktforschung. 2002. 296 Seiten, 61 Abbildungen und 6 Tabellen.   €19,90

Heft 115   Mario Günter: Kriterien und Indikatoren als Instrumentarium nachhaltiger Entwicklung. Eine Untersuchung sozialer Nachhaltigkeit am Beispiel von Interessengruppen der Forstbewirtschaftung auf Trinidad. 2002. 320 Seiten, 23 Abbildungen und 14 Tabellen.   €19,90

Bestellungen an:

Selbstverlag des Geographischen Instituts
Universität Heidelberg
Berliner Straße 48
D-69120 Heidelberg
Fax: 0 62 21 / 54 55 85
E-Mail: hga@urz.uni-heidelberg.de

HEIDELBERGER GEOGRAPHISCHE BAUSTEINE*

Heft 1 D. Barsch, R. Dikau, W. Schuster: Heidelberger Geomorphologisches Programmsystem. 1986. 60 Seiten. € 4,50

Heft 7 J. Schweikart, J. Schmude, G. Olbrich, U. Berger: Graphische Datenverarbeitung mit SAS/GRAPH - Eine Einführung. 1989. 76 Seiten. € 4,--

Heft 8 P. Hupfer: Rasterkarten mit SAS. Möglichkeiten zur Rasterdarstellung mit SAS/GRAPH unter Verwendung der SAS-Macro-Facility. 1990. 72 Seiten. € 4,--

Heft 9 M. Fasbender: Computergestützte Erstellung von komplexen Choroplethenkarten, Isolinienkarten und Gradnetzentwürfen mit dem Programmsystem SAS/GRAPH. 1991. 135 Seiten. € 7,50

Heft 10 J. Schmude, I. Keck, F. Schindelbeck, C. Weick: Computergestützte Datenverarbeitung. Eine Einführung in die Programme KEDIT, WORD, SAS und LARS. 1992. 96 Seiten. € 7,50

Heft 12 W. Mikus (Hrsg.): Umwelt und Tourismus. Analysen und Maßnahmen zu einer nachhaltigen Entwicklung am Beispiel von Tegernsee. 1994. 122 Seiten. € 10,--

Heft 14 W. Mikus (Hrsg.): Gewerbe und Umwelt. Determinaten, Probleme und Maßnahmen in den neuen Bundesländern am Beispiel von Döbeln / Sachsen. 1997. 86 Seiten. € 7,50

Heft 15 M. Hoyler, T. Freytag, R. Baumhoff: Literaturdatenbank Regionale Bildungsforschung: Konzeption, Datenbankstrukturen in ACCESS und Einführung in die Recherche. Mit einem Verzeichnis ausgewählter Institutionen der Bildungsforschung und weiterführenden Recherchehinweisen. 1997. 70 Seiten. € 6,--

Bestellungen an:

Selbstverlag des Geographischen Instituts
Universität Heidelberg
Berliner Straße 48
D-69120 Heidelberg
Fax: 0 62 21 / 54 55 85
E-Mail: hga@urz.uni-heidelberg.de

---

*Nicht aufgeführte Hefte sind vergriffen.

HETTNER-LECTURES

Heft 1   *Explorations in critical human geography.* Hettner-Lecture 1997 with Derek Gregory. Heidelberg. 1998. 122 Seiten.   € 12,50

Heft 2   *Power-geometries and the politics of space-time.* Hettner-Lecture 1998 with Doreen Massey. Heidelberg 1999. 112 Seiten.   € 12,50

Heft 3   *Struggles over geography: violence, freedom and development at the millennium.* Hettner-Lecture 1999 with Michael J. Watts. 2000. 142 Seiten.   € 12,50

Heft 4   *Reinventing geopolitics: geographies of modern statehood.* Hettner-Lecture 2000 with John A. Agnew. 2001. 84 Seiten.   € 12,50

Heft 5   *Science, space and hermeneutics.* Hettner-Lecture 2001 with David N. Livingstone. 84 Seiten. Erscheint 2002.   € 15,--

Bestellungen an:

Selbstverlag des Geographischen Instituts
Universität Heidelberg
Berliner Straße 48
D-69120 Heidelberg
Fax: 0 62 21 / 54 55 85
E-Mail: hga@urz.uni-heidelberg.de